獨裁政治學————————孫哲著

THE POLITICS OF DICTATORSHIP

PREFACE for
Sun Zhe, On Dictatorship
by
Andrew J. Nathan

The young scholar Sun Zhe carries on and develops the fine traditions of Chinese intellectuals. In the spirit of "each person has a responsibility," and "to be the first to take on the worries of the people," at the age of 27, he has completed two books dealing with two of the biggest challenges facing China.

His first work, Xin Renquan lun, published in 1992, explores human rights form all aspects: conceptual, historical, from the viewpoint of international law, in international comparative perspective, and in terms of China's own constitution and practices. He is not deterred because the subject is controversial. He is not influenced by "residual fear," nor is he biased pro or con his fatherland, or the West. His investigation does not know the boundaries of East and West. He draw with equal ease on the experience of China and the United States, and has accumulated rich academic resources from the scholarship of both societies.

Ducai Zhenqzhi xue looks at dictatorship from the aspects of its essence and types; historical origins; treatment in the thought of ancient thought, modern Europe, and Chinese Marxism; institutional structure; and relationship with democracy and development. His broad reading in the scholarship of East and West enables him to bring to readers the crystallized wisdom of the best scholarship, to summarize the experiences of many countries, and to offer Chinese readers a prospect which is both realistic and optimistic.

Mr. Sun's work are marked by assiduous scholarship and independent thought. Working late at night, he takes up topics which are so complex that they are usually dealt with by research institutes. His elegant writing style is based on a commitment to clarity of concepts and definitions. His breadth of treatment and power of analysis and synthesis are like the work of a research team.

Mr. Sun's achievement shows the high potential of China-U.S. academic cooperation. He has been trained both at Fudan University and at three American universities, and is now a Ph. D. candidate at Columbia. As a patriot, he combs the experience of the world for the lessons useful to China; as a member of the international scholarly community that knows no national borders, he draws the lessons of the Chinese experience for the science of politics. Taking a standpoint which is independent, objective, and comprehensive, Mr. Sun belongs to a generation that has made a breakthrough in the old dilemma of the Chinese intellectuals between pro-Westernization and anti- foreignism. This generation combines the Chinese slogan of "seeking truth from facts" with the Western slogan that "the truth shall set you free."

I therefore am happy to recommend this book to readers as

one which is both informative and stimulating, scholarly and lively, and which brings new clarity to a subject which is at once of longstanding concern and current interest.

Andrew J Nathan

黎序

　　作爲一名年輕的學者,孫哲先生不僅秉承了中國知識分子的優良傳統,而且還將其發揚光大。憑藉著一種「鐵肩擔道義」的責任感和「先天下之憂而憂」的精神,在他年方27歲時就撰著了兩部對中國未來極具挑戰意義的專著。

　　孫哲先生的第一部著作《新人權論》出版於1992年。該書從基本概念、歷史、國際法、國別比較以及中國本身憲政發展等不同角度全面探討了人權這一重大理論課題。在這種探索中,作者知難而進,並不因人權是一個容易引起爭議的概念而裹足不前;並不因人權學課題的高難度而「心有餘悸」,爲之膽怯。同樣,他也沒有因爲自己是中國人或身在西方而產生任何一種偏見,因爲他完全沉浸在一種超然的學術意境裡。通過對中美兩國人權差異的公正比較,他認眞研究了前人的成果,積沙成塔,集腋成裘,終於掌握了蔚爲可觀的學術資料。

　　《獨裁政治學》從探討獨裁本質開始,由表及裡地從整體的角度剖析了獨裁政治各個方面,包括獨裁的歷史起源,獨裁的本質和獨裁政體的類型;古典政治理論中對獨裁意識形態的表述,當代歐洲思潮及中國式馬克思主義對獨裁和專政的認知;獨裁政治體制;獨裁與民主和發展之間關係等一系列問題。作者廣泛涉獵以博取眾家之長,以豐富的史料展現古往今來各國在民主與獨裁問題上的得失,爲中國讀者提供了切實而又樂觀的歷史借鑑。

　　讀這部書，人們常會在字裡行間感受到作者的勤勉不懈與獨立創意。獨裁是一個十分廣博而又敏感的課題，通常只有研究所或專門的課題小組才會擇取這樣的選題來「攻關」。但是孫哲先生通宵達旦的寫作，終於靠著一種堅韌不拔的執著精神理清了關於獨裁政治的來龍去脈，自成「獨」家之說。其文風之優雅華麗、論證之慎密精闢，已使目前這本書讀起來更像一批學者集體努力的智慧結晶而非簡單的一家之言。

　　孫哲先生取得的成就顯示了中美學術合作具備極強的潛力。他畢業於上海復旦大學，來美後又在三所大學的研究院裡進行深造，目前是哥大政治系博士研究生。作為一個愛國者，他悉心努力總結世界歷史經驗，將其有益之處介紹給了中國；作為國際知識分子群體中的一員，他又能不囿於狹隘的民族偏見，以對中國實情的研究，為人類政治科學的發展作出了積極的貢獻。孫哲先生屬於中國知識分子的新生代。他們這一代人善於獨立思索，篤信客觀求知，懂得如何全面創新；他們這一代人已經走出了中國傳統知識分子那種傾向西化或盲目排外之間徬徨徘徊的兩難困境；他們這一代人不僅深諳中國格言「實踐出真知」的內蘊，並且將其融入了西方「真理終將使你獲至自由」的理念。

　　有鑑於此，我欣然為此書作序。我願把此書推薦給所有的中國讀者，因為這部書信息豐富、讀來令人耳目一新。它不僅是部嚴謹的理論著作，而且是一本生動流暢的有關獨裁現象的政治紀實。我相信，《獨裁政治學》的出版，不僅闡明了重新研究獨裁的深遠歷史意義，而且還具有相當重大的現實價值。

黎安友

美國哥倫比亞大學東亞研究所所長

自序

《甌北詩話》錄詩有雲：

「到處尋春看不見，芒鞋踏遍嶺頭雲；
歸來笑拈梅花嗅，春到枝頭已十分。」

撰成《獨裁政治學》之日，恰值初春時節，怒綻枝頭的異國寒梅正爭奇鬥艷，蕩樣心頭的春意已汩汩流淌周身。

這春意，即人類千百萬年來爲之奮鬥、爲之流血、爲之夢幻、爲之渴求、爲之喜怒哀樂、爲之尋尋覓覓却姍姍來遲的民主。但它畢竟來了，昂首闊步、意氣風發地來了。

放眼全球，走遍天涯，儘管還有刺鼻的血腥、還有耀眼的戰火、還有獨裁的暴戾、還有專制的歹毒，但到處都可見和煦的暖風，可見艷麗的驕陽，可見自由的溫馨，可見民主的光芒！世界之走向開放，走向自由，走向平等，走向民主，已是不可逆轉之勢，已成不可阻擋的滾滾洪流。值此民主潮流席捲獨裁而去之際，作爲學者，橫掃一筆，以對獨裁專制的鞭笞，助全世界民主鬥士一臂之力，實在是一件大快人心的壯舉。

凌寒吐蕊的梅花宣告了春天正悄悄走近的消息。這春意，即成千上萬思想家們爲之搔首、爲之焦思、爲之苦慮、爲之宵衣旰

食披閱經典、為之忧忧惕惕著書立說却長期不得要領、不得眞諦，而今則脈絡淸新、端倪顯現，可以持之有故、言之成理地以長文短論、宏篇鉅制將關於獨裁、關於民主的學說眞理展示在讀者眼前這一事實。《獨裁政治學》的撰成，也許不能算是對獨裁政治的系統，加以完整、科學的闡述，更不能說是已臻於這門學問的高峰。但是，無論如何，這是千淘萬漉的心血結晶，這是披沙瀝金的探索成果，這是成百上千個思想家精闢論述的概括，這是古往今來政治家實踐經驗的總結。筆者有意側身於獨裁政治學研究行列之間，就把它作為這門科學研究的春天來臨的一束梅花奉獻給讀者。當筆者還是無名的莘莘學子而日日夜夜孜孜以求地瀏覽中外典籍之時，當不思茶飯、不遑寢食地沉思默想構建關於獨裁政治學的理論框架之時，却曾有過「芒鞋踏遍嶺頭雲」的勞累疲乏之感，有過「到處尋春看不見」的苦惱心煩，有過終日絞盡腦汁、「白頭搔更短」的慨嘆，然而終於到了「大珠小珠」躍腦海，砰然有聲跳出來的無法抑制的一日，感到非說不可、非寫不可、非寫一本名為《獨裁政治學》不可的一天。於是攤開稿紙、一泄千里般地撰成了此書。現在，當此書即將付梓之際，旣感到辛勤耕耘的歡樂，同時還感到獨裁政治研究之「春」已來到案頭、來到周遭、更來到心頭的欣喜。

　　難過的是，撰著此書時，愛妻正身懷六甲，筆耕的沙沙聲是與愛妻的呻吟聲相伴而發的，是與躁動母體的愛子同步「生長」的，當然，也就難免對愛妻與愛子的缺乏照料之處。尤其感慨的是，愛妻儘管因身孕而嘔吐不已，却在承受巨大生理苦楚之際，幫助構思、幫助閱稿，幫助做她所能做的一切。現任美國總統柯林頓和副總統高爾在其競選宣傳時常用的一句話是：「我們現在所做的一切就是為了我們的兒女，為了他們這一代！」撰寫此書

時，筆者也有同樣的希冀，希望愛子孫笑皇 (Royce O. Sun) 和
他的同輩人不再遭遇任何形式的獨裁影響，在民主的春風中順利
成長。我將此書獻給愛妻、愛子，當應得到讀者諸君的首肯，並
因此希望得到更加誠摯的批評指教。

孫哲
於美國紐約

目　錄

1

疑似之跡，不可不察 ：
　　　　　　重新認識獨裁政治

　　　中國古代的政治學說中一直有一個簡單的分類，那就是把治理國家分為所謂的仁政與暴政。行仁政則國治，行暴政則亂生。「仁」與「暴」都充滿道德色彩，當政者應該滿足人民的需要，使他們能夠豐衣足食，並且維持社會的安寧，達到一種所謂「路不拾遺，夜不閉戶」的境地，這就是治世。反過來，如果當權者橫徵暴斂，不顧人民疾苦，政事不修、賞罰不明，社會上兵連禍結、盜賊蜂起，則為亂世。

概念架構的「誤區」與理論研究的突破

走出迷亂的峽谷:概念架構

政治學,尤其是與「獨裁」相聯繫的政治學問題,古往今來,就是一個仁智互見、聚訟紛紜的難題。

中國古代的政治學說中一直有一個簡單的分類,那就是把治理國家分為所謂的仁政與暴政。行仁政則國治,行暴政則亂生。「仁」與「暴」都充滿道德色彩,當政者應該滿足人民的需要,使他們能夠豐衣足食,並且維持社會的安寧,達到一種所謂「路不拾遺,夜不閉戶」的境地,這就是治世。反過來,如果當權者橫徵暴斂,不顧人民疾苦,政事不修、賞罰不明,社會上兵連禍結、盜賊蜂起,則為亂世。

與中國古代政治學說不同,西方自然科學、倫理學和政治學的創始人亞里斯多德提出了政治行為中的兩個最基本問題:一個是什麼人可以行使統治權,另一個是什麼人可以從這統治中得益。他根據一個國家享有政權人數的多寡以及是僅僅由統治者得益還是廣大人民得益於這種統治為標準,將不同的政體分為三大類六小類。

第一大類是只有一個人掌握統治權。

在第一類之下,如果民眾得益於這種統治,便是所謂的「君王制」,或稱君主制。如果僅僅是這個統治者得益則是「暴君制」。

第二大類是只有少數人掌握統治權。

在第二類之下，如果民眾得益於這種統治，便是「貴族制」，如果僅僅是少數統治者得益，則是「寡頭制」。

第三大類是許多人都能行使統治權。

在此大類之下，如果民眾得益於這種統治，便是「政治制」，如果僅僅是亞里斯多德所說的「可憐的統治者們」得益，則是「民主制」。按亞里斯多德的原意，以上三大類六小類政體，無論哪一種都必須受到法律的制約，同時也要以實現全民的利益為根本目的。

直到現在，有許多人沿用亞里斯多德關於政體分類的標準。當然，也有些近代學者標榜價值中立，提出了新的分類標準。他們將現代政體分為民主、專制和極權三類。此外，還可列舉數以百計的其他分類方法。

筆者認為所有這些在政治學上的分類，無疑都是思想家們苦心孤詣、焦思竭慮的研究成果。當然，其中不乏真知灼見、不乏睿智閃光，但也不無繁雜混亂的曲解謬說。應當說，匍匐於前人製造的政治學迷谷，人云亦云、亦步亦趨，是不可能前進半步的。我們必須走出迷谷，創建科學的政治學概念架構。

而這種架構的科學性在於：

1.客觀性。
2.邏輯性。
3.簡明性。

從最簡單明瞭的角度來看，世界上所有的政體都可以分為兩類，即民主制和非民主制。本書所要研究的僅僅是非民主制中的獨裁現象，但它涉及到廣泛的政治學、社會學與法學問題，我們

將偶或論及。而爲了糾正概念理解上的偏差，我們先看一下「獨裁」這個詞在英語中的具體表達。

在英文中，dictatorship, tyranny, despotism, autocracy, authoritarianism, totalitarianism等詞都具有獨裁的涵義，它們的共同之處是指權力的擁有和運用。

Dictatorship一詞來源於dictate，本意是口述，使聽寫，下命令，支配他人等。其實，這個詞原來沒有貶義，只是形容特殊情況下權力的集中和運用。後來人們逐漸把它與民主對立，具有某種意識形態的特點。不管怎麼說，現在這個詞已被廣泛運用，專指獨裁和專政。

Tyranny的本意是「暴政、苛政、專制」，原來特指古希臘城邦國家等政體的僭主政治，現在常用來強調統治者行爲的暴虐、專橫和乖戾。打個比方，一個暴君就像一個現代電影中或生活中我們經常看到的歹徒，打家劫舍，無惡不作。在他的淫威脅迫下，無辜的人們不得不屈服於暴力和邪惡。從本質上說，暴君就是一個爲非作歹的強盜，他所作的一切都是爲了極端自私的一己私利，都是爲了攫奪並獨吞處在權力頂峰時所能得到的個人享樂。

Despotism是「專制；專制主義；專制政治」的意思，它雖然也與tyranny一樣，強調專制暴君的專橫和暴虐，但是就總體上說，這個詞更多地被用來形容專制政體，如專制國家或專制政府。西方研究獨裁政治的學者還喜歡用這個詞形容東方國家的專制，以示與西方的區別。

Autocracy的本意是「獨裁；專制制度；獨裁政府以及獨裁統治國家」。這個詞在過去政治學研究中出現的頻率很高，但是現在很多學者都覺得它過於空泛，而且帶有經典色彩，因此，為了表現獨裁研究的「現代化」，他們更喜歡使用另外一些帶有特指涵義的詞語來表明自己究竟要說明的是哪一種獨裁形式。

Authoritarianism的本意是「權力主義，獨裁主義」，這個詞應用的範圍比較廣泛，因為它的詞根含有authority的意思，指權力，職權，權限，權威，甚至有關當局和官方等等。

Totalitarianism的用意相對較窄，專指極權主義，也就是有些人所說的全能主義，即獨裁者擁有絕對權力，獨裁國家對公民生活方面都要加以干涉的全面獨裁形式。

關於獨裁政治的分類，政治學說史上一直爭論不休，萬千觀點紛然雜陳、斑駁陸離。而且往往針鋒相對、北轍南轅。不少學者儘管畢生探索，但其見解卻多所瑕疵、疑似實非，因而給人諸多疑惑。例如，有一位政治學專家把人類迄今為止出現過的政體形式分成三大類，即民主制度、中央集權制度和中央全權制度。在這三大類政體中，他又按照「政體服務對象的多寡」，把民主制分為局部民主制和福利民主制兩類；把中央集權制分為專制和集權主義；把中央全權制分為極權主義和全能主義。詳細說明如下：❶

服務對象	政體種類		
	民主制	中央集權制度	中央全權制度
為少數人服務	局部民主制	專制	極權主義
為多數人服務	福利民主制	集權主義	全能主義

這種分類方法雖然不無可以借鑑之處，但在邏輯劃分、實質判斷、概念界定以及方法論方面都有許多可以進一步商榷之點。特別是關於「中央全權制度」中的「極權」和「全能」之區分，很容易給人造成誤解。鑑於有關獨裁的各種名詞常被誤用的現象仍然困擾著大多數研究獨裁的理論界人士，有必要先行作一番澄清和統一基本概念的工作。

「磨刀不誤砍柴功」，此之謂也。

為了簡明扼要地說明問題，有必要依獨裁者獨占政治權力的範圍、政治多元化程度以及政治動員程度三條標準，把獨裁分為權威集權制和全能極權制兩大類型。前者就是人們常說的集權主義或權威主義，後者就是人們普遍認同的極權主義或全能主義。為了避免名詞使用上的混亂，本書將按政治學的一般說法，把前一種獨裁政體稱為集權主義或集權政體，而把後一種獨裁政體稱為極權主義或極權政體。

事實上，從本質上講，權威集權獨裁是一種相對單純的獨裁政體。獨裁者只是通過控制軍隊、警察、官僚組織和司法機關等傳統的強制手段來行使其權力，政治是少數人的專利，各種不同的政治利益集團之間雖然矛盾不斷，但大致都服從於一個統一獨裁者的領導。人民則缺乏政治意識，其基本生活與國家政治生活形式上幾無關係。

與權威集權不同，全能極權獨裁是一種複合獨裁體制。獨裁者不僅大權獨攬，沒有任期限制，而且控制國家教育、輿論工具和經濟命脈，隨心所欲、為所欲為、任情恣意地處置國內的人力、物力以及財力資源，直至獨斷專行，擅自勾畫整個社會及百姓個人的生活方式。

研究獨裁政治的美國政治學者胡安・林茨（Juan J. Linz）曾對什麼是權威集權獨裁和全能極權獨裁作了比較準確的說明。其最主要的觀點可以用下面這張圖表來顯示說明。由於該圖比較直觀，筆者在此只略加介紹，不作更多的具體解釋。

林茨對獨裁政體的分類❷

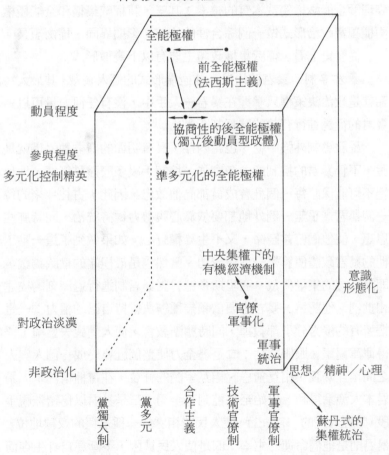

　　林茨對獨裁政體的分類相對來說比較客觀，比較公正，但把各種因素都考慮進去以後，卻又顯得有點複雜、繁瑣。爲了簡單明瞭地說明問題，筆者想作三方面的探討：其一，總結歷史上權威集權政體出現的幾種主要形式，歸納說明其一般特徵；其二，剖析全能極權政體的基本特點，力爭較爲清晰地爲讀者勾勒出一條理解全能極權獨裁本質的線索；其三，將權威集權和全能極權兩種獨裁政治形式做一個綜合性的比較，彰顯異同，權衡短長。

　　從歷史上看，權威集權政體主要有以下幾種形式：

　　暴君專制　　暴君統治是一種極端形式的個人獨裁。其最大特點就是政治決策權只掌握在暴君一人手中，沒有任何力量可以對暴君的行爲進行有效的監督制衡。

　　暴君專制外強中乾、色厲內荏，具有明顯的虛弱性。這就是說，不管暴君的控制能力多麼強，控制手段多麼殘酷無情，他也絕不可能保證每一個社會成員都向他效忠，因此，古往今來的每一個暴君幾乎無一例外地都要依靠心腹勢力維持統治，同時施些恩惠，使他們俯首聽命，又不生篡權野心。如果做到了這一點，他的暴君政體便算是一種最成功、當然也是最極端的權威獨裁，即最極端的集權獨裁。亞里斯多德曾對暴君制進行過深刻的描述和批判。他認爲，暴君主要依賴幾種辦法維持自己的權力：一是把所有的優秀分子都殺掉，同時壟斷教育，使人們喪失靈魂，變得渾渾噩噩、服服貼貼；二是盡全力使整個社會變成一個人與人之間相互隔膜、相互猜忌、相互爭鬥的社會，在這種情況下，暴君本人漁翁得利，自始至終控制著全局；三是暴君以秘密監視手段，掌握人民的一言一行，使人民變相處於一種永恒的奴隸地位，暴君則是他們命運的主宰；四是使人民貧困，不斷爲自身生存而掙扎，無暇關心政治，更沒有心計從事反抗暴君的鬥爭。❸

物換星移，時光流逝，歷史的車輪把暴君統治碾成了齏粉，僅僅是由於某些非常特殊的條件，才使得極少數現代國家裡還殘存著暴君統治。20世紀後期，只有亞、非、拉極少數獨裁國家被公認為暴君獨裁。第二次世界大戰後拉美出現過的巴基斯塔統治下的古巴、尼加拉瓜的索摩查王朝、「爸爸醫生」杜瓦里埃統治下的海地、卜卡薩皇帝的中非，殺人魔王阿敏的烏干達等國，都屬於這類獨裁政體。

我們試以多明尼加共和國為例說明現代暴君制的實質。

特魯希略統治下的多明尼加共和國（1930－1961）是相當典型的現代暴君制。拉斐爾·特魯希略是一個職業軍人。在1930年多明尼加共和國舉行的選舉中，特魯希略依靠暴力、舞弊和美國的支持當上了多明尼加共和國的總統。在以後長達30多年寡頭式的統治中，特魯希略以鐵腕政策建立了恐怖秩序，他的多明尼加黨強迫所有的人俯首貼耳、跪拜順從，一旦發現反抗，便毫不留情地加以鎮壓。政治腐敗、軍事鎮壓、酷刑、謀殺、裙帶關係、貿易壟斷、對國庫的搶掠，所有這一切最卑鄙的勾當，都是特魯希略最擅長的拿手好戲。

特魯希略在位期間鎮壓了所有的反對派，積累了近8億美元的私人財富，成為多明尼加最大的資本家。他不僅擁有兩份報紙和一家控制全國經濟的銀行，還是國家最大的進口商和出口商，經營的行業無所不包，從造船到香煙生產，從畜牧業到色情賭博行業，哪裡能壓榨人民，那裡就是他搜括民脂民膏的獨裁領地。在特魯希略的淫威下，牛馬不如的勞動者全都成了他的私人奴隸，成年累月地為他賣命，卻被剝削得一無所有，生活在悲慘之中。

從1930到1961年被暗殺為止，特魯希略作為「國家的恩人」有時作為總統，有時透過傀儡，一直牢牢掌握著多明尼加共和國

的最高權力。在對外關係方面，他對美國言聽計從，美國武器充斥多明尼加軍火庫，美國商品代替了多明尼加的國產貨暢銷於各地市場。連美國花旗銀行都被指定爲正式儲存多明尼加國家歲入的「專業銀行」。控制多明尼加糖業生產的美國企業家支持這個殺人不見血的獨裁者。1939年7月，特魯希略以武裝部隊總司令身份訪問了美國，受到當時美國總統富蘭克林‧羅斯福總統的熱情接待。到第二次世界大戰時，多明尼加已經成爲美國睦鄰政策「成功的典範」。當美國國內許多人批評羅斯福總統忽視了多明尼加的殘暴和貧困問題時，羅斯福回答說：「他（特魯希略）可能是個畜牲，但他是我們的畜牲。」❹

特魯希略的多明尼加共和國作爲一個當代暴君制的典型，特別強調秩序、服從和神化獨裁者個人。從某種程度上說，整個社會尚未被完全政治化，國家大部分農業人口對政治仍然保持著冷漠態度，這正是它與極權政策的根本區別。

特魯希略的多明尼加共和國只是現代暴君制的一個典型。與古代的暴君制相比，現代暴君政體在國際輿論的巨大壓力下，都不得不承擔一些基本的社會責任，如：爲社會成員提供一定的公共交通手段，建築一些公共衛生設施，興辦教育，保證國家安全⋯⋯。無論傳統暴君制和現代暴君制有多大的區別，有一點是不變的：即從整體上看，現代暴君同樣依賴秘密警察的統治，有時，整個國家軍隊就是暴君本人的私人衛隊，直接爲暴君服務。

集權君主專制 大體上說，集權君主專制型獨裁包括兩種形式，一種是國王授權國家某一重要政治人物掌管權力，例如，西班牙國王阿方索八世（Alfonso XIII）在第一次世界大戰後曾授權擔任內閣大臣的里維拉（Primo de Rivera）實行獨裁統治；希臘國王喬治二世（George II）在1936年將權力交給約翰‧麥

克斯卡斯（John Mexacas）將軍，由他來決定國家一切大政方針。另一種是國王親自掌管權力，如第一次世界大戰後的南斯拉夫。

1918－1928年期間，南斯拉夫國內出現過23屆政府，有的政府掌權後連許諾都沒來得及做出就被趕下台。走馬燈似更迭的每一屆政府都是匆匆而來，匆匆而去。沒有任何一屆能夠存在足夠長的時間制訂自己的憲法，所以很多地區仍然沿用一次大戰前的法律。國家混亂不堪造成黨派紛爭嚴重，平民百姓深受其苦。到了1929年，形勢更加惡化，有時甚至出現一連3個多月國家沒有政府存在的混亂狀況。有鑑於此，亞歷山大國王不得不宣布解除一切政黨，實行個人獨裁統治。

1935年保加利亞國王鮑里斯三世（Boris Ⅲ）和1938年羅馬尼亞國王卡羅二世（Carol Ⅱ）實施個人獨裁的情況也大致相同。它們都屬於國王親自掌管權力的集權君主專制類型。

從世界範圍來看，國王親自掌權的獨裁政體還包括沙烏地阿拉伯、中東地區一些酋長國家、蘇丹統治下的王國（如：亞洲的汶萊）等等。這些國家與英國、斯堪地那維亞半島上實行君主制的國家不同，它們的君主並不是虛位元首，而是實際實施統治的君主。與暴君制政體不同的地方是，集權君主遵守某些固定的法則進行統治，而暴君只是權力鬥爭中的強盜。

集權君主制的權力是世襲的，國家雖然沒有民意代表制度，甚至在很多國家連稱得上現代化的政黨制度也不存在，但是君主總能依據傳統來進行有效的統治。在這種政體中，民意不是通過代表制度而是通過傳統風俗習慣反映出來，無論是統治者還是被統治者，在某些歷史流傳下來的規矩面前都不能超越雷池半步。例如，中東有些君主制國家禁止男人飲酒，不管是皇室成員還是

普通平民，都要遵守祖先立下的規矩。位於太平洋上的汶萊在1984年獨立後，國家最高首腦蘇丹馬上把自己的家族成員安插到最重要的政府崗位上，他的父親變成了國防部長，弟弟主管外交事務。中東的沙烏地阿拉伯王國也是如此，人們很難分清什麼是國家的財富，什麼是王室的財富；國王不必使用任何暴力手段，他只是靠著家族早已立下的神聖法律和眾人服從的風俗習慣便能任意處置這些財富。

對沙烏地阿拉伯王室的奢華，世人中傳說著許多近於天方夜譚式卻又並非虛構的現代神話。例如：沙烏地阿拉伯法赫德國王曾經花費4,000萬美元建造一座豪華無比的行宮，宮內設有金床、大理石浴室、游泳池、直升飛機緊急著陸場、蒸汽浴室等等；他還花費了15,000萬美元改造了一架昂貴的波音747飛機，使它成為一座舒適的「飛行宮殿」；國王在日內瓦、戛納、巴黎、倫敦都擁有極為奢侈的住宅。當然，中東很多君主專制國家依靠石油工業獲得巨額財富之後，都或多或少地在國家物質利益分配方面採取了種種措施，普通百姓也過慣了相對富裕的生活。國王還拿出不少錢來建立了免費醫療保險制度、興辦高等教育，使退休社會人員享受社會福利等等，這從另一個方面換取了整個社會的穩定和繼續繁榮。

軍政獨裁　軍政獨裁國家專指「軍方具有潛在能力控制整個政治體系」的政體❺，它是一種獨裁者通過控制軍隊達到控制整個國家的獨裁政治形式。

軍政獨裁體制在第一次世界大戰後的歐洲表現得最為突出。例如，1772－1795年間曾3次被俄國、奧地利和普魯士瓜分領土的波蘭直到大戰結束、奧匈帝國崩潰以後才於1918年恢復國號。儘管如此，波蘭人民很快就發現，新成立的政府腐敗無能，根本無

法控制當時極不穩定的國內政局。於是，1926年5月，波蘭軍方干政。約瑟夫・皮爾薩得斯基 (Josef Pilsudski) 元帥率領部隊向華沙進軍，只用了3天時間就把當時的總統、總理趕下台。後來，波蘭取消總理制度，實行政體改革。皮爾薩得斯基元帥雖然在名義上擔任執政內閣的作戰部長，而且一直拒絕繼任總統職務，但他自始至終都掌握著不可動搖的統治權。皮爾薩得斯基元帥的軍政獨裁比較特殊，它與其他獨裁政體的主要區別就是一直允許反對勢力、反對政黨的合法存在，這種情況直到1935年才結束。

波蘭皮爾薩得斯基元帥的軍事獨裁統治留下了不少爭議。有人認為他雖然實行獨裁，但客觀上卻促進了波蘭的民主進程，同時提高了波蘭政府的效率。❻不管怎麼說，這段時期的波蘭歷史現在又被重新提起，成為不少發展中國家爭論不休的一個話題。

與波蘭軍事情況不同的是，西班牙佛朗哥的軍政獨裁又是另外一種形式。應該說，佛朗哥的統治既是歐洲法西斯主義的一種變形產物，又是西班牙歷史發展的結果。在30年代初，西班牙並沒有發生法西斯主義社會變革，在很大程度上，佛朗哥的統治是通過對軍隊的控制實現的。只要佛朗哥得到將軍們的支持，他就可以保持獨裁者的地位。

波蘭和西班牙這兩個例子說明，對軍政獨裁要作具體分析。第二次世界大戰結束後，世界上幾乎三分之二的國家都經歷過不同程度的政變而實行軍人執政。直到今天，仍然有不少第三世界國家還經常發生從文人政府到軍人政府（或者相反）的政體演變。軍政獨裁如此普遍，以致研究軍事權威政府幾乎成了研究非西方國家政治必須接觸的課題。❼

軍政獨裁有兩種最主要的統治形式。一種是直接進行軍事管制，即軍方力量承擔起政府的一切責任，一小部分高級軍官形成

國家最高決策中心。1980－1983年期間的土耳其、1967～1974年期間的希臘，1973年以後的智利，1981和1982年期間實施國家緊急軍管的波蘭，都可以說是直接軍管的典型。

從現實生活中看，即使是最「純粹」的直接軍管，文人政府也並沒有完全喪失原來的功能，特別是在各級地方政府中，文職官員仍然扮演著重要角色。很多專家學者都參與了政府管理。❽當然，這裡必須指出的是，直接軍管的主要支柱是以軍隊為代表的武裝力量，因其講求效率，任何複雜問題到最後都會被簡化成黑白分明的圖像，然後配之以相應的處理方法。

軍政獨裁的第二種形式是間接軍事管制。在這種情況下，原來文人政府中的政治機構依然存在並發揮功能，政府首腦大多仍由文人擔任，享有一定的合法地位。

間接軍事管制又分為三種具體方式：

1. 軍人控制文人政府。政府首腦聽從將軍們的指示，整個社會生活被「秘密軍管」。
2. 軍事仲裁。文人政府可以自行決定政策，但是一旦發生政治利益衝突，軍方馬上介入，作出最終裁決。軍事仲裁制度在60、70年代拉丁美洲一些國家非常流行，80年代初的波蘭也是一種軍事仲裁統治。
3. 軍事否決。這是一種相對溫和的間接軍事管制形式。在這種情況下，文人政府一般都能正常運作，正常選舉制度和公民權利也能得到保障。只有在某些特殊問題上，文人政府才在作出決策之前徵求軍方意見，獲得同意後才能採取行動。

應當說明，我們在這裡探討關於間接軍事管制的三種具體方

式並不是一成不變、界限絕對分明的。軍人干政是一個非常複雜的問題，我們將在第6章中結合發展中國家的實際政治情況進行更爲詳細的探討。

官僚權威獨裁（aureaucratic buthoritarianism） 嚴格說來，這是一種特殊的軍政獨裁形式，最初起源於60、70年代的拉丁美洲國家。在這種體制下，獨裁最高權力機構不僅包括軍方力量，而且也能容納一部分「技術官僚」或有一定才幹的文職官員。

官僚權威獨裁的最大特點是它重視精英政治，一方面竭力網羅各種有用人才，使之參與政府管理，另一方面又排斥大眾動員，以鐵的手腕鎮壓反對勢力。拉丁美洲的阿根廷、巴西、智利以及烏拉圭等國被視爲官僚權威體制的典型。

從國家現代化的指導思想上看，官僚權威摒棄了「發展經濟必須首先實現民主」的觀點，走的是權威指導下的經濟發展道路。官僚權威獨裁原來計劃以犧牲人民政治權利來換取國家的加速現代化，實踐證明，這一設想是不可行的，經濟的發展引發了人民大眾對政治參與的熱情，但是「精英統治」又使人民要求參政的願望受到長期的壓抑和挫折，於是許多實行官僚權威獨裁的國家走上了惡性循環的道路，不但人民經濟水平沒有得到實際提高，人民應有的各種權利也被忽視，以至剝奪淨盡了。

以上我們分別列舉了權威集權獨裁的4種具體形式，即暴君專制、集權君主專制、軍政獨裁和官僚權威獨裁。與這些權威集權獨裁相對立的是另外一種獨裁政治形式，即前面提到的全能極權獨裁。

所謂「全能」，顧名思義，是指獨裁者權力無所不在，獨裁政府對公民社會生活進行全面干涉的理論說法，它帶有某種修飾

色彩，是近幾年才在獨裁研究中流行開來的一個術語。

全能極權獨裁一般包括第二次世界大戰前後形成的德、義、日法西斯主義國家。有些西方學者傾向於把史達林統治下的蘇聯也納入此類。

大體上說，全能極權獨裁有6個最基本的因素：

1. 具有一個單獨的但非鐵板一塊的權力中心。

2. 毫無法治可言，行政機關有權任意剝奪人民的生命、自由和財產。獨裁者蔑視法制，人民權利得不到任何保障。

3. 全能極權國家並不排斥採取分權制度，但由於強調絕對集權，其分權制度與資產階級民主制鼓吹的三權分立、多黨競爭以及兩院制度原則完全不同。

4. 全能極權獨裁政體和君主專制政體之間的區別在於：極權主義國家禁止反對黨的存在。一黨專政比官僚制度和軍隊更加可靠。唯一的政黨作爲活動範圍極大的工具，控制了整個國家和社會，並擔負著聯繫極權分子的任務。

5. 在全能極權政體中，社會和國家這兩個概念非常含糊，兩者幾乎沒有任何區別。其結果是社會政治化程度高，完全爲政治權力所滲透。

獨裁者控制社會的手段包括：

- 領導原則。由領袖指導，對領袖負責

- 所有社會組織的一致化。獨裁者不僅控制著各種社會組織，而且要求它們爲國家服務

- 精英等級制度的建立。獨裁者爲了從內部控制大眾，在各階層中建立私人領導團體，用以補充官僚制度的不足

- 個人原子化和孤立化。在消極方面破壞或削弱基本社會

單位，以此破壞或削弱人們彼此之間基於家庭、傳統、宗教及工作或其他時間內的合作關係。對獨裁政體而言積極方面是，將孤立的個人納入龐大而不分化的群衆組織，以便操縱

● 把文化變成宣傳，把文化價值變成可以銷售的計劃產品強迫人人接受

6. 恐怖暴力是維持極權獨裁的必要手段。比起其他獨裁政體，全能極權獨裁的恐怖暴力手段運用得更多，更殘酷，人民受到的威脅與迫害也更嚴重。

前面已經述及，權威集權制和全能極權制都是西方學術著作中所指的非民主的專制獨裁政權。在考察了這兩種獨裁體制的各自特徵之後，我們可以運用比較的方法，把它們的共同點綜合歸納爲以下七個方面，即：

1. 政治權力高度集中，並且不受民主社會裡的選舉制和法律的約束。

2. 領導集團操縱並控制民意。

3. 社會基本成員的個人權力不受尊重或根本得不到承認，一切都由當權者「恩賜」。

4. 政權機關不擇手段地控制各種社會利益集團。

5. 利用警察或其他恐怖機構保證公民服從政府的意願。

6. 新聞傳播媒介受到嚴格控制。

7. 領袖集團依靠暴力而且是在奉承諂媚聲中使用權力。

至於權威集權與全能極權政權的不同之處，我們可以從以下三個方面進行考慮：

　　首先，全能極權旨在滲透控制社會生活的一切方面，而權威集權則只求控制，不求滲透，因而允許一定的多元化存在，包括多元化的政治思想、言論、結社和行動的自由。

　　其次，全能極權所提出的社會政治和經濟發展目標都極意識形態化，包括各種烏托邦的和幻想性的意識形態目標。在這種體制中，一種具有排它性的、自圓其說的、或多或少用頭腦精心設計的意識形態成爲統治者統治的基礎，權威集權一般都沒有這類無所不包的官方意識形態目標。

　　最後，全能極權主義政權通常要建立起群衆性的動員體制，企圖動員全社會的一切力量來支持其政權或其領導集團，而權威集權則不那麼重視動員體制，它對人民自己經營的社會性和經濟性基礎實體，諸如生產性的企業和工會、學校、群衆性團體、傳播媒介、教會等，並沒有採取全面而有系統的控制，其感興趣的是如何控制住反對力量，依靠暴力工具保護少數人的統治權力。

　　這裡需要注意的是，無論是這兩種獨裁體制的哪一種，獨裁政府都不允許人民在政權問題上與其開展眞正民主意義上的競爭，也不允許人民廣泛地和實實在在地參與政府在國家大事上的決策，簡而言之，兩種獨裁政權都壟斷權力。

　　以上是筆者根據自己的研究心得，對獨裁政治概念所做的一點澄淸。獨裁政體的分類問題，一直是西方政治學界近二、三十年來一個爭論不休、歧異見解層出不窮的重大課題。可以說，到目前爲止，筆者還沒有發現一個能爲研究獨裁政治的學者們普遍認同的模式。有鑑於此，我們就應當進一步拓展自己的視野，從更宏觀的角度考察西方理論界在這個問題上的種種爭鳴。作爲一種初步努力，筆者在這裡想另外介紹三種劃分獨裁政體的標準和方法供讀者參考。

　　第一種標準：根據獨裁政體中政黨數量的多少，把獨裁體制劃分為一黨獨裁和多黨獨裁兩種。

　　美國政治學家薩繆爾・杭廷頓曾在他的代表作《變革社會中的政治秩序》中專門抽出一章論述「政黨與政治穩定」問題。他認為：「在高度現代化國家，政黨數量多寡無礙於他擁有強壯之勢；而在低度發展中國家，一黨制可強可弱，但多黨制卻毫無例外地是軟弱的」。❾據他分析，一黨制或一黨占優勢或稱「一黨獨大」的國家之所以能有比較長期的穩定，是因為這些國家具有制度化力量，比較強大，歷史也比較悠久。相反，低度發展中國家缺乏民主習慣或者民主沒有制度化，缺少規範和制約各種力量的法制體系；政黨也沒有制度化，比較軟弱，缺乏群眾支持，本身沒有凝聚力，而且容易產生腐敗。所以在這些國家裡，互相競爭的多黨制往往導致政局的不穩定狀態。

　　杭廷頓在這裡想要說明的一個道理是，發展中國家常常具有產生多黨的可能，但這並不是國家進步和社會安定的標誌，與此相反，這是一種不穩定的過渡現象。在許多發展中國家裡，理論界人士都喜歡引述杭廷頓的著作和觀點說明政治穩定與政治發展的問題。這裡想要指出的是，杭廷頓並沒有系統分析政黨制度與人民主權的關係。從獨裁政治研究角度來看，杭廷頓同樣沒有說明低度發展中國家的不穩定狀態與可能出現的民主政治或者獨裁政治之間的關係。一黨制或一黨占優勢的國家雖然很少出現政局動盪，但是究竟如何行使有效的權力制衡、監督，以防執政黨濫用權力，獨斷專行，貪污腐化，最終導致獨裁，至今還沒有理想而又可以付諸實踐的理論可以借鑑。

　　我們在分析一黨獨裁還是多黨獨裁時有一個問題特別需要認真考慮。如果我們承認至今世界上還沒有一種理想的、十全十美

的而且自始至終不變的政黨格局，我們就必須採用一種動態的辯證分析方法來探討所謂政黨獨裁的實質。

現在有一種較爲流行的看法，即社會由不發達到發達，或者由非現代化到現代化的過程中，會出現下述否定之否定現象：多黨制爲一黨制或多黨共存中一黨占優勢（或居領導地位）的制度所否定，爾後，後者又爲前者所否定，建立現代意義上的多黨制。還有一種看法對此提出異議，認爲不同條件下的政治運動具有不同的規律，因此上述公式並不是一種普遍的歷史公式，一些國家具有這種演變的可能性，但是相反的趨勢，即由多黨制返回到一黨制的趨勢同樣存在，因此不管是哪種政黨制度，問題的關鍵在於不同的社會制度和不同的社會發展程度總會產生不同的政黨政治格局，後者總是爲所屬的社會經濟制度和政治需求服務的。❿

一黨獨裁也罷，多黨獨裁也罷，它們的共同特點是：一方面，黨的普通成員無權參與決策，但是有義務認眞貫徹黨的路線、方針和政策，堅決執行黨的領袖集團下達的各項任務；另一方面，黨的最高權力中心的領導階層——在很多情況下是黨的領袖個人——享有絕對的權力制訂黨的政策。這種政治權力的壟斷常常發展成爲對整個社會生活，包括：精神文化、社會經濟等各個方面的嚴格控制。在這種政黨獨裁中，執政黨自上而下的組織實際上淡化了原來社會階層之間的界限，以對黨的忠誠劃線，社會成員分爲各個不同的層次，越是接近權力中心的社會成員，就越享有特權，獲得進一步升遷的機會也就越來越大。

關於政黨獨裁問題方面，在考察一黨獨裁時應注意，政黨獨裁與政黨本身的建設情況有著密切的聯繫。例如，在二次大戰期間，歐洲中立國奧地利境內最重要的政黨有在城市工人階級中間具有相當影響力的社會民主黨、獲得鄉村農民階級支持的基督教

社會主義黨和其他反馬克思主義的政黨。1931年，社會民主黨和基督教社會主義黨都各自擁有自己的軍事力量，前者的支柱是一支由9000人組成的軍隊，後者則主要依賴於自己掌握的一支6000人左右的武裝力量。但是最關鍵的問題是，奧地利政府國家軍隊的總人數只不過3,000人，根本無法與任何一方抗衡。1933年3月，奧地利國民議會投票討論國有鐵路法案，但是沒有料到竟由此招致社民黨、基社黨以及泛德意志政黨三位領袖在議會的相繼辭職，按照奧地利法律，議會在這三位議員辭職後不可正常運轉，因此造成了實際上的癱瘓。針對這種情況，奧地利總理在總統的授權下採取緊急措施，宣布政府的獨裁統治。❶

奧地利的例子表明，一個國家的政黨力量還沒有強大到獨裁的情況下，該國內其他政治力量卻可以利用這種混亂實行獨裁。

在西方政治學著作中，佛朗哥統治下的西班牙、社會主義古巴、中國、阿爾巴尼亞以及埃塞俄比亞等其他一些國家經常被稱爲一黨獨裁制國家。他們認爲，這種獨裁制度最大的機制性缺陷就是黨和國家政治生活不能制度化，執政黨統管一切，有時會從集權政體轉向極權政體。這種觀點的基本依據，同樣涉及執政黨本身的性質和建設情況。對此我們應當加以深入研究。

第二種分類標準：根據現代資本主義國家的一般特徵，把獨裁政體劃分爲憲政獨裁和非憲政獨裁。

《韋伯斯特字典》把獨裁者定義爲：「政府中，特別是共和制政府中行使絕對權力的人」。歷史上，我們經常可以看到一些民主國家在面臨生死存亡的關鍵時刻借用獨裁手段度過難關，這似乎已是一條鐵的歷史規律。有些西方學者據此概括出憲政獨裁與非憲政獨裁的概念，企求以此爲線索，深入剖析獨裁政治與民主政治的區別和內在聯繫。

　　按西方理論界的看法，憲政獨裁的組織原則是憲政馬基維利主義，或者更精確一點地說，是「國家存在的理由」。政治學和法學中還有一個經常用的專門詞語形容這種情況，即 (raison d'etat)。這種「民主獨裁」的法理學說，視國家本身爲至高無尚的合理存在。

　　憲政獨裁最大的特點就是：把國家爲了生存的需要可以犧牲個人的利益及所謂國家理性看成是國家運動的第一準則。憲政獨裁的涵義很廣，擁護憲政獨裁的人大致能夠舉出以下理由爲自己辯解：

1.在民主制度下，政府的組織體系是非常複雜的。以憲法規則作爲國家治理最高準則的憲政國家 (constitutional states) 在一般情況下能夠維持社會的穩定，但是一旦面臨危機或其他緊急情況，政府往往無法正常運作和發揮必要的政府功能來調節社會矛盾。這種情況要求憲政國家設計一套補救措施，保證危機狀態下政府對國家的控制和領導。

2.在遭遇重大危機時，國家當局有權依據憲法中的某些規定採取特別的應急措施，包括：政治、經濟、軍事等諸多方面；以「保證民主制度不受傷害」這個前提還不夠，在特殊情況下，國家可以集中權力限制人民的自由，而且無論這種權力集中達到什麼地步，只要是維護國家生存及穩定所必須的，就是「完全合理」的。當然，這種觀點常常招致各方面的抨擊，因爲什麼是危機、危機發生的具體情況等等，在各個國家都會有所不同，特別是政府領導人對危機的認識也有很大差別，這裡就有一個「軟性」尺度需要

具體判斷。

一般來說，民主國家有可能遇到的生存危機有三種：

- 戰爭：「民主是和平的產物，它不可能脫離和平而生存」。在戰爭特別是反侵略戰爭中，一個民主國家必須把和平時期的政治及社會秩序轉化成爲一種與對手兵戎相見的戰爭機制，從而保證動員一切可以動員的力量去戰勝敵人，維護國家獨立和安全

- 國內暴動或叛亂：這要結合具體情況具體分析。有的民主國家發生暴力革命，有很複雜的歷史和社會背景。但就總體上看，民主國家的暴動或叛亂常常引起社會動盪，打亂正常的政治秩序，進而影響人民的生活和民主權利的行使。在這種情況下，民主國家也必須採取必要的處理措施

- 經濟危機：社會主義民主國家在管理經濟生活中的失誤，資本主義國家中不可避免的生產資料私有制與生產力發展之間的矛盾，都會造成經濟發展的停滯甚至危機，嚴重者將影響社會各個層面，導致國家統治基礎的動搖❿

3. 憲政獨裁的直接起因是民主國家中的危機，其直接目的是克服危機，維持現存政體的權威性，保證人民更好地享受民主自由權利，恢復民主制度的正常運行。因此，一旦危機結束，憲政獨裁便應結束。從這個角度說，憲政獨裁實際上是一種以獨裁制約獨裁的民主機制，是暫時性的應急措施。這也是憲政獨裁的特殊涵義。

根據民主國家可能遇到的三種危機，憲政獨裁也相應具有三

種最主要的表現形式，即行政獨裁、立法獨裁、戰時內閣。行政獨裁主要對付國內叛亂危機；立法獨裁主要對付經濟危機；戰時內閣主要對付戰爭狀態。三者可以同時存在、交替或一起運用。

行政獨裁最基本的制度化形式是實施軍事管制。從某種意義上說，它實際上是以軍政府管理人民事務，軍政領導人的意志代替了人民的意志。結果是國家最高權力從公民選舉的政府向軍政府轉移，公民民主權利和自由受到極大的限制。軍事管制也有一些具體形式，最常見是軍管法的頒布和戒嚴令的下達。

立法獨裁最基本的制度化形式是立法授權。在很多情況下，由國家立法機關宣布國家處於緊急狀態，國家立法機構授權行政當局暫時接管立法機關的日常事務，採取特別措施，制訂處理危機的各種必要法律和法令。

戰時內閣大部分是在戰爭中或面臨戰爭危機時形成的。其成員大多是在國內具有相當威信且有經驗的政治家，懂得如何率領人民贏得戰爭。戰時內閣常被看成是憲政獨裁的最高形式。

無論採取哪一種形式，就本質而言，憲政獨裁實際上包含了權力的集中與擴張、最後達到消除危機、恢復民主自由等一系列過程。如果沒有最後恢復民主這個根本目標，憲政獨裁就會變成永久獨裁，從而徹底毀滅國家民主制度。歷史上這類悲劇不勝枚舉。拿破崙三世堂而皇之地以戒嚴的名義摧毀了法國共和的民主制度；希特勒巧妙而又成功地利用威瑪共和國憲法第48條奪取了德國的政權，建立了對外擴張的第三帝國。

根據憲政獨裁的本質特徵，我們可以確立一些評價憲政獨裁的客觀標準，這主要包括：

1.除非國家面臨真正危機，否則不宜運用憲政獨裁手段處理

國家事務。

2. 宣布實行或結束憲政獨裁的國家政治領導人不應是那些尋求永久獨裁的權力野心家。

3. 實施憲政獨裁的一個重要條件是在落實行動之前就明確它的具體期限，不可無限延長。

4. 憲政獨裁採取的手段如軍管、戒嚴等等必須具備必要的法律基礎，必須使人民真正信服其必要性。

5. 憲政獨裁不應過度，應盡量避免將緊急措施制度化，儘量避免對人民權利的限制程度。

6. 憲政獨裁結束後應盡最大努力地恢復獨裁前的正常秩序，為未來的民主發展創造條件。

在某些實行資本主義制度的現代國家裡，憲政獨裁又被稱為「選舉下的仁慈專制」或「表現自由條件下的大眾獨裁」，是「民主的專制」。其大致意思是說，隨著資本主義國家經濟水平的發展和教育程度的提高，「受過教育的無產階級」在總人口中的比重越來越大，但是社會物質財富的積累和社會民主財富的積累不成比例，於是社會不僅產生貧富懸殊的經濟兩極分化，而且在政治上也越來越趨於專制獨裁，由一小部分人控制國家機關，任意干涉國家政治生活。在這種情況下，人民雖然享有一定的民主自由，如：言論自由、出版自由，但這只是以不損害國家根本安全利益為基礎的。人民享有的自由與政府實際上對他們的控制使得兩者互不相容、矛盾尖銳，國家名義上是為了人民的利益存在，但在最後往往背離這種宗旨，成為獨裁者的專政工具。

以世界「最文明發達」的美國為例。不少美國學者認為美國實際上存在著兩部憲法，一部是美國獨立後由先賢先哲制訂的

1787年成文憲法，另一部是美國在200多年的政治生活實踐中的「現實憲法」。這兩部憲法之間存在著巨大的差異。成文憲法一直被認爲是美國精神的神聖體現，憲法起草者用慷慨激昂的言詞向世人宣告了對平等、自由、追求幸福的信仰，爲未來的發展制訂了詳細的建國方略。而在現實中人們遵循的「憲法」則是經過一次次補充說明，司法機關、總統以及眾多的決策者都詮釋過的指導原則，是以「誰在什麼地方得到什麼」爲宗旨的變形憲法。用20世紀初美國總統伍德羅‧威爾遜的話說，是「在結構和實踐上奉行達爾文主義」的憲法。❸但實際上，即使是1787年的成文憲法也並不是完美無缺的，其最大的問題是憲法沒有眞正視人民爲至高無尚的統治者，人民被高踞其上的富豪們所「代議」，政府與人民之間的關係已經演變成爲政府與社會利益集團之間的關係。與此同時，1787年憲法也沒能做到限制權力，而是創造、擴大了權力，特別是行政權力。

　　林肯總統就是這樣一位「憲政獨裁者」。在內戰期間，特別是在1861年4月12日至7月4日之間，他至少採取了以下一些暫時性獨裁措施：

1. 1861年4月15日，他以行政命令徵集了75,000人的民兵力量用於鎭壓叛亂，他們的行動並不受法律限制。
2. 4月19日，林肯又在沒有徵得國會同意的情況下發布另一項命令，宣布海軍「爲了維護公共安全」，增加19艘艦艇。
3. 未按法律手續就從財政部提取公共資金，交由總統任意處置……等等。

　　林肯總統曾發出感嘆，懷疑是不是所有的共和政體都有一個共同的內在矛盾，即一方面政府要盡最大努力保證人民自由不受

傷害，另一方面卻又要把政府的存在維持在一種最低水平上。❹這也是後來美國理論界一直探討的「小的是美好的」。

第二次世界大戰中的羅斯福總統至少也有一些引起爭議的獨裁表現，這包括：

1. 行使獨裁權力落實戰爭條約。雖然這種權力並不是絕對的，但在許多事情上，羅斯福總統「獨斷專行」，國會只是一枚橡皮圖章而已。

2. 在1942年2月19日珍珠港事件爆發後，羅斯福總統發布行政命令第9066號，把西海岸各地112,000名日裔，包括70,000在美國土生土長的日裔美國公民轉移到中西部地區，由美國軍隊直接派兵建立特別管理區加以看管。這種舉動表面上看是爲了美國的軍事安全，實際上無法排除獨裁主義種族歧視傾向。

3. 1942年，一批德國士兵通過潛艇登上美國東岸本土，其基本作戰任務是盡一切可能破壞美國的戰爭動員和戰時機制，造成動亂。這批士兵被抓獲後，羅斯福總統迅速命令建立了一個特別軍事法庭，直接宣布他們的死刑。後來有人提出異議，但並沒有得到重視。

第二次世界大戰以後，朝鮮戰爭、越南戰爭、出兵格瑞那達、從巴拿馬捉拿諾列加等行動，不單單是美國遵循霸權立義擴張的外交政策問題，實際上更牽涉到美國的內部民主機制是否健全。在這些戰爭中與舉措中，美國總統爲了國家的「安全及利益」，或不顧民意的反對「在錯誤的地方和錯誤的時間與錯誤的對手打了一場錯誤的戰爭」，或無視現存國際法公然侵犯另外一個主權國家，充分暴露了美國民主制的缺陷，表現出強烈的獨裁主義傾

向。難怪美國總統一直擁有「帝國總統」的別號,不能不說是「選舉制度確立的國王」。

美國的憲政獨裁趨勢反映了當代發達資產階級國家中政府行政權力擴大、政府控制職能強化的傾向。當然,從某種意義上說,它與傳統獨裁還是有著巨大區別的。

第三種分類標準的意識形態色彩比較濃厚,即把獨裁政體分為革命獨裁和反革命獨裁。

在這種分類中,很多西方學者還喜歡把革命獨裁與社會主義革命聯繫起來研究,而把反革命獨裁特定為二戰前後出現的法西斯主義國家政體,即德、義、日三國。蓋伊‧福特 (Guy S. Ford) 在他的《當代世界獨裁》一書中專門討論了這兩種獨裁的不同,依他的說法,「紅色」的革命獨裁與「白色」的反革命獨裁 (不僅包括極權主義國家,還包括二戰前及戰爭期間的波蘭、芬蘭、匈牙利等國出現的專制政權) 構成了人類歷史上出現過的兩種獨裁形式。⓯

本書受上述分類方法的啟示,將在後文專列一章討論革命獨裁這個十分敏感的政治學課題。

極待突破的理論險區:獨裁政治研究

巴林頓‧摩爾 (Barrington Moore) 曾經說過,「從某種意義上講,應用科學和理論科學的根本目的是很難協調統一的。實用科學工作者一心想描繪一幅一小部分現實生活的精確畫面……要解釋以及最大可能地預測特定社會集團行為的理論科學工作者,則希望深入研究影響這些特定集團行為的種種因素,集團組織特徵以及集團消除各種壓力的能力。……理論家們的研究過程是一個取其菁華、去其糟粕的過程,實用科學工作者則要避免以

偏概全的錯誤」。⑯

美國現代化理論研究的前瞻學者戴維‧艾普特 (David Apter) 也曾以現代化的理論解釋各種政治體系結構的利弊，在他看來，極權主義也好，集權主義也好，反正專制獨裁制度大多是現代社會面臨發展時的一種選擇：「當只有改革政府基本結構才能做出正確的社會決策時，人們可能選擇幾種方案，其中之一便是使政府的權力更加集中，其結果反而導致專制和政府效率低下」。⑰查莫‧約翰遜 (Chalmer Johnson) 則更具體指出，為實現某一社會目標而集中國家權力具有許多弊病，最重要的一點便是無法適應各種變化，這些變化包括：

1.政治系統的結構變化。
2.對恐怖統治依賴程度減輕而引起的變化。
3.經濟體系的結構變化，等等。⑱

在過去二、三十年裡，西方（特別是美國）研究比較政治學的學者已經認可了對不同國家政治體制的分類方法，即我們前面提到的以多黨制和自由選舉為標誌的民主制度、權威集權制度和全能極權體制。然而，他們的分類也滲入了某些意識形態方面的考慮。例如，很多學者認為，無論從學術常識還是從現實生活的角度來看，世界上不存在（或尚未出現過）由共產黨統治的民主政體——至少在國家的層次上是這樣。在現實生活中，我們到處可以看到，許多人不加區分地把民主與獨裁、資本主義與社會主義等名詞用於政治體系和經濟體系。這種把政治體系和經濟體系混為一談的傾向，源於缺乏一套標準的定義，源於對這些詞語歷史淵源的無知，而在某些場合則源於人們有意運用像「民主」或「獨裁」這類討人喜歡的或令人憎惡的政治名詞，以影響人們對

經濟體系的態度。

歷史上有一種觀點十分流行。它認爲「民主」與「獨裁」一般是指政治體系，而「資本主義」與「社會主義」是指經濟制度。羅伯特‧達爾（Robert Dahl）曾提出下列定義：

1. 民主是一種政治體系，其中所有成年公民可以廣泛分享參與決策的機會。
2. 獨裁是一種政治體系，其參與決策的機會只限於少數人。
3. 資本主義是一種經濟體系，其最主要的經濟活動由私人所有和控制的公司進行。
4. 社會主義是一種經濟體系，其最主要的經濟活動由政府或社會所有的機構進行。

達爾正確地指出：這種非黑即白的兩分法無法說明問題的實質，因爲許多政治體系旣非完全民主，亦非完全獨裁；在許多國家，私人與政府的活動以各種複雜的方式混爲一體，在現實世界中，政治學與經濟學更是深刻複雜地交相混合。[19]

無論是從未來多學科交叉發展的角度來說，還是從21世紀必將更加高漲的民主潮流現實來看，目前我們都極待突破一個政治理論領域中危險的禁區──獨裁政治研究。關於這個課題的重大理論和現實意義，無需過多論述。這裡要重點探討的是「如何突破」。毫無疑問，它涉及獨裁政治研究方法論的徹底革新。

從過去的研究情況來看，獨裁政治研究中存在幾種不足：一是有些學者採用「領袖」研究法，集中精力探討獨裁領袖的經歷、個性以及對獨裁政體的影響，但是忽略了其他方面；二是有些學者把獨裁政治研究限定在政治範圍之內，或對獨裁體制下的經濟、社會、文化狀況視而不見，或不願付出努力認眞研究這些

因素與獨裁政治之間的相互關係和相互影響；三是有些學者片面地作單純的否定，不懂得如何具體分析獨裁體制的實際運行和作綜合的比較。

第二次世界大戰以來，獨裁政治研究發生了某些革命性的變化。在此以前，獨裁研究大多是注重歐洲歷史上出現的獨裁制度和獨裁現象，對廣大的亞、非、拉地區，甚至一些歐洲小國都視而不見。現在這種研究視覺早已被矯正，獨裁政治學的研究範圍在過去40多年中無論是橫向上還是縱向上都大大擴展了。與此同時，獨裁政治研究的方法也有了長足的進步。

「工欲善其事，必先利其器。」像其他任何學科一樣，進行獨裁政治研究的目的是為了發展出一套有根據的、準確的、經過驗證的一般理論。在獨裁政治研究中，我們涉及的是一個複雜的獨裁政治社會系統。在某種意義上說，每一社會現象都是獨特的，每一獨裁社會都是獨特的，每一獨裁現象都是獨特的。然而，在另一種意義上，正如每個人都有個性和共性一樣，獨裁政治系統也有其共性。

概括起來，在獨裁政治的研究中通常可以藉用三種方法：❷⓪

個案研究法　在獨裁政治研究的各種方法中，個案研究法是最早被採用的。直到現在，對某一個國家的個案研究仍然是獨裁政治研究的標準模式。個案研究的盛行並不是因為它為增進我們對獨裁政治現象理論的認識提供什麼特殊的好處，大多數進行獨裁政治個案研究的學者對一般個案研究與理論發展之間的關係並不很了解。在某種意義上說，他們是「無意識的思想家」、「只見樹木不見森林的專家」。應當說，過去許多獨裁個案研究只是純粹描述性的專題探討，不帶任何理論色彩。這種研究常常被人指責、批評；但是，描述性的個案研究雖然缺少「科學意識」，

卻可以給我們傳遞一種對一個具體國家的政治過程的具體感受。這種研究一般也都包含著豐富的資料，其直觀的解釋往往是細緻而又頗有說服力的。因此，雖然描述性的個案研究本身不能引出對一般獨裁政治現象的理論，他們卻為理論建設提供了系統進行比較研究的原始材料，免除了在統計研究中難以規避的那些困難，以深度彌補了廣度上的不足。

比較的方法 個案研究只是處理單項個案，比較研究則同時處理幾項個案。傳統政治學家所稱的「比較研究」其實經常是對兩個或兩個以上政治體制的平行描述，充其量不過是提供了異同辨別的素材，並沒有進行真正的思考，從而也就無法總結一般規律。比較獨裁研究的中心問題是要達到一種良好的平衡，因此，在比較研究中，我們首先要發展出一套概念作為比較不同獨裁國家的參照體系，然後，再通過控制環境因素的影響找出這些國家的各自特徵和相互關係。

為了作比較，我們必須對各種獨裁政體做一番分門別類的工作。直到現在，人們在比較不同的獨裁國家和他們的政府時，還習慣於把注意力集中在自然資源、人民、政黨、立法、司法和行政機構上。這些概念其實並不適用於研究第三世界某些發展中國家的獨裁現象。例如，一些非洲獨裁國家並沒有單獨的立法機構，人們只是依據一種傳統的規範來服從統治者的統治，無論是從精神上還是從國家形態上來講，這種獨裁在很大程度上都取決於「魅力型」領袖的個人意志，如果我們僅僅以政治制度的觀念來考察其政府的法定形式，有時不可避免地要犯形而上學的錯誤。也正是這個原因，從60年代起，西方獨裁研究領域便發生了一次深刻的方法論變革。

從比較政治本身作為一門學科發展的角度出發，我們藉用奧

蒙（Almond）關於政治系統的「輸出——輸入」的概念，提出關於獨裁理論的三個最基本的假設：

1. 每個政治系統都有其基本功能，如：政治通訊、社會化、規則制訂、規則適用和規則裁決等，獨裁政治系統也像其他政治系統一樣，具有其基本功能。

2. 不同的結構可以有相同的功能，這也就是說，各獨裁國家的政治結構雖有可能不同，但其獨裁的功能是相同的。

3. 相同的結構也可以有不同的功能。這就是說，同樣的獨裁體制，其表現出來的政治功能也可以是不同的，有的獨裁政體是權威集權政體，有的則是控制極其嚴密的極權主義政體。這裡必須提出的一個問題是，對這種結構——功能分析的方法，我們不能盲目迷信。有時變量太多，個案太少，所以我們在比較中會遇到相當大的困難。為了解決這個問題，可能採取的方法是：

   ● 從縱（不同的時期）、橫（不同的地區）兩個方向擴大分析的範圍，儘量增加個案的數量，多多益善
   ● 將能合併的概念和類型儘量合併，使變量越少越好
   ● 集中分析可比較的個案
   ● 集中分析關鍵的變量而避免把精力花在分析意義不大的變量上

　　統計研究法　統計研究法是宏觀理論架構的基礎，它以全球所有獨裁政體為研究對象，在各個方面對其進行剖析，從而試圖總結出獨裁政治的一般特徵。統計研究最大的特點是範圍廣，涵蓋面大，同時可以運用最先進的計算機分析手段掌握大量的資料。它不僅注重研究歐洲獨裁制度，而且還包括對廣大非歐洲國

家的獨裁政治研究。從傳統理論意義上說，統計研究法當然具有很多長處，但是由於牽扯到的變量太多，因此有時長處也可能轉化為缺陷，對獨裁政治的概覽變成蜻蜓點水式的泛論。

在進行獨裁政治研究中，筆者特意驅車參觀了位於華盛頓特區的美國國會圖書館。令人感觸至深的一件事是，美國國會圖書館關於拿破崙一世的藏書量僅次於有關莎士比亞和林肯的藏書量，在圖書館中名列第三。但是不光是研究莎士比亞和林肯的資料周轉率之高，大大超過了有關拿破崙的各種資料的周轉率，連許多思想貧乏、內容空洞的作品也擁有比拿破崙更多的讀者。許多研究拿破崙的書一直被塵封高閣、無人問津，連專門研究這位歷史上最著名獨裁者的專家學者也都很少取閱。莎士比亞和林肯深受喜愛，當然是因為他們身上閃現了全人類高度的文明智慧之光，其著作表現了值得發揚光大、永恒不朽的歷史主題。但是「偉大的獨裁者」拿破崙淪落到這樣渺小的地步，卻使筆者心中惴惴，不禁油然而生遺憾之感。也許，只有明白什麼是最醜陋的東西，人類才能更加珍愛最美好、最寶貴的東西。筆者衷心地期盼獨裁政治研究能夠隨著世界民主進步的潮流日趨成熟、臻於完善，為人類理想的政治制度提供最佳借鑑。

從搖籃到墳場：獨裁的起源與發展

獨裁襁褓：古代希臘和羅馬政治

碧波環繞、風光綺麗的希臘半島是人類文明的發源地，也是

地中海著名的工商業、文化中心。古代希臘是歐洲的文化搖籃，
對歐洲乃至世界文明的發展都起了非常重要的作用。但是，如果
要對獨裁這種政治現象追根溯源的話，我們同樣可以發現，傳統
獨裁政治的產生也起源於此。

　　古希臘國家的一個非常重要的特點是所謂的城邦國家。當時
在希臘本地和各殖民地先後建立了近200多個城邦國家，他們大多
分布在希臘半島各地，其中最著名的是雅典和斯巴達。

　　希臘城邦國家從形成、確立及發展直到衰落、解體，大致經
歷了3個歷史時期。

　　公元前8－6世紀是古希臘城邦國家的形成和確立時期。它在
政治上最重要的特點是新興的工商業奴隸主階級憑藉強大的物質
力量，在廣大自由人民的支持下戰勝了原有的舊氏族貴族，逐步
掌握了國家政權，並且實行了有利於發展工商業的社會政治改
革。例如，雅典七賢之一的梭倫（Solon，前638－559）看到中下
層人民的生活十分艱苦，農業不甚發達，發起了著名的梭倫改革，
取消人民的債務，試圖調和貴族勢力和人民之間的尖銳矛盾。

　　公元前5－4世紀中葉是希臘城邦國家繁榮並開始衰落時期。
古希臘在公元前6世紀末的波希戰爭中獲得勝利，使希臘奴隸制社
會獲得巨大的發展，科學文化水平達到了前所未有的高度。到了
伯里克理斯（Perikles，前495－429）時代，雅典民主制達到了空
前的鼎盛。這個時代是雅典奴隸主民主制的黃金時代。直到前431
年伯羅奔尼撒戰爭（前431－404）爆發，雅典才開始走向衰落。

　　公元前4－2世紀是古希臘國家衰亡和解體時期。伯羅奔尼撒
戰爭嚴重削弱了雅典和斯巴達的國力。公元前338年，希臘北方的
馬其頓人先後征服各個城邦國家，希臘淪為馬其頓的一個附屬
國。前146年，馬其頓被新起的羅馬所征服，希臘和馬其頓一起成

為羅馬的一部分。

從希臘偉大悲劇作家的描述和亞里斯多德在《政治學》的記載中，可以發現就整體來說，古代希臘的獨裁者一般都是靠海上貿易和掠奪殖民地財富來維持政權的存在的。由此演變，希臘獨裁政權一般也都集中在伯羅奔尼撒半島、科林斯和愛奧尼亞海灣、愛琴海諸島以及小亞細亞半島沿岸。大多數獨裁者都是重要工商業發達城邦的首腦，例如，阿果斯（Argos）地區的費東（Pheidon），馬格拉（Magara）地區的西琴斯（Theagenes），西塞昂（Sicyon）地區的克里斯尼斯（Cleisthenes），科林斯地區的塞普斯里達（Cypselidae）以及雅典地區的派西斯特拉妥（Pisistratus）等等。有一點應當注意，即作為這些發達城邦首腦的獨裁者本人並不一定富有或都是商人。恰恰相反，很多人生來貧窮，甚至是被賣給有錢人的奴僕。還有的人沈浮起落，一波三折，在搏取獨裁桂冠的道路上歷盡艱辛。早期雅典的著名獨裁者派西斯特拉妥出身高貴，但由於年輕時不善理財，不久便破落潦倒，飽嘗了人間冷暖，感受到了世態炎涼。他後來廣交豪朋，東征西伐，終於當上了雅典的首領。誰知好景不常，就在功成名就之際，命運之神又殘酷地跟他開了一個玩笑，於是他再次被上流階層拋棄，失去已有的一切榮耀。幸虧他在早年四處征戰中曾投資一處金礦，憑藉這座金礦帶來的收入，他才能夠東山再起，恢復權力。其實，與派西斯特拉妥一樣，後來的大獨裁者凱撒（Gaius Julius Caesar）和狄俄尼索斯一世（Dionysius I）等人的經歷也大致如此。❹他們在獨裁統治的道路上大多是幾起幾落，走過一段痛苦艱辛的掙扎歷程。

總體說來，古代希臘的獨裁有兩個突出的特點，一是各城邦獨裁者之間沆瀣一氣、互相勾結，共同從事海盜、殖民探險、開

墾土地、開採金礦以及買賣奴隸的勾當，以此維持自己的統治。當然，也有個別的獨裁政權是從外部得到財政資助的，如：小亞細亞半島的獨裁者就是依靠波斯國王的支持才能保住自己的王座的，等等；二是從時間上看，古代希臘的獨裁政權存在的時期都比較短暫，到了公元前5世紀時，很多獨裁政權消失得無影無踪。這主要是因為希臘的政治民主趨勢逐漸上升，各城邦國家進入了一個新的歷史發展階段。有名的馬拉松戰役不僅標誌著希臘最終打敗了波斯人的外來侵略，而且預示著獨裁政治向民主政治轉型的開始。

與希臘相比，古代羅馬的獨裁政治情況不太相同。羅馬原是亞平寧半島北部拉丁平原一個小的城邦國家，建於公元前8世紀。公元前8－6世紀是古羅馬國家的王政時期，軍事民主制度促進了城邦經濟的發展，為以後的對內獨裁和對外擴張奠定了基礎。

公元前510－27年，古羅馬國家的政治發展進入了共和制時期。在這段漫長的歷史發展過程中，羅馬國家從弱到強，從小到大，先後征服了希臘各個城邦和馬其頓帝國及巴爾幹半島等地，建立起橫跨歐亞非三大洲的龐大帝國。當然，這段時期也是羅馬本土階級矛盾最為激烈的時期，幾個獨裁政體相繼出現。

公元前2世紀，羅馬貴族勢力加重對人民的剝削和壓迫，整個社會民不聊生，要求變革的呼聲很高。在此情形之下，掌權的提比略・格拉古和蓋約・格拉古兩兄弟順應民意，分別於前133年和前121年進行了較為激進的改革。然而由於忽視貴族勢力，兩次改革都以失敗告終。繼格拉古兄弟改革之後，蓋尤斯・馬略（Gaius Marius）將軍開始反抗貴族統治，要求變革。馬略的軍事改革在當時一呼百應，政策深得人心。如果不是年老多病以及貴族分子的拼命頑抗，他完全可以把自己的政治主張全部付諸實踐。

公元前82－79年，羅馬出現了一個新的政權，其統治者便是在歷史上以冷酷、富有，而非常出名的大獨裁者——蘇拉（Lucius Cornelius Sulla）。蘇拉出身於貴族世家，他雖然剛愎自用，但是在戰場上卻英勇善戰，屢建奇功。爲了在「內戰」中與主張改革的馬略將軍爭奪權力，蘇拉用足心機，在羅馬上流社會中竭盡離間挑撥之能事，甚至不惜通過與羅馬最富有的貴族之女聯姻，奠定日後崛起的基礎。後來，在一次討伐戰爭中，蘇拉主動請纓出戰，獲得軍權，這是他政治生涯的一個重大轉折。從此，他利用軍隊優勢發動了政變，以武力征服了羅馬的反對者，並把馬略將軍趕到非洲，從而建立起自己的獨裁政權。

公元前87年，蘇拉離開義大利，開始遠征希臘和亞洲。公元前83年，他帶著掠奪來的大量財富回到羅馬。這時他更加驕橫，整個羅馬都陷入他的恐怖獨裁統治之中。對蘇拉的獨裁，中外史學界多持否定態度，但也有歷史學家得出相反的結論，他們認爲蘇拉的舉動完全出於對舊羅馬的熱愛，所以他才極力鎮壓馬略將軍的隨從和同黨。等到他功成名就，他便非常得體地退位，讓出權力。這種分析值得懷疑。蘇拉的獨裁造成了巨大的社會動亂，他爲了維持自己的政權，運用詭詐、恐怖等手段，對反對派及人民大眾進行無情的鎮壓，其統治之黑暗，在羅馬歷史上留下了難以磨滅的痕跡。蘇拉獨裁造成了國家元首終身制的最初形成，其獨裁統治完全具備反革命獨裁政治性質。

其實，追溯歷史，羅馬在蘇拉以前的獨裁制度並不是眞正的獨裁，而是一種危機政體（crisis government）。公元前501年以後的300年中，羅馬歷史上共經歷了88次獨裁，最長的獨裁爲期6個月。在這期間，由於對獨裁者的任期有著嚴格限制，儘管多次設立獨裁官這樣的職位，羅馬在數百年中仍然保持著共和制的國

家制度。

從原則上講，羅馬共和國國家日常事務的管理和監督權掌握在實行「限任制」的高級官吏——執政官、監察官、獨裁官手裡。執政官有兩種，他們是共和國的最高官吏，由選舉產生，任期1年。獨裁官也是一種行政長官，其授權、範圍和任期同樣都有一定限制。這和由獨裁者霸占權力、其獨裁權力的範圍和任期都不受限制的政治系統，不能混為一談。羅馬的獨裁官不是由選舉產生的，他是一種臨時的、非常的長官職位，只有在整個國家因外敵或內亂受到嚴重威脅時，才由元老院發布命令，在執政官中委任一人為獨裁官，其任期不超過6個月，其主要職責是以捍衛國家抵禦外來侵略，應付國內紛爭。獨裁官無權改變憲法，也不能對外宣戰，不能干涉民事訴訟或向羅馬人民課以新稅。在此限度內，羅馬人的一切權力都集中在他的手裡，執政官是他的部屬，護民官的仲裁權不能對抗他的行動，人民刑事上的訴權也不能對抗他的旨意。❷

蘇拉之後，羅馬政權陷入短暫的三足鼎立狀態。馬略‧克拉蘇 (Marius Licinius Crassus)、龐培 (Gnaeuver Pompeius 即Pompey) 和凱撒 (Gaius Julius Caesar) 共同擁有最高權力。然而這種情況沒有持續太長，凱撒很快脫穎而出，獨攬大權。他的崛起，直接原因是當時克拉蘇戰死沙場，龐培勢力逐漸削弱。當然，還有很多其他因素：憲政的解釋、他本人對於軍隊的控制、平民黨的支持、騎士團控制經濟權力、非羅馬的義大利人對政權的不滿以及羅馬帝國的擴張等等。凱撒實際上是一位沒有名銜的專制君主，他在位期間大刀闊斧地進行了一系列的社會改革，如：動工修建橫穿義大利的公路，翻建羅馬的建築，為雇傭軍集團創造良好的居住環境，改革羅馬法律，設法穩定財政，等等。他在

公元前49年取得獨裁權力，5年後便戰勝一切反對力量，在公元前44年成為終身獨裁者，改變了作為「人民代表」的保民官的性質和保民官有嚴格任期限制的制度，自任終身保民官家並得到「祖國之父」的稱號。凱撒權力的擴大招致元老院及其他勢力的不滿和怨恨，就在他成為終身獨裁者的當年，他就被反對黨刺殺。凱撒的繼承人奧古斯都雖然不像他那樣鋒芒畢露，也沒有領袖群倫的超人魅力，但更沈穩莊重，善於幹旋。奧古斯都雖是終身保民官、終身執政官，在元老院中還居於「首席元老」（即「元首」）的地位，但是他始終沒有自封為獨裁者，也沒有稱帝，這位「共和國的第一公民」，成功地使羅馬帝國存在了四、五百年。

　　造成羅馬獨裁政治的因素很多，但大致來說，我們可以總結以下幾點：

1. 羅馬地理位置更偏於內陸，經濟發展相對落後，農民、奴隸、甚至於小手工業者階層的生活更加困苦，他們渴望重新劃分土地及減免沈重債務負擔。

2. 由於貧窮，羅馬大地戰火不斷，許多爭取生存的戰爭往往演變為四處侵略的戰爭，農民與貴族之間的矛盾更加尖銳，這種社會條件更易於成為孕育獨裁政治的溫床。

3. 與希臘雅典不同的是，羅馬有一個組織更加完善、更為有力的富裕階層。這個階層極其善於利用手中的財富尋找自己需要的政治代理人，這就使很多野心勃勃的獨裁者在保護政權的經濟基礎方面可以高枕無憂。

上述三種原因，羅馬獨裁政治才有其自己的特點，這包括：

1. 羅馬獨裁政治時代跨度較大。從前500年左右開始，到公元

後3世紀爲止，前後斷斷續續出現在很多朝代之中。

2. 羅馬獨裁政治從一開始便受到憲法的某種保護和限制，獨裁者只有在國家面臨緊急情況時才能合法地行使獨裁權力，這種傳統和特點一直延續到羅馬帝國的最後衰落。

3. 因爲憲法的規定，羅馬的獨裁政治一般都有一定的時間限制，即理論上講，獨裁者占據權位的任期不可以任意延長。在這一點上，馬基維利曾經極力反對後來那種「羅馬的獨裁導致羅馬的暴政」的說法，在他看來，羅馬的暴政（以凱撒統治爲標誌）與其說是羅馬獨裁引起的，不如說是由羅馬獨裁在時間上的延長以致失去制度限制而引起的。❷在對羅馬獨裁的評判上，盧梭在他的《社會契約論》中也與馬基維利持大致相同的觀點，他認爲只有在時間上對獨裁進行嚴格的限制，獨裁政治才是健康的政治。❷

4. 從總體上看，獨裁者的權力運用範圍很大，在國家需要採取緊急措施時，獨裁者更是掌握國家命運的最高權威。

公元1－2世紀是羅馬帝國經濟繁榮、政治穩定時期。但是從公元3世紀開始，羅馬帝國便一步步走向衰落。公元330年羅馬遷都君士坦丁堡。公元395年，整個羅馬一分爲二。西羅馬帝國在奴隸和平民的打擊下，很快在476年滅亡。從此，西歐進入了封建社會。東羅馬帝國存在時間較長，直到1453年才爲東方的奧斯曼帝國所滅。

獨裁與民主的雙重變奏：資產階級革命前後的獨裁政治

　　歐洲中世紀野蠻的獨裁政治至今仍為人所痛斥。當時由於酷虐的統治，人民也在不斷的反抗，民主勢力也在不斷的發展。所以，歐洲資產階級革命前的社會狀況，雖可一般地概括為總體上的「獨裁政治」，但卻變奏著獨裁與民主的交響樂章。這種民主與獨裁的雙重變奏，堪稱近代獨裁政治發展史上的一大特色。

　　獨裁與民主的矛盾對立，在13－16世紀文藝復興時代表現得非常明顯。

　　考察這一時期的獨裁政治，我們不難發現，就整體而言，不少文藝復興時代的獨裁者是從民眾運動中產生的，他們一般都經歷了準備奪權——取得權力——獨裁統治——對局勢失去控制——被人謀殺或被迫下台這五幕獨裁政治的悲劇。他們當權時與富有階級保持密切的聯繫，直接獲得其經濟方面支持的特點，表明這一時期的獨裁統治者大多是新興富裕階層即後來的新興資產階級的代表。這個時期最典型的獨裁者是14世紀義大利的科拉‧雷佐 (Cold di Rienzo)。

　　雷佐是一個收稅官和洗衣婦的兒子。1209－1376年期間，巴比倫占領了教廷，羅馬收入大減，人民生活日益貧困。政府的腐敗無能又使全國各地陷入相互紛爭狀態，貴族、有產騎士和平民三派勢力對立抗衡，互不相容。雷佐曾是人民的律師，後來因此成為平民派的領袖。他和富裕的騎士團與教皇之間保持著非常密切的聯繫，終於在1347年政變中取得了統治者的權位。羅馬人授予他護民官的職位和獨裁的權力。應該說，雷佐剛剛上台時的政治是健全而進步的，這使他很快成為一個魅力十足的領袖，但不久便一步步走向獨裁。用專門研究文藝復興時期獨裁政治的社會

學家西奧多‧阿多諾（Theodor Adornor）的話說：「雷佐的行
為顯然符合富裕階級的利益。他不能滿足人民的慾望，只是虛情
假意的應付人民提出的要求。這使他根本得不到人民的支持。迫
不得已，……他必須向人民顯示他的天才、偉大以及卓越，以獨
裁統治證明自己是人民心目中的英雄。」㉕

　　為了維持權力，雷佐一直設法消滅自己的政敵，即封建貴族。
但是他並沒有成功。此時教廷又站在反對他的一方，他只好遜位
逃亡。等到後來教皇又想利用他對抗日益壯大的貴族勢力的時
候，他又在1354年由人民的贊助而復辟。不過，這時的他已不再
是飛揚拔扈的獨裁領袖，而成為教皇卑微渺小的可憐奴僕，沒過
多久，他的精神便徹底崩潰了，最後被迫自殺身亡。㉖

　　文藝復興時代重要的獨裁者還有比薩的加巴科提（Gam-
bacorti），塞納的潘多爾夫‧皮特拉西（Pandolfo Petrucci，死
於1323年），伯拉格納的羅密歐‧派波里（Romeo Pepoli）以及
其他一些出身望族的獨裁者等等。

　　13－14世紀是文藝復興時代獨裁政治的高潮期，隨著西方城
市文明的興起，城市經濟漸露端倪，城市資產階級地位不斷提高，
與封建貴族之間的矛盾也就日益增大。代表新興資產階級利益的
政治獨裁者不得不用強有力的政治手段維護自己的政權。到15－
16世紀，隨著資本主義的發展，資產階級開始走向對外擴張的道
路。在這種背景下，一大批小的獨裁政權紛紛被大獨裁政權取代，
獨裁政治的具體形式發生重大變化，獨裁由內政領域轉向爭奪世
界霸權。新大陸和新航路的發現，世界市場的擴大，促使資本主
義商業貿易空前發展。在這種情況下，征服世界就成為許多獨裁
政體的共同目標。

　　17世紀中，英國爆發資產階級革命；19世紀下半期，法國爆

發大革命。這兩個重大事件在西方近代史上具有深遠的歷史意義。這兩次革命不僅反映了他們本身發生的地區即英法兩國的要求，而且在更多的程度上反映了當時整個世界的要求。

英國資產階級革命的成功一方面為近現代西方資產階級的發展開闢了寬廣的道路，另一方面，革命的領導者克倫威爾的專制又標誌著傳統獨裁政治進入了新的歷史階段。自此以後，獨裁與民主像兩個決鬥士，左拼右殺，互有勝負。在民主方面說，英國資產階級革命、法國大革命以及美國獨立戰爭的勝利，為資產階級上升至統治階級徹底掃清了道路。人權原則的確立「自由、平等、博愛」口號的廣泛傳播和新大陸代議制政府的實踐，在人類政治史上寫下了光彩奪目的篇章；從獨裁方面說，克倫威爾的專制、羅伯斯比爾的「革命恐怖」以及18世紀法國大獨裁者拿破崙的崛起，又使獨裁統治一步步拋棄了民主的外衣，開始奉行赤裸裸的鐵血刀劍政策。「強權即真理」的強盜信念到後來直接引發了人類歷史上的兩次劫難——20世紀上半期的第一次和第二次世界大戰，數千年的人類文明，幾乎毀於一旦。

下面我們按照獨裁政治在近代發展的基本線索，進一步分析對比資產階級革命中兩個著名的獨裁者——英國的克倫威爾和法國的拿破崙。

無須贅述，英國資產階級革命的爆發具有深刻的社會根源和歷史根源。簡而言之，17世紀初期，英國城鄉資本主義有了較大的發展，其特點是它在城鄉的同步進行，不僅在城市出現了新興資產階級及新貴族開辦的工廠企業，而且在鄉村也興辦了許多工廠和企業，生產涉及機械製造、造船、玻璃製造、紡織、造紙等。資本主義的經營方式已普遍實行，尤其是經過「圈地運動」以後，廣大農民淪為雇傭勞動者，為資本主義生產方式的發展提供

了廉價的勞動力。與此同時，由於新航路的開闢，英國對外貿易不斷擴大，其海外貿易的控制權和大規模的殖民掠奪進一步加速了英國資本主義的發展。但是在政治上，英國在革命以前實行君主專制政體。這種保守的反動政體早已不能適應新興資產階級的發展需要，資產階級要想在經濟、政治上有所作為，必須首先推翻君主專制。這是革命的主要原因。此外，當時的英國是唯一一個歐洲大陸脫離教皇控制的國家，當政的查理一世不僅不服從教皇的命令，而且下令徵收教會財產，迫害信教人士。在這種特殊的歷史背景之下，喀爾文主義迅速流行，就連原來對皇室忠心耿耿的一些貴族也放棄了自己原來的信仰，改信喀爾文教義。

領導英國資產階級革命歷史進程的英雄人物是奧利佛·克倫威爾 (Oliver Cromwell, 1599–1658)。他出生於一個小鄉紳家庭，自小個性特別，精神時有異常。他的妻子是個倫敦商人的女兒，也許這樁婚姻本身便說明他與城市資產階級的命運密不可分。克倫威爾的個人使命感很強，反對封建王朝鬥爭中接連不斷的軍事勝利又使他十分狂妄自負。革命成功後，他脅迫議會廢除了英國世襲的王位，又在1649年下令處死了英王查理一世，宣布英國為共和國，沈重地打擊了傳統的封建貴族。

當然，克倫威爾身上革命與獨裁兼備的雙重性格一直使他在政治立場上左右搖擺，常有過激行為出現。他下令處死查理一世，但在臨行刑的那一天，他自己完全不像一個革命領袖，倒更像一個罪犯，焦慮不安，負罪感深重。當他在陽台上看到查理一世出現的一剎那，他的臉色變得煞白，渾身情不自禁地直打哆嗦。他看著查理一世被帶上法場，嘴裡喃喃自語地懺悔著：「上帝啊，為什麼我的陛下承受如此懲罰？」

查理一世最終被革命力量處決了，但克倫威爾在與封建勢力

作鬥爭的同時，也逐步走向革命的反面，開始與城市中下層階級作對。他為了鞏固自己的政權，採用獨裁的手段，實施新的專制。1653年，克倫威爾建立了軍事獨裁統治，自任護國主。為了向外擴張和掠奪殖民地，首先對荷蘭、西班牙和葡萄牙發動戰爭並取得了勝利。他在1858年臨死之前還受封為國王，後來只是由於各方面的極力反對未能登基，但這畢竟是歷史的倒退，直接招致了斯圖亞特王朝的復辟。1660年，查理二世重新實行獨裁統治，直到1688年資產階級和新貴族再次發動政變，趕走了當時的國王詹姆士二世，把國王的女兒瑪麗和女婿荷蘭的執政者奧蘭治親王威廉請回來作了女王和國王，終於確立了君主立憲政體，英國資產階級革命這才算最後完成。

如果說英國資產階級革命造就了一個想獨裁卻又受到種種限制的克倫威爾將軍的話，那麼法國大革命的後果則造就了一個歷史上最偉大的獨裁者——拿破崙一世。1796－1797年的法奧戰爭不僅使當時年輕的拿破崙贏得了人們對他軍事才能的肯定，更重要的是，他成為民主的法蘭西所期待的那種英雄。拿破崙此時渴望實施獨裁，但遭到各方面的極力反對。於是他遠征埃及，希冀以更大的勝利征服整個法蘭西。此後兩年他節節失敗，1799年黯然返回巴黎。

在拿破崙離開法國的兩年中，法國整個社會形勢發生了巨大的變化，經濟的凋敝、社會的動亂、殖民地的喪失，新興的資產階級迫切需要一個能夠拯救法國及他們自己命運的人。於是，拿破崙功成名就時沒有達到的獨裁目的，在他失意時反而輕而易舉地通過一次成功的政變達到了。這裡有一段小插曲值得一提。

拿破崙在發動政變的前夕，法國的最高權力掌握在督政府5名督政手中，元老院和作為法國議會的500人院也擁有各自的實力。

督政府在雅各賓派和保皇黨人的攻擊下左右搖擺，軟弱無能，國外強敵壓境，國內政局動盪。1799年霧月18日，元老院舉行會議，拿破崙被推舉為軍事首腦。接著，拿破崙依靠武力的支持，解散了督政府，驅散了500人院。然而，這一切並不能滿足拿破崙的權力慾望，在商量如何建立新政府問題時，拿破崙懼怕3名執政之一的西哀耶斯在選舉中獲勝，因此在投票即將開始之時，明目張膽地破壞選舉法則，把投票箱推到一旁，把選票投入爐火。拿破崙威脅西哀耶斯說，憑西哀耶斯的資歷和聲望，執政官完全可以由他直接指定，無需進行投票選舉。拿破崙要求西哀耶斯首先指定一個首席執政官，西哀耶斯竟神色大變，在大庭廣眾之下把首席執政官的職位拱手相讓，拿破崙如願以償地當上了第一執政。

從1799年開始，拿破崙率領軍隊東征西戰，幾乎整個歐洲大陸都遭到了殘酷的侵略和掠奪。對於富有階級，拿破崙的擴張提供了絕好的戰爭貿易機會；對於官僚階層，擴張帶來無數升遷的可能；對於法國政府，從歐洲各地掠奪來的財富極大地填充了國庫；對於工業製造者，新的市場體系打擊了他們的國外競爭者的利益；對於普通的農民，戰爭同樣給予他們種種保護，封建貴族無法繼續對他們的剝削和壓迫。

拿破崙的擴張損害了英國資產階級的利益，自從1648年《威斯特伐利亞條約》以後，英國一直在歐洲大陸維持一種勢力均衡體系，英國統治者不願意看到這種體系的破壞，所以組織了強大的反法聯盟，最終在滑鐵盧戰役中擊敗了不可一世拿破崙。

共和國的超級獨裁者

在簡單地敘述了克倫威爾與拿破崙的獨裁統治之後，筆者還想把筆鋒深觸到歐洲大陸以外的獨裁國家，從更大範圍之內考察

資產階級革命前後獨裁政治與民主政治的生死搏鬥。這裡，我們先以拉丁美洲為例說明一些問題。

18世紀末19世紀初，拿破崙的鐵騎橫掃歐洲大陸，他對西班牙的占領沈重地打擊了西班牙王朝的勢力，既給南美洲西屬殖民地帶來一些爭取獨立的機會，又在客觀上造就了一批共和國的超級獨裁者。

這一時期拉丁美洲獨裁政治有一個很普遍的現象，即在一種寡頭壟斷式的政治制度下，各方軍閥、社會精英分子運用派系之爭，在全國範圍內瘋狂地角逐權力。

其特點大致有：

1. 獨裁者在國家獨立過程中擁有指揮武裝力量的最大權力，這不僅是他們建立合法政權的重要手段，也是以權謀私、囤積個人財富的捷便途徑。
2. 國家獨立後，政治領導人的繼承問題嚴重困擾著仍在當政的統治者，很多新的獨裁領袖就是在所謂的「繼承危機」中覬覦更大的權力，「脫穎而出」的。
3. 政治競爭中運用暴力已是家常便飯，其血腥程度，毫不亞於獨立革命中的武裝鬥爭。

19世紀初，南美一些民族英雄，如：波利瓦爾、聖馬丁等人，針對南美洲各地分裂嚴重，印地安人受到歧視、中央集權腐敗、效率低下的狀況，普遍希望廢除君主專制和殖民統治，建立新的聯邦政體。但是由於許多領導人並沒有革命的經驗，很多人對應該建立什麼樣的民主毫無主張。連波利瓦爾都不知如何維持權力的穩定和保持社會的繁榮。他信奉民主，但在他看來，民主只是一種營養品，並不適合於還在追求溫飽的人民大眾。面對新獨立

的國家百廢待興的嚴峻局勢，波利瓦爾力主強化行政權力：「沒有什麼比行政權力的脆弱更對人民的利益有害的了」❷雖然他一再宣稱：「除非在絕對必要的前提下，我們必須絕對服從人民的意志，否則我們將被人民稱爲可怕的『共和國的超級獨裁者』」，❷但他實際上還是充當了這樣一個超級獨裁者的角色。波利瓦爾不僅宣布自己將是共和國的終身總統，而且親自選定副總統作自己的接班人。1824年他還積極主張法治，把專制稱爲「可怕的羅馬墳墓」，但僅僅1年後，他就實行全面的獨裁統治以「消除選舉產生的社會摩擦」。

　　巴拉圭的獨裁者弗朗西斯 (Jose Gaspar Rodriguez de Francia 1756－1840) 也是一個共和國的超級獨裁者。他出身高貴，在成爲獨裁者之前受到良好的教育，所以一直自視甚高，喜歡人們叫他弗朗西斯博士，以表現自己的儒雅博學和超凡脫俗。事實上，他也確曾是個非常出名的律師，能言善辯，精明強幹。巴拉圭人民都知道他對印地安土著居民的利益十分關心，爲此投注了大量的心血。到了1811年，他就積極要求西班牙殖民者放棄統治，允許巴拉圭獨立。1813年，弗朗西斯建立了自己的政權，成立了第一屆議會。但是1814年他就開始傾向於獨裁，兩年後便宣布自己是巴拉圭的終身統治者。1820年曾經有過一次政變，政變策動者企圖推翻他的統治，但沒有成功。弗朗西斯的獨裁統治一直維持到1840年。在這期間，他公開宣稱：「我的政策就是使這個國家不與其他南美洲國家或地區交往，不受那些骯髒政策、無政府狀態、暴力革命的污染。」❷因此，有人這樣評論：「在1813至1840這30年時間裡，弗朗西斯博士的意志就是國家主權的表現」。❸

　　正因爲弗朗西斯是一個受過良好教育的、與衆不同的獨裁領

袖，我們才有必要指出：

1. 弗朗西斯在實行獨裁統治時倒是一直關心傳統印地安部落的發展。他廢除了國家有關不可與印地安人通婚的法令，採取了一系列措施幫助這些部落向現代文明轉化。

2. 弗朗西斯雖然自己出身貴族家庭，但是對於原來的社會貴族卻毫不留情地加以鎮壓。國家原先的等級制度被廢除，許多名門望族的成員遭到流放、驅逐，他們甚至不能與自己同一階級的人結婚。

3. 在政教分離的問題上，弗朗西斯堅決主張國家權力的強大，他下令沒收教會的財產，取消宗教團體，減少國家慶典的次數，沈重地打擊了教會的勢力。除此以外，弗朗西斯的個人能力無可置疑，巴拉圭在他的獨裁統治之下產生了「獨裁神效」，國內外政治環境相對穩定，國家經濟發展迅速。他不僅成功地使國家經濟達到一種充分的自給自足的狀態，還把國家軍隊的人數限定在5,000人之內，嚴格限定軍隊的有關職責。有人說如果他提前退位就是一個深得眾人愛戴的民族英雄，可惜他比較長壽，活到80歲才死，臨死之前還緊緊握住權力不放，而在晚期的統治生涯中，他的暴君形象就更突出了。

　　與弗朗西斯獨裁政權不同的是阿根廷布宜諾塞利斯的獨裁者朱安‧羅撒斯（Juan Manuel Rosas）。他於1793年出生在布宜諾塞利斯，自幼沒有受過什麼教育，少年時期的大部分時光是在田園牧場度過的，這給了他一副強有力的體魄和使人著迷的身段。羅撒斯自我奮鬥的經歷頗富傳奇色彩，他年紀輕輕就成了少有的百萬富翁，為日後在政壇上的崛起創造了條件。研究阿根廷

歷史的人都知道，羅撒斯的獨裁統治也與他的個人經歷一樣，很有特色。他是個對己對人都很嚴格的人，特別要求部下不得侵吞公共財產。在阿根廷這樣的農業社會中，他嫻熟的騎術、對鄉村體育項目的熱衷，都爲他贏得極大的榮譽。但是他的統治手段單一，對政敵能夠收買就收買，不能收買就嚴酷打擊。他還採取各種手段控制整個社會生活。例如，新聞管制、秘密監視等等。在當時的布宜諾塞利斯，每個學校都被要求像吹捧造世主一樣吹捧他的事跡。在他的獨裁統治之下（1835－1852），阿根廷人民怨聲載道，痛苦不堪。1852年，羅撒斯終於被逼下台，倉惶出逃。他掌權之前是個百萬富翁，流放時卻一貧如洗，最後十分凄慘地在英國了結終生。

委內瑞拉的獨裁者佩茲（Jose Antonio Paez）和羅撒斯一樣，也很有自己的獨裁風格。佩茲出身貧困，自幼生長在鄉下，像個典型的美國西部牛仔。在委內瑞拉的獨立戰爭中，佩茲出生入死，英勇善戰，終於一步一步地接近了權力的中心。從1826年到1946年，佩茲統治了委內瑞拉20年。1850年因政變被推翻，遭到流放。他先是在美國待了10年，然後回到委內瑞拉，執政8個多月後又被趕下台，在第2次流放中一邊做生意一邊出版了自己的傳記。最後於1873年死在美國紐約。佩茲是委內瑞拉獨立之父。有人認爲，他的獨裁統治雖然冷酷，但絕不殘暴。他出身貧賤，所以一直以一種特殊的心情崇拜知識分子和他心目中的飽學之士。這恐怕是美國外交官稱他是「沒有受過教育的天才」，「極有教養、政治家的最好典範」的重要原因。

南美洲獨裁統治者中有許多無知昏庸之輩。玻利維亞的馬里亞諾·麥加雷佐（Mariano Melgarejo）就是突出的一個。他出生在1820年4月，是一個西班牙人和印地安婦女的私生子。18歲參

軍後不停地策劃政變，數度被放逐。1864年，麥加雷佐獨裁夢變成現實，玻利維亞開始被他的荒誕與臆想蹂躪糟蹋。他嗜賭成性，不問政務，整日飲酒，四處尋歡作樂。他的無知與執拗惹出了不少笑話。一次他與部下爭得面紅耳赤，非說拿破崙是比波拿馬更偉大的將軍。他喜歡教訓自己的心腹愛將，教他們如何狂飲，然後再像捲毛狗一樣在地上打滾。他還制訂法律，規定自己的生日要像慶祝耶穌誕生一樣舉行豪華的典禮。麥加雷佐的獨裁統治荒唐到無與倫比的地步。對膽敢提出辭職的內閣官員，他最喜歡的對付方法是拔出自己的手槍，聲稱要槍斃他們以及他們的親屬，但在這些人嚇得面無人色之後，他又帶著他們一起出外視察，從一個城市檢閱到另一個城市，這期間，他會強迫命令這些人在野地群山中拼命奔跑，讓他們吃盡苦頭，然後再追悔莫及地表達一番效忠之心。等這一切都結束了，他就安排這些人恢復原位，因爲他相信經過這麼一番折騰，再利害的部下也會被他治理得服服貼貼。

另外一個例子是統治墨西哥長達35年的波菲理奧‧狄安茲（Porfirio Diaz）。他是墨西哥共和國的總統，但是每當國家選舉之日，他就會派遣嫡系部隊的職業軍人分赴各個投票地點，把事先準備好的選票投入票箱。如果有人提出異議，這些人就會受到相應的懲罰。狄安茲的獨裁是一個值得深入研究的特例，因爲他是一個十分有效、十分活躍的暴君。在他的統治下，墨西哥取得了相當大的經濟成就，直到1911年才爆發眞正的革命。

南美洲的獨裁政治與傳統獨裁政治形式不同，結果也有很大區別。用一般的獨裁理論分析這些政體是遠遠不夠的，我們必須結合這些國家獨立時期的革命特點，更詳細地剖析民主與獨裁的交織變奏，找出那些有悖歷史潮流的刺耳音符，作爲警世之音以

供後人參考。

獨裁與20世紀的世界政治舞台

第二次世界大戰結束後，3個最主要的極權主義國家——納粹德國、法西斯義大利和軍國主義日本不僅被民主聯盟擊敗，而且從社會的各個方面進行了較爲深刻的民主改革。這3個國家從極權統治走向民主，主要是通過外部暴力的強制，加上內部民主力量的恢復、扶植和發展而逐漸完成的。因此，長期以來有這麼一種看法，即極權政權只有遭到外來暴力的毀滅性打擊，才能被推翻，不能期望他內部和平演變，過渡到民主制度。

獨裁政治的轉型問題引起當代政治學者的關切，這恐怕與獨裁政治至今還在世界舞台上占據十分重要的一席之地有著緊密的聯繫。1987年雷蒙德・加斯提爾（Raymond Gastil）作了一項非常重要的政治調查，寫出了一篇題爲《當今世界上存在的自由》的報告。他從資產階級的立場出發，認爲世界上的主權國家總數中只占三分之一可以算是「自由」的（即大體算是民主的）。這些「自由」國家中的絕大多數都是人口不足百萬的超小國家；而且在這些超小國家中，大多數只有25萬以下的人口。他的這個調查是從1973年開始的，從那以後到1987年世界上民主國家的總數沒有增減，因爲從1973年以來世界上各種政體的國家的數量處於不增不減的狀態。在這15年中，有15個國家在這一階段或那一階段曾經是專制統治下的國度，但到今天都已演變成爲資產階級民主國家。可是有12個國家在過去是民主政體，但到今天卻演變爲非民主政體。

　　1989年蘇東解體以前，西方理論界研究獨裁政治的學者大都認爲，本世紀世界範圍內的獨裁政體一般包括以下一些國家：❸

20世紀獨裁政體及其獨裁領導集團（或獨裁領袖）	
西班牙——佛朗哥（Franco）	1935－1973
葡萄牙——薩拉扎（Salazar）	1927－1945
巴拉圭——阿爾弗萊德·斯特羅斯納 （Alfredo Stroessner）	1954－1989
突尼西亞——布爾吉巴（Bourguiba）	1958－1989
緬甸——奈溫（Ne Win）	1962－1992（？）
阿根廷——各屆軍政府	1966－1973, 1976－1983
幾內亞——塞寇·圖烈（Sekou Toure）	1958－1984
象牙海岸——侯菲特·伯格尼 （Houphouet－Boigny）	1962－
利比亞——卡扎菲（Qaddaffi）	1969－
多明尼加共和國——拉斐爾·特魯希略 （Rafael Trujillo）	1930－1961
墨西哥——獨立共和黨（IRP）等	1940－1990（？）
薩爾瓦多——軍政府	1932－1983（？）
阿爾及利亞——軍政府等	1964－
烏拉圭——軍事統治	1974－1985（？）
蘇聯——蘇聯共產黨	1917－1990（？）
古巴——卡斯楚（Castro）	1958－
尼加拉瓜——桑地諾民族解放陣線 （Sandinistas）	1979－1990
菲律賓——馬可仕（Marcos）	1946－1986
中國——共產黨	1949－
波蘭——共產黨	1947－1989
阿爾巴尼亞——共產黨	1946－
羅馬尼亞——齊奧塞斯庫	1951－1989
南斯拉夫——狄托及南共	1945－1992
匈牙利——共產黨	1947－1990

就獨裁的實質來說，傳統獨裁政治和現代獨裁政治既有千絲萬縷的聯繫，也有巨大的區別。一方面，從主權角度考察，現代獨裁政體的目標已發生根本性的轉變，他並不期望對一個國家的憲法進行徹底的廢除，而是力圖增加自己在實施憲法、處理國家事務時的權威性。另一方面，與此相反，現代革命獨裁的任務不是對國家危機如內部暴動和外部戰爭等進行精心的補救，而是要徹底改變國家制度，解除危機。

具體一點談，傳統獨裁政治與現代獨裁政治的主要區別在於：

1. 獨裁與專制權力的概念逐漸區別開來，前者運用範圍仍然很廣，後者在很多情況下專指封建社會的獨裁政治。
2. 獨裁政治概念本身發生變化，他已跳出「一人獨裁」的狹義範圍，擴大到集團獨裁特別是階級獨裁。這不僅直接引出了當代世界政治的兩個最常用的概念：資產階級專政和無產階級專政，而且由此形成了獨裁政治問題上的階級對立理論。
3. 如前所述，獨裁者行使權力已不再侷限於傳統的行政領域，國家立法甚至司法系統的行為都會受到獨裁政治的影響。傳統獨裁者只是在行政領域實施自己的獨裁權力，在立法系統，獨裁者的權力是有限的。馬基維利和盧梭都強調這一點。❷到了近現代社會發展階段，獨裁的概念擴大，獨裁的涵義已從鞏固舊的權力秩序發展到建立新的權力秩序；從僅僅運用於行政領域到干涉立法系統的具體事務和動搖立法機關的根本原則。

不管獨裁政治如何演變，其命運始終與20世紀整個人類文明

的發展有著不可分割的聯繫。

20世紀以來，特別是第二次世界大戰以來，世界形勢發生了巨大而深刻的變化。戰後國際關係中的雅爾達體制至今已演變成一個世界、兩種制度、政經多極、競爭共處的格局；人類歷史上出現了超級大國的崛起與崩潰的新現象，一系列社會主義國家的出現大大縮小了資本主義的陣地，但是社會主義的失敗又使人對未來國際形勢的發展產生深深的反思；傳統資本主義發展成為現代資本主義，在許多方面超出了人們的設想；新技術革命的興起使世界經濟獲得了空前的發展，對人類社會的未來及國際關係的變化產生了深遠的影響。應當承認，在各國的聯繫和交往越來越多的情況下，人類社會超越階級和國家制度共同的倫理觀念，正在一步步地得到加強。

在這種宏觀歷史背景下，我們當前的任務是既要把獨裁政治看成是一個理論問題，也要把他當作為一個實踐問題，及時總結世界範圍內獨裁政治的實踐經驗，揭示其發展規律，為未來的理論研究提供新的啟迪。

「神秘」的破譯：獨裁政治前提與特徵

權力與「馬基維利主義」：獨裁政治的前提

世上假象多有，似乎莫測神秘，這就需要仔細觀察、用心分析，從而破其「神」、譯其「秘」，使其真相大白於天下，家喻戶曉。對「獨裁政治」也應如此。所以，下文將從獨裁政治的前

提與特徵著手，循序漸進地層層揭示蒙於其上的神秘面紗。

　　古希臘語kratos（力量、權力）和arke（權威）的合成就是獨裁政治的意思，所以，談獨裁政治必先探討權力。

　　什麼是權力？有人說它是一種使人產生神秘感的東西，既像時間一樣抽象，又像行刑隊一樣真實。❸在政治思想史上，義大利文藝復興時期的著名人物馬基維利對權力問題作出了非常精闢的分析，堪稱是政治權力的傑出鑑賞家。因為評論權力，馬基維利既被恩格斯稱讚為文藝復興時期的思想「巨人」，又長期被人誤解、蒙受惡名。莎士比亞把他稱為「凶殘的馬基維利」，而當代很多評論者也稱之為「罪惡的導師」。實際上，所謂「馬基維利主義」一詞，據歷史學家考證，是反對馬基維利的法國人杜撰出來的。他們飽經出生於義大利的法國王後卡德琳·德·美第奇暴政的肆虐，對義大利抱有強烈的反感，從而製造了這個帶有貶義的詞，後來在世俗偏見的影響下，逐漸變成政治上爾虞我詐、背信棄義的同義語。❹

　　平心而論，馬基維利並不是公開主張邪惡，反對任何人類公認的道德準則的人。他甚至在自己的著作中承認，一個統治者生活得誠實而不欺騙是件非常值得稱讚的事。但是，另一方面，他又認為，人的天性一般說來是反覆無常、忘恩負義、奸詐虛偽、貪得無厭的。有鑑於此，任何君主都會發現，他處在一個大多數人喪失天良的黑暗世界裡，因此絕對不能按照道德主義者鼓吹的那些善良品質行事，否則就要喪失自己的地位。聰明的政治家必須估計到人類的這種天性，應當不受任何道德原則的束縛，不擇手段地達到自己的目的。

　　馬基維利最著名的政治著作是《君主論》。在這部系統闡述政治權術的書中，他主張「君主應以奪取權力和保持權力為目

的，而為此所採用的手段，總會被人們認為是光明的，而且會受到人們的稱頌。」一旦遵守自己的諾言就會違反自己的利益時，君主就應隨時拋棄自己的諾言，而這樣做，從來是不乏藉口的。馬基維利有一個著名的比喻：一個好的君主應當效法狐狸和獅子，要具備狐狸的狡猾和獅子的勇猛，兩者兼而有之，霸業才能成功。「獅子不能防禦陷阱，狐狸不能抗拒豺狼。所以單作狐狸是要發現陷阱，單作獅子，乃是嚇走豺狼。」㉟

　　馬基維利認為統治者應當重視對歷史經驗的研究和學習。「聰明人應當追隨偉人所開拓的道路，模仿曾經登峰造極的人們，縱使他的能力不能與他們並駕齊驅，至少總有些感化。要取法聰明的弓手，他們欲射擊遠處的目標，知道弓力所能及的程距，往往瞄出高出目標甚遠，並非真的達到那高度，不過藉比較高標準俾能擊中所欲射擊的目標罷了。」㊱在一個君主究竟應當是仁慈還是殘暴的問題上，馬基維利認為暴君的出現是因為「人們對自由的過分偏愛以及貴族階級對權力的過分奢望」。㊲在他看來，實行酷政比實行仁政更容易取得成功，被人畏懼比受人愛戴要安全得多。

　　有人說，馬基維利的《君主論》簡直就是當代資本主義社會百萬富翁們的自傳，不論是這些腰纏萬貫的富翁還是馬基維利筆下的君主，他們對自己欠缺的品德總是千方百計地加以掩蓋。馬基維利說過，為了得到臣民的信任，君主應當讓人們看成是仁慈的，而不是殘暴的；但為了使人民效忠，君主的暴行不能「每天重複」，「加害於人一定要一次完成」，而「給人恩惠應該一點點來」，君主要善於偽裝自己，要千方百計地讓人們愛戴自己、信任自己。「君主將不得人心的事情假手於人，而將示恩分惠的事情自己來辦。」㊳當然，在必要時，為了維護自己的統治，一

個君主也不應當顧慮殘暴將會招致的譴責。

要正確理解馬基維利關於權力問題的政治學說，必須注意在當時的歷史背景條件下，馬基維利在實踐中看到，義大利為數衆多的城邦共和國中沒有任何一個城邦共和國能夠建立起強大全民族的義大利國家。因此，他提出了為完成義大利統一而使統治者擁有強大個人權力的政治主張。但是，當強大的個人權力在消滅封建貴族、組織統一的國家、確立某些政治自由和公民平等諸方面發揮了革命作用以後，就應當著手組織自由的國家。所以，就這個意義說，馬基維利把統治者的強大權力僅僅看成是實現統一國家並隨後建立共和國這個目的的手段。這也提醒我們，馬基維利的國家學說和馬基維利主義不可混淆、兩者不能相提並論。

馬基維利對暴君的描述只是為統治階級的統治提供權術方面的參考，他全面而又比較系統地總結了歷代剝削階級統治者的統治方法，突出地表現為「以目的說明手段正當」為原則的政治無道德論。這種被稱之為馬基維利主義的東西被後來的獨裁者大肆鼓吹和傳播。一些獨裁者為了奪取權力和保持權力，往往把馬基維利主義當作行動的準則，背信棄義、追逐私利、實行酷政、崇拜武力成為獨裁者推行獨裁政治的典型特徵。

從一般意義上說，「權力」一詞有雙重涵義：一是指有權支配某人，有能力去統治他；一是指有權做某事，能夠去做，有能力去做，不包含統治的意思。

考察獨裁政治的基本前提——權力的實質，我們可以採用三種基本的方法：

注重權力的獨立存在　霍布斯的權力理論就是運用這種方法研究權力的經典論述。在他眼裡，「一個人擁有的權力……就是他的存在能夠在未來獲得明顯的實益。」❸❾權力，不管是得之

於先天因素（如：身體素質、智慧等），還是得之於後天因素（如：財富），都是人們實現某種慾望的工具。英國哲學大師羅素（Bertrand Russell）關於權力的著名定義是：權力是希望作用的產物。由此，權力的具體形式有三種：

1. 切實可見的物質權力，如掌握軍事力量，占有某方面的優勢。
2. 基於恐懼和希望基礎之上的心理權力，如經濟實力。
3. 通過理念表達的精神權力，如在社會教育中體現出來的超人的智慧，等等。❹

注重權力的主觀性　洛克1694年發表的《人類悟性論》（An Essay on Human Understanding）中關於權力的解釋最有代表性。洛克認為權力並不是達到目標的手段，而是主體獲得某種影響的能力。比如人們說火能使金屬熔化，就像君主有權制訂法律，從而影響臣民的行為一樣。羅伯特·比爾施達特也說：「只有擁有權力的群體才能採用暴力來進行威脅，而威脅本身就是權力。權力是使用暴力的能力，而不是真正使用；是實施制裁的能力，而不是真正實施。」❹權力作為這種「能力」，在國際政治領域裡同樣發揮著巨大的作用，它使「一個國家擁有了這種能力就能使另一個國家做符合它所希望的事情，以及防止另一個國家做不符合它所希望的事情。」❹

注重權力之間的相互關係　這也就是人們普遍認同的權力存在於人與人之間相互信任中的判斷，也就是說，單獨的個體無所謂權力。

《不列顛百科全書》把權力定義為「一個人或許多人的行為使另一個人或其他許多人的行為發生改變的一種關係。」❹按照

這種思路，美國政治學者羅伯特·達爾在《當代政治分析》中為我們提供了一條很好的分析線索。他對權力概念的定義是：影響（比權力範圍更廣的概念，這裡泛指權力而言）是一種行為者之間的關係，沒有這種關係，一個行為者就不可能導致另一個行為者產生某種舉動。❹

從以上三種方法，我們實際上已經可以總結出獨裁權力具有的三個最基本的特性，即：

1. 獨裁權力的相對性。獨裁權力不是孤立存在的，它存在於獨裁社會權力擁有者和被統治者的相互關係之中。獨裁者對其權力享有至高無尚的占有、使用的權利，並可以憑藉這種權利獲得支配和影響他人的權力。比如，在社會變革中失去軍隊支持的獨裁者，實際上就失去了獨裁權力。

2. 獨裁權力的單向性。權力本身是一種特殊的影響力，影響者和被影響者之間是不完全平等的。獨裁權力更是一種不平等的權力，獨裁者憑藉這種權力掌握國家機器，控制社會生活。

3. 獨裁權力的危害性。權力的行使是有後果的。人類歷史上，那些愈能控制、愈易剝奪以至摧殘人的價值的社會，就愈存在巨大的權力。❺同樣，許多野心勃勃的政治領袖也正是依靠消除民主政治才掌握了巨大的權力，成為唯我獨尊的大獨裁者。

以上我們簡單地說明了有關權力的一些特徵。從上述三種考察方法出發，我們可以發現，獨裁權力實際上也和其他權力一樣，具有不同的形式，在不同條件下表現出不盡相同的特徵。概而言之，獨裁權力的結構可以分為三個層次，即獨裁經濟權力，獨裁

意識形態權力以及獨裁政治權力。換句話說,獨裁權力涉及財富、知識和武力。

獨裁經濟權力是指獨裁者占有生產資料,迫使人民出賣自己的勞動力,爲獨裁國家生產物質財富。

獨裁意識形態權力是指獨裁者或獨裁政黨通過強迫人民接受某種教條或學說,進而控制人民的思想和生活。

獨裁政治權力是維護獨裁統治的最重要的支柱,其最高形式是暴力。獨裁政治權力對內鎮壓人民的反抗,對外抵禦民主力量的影響。

從系統論的角度看,獨裁經濟權力、獨裁意識形態權力以及獨裁政治權力實際上分別涉及獨裁社會的三個子系統,即生產組織形式、輿論組織機構以及強制權力機關。獨裁政治的過程也就是這三種權力的形成、分配以及行使的過程。

伯特蘭・羅素曾經指出,所謂權力之爭,大致包括各組織之間的競爭和個人在組織中爲謀取領導權競爭的兩種形式。就第一種權力之爭的形式而言,各組織之間的競爭只有當組織的目有少部份相同,但又不能共存時,才會發生;它或許使用經濟手段,或許使用軍事手段,或許使用宣傳手段,或許兩種手段並用,或許三種手段全用。當拿破崙三世致力於使自己當皇帝時,他不得不先建立一個爲他謀利益的組織,然後再取得他的最高權力。爲此目的,他把雪茄送人——就是經濟手段;他告訴別人,他是他叔叔的侄子——這是宣傳手段;最後,他槍斃了許多反對者——這是軍事手段。❹就第二種權力之爭的形式而言,個人受到下列權力的影響:

1.對他身體直接的物質權力,例如,被監禁或被殺。

2.以獎賞和懲罰作為引誘，例如，雇用或不雇用。
3.輿論的力量，例如，極廣義的宣傳。

對第二種權力之爭的本質，羅素特別用個人與動物的關係深入淺出地說明了自己的觀點。在他看來，當一頭攔腰捆起的豬嚎叫著被拽上船時，它是對它身體直接物質權力的支配；當驢跟著胡蘿蔔走時，驢也相信有利可圖；而處於這兩者之間的情況，是會表演的動物，它們的習慣是通過獎罰手段形成的，這也是引誘羊群上船時的情形，只是方式不同罷了，當頭一隻羊被強行拖進舷門，其餘的羊也就自願跟了進去。所有這些形式的權力都可以在人類中找到例證。豬的例子表示軍隊和警察的權力；驢和胡蘿蔔象徵宣傳的權力；會表演的動物代表「教育」的權力。跟隨其不能自主頭羊的羊群說明黨派政治。把這些伊索寓言式的類比應用於希特勒的崛起，胡蘿蔔是納粹黨的政綱；驢是下層中產階級。羊群及其頭羊是社會民主黨人和興登堡。豬是集中營的犧牲者，會表演的動物則是那數百萬行納粹禮的人。❹

本世紀中葉，中國政治學者王亞南在他的《中國官僚政治研究》一書中指出，專制政權的存在有3個前提：「一是前資本主義社會的或封建的體制，還在國民經濟生活上廣泛的發生支配的作用；二是一般人民還大體被束縛、被限制在愚昧無知的狀態中……三是那種無知人民存在的落後社會還很少與較為進步的社會發生經濟的文化的接觸和交往。」王亞南的《中國官僚政治研究》寫作於本世紀中葉，但是他的觀點至今還沒有過時。❹

我們暫且不談王亞南提出的三個專制前提，一般來說，人們在分析權力問題時常常會自覺與不自覺地出現3種謬誤，即：

1.權力硬塊的謬誤。權力往往被想像成似乎是單一的、堅硬

的、打不碎的硬塊，它可以從一個人手中傳到另一個人手中，但卻絕不能為人分享。某人要麼有權力，要麼沒有權力。這種相互排斥的分類方法（兩分法）常常會把人引入歧途。

2. 權力同資源的混淆。簡單地把影響力或權力等同於資源時，人們就會忽略一個重要的經驗性的問題，即影響力的關係是否和如何以這一關係中的行動者之一，運用資源的方式來加以解釋。

3. 權力與報酬和剝奪的混淆。這裡主要是指我們必須注意區分權力和運用權產生的結果，兩者雖緊密相聯，但絕對是兩個不同的概念。❹

筆者以為，與這三種謬誤密切相關，有兩個關於獨裁政治的錯誤前提假設必須得到應有的重視和批評。這兩個假設是：

1. 獨裁國家中存在著對獨裁統治的廣泛認同。這種認同能夠使統治者和被統治者目標一致，進而保證國家的穩定，造就和平環境。提出這種假設的理由是：在獨裁政治的起源階段，社會缺少對獨裁者或獨裁政黨的認同，但是隨著獨裁政權的逐步確立，統治者逐漸建立了自己的權威體系，被統治者也逐漸開始服從這種「合法」權威，甚至開始尋求個人發展的機會，於是，社會上反而缺少激進的異議分子。

2. 獨裁國家人民的政治參與範圍更大。歷史表明，很多傳統獨裁專制國家的統治者往往喜歡作一些表面文章，鼓勵人民參與政治。例如，德國的腓特烈大帝以及法國的拿破崙·波拿巴政權就常常徵詢人民對國家大事的意見，似乎顯得

頗通民意。但是獨裁畢竟是獨裁，在一個沒有民主制度保
障人民權利的社會裡，獨裁者的個人意願便是國家的法
律，所謂人民參政不過是句空話。

獨裁政治的基本特徵

獨裁政治的基本特徵，似可歸納爲以下8項：

權力中心擁有「絕對真理」 歷史上的確出現過這樣一些
情況，即獨裁並不一定意味著比非獨裁更集中權力。有的獨裁政
體是在統治者無法保有權力的情況下產生出來的，因此，獨裁統
治在這種條件下不一定都是權威型的統治。與此對應的是，許多
民主憲政政體甚至傳統的君主制政體雖然都不專制，但是其統治
卻具有相當程度的權威。事實上，無論是哪種形式的政體，統治
者都會用盡各種辦法來樹立其統治的權威性，因爲它是維持政權
的根本基礎。❺⓪

總體上看，大多數獨裁政體不允許多元化政治主張以及激進
政治變革的存在，任何「離經叛道」的行爲都會受到嚴格的限
制。獨裁政體中的是非標準非黑即白，強求一律，個人價值遭到
否定。有人認爲獨裁權力中心擁有絕對眞理的判斷含有前面提到
的「權力硬塊」的謬誤，他們指出，從這個角度出發，我們並不
能解釋獨裁政體內部的種種矛盾，例如，當政者在意識形態、獨
裁政策實施等方面不可避免存在著不同的意見，等等。其實，我
們肯定獨裁權力中心擁有絕對眞理，主要有兩層基本涵義：

首先，奪取及壟斷權力是獨裁者建立及維持獨裁統治的根本
基礎。比如，凱撒自稱他40歲以後才知道自己要做什麼，當他想
要權力的時候，他就得到了。據歷史記載，凱撒當羅馬獨裁官時
有48個侍從官，在元老院有自己的席位，而且具有優先發言的權

力。他常常對其他議員們戲弄嘲笑，警告他們不要信口開河，妄作胡爲。在羅馬，他幾乎成功地樹立了自己半人半神的形象。❺

西方近代歷史上的另一位獨裁型政治家克倫威爾也經常說自己是在霧中前進的。他根本不知道當時的革命會發展成什麼樣子，未來的命運如何，但是靠著軍隊和武力，他成功地領導了聞名世界的英國資產階級革命。凱撒和克倫威爾的經歷具有很大的代表性。傳統獨裁者很少是先有明確目標然後再爲之奮鬥成功的。但他們中的絕大多數人都明白一個道理，即奪取和壟斷權力是他們建立和維持其統治的根本前提。從古希臘羅馬到第三帝國，情況莫不如此。歷史上的很多獨裁者本人便是戰功赫赫的將軍，所以他們的政權能夠維持得稍微長久一些，一旦他們失去權力，其獨裁統治很快就會土崩瓦解。這個道理不言自明。

其次，我們說在一種獨裁體制下權力中心擁有「絕對眞理」，主要是指獨裁者從自己的觀念出發，以爲自己占有絕對眞理，不知道改弦易轍，放棄自己的獨裁目標。俄國16世紀專制暴君伊凡雷帝（1530－1584）曾經聲稱，在他的統治下，沙皇本人不僅是國家的最高立法者，也是國家事務的最高裁判者。一切臣民，包括大貴族在內，都是沙皇的奴隸，沙皇可以自由賞罰。伊凡雷帝生活的時代正是西方民主初步萌芽階段。所以，當他聽說英國女王伊莉莎白要受到議會政治的制約時，他就在寫給女王的信中大肆挖苦說：「我曾經期待你成爲自己國家的國王，並且親自統治，…然而人們不通過你來統治，不僅是一般的人事甚至還有買賣人，…而你仍然停留在少女時代，就像一個庸俗的女郎一般。」❺

獨裁政權必須獲取一定的財政支持才能生存　歷史表明，鮮有獨裁者能夠置身金錢政治之外。凱撒的經濟後台克拉蘇

斯（M. Crassus）在古羅馬時代居然囤積了相當於今天1億多美元的財產，其中大部分來源於骯髒的奴隸買賣和爾虞我詐、舞私弄弊。文藝復興時代的許多獨裁暴君就是霸占巨大財富的超級富豪，他們享有絕對的經濟權力，過著窮奢極侈的淫靡生活，其揮霍浮華，至今令人咋舌。

政治之樹要靠金錢肥水來澆灌；經濟之花要靠政治之光來照耀。這在獨裁政權的發展歷程中，是屢見不鮮的一種現象。

早期統治希臘和錫拉求斯（Syracus）的狄俄尼索斯一世原先是一個作戰勇敢但頭腦簡單的士兵。當他得知參戰軍隊中自己的一方在錫拉求斯被對手擊敗之後，馬上採取了行動，到處求援。一天，他匆匆趕回錫拉求斯城內，在群眾集會上發表言詞激烈的演說，大力抨擊當時執政者的無能和昏庸。當大會召集人指控他「使用不當語言」，要他交付一筆「污辱權威」罰款時，狄俄尼索斯一世一點兒也不緊張。他在台上四處張望，尋找自己的支持者——錫拉求斯最富有的大商人菲力斯特思（Philistus）。菲力斯特思挺身而出，不僅當即交付了罰款，而且向大會召集人和在場群眾表態：只要狄俄尼索斯一世願意發表演講，他隨時準備交付同樣的罰款。當晚狄俄尼索斯一世在菲力斯特思和其他富有商人的支持下當選為將軍一舉奪得了政權。狄俄尼索斯一世沒有忘記回報自己的「恩人」，任命菲力斯特思擔任其政府財政主管。

2300多年以後，歷史演出了驚人相似的一幕。第一次世界大戰結束，一個普通的德國士兵阿道夫·希特勒從前線返回戰敗的德國，他開始發表演講，慷慨激昂地指控政府的失敗。在他背後同樣有一個當時德國最大的資本家——綽號為「銀狐」的阿爾弗萊德·漢金伯格（Alfred Hugenberg）為他鼓勁撐腰。❸不僅如此，希特勒上台後，流行在納粹德國經濟大亨之間的一句口頭禪

──「我們雇傭了希特勒」更是廣爲人知，一針見血地反映了第三帝國的實質。事實上希特勒的政治宣傳、奪取權力的過程，都與當年狄俄尼索斯一世的所作所爲毫無二致，甚至包括執政後對贊助人的回報形式都一模一樣：希特勒任命漢金伯格進入內閣掌管經濟。不過，值得注意的是，無論是菲力斯特思還是漢金伯格，他們可以從經濟角度贊助、然後向他們挑中的獨裁者索取，但在政治上，他們永遠沒有自己的直接發言權。這兩個人在狄俄尼索斯一世和希特勒掌權後都很快失意：一個與狄俄尼索斯一世反目成仇，不相往來；另一個在希特勒的獨裁號令下怒氣冲冲辭職遠去，脫離了內閣。獨裁政治利用經濟權力是爲了給自己奠定基礎、開闢道路，但絕不想與之分享政治權力，否則就不成其爲「獨裁」了。兩者之間的這種關係，顯示了獨裁政治千年未改的一大特色和固有規律，足可爲腰纏萬貫而覬覦獨裁權力者引以爲戒。

近現代的獨裁者爲了獲取獨裁政權需要的財政支持，還總是敲骨吸髓地向人民榨取，使人民在「通向奴役之路」上喪失一切，迅速貧困，陷入水深火熱、牛馬不如的困境。

亞里斯多德在《政治學》中曾經講過，歷史上所有的獨裁暴君都有一個「偉大的設想」，即使人民整日勞作，但又困苦不堪。他注意到，獨裁者習慣在窮人和富人之間玩弄把戲，一方面稱自己是無產者的代言人，另一方面保護有錢人的利益，靠他們來維持自己的獨裁統治。仍以狄俄尼索斯一世爲例。這個獨裁者上台後曾經制訂了一些徵稅政策，其中有一條明確規定：家有耕牛者加倍付稅。在那個戰火紛飛的年代，一般百姓聽說這條規定後叫苦連天，紛紛忍痛殺牛以避重稅。孰料狄俄尼索斯一世了解到這種情形以後非但沒有傾聽貧苦人民的呼聲哀號而減免稅賦，反而變本加利，又在徵稅條文中加上一條：禁止屠殺牲畜，特別是能

夠繁殖後代的母牲畜。於是，這個錫拉求斯的大獨裁者在5年之內搜刮到的稅收竟相當於錫拉求斯全城的價值。當時，錫拉求斯的銀行設在城內一座著名的神殿之內，徵稅官連神像的金衣也沒有放過。狄俄尼索斯一世聽說神像被毀以後沒有絲毫的可惜之情，只是輕描淡寫地說了句：這樣做更有利於神的健康，因為神穿這樣的金衣夏天太熱，冬天又太涼，去之正好。

　　客觀地說，狄俄尼索斯一世只是眾多獨裁者中的一個，而在歷史上留下惡名的獨裁者數不勝數。例如，法國的「太陽王」——路易十四就是一個揮霍無度的「徵稅大王」。為了搜刮民脂民膏來支持自己發動的對外戰爭，他採取了種種惡劣手段，達到無所不用其極的地步。他曾經專門設置國家官位，靠出賣法國市長頭銜及其他官職擴充國庫。在位後期，他還採取寅吃卯糧的辦法，強行命令國內某些商業部門提前付出大筆稅金，然後免除他們在今後幾年內的付稅義務。路易十四最著名的「格言」是「我死之後，哪怕洪水滔天」。彌留之際，如人們所說的那樣，他真成了「歐洲第一位乞丐國王」，而「法國就像一座破爛不堪的大醫院，裡面充滿臨死的饑民」。路易十四給法國留下了巨額的債務，法國農業生產水平倒退到10世紀以前，每英畝地收穫的糧食只是種子的6倍。不僅如此，他還提前花掉了3年國家收入，以至有人說當時的法國是「連帶著麵包在路上行走的婦女也會被殺掉。」難怪路易十四行將撒手歸天之際，似乎良心發現，他對兒子說：「我的一生太好戰了，你不要學我，也不要像我一樣不知節制，窮奢極侈。」❺❹

　　繼路易十四之後，法國19世紀中葉的另外一位無能的獨裁者——拿破崙三世也曾一直靠借貸維持其獨裁政權。與俄國廝殺多年的克里米亞戰爭（1854－1856）使法國的貸款數額增加了22億

金法郎；1859年的法奧戰爭增加了8.52億；對墨西哥的探險又增加了4.74億，加上接踵而來的軍備競賽，到了普法戰爭爆發之前，法國的債務總額高達42.44億金法郎。難怪表面上看起來氣勢洶洶、不可一世的法國軍隊，在普法戰爭中卻不堪一擊，敗得比退潮還快，連拿破崙三世自己也作了人家的俘虜，蒙羞忍辱，臉面丟盡。到了19世紀70年代初普法戰爭結束的時候，法國又背上了71.1億金法郎的沈重債務負擔，❺這幾乎使法國瀕臨徹底崩潰了。

　　恐怖、暴力等強制手段是獨裁政權鎮壓反對勢力、控制人民生活的主要工具　「水能載舟，亦能覆舟」，很多獨裁者並不糊塗，他們都或多或少地明白這個道理。但是，獨裁者心目中的「民眾」與政治學理論中的概念毫不相同。獨裁者需要的是民眾的忠誠和順從，需要民眾認可獨裁者本人，承認他是拯救人民命運的超人。因此，從戰術上講，獨裁者相信只有一小部分人才是可以信賴的精英分子，因此，他們更多是靠秘密警察、恐怖暴力以及成年累月、連篇累牘的彌天大謊來維持自己的統治。

　　凱撒年輕時渴望權力，他認定自己的父親是前國王的後裔，自己的家族是與上帝聯繫在一起的、應當得到人們尊敬與崇拜。像他這麼一個高貴的人容忍不了一點屈辱，任何人都不能擁有比他還多的權力。但是，當他羽翼未豐時，他不得不屈從於當時羅馬的另一個大獨裁者蘇拉並對其俯首稱臣，唯命是從。有一段時期，因為夫人是反蘇拉「叛軍」領袖的妹妹，凱撒受到蘇拉的警告，要立即與夫人離婚。凱撒無可奈何，狼狽不堪地逃到羅馬，為了不被抓獲，他幾乎每天晚上都要換一個地方睡覺，直到最後想方設法通過好友疏通，才獲得蘇拉的原諒。這件事使他覺得受盡污辱，為了獨霸權力，凱撒在獨裁統治時期內，對一切敢於反抗他的人予以殘酷鎮壓。有一次凱撒在比較偏僻的地區被海盜綁

架，他從容鎮定，答應交付一筆巨額贖金。但在等待部下去取贖金的時候，他告訴綁架他的強盜們說，以後他一定把他們趕盡殺絕，一個不剩。等部下把錢交給匪徒之後，凱撒重新獲得了自由。他馬上通知那個地區的總督派兵搜捕曾經綁架過他的海盜，但總督卻不以爲然，答應以後有時間再說。凱撒怒火中燒，親自帶兵出戰，把那些使他蒙受污辱的海盜一一抓獲，然後命令屬下先割斷他們的喉嚨，再處之以死刑。

　　凱撒的殘酷已是昨日黃花，受到歷史的唾棄。但是不少自命爲當代凱撒的獨裁者還對暴力充滿迷戀，視恐怖統治爲鞏固獨裁政體的萬能良藥。例如，伊拉克總統薩達姆‧哈珊在掌握政權之後就製造了一場令整個阿拉伯世界爲之色變的「整肅」。伊拉克巴亞什黨最高領導階層和內閣成員29人被誣告成間諜判處死刑。據「國際特赦組織」的估計，伊拉克每年受到政治迫害的政界和社會人士超過百人，酷刑四處可見，秘密警察不計其數。連未獲得警察許可而擁有打字機的人都是罪犯，批評「國父」薩達姆者的人更是一律處以死刑。80年代初兩伊戰爭期間，伊拉克一位資深的將軍反對薩達姆的一項作戰計劃，結果軍事會議還沒結束，薩達姆就把這位將軍叫到隔壁專門「談話」。據衛兵後來敘述，那個房間的門剛一關上就傳來一聲槍響，然後戰爭狂人薩達姆隻身走了出來，若無其事地把手槍插回套中。對不滿政權的少數民族庫德人（Kurd），薩達姆也毫不心慈手軟，他曾下令以毒氣對付手持長矛短刀的游擊隊，甚至實行「三光」政策，毀滅整個村莊。其殘暴酷虐，早已激起國際社會的普遍憤恨。又如中美洲的薩爾瓦多。這是一個非常貧困的國家，因其嬰兒死亡率之高，文盲比率之大，在拉美國家中一直首屈一指、遙遙領先。但是就是這麼一個小國，獨裁階層（約占總人口的2%）擁有國家50%以上

的土地，寥寥數人把持著國家的政治經濟大權。1979年，主張改革的中級軍官們奪取了政權，組織了以基督教民主黨領袖何塞‧拿破崙‧杜阿爾特為首的新政府。但是被推翻的獨裁者們迅即組織「敢死隊」，暗殺改革派和激進派。有些殺人犯就是政府保安人員，杜阿爾特根本無法控制薩爾瓦多的軍隊。僅1980年1年期間，至少有13000人死於敢死隊手中，到1985年，已有40000平民被無辜殺害。薩爾瓦多獨裁軍事集團成為「世界上最無法無天、最殘酷嗜血的一夥人」。

從歷史上看，獨裁政權喜歡玩弄的鎮壓、恐怖手段並不複雜。例如，在惡名昭著的1933年德國國會縱火案中，獨裁者深知控制輿論的重要性，於是千方百計地竭力避免人民對獨裁統治合法地位的懷疑，掩蓋事實真相。又如，被稱為紅色獨裁首腦的前蘇聯領袖史達林也抱有這樣的政治哲學：為了防止「反革命分子」破壞搗亂，蘇聯的秘密警察不能消極被動地等待，而應「防患於未然」，及時發現隱藏的階級敵人。在這種思想的指導下，蘇聯樹立了一批與階級敵人作不屈不撓鬥爭的青年英雄，當時全國聞名的莫洛佐夫就是其中的一個。他向秘密警察匯報告密，揭發了自己的父親反對集體所有制政策的罪惡言行，結果這種「大義滅親」的「英雄行為」不僅使他那個可憐的農夫父親被捕，成了「人民的敵人」而被處以極刑，連莫洛佐夫自己也被同一村莊的憤怒農民殺死，為了革命的事業「壯烈犧牲」。莫洛佐夫成為當時蘇聯宣傳的正面形象，其「英雄事蹟」幾乎家喻戶曉。

伊格綏佐‧斯隆尼曾經在《麵包和酒》一書中入木三分地描述了人們對於獨裁統治的恐懼，深刻揭示了獨裁政權的醜惡和可恨。他寫道：在一種獨裁體制中，「人們都知道，警察在每一個大工廠、每一家銀行、每一個大辦公室裡都有自己的耳目。每一

座樓房的看守就是法定的暗探。每一種職業、每一個俱樂部中，警察都有自己的監督員。這些專門向警察匯報別人可疑行爲的人有的言不由衷，不得已而爲之，有的有自己的目的，希望通過這種舉動向上爬得更快一些。他們使整個社會陷於一種互不信任的狀態，人變成可憐的、時時擔驚受怕的動物，天天盤算自己的鄰居是否會監督他、背叛他、出賣他……」❺❻ 至於政治「神經病院」、政治勞改隊、集中營、「群眾專政」中發生的毒打直至挖眼割鼻剁心剖腹等令人髮指極端慘酷的獨裁者的野蠻行爲，也許斯隆尼們還未來得及調查、揭露。但歷史將揭露曾經發生過的一切非人間應有、非善良人們所能想像的殘暴、野蠻的禽獸行徑。

斯隆尼描寫的不過是當代獨裁統治的一般恐怖特徵，在獨裁政治的最高形式——極權獨裁條件下，獨裁統治者們對暴力的強調簡直「超越了對政治暴力行爲客觀意義的冷靜評估以及自發理性的讚賞，只是爲了暴力而暴力，從而變成了對『冷酷無情』的神秘崇拜和一種幾乎於色情的聯想」。❺❼

極權獨裁下的政治恐怖主義具有以下幾個特徵：

1. 殘忍程度前所未見。
2. 全然蔑視法律和法制，對正常的法筆制度、公平審判原則以及合理的司法條文，一概加以拒絕。
3. 獨裁者在道德上沒有絲毫的負罪感，被強姦的「公眾輿論」也常常爲這種暴力和恐怖辯護。
4. 即使統治精英分子也經常受到暴力和恐怖的干擾，時時擔心被「清洗」。
5. 普通人民一旦被定罪，其他家庭成員必受株連。
6. 極權政權鞏固後，暴力依舊持續，恐怖依舊不減。

7. 統治者的一切暴行都被貼上了「為公」、「為民」、「為國」的金字招牌，都被宣傳為「合情」、「合理」、「合法」，甚至直接以法律堂而皇之地作出規定。

集權獨裁也好，極權主義也罷，幾乎一切獨裁政權都高度重視對警察工具的運用。不斷發達的科技革命改變了人類社會的各個方面，獨裁者們也深諳現代科技的強大威力，不惜重金對現代警察工具作徹底更新，從而使獨裁恐怖在形式上發生某些變形。

應當說，新一代的警察工具已不完全侷限於武器彈藥，它還包括現代交通運輸工具和發達的通訊手段。通過運用這些手段，不少獨裁統治者維持著統治集團內部的某種團結，國家也沒有面臨來自強權的外來干涉，國內民眾暴動變得幾乎不太可能的，獨裁政體能夠達到一種相對穩定的狀態。

當然，這裡有一個問題需要注意，獨裁者雖然不惜運用各種強制手段來維護自己的權力，但是在很多情況下，獨裁政體並不希望由於人為的緊張關係而削弱大眾對獨裁政體的熱情。

與恐怖、鎮壓手段相關，獨裁政權力圖最大限度地控制社會輿論，禁止思想藝術自由　在現實生活中，不少獨裁者的統治，表面上看並沒有阻礙科學藝術的發展；相反，很多獨裁者還喜歡附庸風雅，熱衷於修建龐大華麗的博物館、圖書館，鼓勵文化繁榮。但是這並不是說獨裁者真的熱愛思想藝術自由。他們的前提條件是忠誠、順從。獨裁政治時代文藝創作、藝術創作的一個突出特點便是獨裁者對反對者、反對觀點的限制、迫害。例如，法國國王路易十四對於一切敢於反抗他的個人進行無情的打擊和鎮壓。他竭力加強警察權力，實行書報檢查，對任何自由思想，特別是無神論，一概予以禁止，對無神論者進行殘酷鎮壓。他建

立的「密封信令」制度，允許當局把任何人的名字塡進經過國王
簽署的空白表格，然後無需經過任何審查手續就可以把這個人加
以逮捕。

本世紀，研究法西斯主義制度的學者發現，在極權主義國家
中，奉行極權政策的政黨在教育系統建立了一種上下等級壁壘森
嚴的體制，不僅很多教師是極權政黨的成員，整個敎育體制也都
是爲獨裁政治服務的，滲透著各種獨裁運動的基本精神。第二次
世界大戰前，每一個義大利的小學生都要接受這樣的教育：「爲
什麼你是一個義大利的小女孩？只有童子軍的會員證和漂亮制服
是不夠的，你必須絕對忠誠於法西斯主義。你要作的第一件事就
是服從。什麼是兒童的第一任務？服從。第二任務？服從。第三
任務？還是服從。」❺❽在納粹德國，希特勒當上總理後4個多月，
納粹宣傳部長戈培爾便在希特勒的授命下主持了1933年5月10日
在柏林發生規模空前的焚書運動。這一天，無數世界聞名的作家
和科學家，如：托馬斯・曼、阿爾伯特・愛因斯坦、傑克・倫敦、
佛洛伊德、左拉的著作都被燒毀。接著，希特勒德國下令禁止千
百種書籍的發行和出版，許多報刊被勒令停刊。文學、藝術、報
刊、廣播、電影都必須爲納粹政權的宣傳目的服務。當時，「每
天早晨，柏林的編輯以及德國其他地方的報紙記者，都聚集在宣
傳部裡，由戈培爾博士或者他的一個助手告訴他們：什麼新聞該
發布，什麼新聞要扣下，什麼新聞怎麼寫和擬標題，什麼運動該
取消，什麼運動要開展，當天需要什麼樣的社論。爲了防止誤解，
除了口頭訓令外，每天還有一篇書面指示。對於小地方的報紙和
期刊，則用電報或信件發出指示。」❺❾

美國學者赫樞曼（Albert O. Hirschman）曾著書立說，解
析爲什麼總有那麼多的商業顧客放棄自己曾經鍾愛的產品，以及

為什麼總有那麼多人退出自己曾為之獻出一腔熱情的組織或團體。赫樞曼認為，在產品出現質量問題或是成員對有關組織團體開始產生意見的最初階段，人們一般面臨兩種選擇來表達自己的不滿，一是提出自己的意見和具體改進措施；二是乾脆不再購買同類產品或直接退出有關組織團體。前一種選擇是大多數人在最初階段願意採用的，人們直接了當地向企業經理或團體負責人提出自己的看法和要求，希望有關方面能夠加以改進。對企業經理或團體負責人來說，這也是一個了解人們反映、重新獲得人們信任的機會。一旦人們發現自己的努力全屬枉然，他們就會做出進一步的抉擇，即不再問津原來的產品，脫離原來的團體。把這套理論運用到政治學上也一樣，人民認為政府行為有背民意時，會藉各種機會發出怨言，以此表達自己的不滿。如果政府置若罔聞，甚至採取壓制手段，大部分人可能從此沈默，整個社會「萬馬齊瘖」、「鴉雀無聲」；另一部分人（特別是知識分子）則想方設法一面逃避獨裁專制，一面暗中活動直至武裝反抗。

在當今世界舞台上，我們不難發現，一些獨裁國家的人民渴望民主早日到來，為了消除社會不良現象，加速社會改革，他們奮不顧身，挺身批判獨裁者的專斷和獨裁體制的種種弊端。但是這種民主運動常以悲劇式的結局告終，人民要求正義的呼聲被殘酷的槍聲淹沒，於是一部分人不再談論「骯髒的政治」，開始以沈默表達自己對政治的不滿。另一部分知識精英逃亡到其他國家，以圖東山再起。這時，很多獨裁政體雖然未必知道赫樞曼的理論，但卻深諳「一旦你離開，你就喪失了發表意見的機會」這個道理，所以也就睜一隻眼閉一隻眼地為一些政治異議人士離境開了綠燈；更有甚者，乾脆下達「驅逐令」，把政治異己的代表人物趕出國門。

18世紀的法國思想家伏爾泰曾經說過，某些國家制訂禁止公民離開命運使他們降生的地方，其法律的用意是十分明顯的，即這個國家太壞了，治理得太糟糕了，所以統治者才不允許任何人離開，以防所有的人都跑光。

與伏爾泰抨擊的封建專制主義相比，當代獨裁政體的歷史進步只限於他們不怕自己國家所有的人才都跑光。然而他們永遠不會明白，即使一個民族最優秀的兒女因為反對獨裁政治流放到異國他鄉，他們也不會放棄自己為之而生為之而死的民主信仰。

利用宗教信仰達到自己的獨裁目的　　獨裁者實行自己獨裁統治的手段，除了鎮壓人民的暴力手段之外，還有各種思想感化手段，其中最重要的便是宗教這一「精神鴉片」。在許多獨裁國家裡，宗教給獨裁政權帶上了神聖的光環，使之成為一種「理想精神」的象徵。實際上，藉用梅葉的比喻說，宗教和獨裁政治互相聯結在一起，臭味相投，就像兩個「神偷」，互相包庇、互相袒護、你吹我捧、狼狽為奸。宗教組織往往心甘情願袒護最壞的政府，而政府也特別樂於袒護最荒謬、最愚昧的宗教。

從世界三大宗教產生、發展的歷史過程來看，流行於西方各國的基督教產生於公元1世紀。按照馬克思主義的觀點，基督教「在其產生時也是被壓迫者的運動，它最初是奴隸和被釋放的奴隸、窮人和無權者、被羅馬征服或驅散的人們的宗教。」❻但是從2世紀中期開始，基督教愈來愈成為剝削階級的宗教。不管怎麼說，公元4世紀，基督教被宣布為羅馬帝國的國教（324年）。從那以後，確有很多獨裁政權打著基督的名義，高舉基督的神聖旗幟去從事血腥鎮壓人民的勾當。

產生於阿拉伯國家創立時期（公元7世紀）的麥加的伊斯蘭教創始人是穆罕默德。伊斯蘭的意思是「順從真主」，實際上就

是恭順，其信徒稱爲穆斯林，亦即「順從眞主的人」。伊斯蘭教吸取了一些宗教，如：猶太教、基督教等的宗教政治觀點，爲宗教權力高於世俗權力的主張辯護。根據《可蘭經》的記述，安拉（唯一的神）和按照安拉旨意管理衆人的使者規定權力的地位。眞主使一部分人高出另一部分人若干等級，爲的是使一部分人要另一部分人爲其服務。《可蘭經》經得起「考驗」，其政治思想完全符合「伊斯蘭」的信念。這一思想從頭到尾都是恭順、服從。

　　與伊斯蘭教一樣，佛教也鼓吹絕對的服從，鼓吹從社會政治生活中完全排除暴力。其教義把佛陀的學說歸結爲「苦、集、滅、締」四大要義。按照這種理論，生命即是邪惡，要擺脫生命的折磨，求得再生，進而擺脫一切苦果，才能達到極樂世界。惟有如此超脫，才能滅絕一切人生之苦。這種對邪惡不反抗，對人生、貧困和壓迫漠不關心的理論，是合乎那些力圖使人民大衆循規蹈矩的獨裁者的胃口。

　　宗教信仰在獨裁政治中起著不可低估的作用，這還表現在獨裁者有時直接充當國家的宗教領袖，有時利用人們對宗教的頂禮膜拜，欺騙人民。19世紀厄瓜多爾的獨裁者加西亞・莫蘭諾（Garcia Moreno）出身於一個虔誠的基督教家庭。他自己年輕時一邊從事律師職業，一邊大力宣揚基督教，爲此與國內當權的自由派水火不相容，矛盾逐漸激化。在各方面的高壓下，莫蘭諾被迫離開厄瓜多爾，流亡到法國巴黎——當時被世人稱爲「拉丁美洲下台總統的麥加」的「世界之都」。然而，鑑於他在國內已經具有的極大影響力，厄瓜多爾的統治者並沒有讓莫蘭諾在巴黎進行自己平靜的學術研究。不斷的恐嚇、騷擾使莫蘭諾下定決心回國參加政治鬥爭。他要重新以基督代言人的面目出現，打擊自己的政敵，「拯救」整個社會。回國後他很快便當上了奎托（quito）大

學的校長，進而競選議員成功。從1861到1875年，莫蘭諾占據厄瓜多爾總統權位10多年，成爲歷史上著名的宗教獨裁者。據記載，他當時每天都與大衆見面，穿著黑色的長袍講經佈道，散佈基督教信仰。在莫蘭諾的統治下，厄瓜多爾名義上是「耶穌之心共和國」，實際上教會享有絕對的權力，整個國家陷於莫蘭諾一人實行的獨裁統治之中。莫蘭諾的宗教狂熱導致社會上不少宗派的反對，也招致軍隊的背叛。1875年，莫蘭諾像往常一樣在佈道結束後離開教堂，結果在教堂外的石階上被刺身亡，他的撒手歸西終於使厄瓜多爾得以從極端獨裁統治中得以解脫。

阿根廷的獨裁者朱安・羅薩斯 (Juan Manuel de Rosas) 也是一個利用宗教信仰實行統治的大獨裁者。他本人出身於篤信宗教的貴族地主家庭，從小受父母的影響很大。後來家道中落，他一下子被甩入社會最低層。羅撒斯憑著機遇與頑強的意志，很快就賺到一大筆錢，成爲非常年輕的百萬富翁。後來，他穿上軍裝，在軍隊中步步高升，一直當到將軍。

羅撒斯與厄瓜多爾的莫蘭諾一樣，掌權後極力維護和擴大教會的勢力，利用鄉村封建地主勢力大打內戰，反對城市資產階級的興起和壯大。因爲他堅定地維護鄉村地主階級的利益，所以有人把他稱爲阿根廷的「牧人總統」，以示他與歷代統治者的不同。羅薩斯的獨裁統治還有一個特色就是夫人干政。協助他打天下的羅薩斯夫人不僅深諳特務政治的重要性，訓練了一大批管家、女僕，安插在全國各大名門望族，特別是自己的政敵家中，專門負責搜集有關情報；而且還直接對全國新聞進行管制，左右社會輿論。她的飛揚跋扈有時竟達到無以復加的地步，甚至對普通人的婚姻也要制訂欽定的法律條文，橫加干涉。資產階級和自由知識分子更是飽受歧視，不斷遭到無情的鎮壓。在這種人民毫

無自由可言的獨裁統治之下，羅薩斯還特別捧高教會的地位，對無神論者施以精神和肉體上的迫害。總之，阿根廷在他的統治時期成了道地的神權專制獨裁國家。1872年，羅薩斯在政變中被趕下台，與女兒一起淒慘地離開阿根廷，在英國了其殘生。**❻❶**

除了傳統獨裁國家利用宗教信仰實行愚民政策、企圖達到獨裁目標以外，現代神權獨裁國家的例子也是屢見不鮮。例如，20世紀末的伊朗仍可以被看成是一個政教合一、神權高於一切的國家。伊朗前國王巴勒維在《我對祖國的職責》的自傳中竭力宣傳「王權神授」，要求臣民「信仰超脫世俗的光明的精神世界」。他不厭其煩地大談自己與上帝僕人的交往，目的就是為了讓人民相信，他天生就是伊朗的統治者，他的所作所為都代表著上帝的意志，人民只有順從才能得到拯救。**❻❷**巴勒維被趕下台後，最高領袖大阿亞圖拉‧伊瑪姆‧何梅尼同樣主張政治是宗教的延伸，伊斯蘭共和國必須由一個至高無尚的宗教領袖總攬軍政大權，主宰一切。由此，伊朗伊斯蘭共和國憲法明文規定了「神權統治」的原則，宗教領袖或領袖委員會的權力高於共和國總統和總理。領袖或領袖委員會統帥全國武裝力量、任免三軍高級指揮官和革命衛隊司令。在與伊朗誓不兩立的伊拉克國內，情況也差不多。人民對獨裁領袖薩達姆的崇拜和對他的恐懼一樣登峰造極。薩達姆已經成為一尊神，他無所不在，雕像大多高達數丈，裝設在巴格達的每一個街口。

推行宗教的政治領袖本人往往不一定是虔誠的宗教主義分子，他們僅僅把宗教看作是鞏固自己在精神世界統治權的有效辦法。例如，法國革命獨裁時代的雅各賓派領袖羅伯斯比爾在擔任國民公會主席後幾天，主持了一齣膜拜「最高主宰」的神秘主義儀式。祭奠儀式在巴黎杜勒伊里園中舉行，羅伯斯比爾穿著熠熠

發光的衣服，手捧花束和麥穗，行走在代表們前面。當羅伯斯比爾高唱讚美詩後，約有50萬人參加了慶祝典禮。❻

　　獨裁者為什麼能有那麼大的宗教魅力？為什麼能夠利用人們對宗教的信仰、崇拜來維護和鞏固自己的獨裁統治？讀者也許與筆者一樣，對此深感興趣。根據西方學者沃利斯的研究，全世界宗教用12種活動（儘管不一定會同時出現）來同「超自然」取得聯繫，這12種活動是：祈禱、音樂、生理經驗、規勸告誡、吟誦法規、模擬、靈力或禁忌、宴會、犧牲、神靈啟示和符號象徵等。這些概括並不全面和科學，但它說明宗教活動的目的在於向神祇表達自己的心願，乞求神祇消災禳禍，賜福賞安。

　　宗教既然是人們美好願望的寄託，為什麼常常與獨裁暴政聯繫在一起，成為一種「愚弄人的藝術」？它的目的是不是為了轉移人們的思想，用看不見的力量去嚇唬人們，迫使人們甘心忍受災難，把希望寄託在「來世的幸福」上？❻

　　宗教與獨裁政治的相互關係涉及獨裁政治的其他領域，不能輕易作一個否定判斷了事。筆者曾經特意觀看過納粹德國製片家蓮尼・理芬斯達爾製作歌頌納粹的《德意志的勝利》的紀錄片，看後與不少人一樣，感受到片中滲透出來的「極權主義的驚人魔力」。明知道希特勒發動了殺人千萬的罪惡戰爭，明知道那些在鏡頭上展開天真笑顏的兒童少年日後十之八九都成了嗜血的魔鬼，明知道那一排排雄糾糾氣昂昂穿著長統皮靴踏著正步奮然前進的青年都將成為殺人犯、劊子手，而我們還是自覺或不自覺地受電影中的某種「壯觀」、「神聖」的氣氛感染。極權主義的宗教魅力，有時竟能夠跨越歷史年代，跨越文化疆界而一遍遍地重複著，至今仍然如幽靈一般幾乎無時不有、無處不在地與政治發生千絲萬縷的聯繫，這是我們應當注意研究的一項全新課題。

　　利用壯觀場面顯示獨裁統治的輝煌　在一般人心中，宏偉莊嚴的場面似乎永遠顯示巨大的權力，永遠與掌握權力的政治領袖聯繫在一起。比如，有人描述，英國女王伊莉莎白一世只要在宮廷大廳中一出現，大廳中立刻鴉雀無聲，人群紛紛為她讓路。這種情景使人們想起《聖經》中摩西用手杖分開紅海底情景。某個男士蒙女王注視，就會屈膝下跪，若是個女士，則屈膝彎身，眼睛低垂，直到女王走過去為止。阿拉伯世界阿拔斯王朝的宮廷異常豪華，當哈倫‧拉希德在位期間，宮廷中的碟子都是用黃金製造的，帷帳用寶石來綴飾，哈倫‧拉希德的妻子左拜德為了取悅她的兒子，把幾百個美貌的侍女裝扮成侍童。法國路易十四進膳時，有一套繁雜的儀式：在御膳大總管的率領下，由36名宮廷侍從端著國王的膳食從御廚送進王宮，同時還有12名手執鍍金嵌銀權杖的人加以護送。❻❺

　　應當說，權力的取得、保持和宏偉場面的組織本身是一個極其複雜的政治過程。但在歷史上有很多獨裁政治體制藉壯觀場面顯示獨裁者壟斷權力、具有崇高尊嚴的做法已經成為一種不成形的規矩和制度，成為獨裁者情有獨鍾的「獨裁嗜好」。像世界四大文明古國之一的埃及直到今天還以它雄偉壯觀、規模宏大的金字塔而為人稱頌，其實，金字塔當初是顯示法老權勢的政治象徵。在建築這些金字塔的過程中，數十萬奴隸喪失了寶貴的生命。金字塔代表了法老的強力和尊嚴，人民也被灌輸進一種恐懼心理和崇拜思想。

　　歷史上很多獨裁者都喜歡華貴壯觀的場面。據記載，凱撒就職管理公共建築的行政官曾舉行盛大的慶典，請來了希臘馬戲團駕駛豪華戰車的高手、斯拉西亞（Thracia）的運動健將、利比亞的雜技演員、麥爾圖斯（Miletus）的著名舞蹈家助興。同時，他

還命令部下準備了112頭雄獅、60頭黑豹、16頭巨熊，以及長頸鹿、大象、老虎等多種動物。其中最龐大的一個場面便是12頭獅子與60匹黑豹的廝鬥。後來，在自己的父親和愛女相繼去世時，凱撒都專門組織了紀念他們的決鬥和遊行。在第一次決鬥中，116個決鬥士被迫相互殘殺，以此追悼偉大獨裁者的父親。

凱撒獨裁時代還有一系列的偉大夢想。他曾計劃改造龐提尼（Pontine）的沼澤，垂建奧斯陸西亞（Ostia）的港口和加修一條跨越阿卑寧山（Apennine）的大道（實際上這條大道直到2,000多年後義大利墨索里尼時代才得以建成），所有這些，都在羅馬製造了一種救世主下凡的政治氣氛，凱撒理所當然地擔當著主角。❻❻

與凱撒齊名的法國大獨裁者拿破崙也利用各種機會製造宏偉壯觀場面，神化自己的統治。在他的加冕儀式上，「為了典禮罩上豪華隆重的氣派，凡是金錢與藝術能做到的事都做到了。」❻❼拿破崙和他的皇后所穿的皇袍耗資幾百萬法郎，皇后戴的華冠用最名貴的珍珠鑽石鑲嵌而成，價值在百萬法郎以上。加冕時，教皇在拿破崙的頭上和雙手上敷了3次聖油，並誦念祝詞；拿破崙舉手宣誓，不僅終身任職為法國皇帝，而且皇位還可世襲。

第二次世界大戰前，世界上出現德、義、日等極權獨裁國家，獨裁者對壯觀場面的利用同樣達到一個前所未有的程度。義大利法西斯頭子墨索里尼訪問德國時受到隆重的禮待。當時的「柏林成了一片歡迎旗幟的海洋」。在墨索里尼經過的主要大道上，希特勒下令建造了4排共140個33英尺高地塔門，上邊塑造金碧輝煌的雄鷹，下邊是光芒四射的火炬。在希特勒廣場，德國還專門建造了120英尺高的旗塔，以此懸掛30碼長的德、義兩國巨幅國旗。

筆者發現，如果獨裁者在奪取政權中經歷了政治鬥爭的挫

折，歷盡千辛萬苦才擁有了權力，那麼他們中的大部分在成為獨裁者之後都更容易偏愛奢華，一味追求頭銜、獎章、綬帶、華貴的服飾、盛大的遊行慶典等等。他們習慣於把這些形式化的東西看成是獨裁政治成功的體現。這也解釋了為什麼那麼多的獨裁者都喜歡在首都和自己的家鄉興建豪華的紀念館及其他大型公共建築。有時候，這種追求簡直到了愚蠢可笑、滑稽荒唐的地步。

例如，18世紀拉丁美洲的小獨裁者、墨西哥強人桑塔‧安納（Santa Anna）竟然組織過一次莊嚴的送葬遊行，棺木中裝的是一塊華貴的紀念碑，以此紀念他在早年戰爭中失去的一條大腿。宏都拉斯的獨裁者洛薩達（Losada）更是推崇權勢，嗜好豪華。他雖然興建了不少學校、公路，但對於一切可以紀念自己光輝歷程的東西總是念念不忘、貪求不已。宏都拉斯人民生活貧困，但是每個城鎮都必須樹立洛薩達的雕像，每一座公共建築、每一個家庭都要張貼他的畫像及吹捧他的標語。除此之外，洛薩達還瘋狂地掃蕩歐洲的博物館，專門叫法國藝術家用最名貴的大理石塑造他的形象，要與拿破崙和亞歷山大一世一樣叫人瞻仰，留芳千古。不管是什麼節日，他都要從頭到腳掛上叮叮噹噹、層層疊疊的十字架、勛章、金玫瑰花、綬帶等等，在眾人面前顯示自己的榮光。他甚至要美國紐約的名畫家在把他畫成端坐在奧林匹亞山上的丘比特神，腳繞祥雲，旁邊是身著軍裝的美國國父華盛頓，洛薩達的手還搭在華盛頓的肩膀上，天空中是展翅高飛的天使，預示著一切吉祥如意。

從某種意義上說，把一個掌握著絕對權力的獨裁者和一個光輝耀眼的好萊塢明星相比，他們都有不少相同之處。明星成功的秘訣在於他或她自己的天賦，魔術師般的化妝以及不遺餘力的自我推銷；而獨裁者的所謂「成功」也有一半是靠他自己的政治智

慧，或者說是詭計多端、陰險毒辣，另外一半是靠獨裁宣傳機器的美化、吹噓，以及獨裁政治體制的整體運作中對人民的欺騙。所以，就後一點而論，建立獨裁政治也與近現代大工業生產的時代條件有著密切的聯繫，獨裁者本身常常是獨裁機械生產過程中的一個部分，現代工業生產中的組織、廣告、宣傳以及推銷等機制性的原則同樣適用於形形色色的獨裁者群體。他們往往被羅曼蒂克化，他們很少不是時代的超人、芸芸眾生的領袖，很少不是具有某種神秘色彩的最高權威、國家事務的「最後的法官」。

利用婦女取得權力或維持獨裁　很多獨裁者出身寒微，一旦掌握權力，其長期受壓抑的本能便會油然迸湧，有的把征服貴族婦女當成一種時髦，有的則成為有嚴重心理障礙的性變態者或同性戀，如歐洲中世紀的獨裁者鮑基亞（Cedare Borgia）、德國宗教改革時期的獨裁領袖門金恩（Menzingen）等等。

據說凱撒也有「斷袖之癖」。他不僅對衣著非常講究，常常孤芳自賞，自我迷戀，甚至達到如醉如痴、全然不知周圍環境的地步。有時他打了勝仗，便像一個皇后一樣舉行盛大慶祝活動。當時羅馬甚至流行一種說法，認為凱撒征服高盧，但征服凱撒的是波西尼亞的國王尼古曼德斯。當然，在歷史上，凱撒對女人的荒淫無度更為出名。他不僅一度打算拋棄自己的妻子而與埃及女皇克羅帕特里拉（Cleopatra）結婚，而使羅馬元老院為之恐懼不已，深怕東方專制在羅馬紮根；另一個方面，他還通過了專門的法令，特別規定他可以在任何時間、任何地點，任何條件下與自己喜歡的女人結婚，只要他願意，不管他有多少個妻子都是合法的。有人諷刺他在這方面永遠是「萬能的凱撒」，無所不在，無所不愛。

被歷史學家稱為近代世界第一位獨裁政治家的法國宰相黎塞

留（Richelieu）雖然是個敎士，後來還當上了紅衣主敎，但他不
僅對權力與金錢無休止地傾心追求，而且在爭奪權力的鬥爭中非
常懂得如何討得當時法國攝政王后瑪利亞的歡心，利用她的權勢
爲自己開路。1610年法王亨利四世被謀殺，黎塞留本能地感到自
己從政的機會來到了。他把所有的努力都集中在剛剛失去丈夫的
瑪利亞身上。因爲黎塞留是個敎士，所以瑪利亞悲傷時，他便可
以直接在她身邊悉心開導，爲她吟詩作樂；瑪利亞不知如何處理
朝政時，他又能睿智機敏，從容獻策。後來，新國王繼位，瑪利
亞遭到冷落，失去了權力，但是黎塞留十分明白這只是暫時現象，
所以他絲毫沒有忘記發出一封封「眞摯動人」的書信，表達他對
中年王后的理解、忠誠。他甚至爲此特意學會吹笛，因爲這是瑪
利亞最喜歡的一種娛樂。所有這些，都在後來得到了回報。瑪利
亞不僅視黎塞留爲心腹，而且推薦他當上了法國宰相。光是黎塞
留的一個侄女結婚，瑪利亞就賜給了她價值連城的華貴珠寶和數
目巨大的現金賀禮。1624－1642年期間，黎塞留大權在握，架空
法王的權力，左右法國政壇，直到去世，他都是法國眞正的國王。
這個時期內，他毫不留情地打擊自己的對手，與試圖削弱自己權
力的瑪利亞反目成仇。大權在握的他在這個時候早已忘記了自己
是怎樣用盡心機、溜須拍馬，忘記了那一封封書信中表達過的「永
遠忠誠」，忘記了瑪利亞曾給予他的一切榮光。黎塞留最後逼著
法王放逐了瑪利亞，使她憤憤不已但又無可奈何，最後終於病魔
纏身，鬱鬱而死。

　　繼黎塞留之後，拿破崙與約瑟芬之間的纏綿愛情不僅在法
國，而且在當時的歐洲早已是衆人皆知的。其實，在成名以前，
他就向他哥哥的小姨子克里拉小姐求愛，向佩爾蒙夫人的女兒求
愛，但都遭到拒絕。直到他26歲當上法國「內防軍」副司令時，

他才偶遇比他大7歲的美貌寡婦約瑟芬，並對其一見傾心，兩人舉行了沒有宗教儀式的婚禮。後來，約瑟芬不能爲拿破崙生兒育女，拿破崙在稱帝6年後拋棄了她。這時的拿破崙已擁有了極大的權力，在自己的再婚問題上擁有絕對的自主權。但是考慮到不同國家聯姻會產生不同的後果，於是爲了自己的婚事，他召開了最高樞密會議，討論同俄國和奧地利聯姻所帶來的不同利益。樞密會議投票的結果是：贊成奧地利的4票，贊成薩克森的4票，贊成俄羅斯的3票。拿破崙權衡再三，決定與奧地利聯姻，娶瑪利·路易絲公主爲皇后。

拿破崙在婚姻上的坎坷經歷似乎也影響了他的家族。他的侄子拿破崙三世原來一直追求某個歐洲公主，結果費盡心機卻一無所獲，進而不得求其次。眼看將要成功立業，作爲一個成名的男人，拿破崙三世應當有一個妻子，於是考慮再三，他驕傲地宣稱自己喜歡被人稱爲暴發戶，在自己的婚姻大事上也要具有同樣的風格。按照這種邏輯，他像拋彩球一樣娶了一個傾城美女，雖然不是公主，卻也溫柔賢惠，拿破崙三世終於得到了某種心理補償。

與其他政治家一樣，獨裁者的婚姻有喜有悲，各不相同。有的獨裁者對人民殘暴無情，但對自己的妻子和家庭卻異常熱愛。拉丁美洲波利維亞的獨裁者麥加雷佐（Melgarejo）對自己的妻子崇拜至極，他喜歡「與人同樂」，讓別人也感受到她的艷美絕倫的風采。爲此，他曾讓自己的老婆像一座希臘雕像一樣站在政府議事大廳裡的桌子上，然後強迫自己的內閣大臣們一個接一個地拜倒在石榴裙下，像衆星捧月一樣吹捧她的美麗。有的獨裁者則因爲婚姻的不幸而在私生活中放蕩不羈，性格變得越來越暴躁、粗劣。比如，狄俄尼索斯一世娶了一位貴族的千金爲妻，但是一次貴族的叛亂卻使她慘遭奸淫，叛亂的貴族揚言是爲了警告

那些背叛了自己階級的婦女。這種殘酷的打擊在狄俄尼索斯一世的心靈上劃了難以消除的印痕，在後來的南爭北戰中，狄俄尼索斯一世成爲一個報復貴族婦女的惡魔。當然，有些信仰宗教的獨裁者在家庭生活方面會相對穩定一些，他們年輕時也許很放蕩，但是後來也有不少人修心養性，有所收斂。但是這並不見得他們的獨裁政治狀況會比放蕩的暴君強多少。

　　對外實行侵略擴張　凱撒遠征高盧、拿破崙橫掃歐洲以及20世紀德、義、日的四處擴張……獨裁政治與對外侵略密不可分。的確，某些其他政權也實行同樣的擴張政策，但是獨裁政治的最大特點就是對擴張主義的頂禮膜拜和絕對認同。德國「鐵血宰相」俾斯麥把這種信條簡單地表述爲「沒有強權的外交猶如沒有樂器演奏的音樂」。對相當多的獨裁國家來說，對他國的侵略及掠奪一直被說成是維護國家生存、維持國內社會秩序以及促進本國經濟發展的有效方法。在權力鬥爭中一向厚顏無恥的伊拉克總統薩達姆，不僅在兩伊戰爭中使用了自一次大戰以來國際社會早已禁止使用的化學毒氣，而且在1990年8月3日率軍公然侵入鄰國科威特，同時覬覦儲油量占世界25％的沙烏地阿拉伯，3天後宣布成立傀儡政權，5天後正式吞併──「我們終於成了一家人，感謝眞主。」薩達姆對鄰國的明目張膽的侵略，已經嚴重踐踏了國際法的基本準則，受到國際社會的一致譴責。

　　其實，追蹤歷史，獨裁政權翻雲覆雨、背信棄義的侵略行爲屢見不鮮。在第二次世界大戰爆發以前，實行綏靖政策的英國首相張伯倫頑固地相信，只要他親自與希特勒和墨索里尼這兩個獨裁者當面商談，世界和平就有所保障。當時，張伯倫對獨裁者的卑躬屈膝，已經到了連他在英國下院發表演說都要事先把提綱交給到義大利請墨索里尼「修改」的地步。結果，墨索里尼對英國

人的軟弱大加嘲諷和謾罵，他說：「一個崇拜動物乃至於爲動物修築墓地、醫院和房屋，把遺產留給鸚鵡的國家，肯定是開始墮落了。此外，且不談別的原因，這也是英國人口組成情況造成的後果。那裡有400萬過剩婦女。400萬性生活得不到滿足的婦女會人爲地造成許多問題，以便她們的感官得以興奮或受到撫慰。」❻❽ 正是在墨索里尼強盜般的邏輯推理下，義大利與德國結成聯盟，挑起了第二次世界大戰。

當然，在國際關係研究中，一個國家的對外侵略有時也會被誇大。第二次世界大戰結束初期，「一種普遍存在的、基本上沒有經過檢驗的思想迷住了許多美國人，即認爲蘇聯已發動了要世界共產化的十字軍運動。嚴峻、無情的史達林在美國人的眼裡是一個故意阻礙美蘇緩和的惡魔。蘇聯的外交詭計是令人吃驚的。頭腦簡單的共產主義者的意識形態和宣傳是刺耳的。蘇聯人的外交作風是粗暴的，總是進行威脅而不是妥協。」❻❾ 於是，美國人，特別是軍事計劃人員，片面誇大了蘇聯的行爲，製造了一個「完全不通人性、完全抱著惡意的對手的形象」，「日復一日、週復一週、月復一月、年復一年地念著咒語，直到它完全變成有血有肉，與創造這種形象的那些人可以朝夕相處的夥伴爲止，結果，任何人如果試圖否認其存在，似乎就是叛國行爲或輕舉妄動。」❼⓿ 在這種情況下，美國當局採取了「遏制」政策，在全球範圍內與蘇聯展開了長期的冷戰。

在通盤考察了獨裁政治的基本特徵之後，應該思考這樣一個問題，即作爲民主對立面的獨裁政治一直是人們憎恨鞭笞的政體形式，但爲什麼在人類歷史上，人們還常常自覺或不自覺地擁護專制，甚至客觀上有時竟得益於獨裁呢？

這裡從獨裁政治的基本功能方面提出幾條思考問題的線索，

以供讀者參考。

首先，社會穩定是個體生存的前提條件，而獨裁政治的第一個功能就是強行建立一種秩序並維護它的穩定。

其次，獨裁政治的第二個功能是在短時間內集中全社會的資源進行大規模的公共項目的建設，迅速增加國家的經濟、軍事實力。這一功能在一個社會面臨外來威脅或巨大的內部危機時顯得特別重要。

最後，獨裁政治的第三個功能是通過控制人們的收入和消費品質，以求實現較爲平均的財富分配，保障基本的生活水準。所以研究獨裁政治的學者常常引用一個觀點，即就均富來說，世界上恐怕沒有任何一種制度能像獨裁專制那樣有效，大部分獨裁國家的基尼系數（Gini Coefficient）都明顯偏低。

有鑑於此，在一定的社會歷史時期內，人民接受和容忍獨裁專制的根本原因就是獨裁下的社會穩定給人民帶來的利益大於人民所受的戰亂痛苦。

注釋：

❶參見水秉和的分類，〈向政治學搭橋〉，載《知識分子》，1984
年10月，第28－29頁。

❷Linz, Juan J. "Totalitarianism and Authoritarianism
Regimes", chapter 3, in *Handbook of Political Science,*
Fred I. Greenstein and Nelson Polsby. eds. *Reading, MA:*
Addison－Wesley, Vol 3., 1975; "An Authoritarian
Regime: the Case of Spain" in Erik Allard, ed. *Cleavages,*
Ideologies and Party Systems, 1964, p. 255.

❸*The Politics of Aristotle,* Book V, Chapter XI, ss 4－8.
Edited and translated by Ernest Barker, New York: Ox-
ford University Press, 1962, pp. 244－245.

❹Smith, Robert F. *The United States and Cuba,* New
York, 1960, p. 184.

❺Perlmutter, Amos. *Egypt: The Praetorian State,* New
Brunswick, N.J.: Transcription Books, 1974, p. 4.

❻Stamps, Norman L. *Why Democracies Fall: A Gritical*
Evaluation of the Causes of Modern Dictatorship, Univer-
sity of Notre Dame Press, 1957, p. 23.

❼Nordlinger, *Soldiers and Politics: Military Coups and*
Governments, Englewood Cliffs, N.J.:Prentice－Hall, 1977,
p. 6.

❽Macridis, Roy C. and Steven I Burg. *Introduction to*
Comparative Politics: Regimes and Change, second ed.,
New York: Harper Collins Publishers, 1991, p. 137.

❾杭廷頓：《變革社會中的政治秩序》，華夏出版社， 1988年
版，第408頁。

❿見吳江，牛旭光，《民主與政黨》，中共中央黨校出版社，1991
年版，第17頁。

⓫Langsam, Walter S. *The World Since 1914,* 3rd ed., New
York, 1936, p. 519−535; Stephen Raushenbush, *The
March of Dictatorship,* New Haven, 1939, pp. 284−313.

⓬Rossiter, Clinton L. *Constitutional Dictatorship: Crisis
Government in the Modern Democracies,* Princeton: Prin-
ceton University Press, 1948, p. 6.

⓭Miller, Arthur S. *Democratic Dictatorship: the Emergent
Constitution of Control,* Greenwood Press, 1981, p. 36.

⓮Rossiter, Clinton L. *Constitutional Dictatorship: Crisis
Government in the Modern Democracies,* 1948, p. 3.

⓯*Dictatorship in the Modern World,* The University of Min-
nesota Press, 1935.

⓰Moore, Barrington. Jr. *Soviet Politics──The Dilemma of
Power: The Role of Ideasin Social Change,* White Plains,
New York: International Arts and Sciences Press, 1965,
p. 5.

⓱Apter, David. *The Politics of Modernization, Chicago,* IL:
University of Chicago Press, 1965, pp. 458−459.

⓲Johnson, Chalmers. ed. *Change in Communist Systems,*
Stanford, CA: Standord University Press, 1970, p. 14.

⓳Dahl, Robert A. *Modern Political Analysis,* Prentice−
Hall, Inc., Englewood Cliffs, New Jersey, 1984, chapter

2.

⑳關於政治學方法論問題，美國康乃爾大學政治系博士生王紹光的論文〈比較政治方法論分析〉給筆者很大啓示。

㉑George W.F. Hallgarten. *Why Dictastors? The Causes and Forms of Tyrannical Rule Since 600 B.C.* New York, The MacMillan Company, 1954, p. 25－26.

㉒Neumann, Franz. *The Democratic and the Authoritarian State,* Glencoe, 1957, p. 233.

㉓Machiavelli, N., *The Prince,* Penguin, Hrmondsworth, 1975, p. 19.

㉔Rousseau, J.J., *The Social Contract,* Dent, London, 1973.

㉕George W.F. Hallgarten., *Why Dictastors? The Causes and Forms of Tyrannical Rule Since 600 B.C.* New York, The MacMillan Company, 1954, p. 36.

㉖Neumann, Franz. *The Democratic and the Authoritarian State,* Glencoe, 1957, p. 242－243.

㉗Bolivar, Choix de lettres, *discours et proclamations,* trans. C.V. Aubrun, Paris, 1934, pp. 101－ 102.

㉘Ibid., pp. 109－110.

㉙Wilgus, A. C. ed., *South American Dictators,* 1937, p. 67.

㉚Graham, Cunninghame. *Portrait of a Dictator,* 1933, pp. 35－36.

㉛Macridis, Roy C. and Steven 1 Burg. *Introduction to Comparative Politics: Regimes and Change,* second ed., New York: Harper Collins Publishers, 1991, p.220. 注：該表沒有列出第二世界大戰前後的德、義、日三個極權政體，同

時把中國列爲權威獨裁國家。

㉜Bobbio Norberto, *Democracy and Dictatorship,* translated by Peter Kennealy, University of Minnesota Press, Minneapolis, 1989, p. 162.

㉝轉引自嚴家其：《權力與眞理》，光明日報出版社，1987年版，第1頁。

㉞這一說法採用戚國淦的《佛羅倫斯史》中譯本序言。

㉟馬基維利：《君子》子陳汝衡譯，中國文化學會，1934年，第49頁。

㊱同上，第22頁。

㊲Machiavelli, *Discourses on the First Decade of Titus Livius,* trans. N.H. Thomas, 1883, BK.I, ch.xl, p. 132.

㊳《君主論》，商務印書館，1985年版，第79頁。

㊴Hobbes, Thomas, *Leviathan, or the Matter, Form, and Power of a Commonwealth,* Ecclesiasticall and Civill, Crooke, London, 1651. Quoted from Norberto Bobbio, *Democracy and Dictatorship,* translated by Peter Kennealy, University of Minnesota Press, Minneapolis, 1989, p. 70.

㊵Russel, B. Power: *A New Socal Analysis,* Allen and Unwin, London, 1938.

㊶轉引自羅伯特・比爾施達特：〈社會權力分析〉，《美國社會學評論》，1950年12月，第733頁。

㊷納內德・米達：《國際政治的理論和實踐》，第124頁，《政治學參考資料》1983年第1期，第57頁。

㊸《不列顛百科全書》，英文版第15版，第14卷，第697－698頁。

㊹Dahr, R.A. *Modern Political Analysis,* Pretice−Hall, Englewood Cliffs, NJ, 1963.

㊺參見嚴家其：〈什麼是權力〉，《百科知識》，1986年，第5期。

㊻伯特蘭・羅素著，靳建國譯：《權力論：一個新的社會分析》，東方出版社，1988年，第128頁。

㊼同上，第24−25頁。

㊽王亞南：《中國官僚政治研究》，中國社會科學出版社，1981年，第129−130頁。

㊾見羅伯特・達爾著，王滬寧、陳峰譯：《現代政治分析》，上海譯文出版社，1987年版，第33−35頁。

㊿Friedrich, C.J., *Man and His Government,* New York, 1963, ch. 12.

51Heitland, W. E. *The Roman Republic*, 1923.

52K.A. 莫基切夫主編，中國社會科學院法學所譯，《政治學說史》，中國社會科學出版社，1979年版，第128頁。

53George W.F. Hallgarten, *Why dictators? The Causes and Forms of Tyrannical Rule Since 600 B.C.,* New York: The MacMillan Company, 1954, p. 70.

54Carr, Albert, *The Path of Dictatorship,* The Viking Press, New York, 1939, p. 42.

55George W.F. Hallgarten, *Why Dictators? The Causes and Forms of Tyrannical Rule Since 600 B.C.,* New York: The MacMillan Company, 1954, p. 95−96.

56Fridrich, Carl J. and Zbigniew K. Brzezinski, *Totalitarian Dictatorship and Autocracy,* 2nd ed., Harvard University Press, 1965, p. 179.

(57)拓夫譯，巴林頓·摩爾著：《民主和獨裁的社會起源：現代世界誕生時的貴族和農民》，台灣：久大：桂冠　，1991年版，第447頁。

(58)Fridrich, Carl J. and Zbigniew K. Brzezinski, *Totalitarian Dictatorship and Autocracy,* 2nd ed., Harvard University Press, 1965, p. 157.

(59)威廉·夏伊勒：《第三帝國的興亡》，第一冊，生活·讀書·新知三聯書店1974年版，第347頁。

(60)《馬克思恩格斯全集》，第22卷，第525頁。

(61)George W.F. Hallgarten, *Why Dictators? The Causes and Forms of Tyrannical Rule Since 600 B.C.,* New York: The MacMillan Company, 1954, p. 179.

(62)巴列維：《我對祖國的責任》，商務印書館1977年版，第61－63頁。

(63)引自嚴家其：《首腦論》，上海人民出版社，1986年版，第229頁。

(64)參見K. A. 莫基切夫主編，中國社會科學院法學所編譯：《政治學說史》，上冊，中國社會科學出版社，1979年版，第225頁。

(65)嚴家其：《首腦論》，上海人民出版社，1986年版，第1頁。

(66)George W.F. Hallgarten, *Why Dictators? The Causes and Forms of Tyrannical Rule Since 600 B.C.,* New York: The MacMillan Company, 1954, p.81, 86.

(67)約翰·霍蘭·羅斯：《拿破崙一世傳》上卷，商務印書館1977年版，第469頁。

(68)轉引自解力夫：《縱橫捭闔——史達林》，世界知識出版社，1989年版，第167頁。

⑥⑨ *The New York times Magzine,* Nov. 24, 1974, p. 87.

⑦⓪ Kennann, George F. "The United States and the Soviet Union: 1917－1976", *Foreign Policy,* No. 54, July, 1976, p. 682.

2

正本清源、條分縷析：獨裁政治剖析

　　獨裁政治本是一個極端複雜的大問題，千百年來又被無數思想家、政治家們自覺或不自覺地攪成一團亂麻、一池渾水。僅如前文所作泛論，是遠遠不能全面認識它的「廬山眞面目」。因此，本章將溯本求源、條分縷析、抽絲剝繭，步步深入剖視作爲一個社會大系統的獨裁政治，並著重從其哲學基礎與心理基礎方面進行細密的審察。

由此及彼的整體認識：獨裁政治系統

在這一節裡，我們將從獨裁政治的主體——獨裁領袖談起，漸次就指導主體的靈魂，即其信仰——意識形態、主體施威行虐的工具——獨裁政黨、獨裁政治系統的社會載體——國家與公民展開論述，希冀加深對獨裁政治的認識。

站在權力之巔的人：獨裁領袖

馬克斯・韋伯曾把歷史上的國家領袖分為三大類，第一類是傳統的國家領袖，如法國的路易十四，英國的亨利八世等等。他們的合法性既取決於「對古代傳統神聖性的既定信念」，也取決於服從依傳統行使權威的領導人的需要。第二類是理性主義——法定領袖，如：西方實行民主憲政制國家中的總統和總理。他們是共同接受政治遊戲規則和程序的法定權威。在這種權威制度下，政治領袖們受各項規定、規則、程序乃至特定工作任務的嚴格制約，人們服從法律，而不是非凡的個人品質和能力。政治領袖只按共同接受的法律和規則行事，他們的權力只與其職位相關聯，受其職位約束，而不受其個人品質影響。第三類國家領袖是具有個人魅力的「魅力型」領袖。這種領袖不僅在感情上對大眾具有感染力，他們更具備堅定的宗教信仰和充滿理性的政治主張。

托馬斯・卡萊爾（Thomas Carlyle）在談到英雄崇拜時說過：「在任何國家裡，發現一個最有能力的人，把他推舉到最高

的地位，忠誠地尊敬他。這樣你們就有了一個最完善的政府；不需要投票箱、不要議會的雄辯、不需要選舉、更不要其他什麼機制。只要這個人在，你們的國家就擁有一個完整的政體，就是一個理想的國家。這個最有能力的人也就是最值得信賴的人，他最公正、最高貴、最明智。對他所說的一切，我們都應愉快而充滿感激地接受，並付諸實踐，按照他的意志去做。」❶

從我們的獨裁政治研究，可以發現，第三類領袖，即「魅力型」領袖往往更容易走上獨裁統治的道路而成為獨裁領袖。

「魅力」的宗教原意是「天賦的風度」（gift of grace），光用理性認識來分析這種「難以形容的、帶有某種神秘色彩的優美和雅致」是無法解釋「魅力」的真相的。

綜觀歷史，「魅力型」領袖及其權威大多是在巨大的社會危機或革命期間，領導人證明其解決災難性問題的非凡能力之後，才有可能產生。所謂「受任於動亂之際，奉命於危難之間」，即此意。人們對這種領袖或權威的個人素質或才幹的服從，有時會演變成一種盲從。例如，納粹德國頭子之一的戈林在《德國的再生》（*Germany Reborn*）中曾厚顏無恥地吹捧「元首」希特勒，他肉麻地寫道：「……領袖（希特勒）具有一種神秘的、不可言傳的、甚至不能理解的特殊氣質，任何感受不到的人會本能地茫然無所適從……我們卻熱愛阿道夫‧希特勒，我們相信上帝派他到德國就是為了拯救我們民族的命運。」❷迷信個人、神化暴君一至於此，雖然罕見，但在其他國家，我們也能發現程度略遜卻也足夠驚人的個人迷信。例如，時至今日，土耳其成人讀物中還有很多類似這樣的文句：「上帝創造的這個世界是美麗無比的，然而在那麼多燦爛的瑰寶中，最寶貴、最美麗的是我們的國父。國父與我們在一起的時候，哪怕時間再短，我們也能感受到

這一點。」❸有的作家在論及波蘭皮爾蘇德斯基（Pilsudski）元帥的改革和獨裁時竟公開表示：「我們更願意把我們的目光投注在他本人身上，他的一舉一動，他的音容笑貌都是那麼迷人而富有魅力。對於他的臣民和破碎的歐洲大陸來說，他的形象就代表了一種平凡中的偉大，莊嚴和令人著迷的英雄主義。」❹其實，應該指出的是，對領袖的個人崇拜不僅存在於傳統的獨裁政體中，就連某些資本主義民主國家或社會主義國家，也有這種現象。二次大戰期間，美國的羅斯福總統被商界一些人讚美成「自耶穌基督以來的最偉大的領袖」。❺在蘇聯，史達林更是被宣傳工具神化為「無時無刻」不是人民的偉大、慈祥的「父親」。

神化與盲從當然可笑而又可憐，可悲而又可恥，誠如筆者在進行獨裁政治學的研究中發現的那樣，不能否認，很多獨裁者確實具備馬克斯·韋伯所說的某些「領袖魅力」。但領袖的魅力絕不是來源於「超人的、超自然的、或是臨到緊要關頭表現出來的常人可望而不可及的氣質」，他們並不是什麼「上帝的使者，命中注定的領導人」。❻也不是像我國古代對濟世英才的讚美一樣，很多獨裁者生來就不是池中之物，生就一副天馬行空、步履不凡的秉性。儘管他們常常被人盛譽為在沒有成為獨裁者之前就是胸懷大志、腹有良謀，是有包藏宇宙之機、吞吐天地之志的稀世之才，但這只是御用文人筆下的吹捧之辭，不足為訓。

要真正認識獨裁領袖包括他們的「領袖魅力」，就必須實事求是地分析與之相關的種種社會的、階級的、心理的、生理的因素，作出客觀公正合情合理的判斷。在進行分析作出判斷時，必須顧及獨裁政治的整體，而不能分開來孤立地考察獨裁領袖個人，更不能純主觀地僅僅從他的心理、意志出發論斷。

按政治學的一般看法，獨裁政體也和其他政體一樣，是由獨

裁領袖、獨裁意識形態、獨裁政黨和獨裁國家等元素構成的。就
獨裁領袖而言,希望擁有絕對權力似乎是用來形容他們共同個性
的一條鐵的規律。但這個問題常常引起爭論,其主要焦點集中在
獨裁領袖與獨裁政黨、獨裁領袖與獨裁機構之間的關係上。

為深入探討上述獨裁研究中至今還沒有答案的「疑難問
題」,可以從4個方面研究獨裁領袖與獨裁核心集團的關係:

1. 官僚政治因素。這是影響獨裁領袖與獨裁精英的最重要的
   一個因素。就像政黨能夠自上而下地維護獨裁統治一樣,
   有效的官僚階層也是獨裁者不可缺少的統治支柱。換一句
   話說,當代獨裁與傳統獨裁的最明顯的區別也就在於前者
   具有高度官僚化的權力體系。

2. 封建主義因素。獨裁權力體系的構成是多層面的,國家各
   個地區的權力自治不僅是低層權力制衡的重要手段,也是
   國家實行全體有效獨裁統治的「領導準則」。當然,這種
   各地權力自治的根本基礎是對獨裁領袖的絕對忠誠,類似
   封建專制時代諸侯對國王的效忠。

3. 民主政治因素。確切一點應該說成是寡頭政治因素。這主
   要是說,在大家都服從於一個強有力的獨裁領袖的情況
   下,次一級的獨裁者們各自為政,互不干預對方事務,整
   個國家因此也就形成了某種大的獨裁條件之下的民主式
   「集體領導」。

4. 軍事化因素。即獨裁者為了實現自己的目標隨時都應該準
   備戰鬥,消除異己分子,鞏固現有政權。❼

上述四種因素在獨裁領袖的孕育過程中所起的作用,當然是
交融匯合、無法劃清的。這從獨裁權力的形成過程可以得到說明。

由於歷史背景不同，各個國家的獨裁者攫取權力的方法和渠道也不同，這就決定了獨裁者與獨裁政黨、獨裁領袖與獨裁機構之間的相互關係不一定完全相同。獨裁者在奪取政權的過程中常常依靠獨裁政黨，然而他們在取得政權後卻幾無例外地有意貶低政黨的作用，甚至對法律也公然蔑視、任意篡改。他們的目的無非是要建立和鞏固自己的個人權威，以便得到絕對的服從。當代許多大獨裁者還用盡各種手段使人民相信國家的利益高於個人利益，同時竭力把自己描繪成國家利益的代表、民族團結的象徵。例如，「領袖」（duce）在義大利語中，既是性的象徵，又是墨索里尼作為政治領導人的專稱。對「領袖」的崇拜在義大利人民社會生活中具有特殊的意義，是正常社會機制不可缺少的一個部分。❽墨索里尼奪權時所依靠的是他的死黨、大棒及個人的狡詐。他在1925年上台後就充分利用法西斯主義的某些規定，把法西斯黨置於國家之下，而他自己則擔當國家的最高領袖。當時的墨索里尼並不是法西斯政黨的領導人，但是黨不僅沒有成為他獨占權力的競爭機構，反而變成他維護其最高統治權的有力工具。這種狀況直到1943年墨索里尼被趕下台後才得以中止。

　　德國的希特勒政權大抵如此。很多研究「第三帝國」歷史的學者都肯定希特勒具有非凡的組織能力。希特勒本人在《我的奮鬥》中曾說「我的一生是不斷努力說服別人的一生」，他從一開始便施展出了巨大的政治魔力。1921年7月，希特勒成功地當上了德國國家社會主義工人黨（NSDAP——The National Social-ist German Worker's Party）的第一主席，並且糾集了一批甘心效力的亡命之徒。1926年，希特勒集該黨發展、宣傳、行政、組織大權於一身，黨內主要幹部任免的唯一標準便是對希特勒是否忠誠。希特勒不僅有像戈培爾這樣的左膀右臂，還專門建立、

改組了黨內法庭來執行紀律。他從不允許任何反對他的或類似反對他的組織團體成立或存在。由於這個原因，1926－1928年間醞釀成立的納粹聯盟遭到取締。希特勒還把黨內許多事務性的管理工作交給赫斯處理，而自己又可隨時加以干涉。至此，納粹黨內希特勒與其信徒之間的緊密的私人關係已經完全轉化成了紀律分明、等級森嚴的組織關係。連當時的司法部長都直言不諱地說：「我們的憲法就是希特勒的意志。」❾納粹黨內諸多骨幹爲了討希特勒的歡心而攫取更多權力，彼此間明爭暗鬥、互相傾軋。與此同時，納粹黨作爲「人民意志的體現」，地位高於國家。如果沒有其對納粹黨徒無恥行爲的指使和縱容，沒有毫不仁慈地運用種種暴力恐嚇手段清洗異己分子，強行凌駕於「人民意志」之上，而樹立了「希特勒就是德國，德國就是希特勒」的絕對信念，希特勒絕對無法登上德國總理的寶座。由此可見，獨裁者的「領袖魅力」實在是建築在一次次厚顏無恥的自我吹噓，一次次窮凶極惡的恐嚇謾罵，一次次荒誕至極的逢場作戲之上的。

前述四種因素在獨裁權力的形成過程中的交互作用，往往體現在群衆運動中。特具卓越的組織、宣傳才華的領袖，總是利用參差不齊、良莠並存的萬千群衆的各種心理、習慣、利益需求、價值取向等不同素質，把官僚的、封建的、民主的、軍事的以及其他的因素「糅」入其間、左右他們的思想、言論與行動，從而造成「群衆運動」或「運動群衆」以達到這樣那樣的政治目的。

西方有不少研究獨裁問題的學者認爲，對當代群衆運動理解及運用得最爲嫻熟的政治家是無產階級的導師列寧。在他們看來，列寧在發動群衆、利用群衆運動創造歷史方面的成就是無可匹敵的，不僅史達林，連後來的墨索里尼和希特勒都直接或間接地從列寧身上學到了不少東西。❿

　　其實，就獨裁領袖攫取權力的過程和手段來說，不管獨裁者在奪取最高權力時是不是一定要利用當代群眾運動，也不管他們在這種過程中究竟運用什麼樣的具體手段，除了世襲的王位以外，獨裁者一開始大多不是國家的領袖，他必須依靠某一社會階級或階層的支持。當他獲取權力之後，又要設法使全體人民相信他就是整個社會的救世主。這時他就必須超越自己原來依靠的那個階級的立場，贏得更多的一般民眾的信任。從這個角度看，獨裁者單有駕馭民眾的主觀願望是遠遠不夠的，他還必須獲得公眾輿論的支持，甚至在必要時製造輿論。

　　墨索里尼上台前後的義大利，有不少忠實的法西斯主義信徒相信「墨索里尼總是正確的」。大肆吹噓法西斯主義是人類「新精神」的吉泰爾就肉麻地恭維墨索里尼擁有「天才的獨特氣質」，「是道義的化身。其道德力量來源於他那顆偉大的心靈，來源於他對自身信仰的絕對忠誠。他堅信自己擔負著振興義大利的神聖使命。」⓫其實，如世人所看到的那樣，所謂義大利政府，只不過是個文雅的稱號，其成員經過反覆清洗整肅，到後來幾乎成了清一色的墨索里尼的打手、偵探與奴才。墨索里尼的意志就是法律。儘管有些法西斯首領們也知道他剛愎自用、愚昧無知、主觀武斷，但從1922年到1943年期間，從國王到部長，從將軍到工業巨頭，誰也不敢與他作對。

　　希特勒也大肆宣揚自己的統治理論。不僅認為群眾在被控制支配時可以產生滿足，「他們想要的是強者的勝利和弱者的消滅或無條件的投降，」⓬而口口聲聲吹噓自己代表德國人民的最高利益。實際上，希特勒與所有的獨裁者一樣，對群眾從來沒有真正信任過，相反，他把群眾看成是「卑鄙的只知道選舉的蠢貨」，「具有不可救藥的惰性」。他說：「群眾就像一個女人，……寧

願屈從堅強的男人,而不願統治懦弱的男人,群眾愛戴的是統治者,而不是懇求者,他們更容易被一種不寬容對手的學說折服,而不大容易滿足慷慨大方的高貴自由,他們對用這種高貴自由能做些什麼感到茫然不解,甚至很容易為此而感到被遺棄了。他們既沒有意識到對他們施以精神恐嚇的冒失無禮,也沒有意識到他們的人身自由已被粗暴剝奪,因為他們決不會弄清這個學說的真實意義。」❸就這點而言,恐怕所有的獨裁者都有著相同的個性。希特勒的幫凶戈培爾以同樣的語調描述群眾。在他眼裡,「人什麼也不想要,只想體面地被支配。」「人只是雕刻家手中的石頭。領袖之於群眾就像畫家之於顏料。」❹與戈培爾觀點相同,另一個臭名昭著的納粹頭子戈林也把人民視作他們這些「政治藝術家」、亞利安「精英分子」可以任意處置的低級生物,只有他們自己才能領導人民奪取第三帝國的生存空間。墨索里尼甚至這樣向他的女婿齊亞諾說過他對義大利人民的看法:「義大利民族是一群綿羊。18年也改變不了他們。……我們要叫他們循規蹈距,從早到晚穿著軍裝。打他們,打他們,打他們。……要使一個民族偉大,必須把他們送去作戰,甚至你非得臭罵他們一頓不可。我就是要這樣做。」❺

　　獨裁領袖大多是權力慾極強的人,但這並不是說對權力的貪婪和追求是他們的唯一性格特徵。按一般推測,大獨裁者往往應該是驕橫跋扈、唯我獨尊,他們永遠是思維簡單的「單向人」。有些傳記、文學作品還經常把獨裁者描寫成不通人性者、類似青面獠牙的強盜。但是有些歷史資料表明,情況往往與此相反。

　　某些傳記作家記載登峰造極的獨裁者希特勒便是一個時時猶豫不決、事事推諉搪塞、精神萎靡不振、生活懶散怠惰的人。他性情古怪,一邊盡可能地逃避現實政治,甚至不願住在柏林,一

邊又花了大量的時間來研究未來城市規劃及城市建築；他喜歡在
午餐時間內召集幾個最貼心的親信，邊吃邊聊，決定國家大事；
由於他常常晚睡晚起，晚上大部分時間又花在電視機前，所以很
多決策作得匆匆忙忙，未經認真思考；到了1939年以後，他更是
無暇顧及內政，許多負責的高級官員連想見他一面都很困難。❶❻

　　墨索里尼的個性也很值得玩味。他對法西斯主義哲學總是夸
夸其談，但有人說他事實上根本不知道自己應該做什麼。有時候
他反覆強調人民應該對國家保持忠誠，心血來潮之後自己也搞不
懂到底什麼才是法西斯主義的基本原則。馬志尼（Barzini）筆下
的墨索里尼在1932年時的形象是：「他戴一頂白色的遊艇帽，身
著翻領、雙排扣的商人味兒十足的夾克衫，灰綠色的軍用馬褲，
還有一雙大黑皮鞋。」就這種形象而言，墨索里尼顯然更像一個
插科打諢的滑稽演員或是喜歡大出風頭的冒險家，人們很難把他
看成是一個嚴肅而又有威信的政治領袖。❶❼

　　西班牙法西斯獨裁者、國家元首和政府首腦佛朗哥（1892－
1975）對內厲行獨裁統治，對外支持德意志法西斯的侵略戰爭。
人們對佛朗哥這樣一個法西斯魔王無不懷著極壞的印象。然而，
許多親自拜訪過佛朗哥的人，都驚異地發現他私底下的為人和透
過「職位放大器」給公眾的印象竟有天壤之別；❶❽和希特勒、墨
索里尼、佛朗哥相反，雅各賓派的著名領袖丹東，雖享有「革命
家」的盛名，卻放浪無行，利用職權，營私舞弊、大發國難財。
他在談到「道德」的涵義時說：「沒有任何道德比每天夜間我和
我老婆的情誼更牢靠的了。」連羅伯斯比爾都認為：「自由像美
德一樣純潔，只有一顆純潔的心，才能為自由服務。而丹東的手
和他的心一樣骯髒，絕不可能成為自由事業的捍衛者。」❶❾

　　由此可見，處在權力之巔的獨裁者或獨裁領袖在品格上存在

巨大差異。在這裡，我們藉用一種流行的首腦品格分類方法，把
獨裁者分爲5大類，即：

　　1.果斷頑強型。
　　2.奸詐詭譎型。
　　3.多疑殘忍型。
　　4.懦弱昏庸型。
　　5.神秘怪癖型。

　　果斷頑強型的獨裁領袖在確定目標後，往往表現出堅定的意
志，任何人無法改變他對目標的追求。拿破崙便自豪地認爲，他
的意志能壓倒一切，凡是他希望得到的東西，必定會歸他所有。

　　奸詐詭譎型的獨裁領袖喜歡玩弄政治權術，信奉馬基維利主
義。他們往往是利慾薰心、心腸狠毒而又善於隨機應變的獨裁者。
他們在與人打交道時既可以扮出一副牧師般的慈祥面孔，顯得無
比寬宏大量、隨和謙恭，也可以嘴臉一抹，變得與劊子手、屠夫
一般的殘酷無情、專橫暴戾。

　　多疑殘忍型的獨裁領袖常常心胸狹窄，偽善殘酷。他們對周
圍爭權奪力的人都保持高度警戒，習慣於用權力來清除一切眞實
的和假想的「敵人」。歷史上著名的羅馬暴君尼祿（54－68年在
位）就是這樣一個反覆無常的皇帝。他多疑、殘忍，不僅毒死了
自己的異父兄弟，而且還殺害了自己的母親。

　　懦弱昏庸型的獨裁領袖遇事優柔寡斷、缺乏智慧，同時沒有
自制力，固執己見。在有些情況下，這種獨裁者是世襲君主制的
產物；而在另外一些情況下，一個剛愎自用的獨裁者到了晚年也
有可能變成一個怠於政事、縱情享樂的權力擁有者。

　　神秘怪癖型的獨裁領袖在精神上或性格上都與常人不同。有

的沈迷於利用宗教迷信來加強自己的權力維護自己的統治，有的性格孤癖、喜怒無常。伊拉克國王薩達姆‧侯賽因就是一個神秘怪癖的獨裁者。他有一種近乎病態的人格，常常行踪不定，又喜歡通過秘密警察窺探手下的私人生活，據說還有同性戀的癖好。

關於獨裁者或獨裁領袖的性格問題，我們還將在「獨裁政治的心理分析」一節中作更加詳細的討論。

信仰「新語」：獨裁意識形態

喬治‧歐威爾（George Orwell）曾寫過兩部轟動西方的政治預言小說。他以文學的形式對獨裁政治、特別是極權獨裁作了精闢的詮釋。在他看來，20世紀中出現過的極權主義獨裁政治最明顯的特徵就是它試圖控制人們的思想感情，並企望以此達成對人民的專制。他說：「對思想的控制既是極權主義的一個負面特徵，又是它的一個優點，你不僅無法表達、思索，而且必須接受一種不管你是否喜歡的意識形態。極權主義不斷控制你的情感生活，它已爲你準備好了一套現行的行爲方式」。[20]

歐威爾在他非常著名的小說《一九八四》裡描述了這樣一個社會，在這個社會中，少數精英，或所謂「內黨」，掌握決定什麼是眞理的大權。他們按照自己的喜惡決定了所謂眞理以後，開始纂改整個歷史。這些眞理製造者爲了維護自己的絕對權威，不受任何挑戰，還發明了一種特殊的「新語」，並通過「新語」把「眞理」傳播給「啞巴群衆」或無產者。這裡，「新語」並不是供有理性的人交談用的一種理性語言，「其目的是要使說話者，特別是與意識形態有關的說話者，盡可能不受意識的約束。爲了日常生活上的目的，一個人在說話之前，自然會先經過一番思考，但一個應召去作政治判斷或道德判斷的黨員，卻應該能夠像機關

槍射出子彈那樣機械地脫口說出正確的意見⋯⋯」

應當說，在《一九八四》中，歐威爾筆下的「新語」是真理擁有者們進行獨裁統治的重要手段。將這種比喻深化，我們同樣可以把獨裁政治的意識形態形容成一種獨裁者精心設計的、用來欺騙人民的信仰的「新語」。

西格蒙特・紐曼（Sigmund Neumann）在談到當代獨裁政治存在的原因時說：「⋯⋯在這樣一個政治學以及人類社會本身高度發展的時代，意識形態觀念與歷史現實之間的時代差距越來越大，因此我們在試圖解釋獨裁政治現象時，常常誤用一些最基本的概念。這種錯誤十分危險。」㉑

「意識形態」是當代政治學研究中的一個最容易引起爭議的字眼。從詞義上講，意識形態最初只作「思想科學」的解釋。現在我們用這個詞的時候，大多是指涉及到基本政治目標的信仰體系，更進一步說，是指有意或無意設計、影響和指導政治行動過程的信仰體系。

近現代西方社會科學界不少理論家都對意識形態問題作出了自己的評判。在《意識形態與烏托邦》一書中，卡爾・曼海姆（Karl Mannheim）把意識形態定義爲「構成謊言的系統言論」。㉒美國國際關係理論大師漢斯・摩根索認爲意識形態不過是權力競爭的掩飾，無論是在心理上還是在道義上，它都使權力的競爭者找到理想的藉口。另一個著名的比較政治學敎授戴維・阿普特支持這種見解，並總結性地提出：「『意識形態』不僅是指一種學說。它不僅賦予人們的特定行動和具體實踐以具體的涵義，而且使社會行爲昇華⋯⋯從某種意義上講，意識形態是人們卑劣動機的遮羞布。」㉓當然，也有不少學者不同意他們的觀點。例如，在極權主義研究方面造詣頗深的漢納・鄂蘭夫人認爲意識

形態只不過是「思想觀念的邏輯表達形式」，「意識形態的獨立」會使思維與實際脫節，後果將是「意識形態也就完全無法進行觀念上的更新。」❷❹以提出「後工業社會」概念聞名的社會學名家丹尼·貝爾（Daniel Bell）特別強調「意識形態是關於社會階層的觀念轉換」。❷❺戴維·保羅（David Paul）的觀點則自相矛盾：他一方面認為，在考慮與決策有關的各種因素時，意識形態的地位並不是那麼重要。相反，組織機構間的相互關係、領導人的態度、精英分子以及各種不同的利益集團、其他的社會、政治因素等等，倒是我們所必須重視的。「在政策決定階段，意識形態因素的作用很令人懷疑。」但是另一方面，他也承認：「意識形態是決策的指南。」❷❻

　　這裡我們要特別指出，目前有一種論調非常流行，即隨著當今世界一些社會主義國家的解體和民主浪潮的不斷高漲，一些人重新唱起意識形態滅亡論的老調。筆者認為，在今天這個時代，意識形態不僅沒有淡化消除，相反，各種政體的意識形態化進程反而有日益加快的趨勢。就我們關心的獨裁政治研究來說，意識形態到底是獨裁者統治的工具還是獨裁政體本身就具有的基本特徵，在這個問題上，不管是東方還是西方，至今還沒有一個明確的答案。然而，儘管法西斯主義促成了本國知識分子向另一個大陸的一次大移民——20世紀第一次大量的腦力流失，但我們不能不承認，法西斯主義還是獲得了20世紀史上的一次巨大的「成功」——如果不是在知識分子圈中，至少也是在其他「階級」中，特別是在中產階級中。它成功到這麼一個地步，以至使得1918－1945年這段時間，歷來都被稱作「法西斯主義時期」或全世界範圍內的「反法西斯主義鬥爭時期」。考慮到這樣一個不容否定的歷史事實，對法西斯主義意識形態進行系統而深刻的分

析，不單單有助於我們睽古察今，以史為鑑，而且有助於我們將獨裁政治與民主政治作比較，達到「兩刃相割，利鈍乃見，兩論相訂，是非乃見」的目的。

根據戈雷格（Gregor）對意識形態的定義，可以把現代社會意識形態確定為「3個相互交叉的基本因素」。這3個因素是：

1. 一套相當系統化的、體系嚴密而又引起爭議的關於自然、社會以及人類自身的價值判斷。
2. 一種相對而言並不嚴密的觀念組合以及這些觀念在特定政治情況下的具體運用。
3. 正式及非正式的類似於法律或能夠產生社會約束力的行為規則。

我們基本上同意戈雷格提出的「意識形態支柱論」，即意識形態的第一個支柱是其賴以成立的社會及政治哲學，第二個支柱是使這些哲學思想與具體行動聯繫的有關學說，第三個支柱是實踐上述哲學思想及學說的國家立法機構、社會組織等等。❷⁷

根據上述前提，下面我們以極權政體為例，推導有關獨裁意識形態的一般結論。

獨裁意識形態包含與民主原則對立的因素　義大利法西斯主義的頭號理論家吉泰爾（Gentile）曾對法西斯主義的意識形態作過如下解釋：「我們代表著世界的新道義，它明確無誤地反對高高在上的、與民主勢不兩立的富豪統治，堅持自由共濟以及1789年法國大革命確立的不朽原則……民主的思想隨著『進步』而得到發揚光大。我們的國家是一個貴族統治的國家，一個就要結束並將重獲新生的新型國家之一……我們法西斯主義者心目中的國家是全能的，離開了國家，任何人及精神價值都不可能

存在，更不要說慾望了」。❷⒏

　　吉泰爾滿口的「民主」、「自由」，但是他對於法西斯主義的理論概括是蒼白無力而又荒謬可笑的。以義大利爲例，墨索里尼最初是「社會主義者」，後來有一段時間成爲很激進的實用主義者。1932年爲《義大利百科全書》寫文章時，他已明顯右傾。在這時，墨索里尼公開聲稱：20世紀是右派的世紀，跟19世紀正好相反——後者彰揚自由主義與社會主義。右派，意味著集體主義（個體主義與政治平等主義的死對頭）與國家概念。他把國家定義成「一個絕對者」「在它跟前，個體與社群都是相對的」。不僅如此，一切的道德、文化以及民族本身，都是由國家決定的。根據這種理論，墨索里尼心目中的法西斯主義就成爲「一個歷史概念」，儘管他一再宣稱「法西斯主義國家不是反動的，而是革命的」。❷⒐

　　希特勒時代的德國社會意識形態同樣是反民主原則的。阿爾弗萊德・盧森堡（Alfred Rosenburg）認爲：納粹政治是神權政治，希特勒對個人嗜好的藝術的迷戀影響了他對自我權力的迷戀。與其說他的許多政策是出於意識形態的考慮，不如說是出於他的本能、幻想以及客觀的歷史因素的相互作用，而「納粹革命」就是沒有學說的革命。❸⒅在我們看來，盧森堡的觀點是片面的。亞利安種族優越論、生存鬥爭哲學、泛德意志主義、反感傷主義、絕對服從、以及對社會達爾文主義的崇拜，都可以被看成爲納粹主義的精髓。這種學說在本質上更對現代工業社會抱有刻骨的敵意，它更欣賞一種接近於「小國寡民」式的社會，「以狹義而明顯的民族主義與軍國主義爲本，由血統與土地原理指導」。❸⒈這種「忠於自然的社會」是「基於貴族原理而建立起來，摒棄民主的與社會主義的群眾觀念」。❸⒉

極權統治的意識形態反對自由主義、反對寬容、反對議會政體、與選舉政治格格不入並奉行超人哲學，所有這些都是與民主政治的原則截然不同的。

獨裁意識形態充滿對國家及武力的崇拜以及狹隘的民族主義情結　對國家及武力的崇拜以及狹隘的民族主義情結，不僅是極權政體意識形態的重要組成部分，它也是其他形式的獨裁政體普遍具有的一種意識形態因素。

極權獨裁的意識形態鼓吹任何一個階級、任何一個社會成員都必須在關鍵時刻犧牲自己的利益，維護國家利益。從這個角度上說，它屬於意志哲學品種。這種哲學特別適合於第一次世界大戰後瀕臨經濟與政治災難邊緣的德國與義大利這類國家。不單是個體，就是整個民族也一樣，唯有憑藉意志力量，才能把自己提昇起來，以成就其「偉大」。無怪乎索瑞爾的神話、巴烈圖的殘餘、尼采的生命哲學、以及現成的黑格爾國家哲學，都被加倍借重，用以說明法西斯主義的世界觀。例如，墨索里尼把民族定義為「由單一觀念統一起來的衆人，這觀念就是求生存與求權力之意志」；國家則是「普遍的道德意志」、權力之創造者、民族本身之創造者。德國的國家社會主義者，自然也常常乞靈於民族哲學。這種哲學，源於浪漫主義運動，歷經19世紀末葉拉加德、朗本等失意學究，以及詩人兼新聞記者艾克哈特等人錘煉與發展，對希特勒產生了十分重大的影響。民族哲學，在強調生物的與種族的決定論這一點上，與意識哲學有所衝突。不過，兩者在求助於神話與直覺（與理性對立）這點上，則是完全一致。❸

獨裁意識形態強調社會秩序，不允許異議分子的存在，由此產生的結果是軍隊在國家生活中扮演重要角色　獨裁政府的安危取於它動員人的權力意志的大小；在極權條件下，政府若

要求安穩，則必須利用人的權力意志。極權政體雖然強調群眾動員，但是它更重視政權的穩定。在有些情況下，極權主義的統治者認為最理想的子民並非篤信官方意識形態的人士，而是喪失分辨事實和假像能力的民眾。

按照西方很多學者的分析，史達林主義是一種與義大利法西斯主義、德國國家社會主義並列的極權主義。而「無論是共產主義的意識形態還是法西斯主義的意識形態，兩者的形成都與極權主義沒有多大的關係，但是兩者的發展卻又展現了完全符合極權主義意識形態的特點。」❸姑且不去評論這種觀點是否正確，可以肯定的是，史達林對列寧主義的隨意簡化是極其輕率的。「史達林主義」在意識形態領域招致的失敗有目共睹。它越是要通過控制輿論（例如，新聞、電視電台、教育出版、甚至私人通信和談話）來控制人民的思想，人民就越是要反對專制，爭取自由。

以上考察了極權獨裁政體意識形態所包含的主因。從某種程度上說，唯有從意識形態在極權主義統治機器所扮演的角色中，我們才能認清所有獨裁政治意識形態的真實本質。下文我們來看一看獨裁意識形態的作用以及它與獨裁政體之間的關係。

理論對於社會實踐具有巨大的能動作用。這條真理對於任何政體都適用，獨裁政體當然也不例外。

獨裁意識形態與獨裁政體間的關係是相互的、非單向的。一方面，獨裁意識形態對獨裁政體產生重大影響和作用。這首先體現在獨裁意識形態具有鮮明的階級性。在存在階級鬥爭的社會裡，意識形態領域必然存在著階級鬥爭，這是不以人們的意志為轉移的。有的人認為「意識形態本無政治涵義」，人的意識形態如自然科學、語言學一樣，是一種「中性」的社會意識形式，這與獨裁社會的現實相差十萬八千里。其次，獨裁意識形態不僅是

獨裁者奪取權力、鞏固權力、消除異己必不可少的工具，同時也是消除人民的不滿情緒、進行獨裁統治下群眾動員的重要手段。另一方面，獨裁政體對於獨裁意識形態也有所依賴。簡單地說：

1. 獨裁政黨的思想理論、研究、宣傳、教育是獨裁政治賴以存在的基礎。
2. 獨裁政體通過獨裁意識形態控制社會科學、文藝、新聞、出版、教育等方面的發展。
3. 獨裁政體通過獨裁意識形態影響整個社會文化，從而通過獨裁意識形態特別是極權主義獨裁意識形態來製造一種幻覺，使之影響社會大眾參與，人民受到欺騙，以爲通過參與便能夠得到絕對的解脫和保護。

　　意識形態本身就是一個複雜的問題，獨裁意識形態更是如此。從某種意義上說，其根本原因在於所有意識形態的思辨都具有3種特殊的極權主義的元素，即：

1. 意識形態都主張整體地解釋人與世界的一切事物，它們的解釋觀點並不是闡釋事物的本質，而是解釋生成演化，解釋何者生成，何者消逝。無論在什麼情況下，它們關心的只是運動的元素，也就是說，關心一般意義的歷史。主張整體的解釋也就是承諾解釋所有歷史的實踐，整體地解釋過去，整體地認識當前的時刻，而且自以爲能正確地預測未來。
2. 由於意識形態具有上述這種能力，所以，它們遂獨立於所有經驗之上，意識形態遂無法從經驗中學習到嶄新的事物，甚至是剛從眼前掠過的、令人質疑的事物。由是觀之，

極權主義運動一旦掌握政治權力，它們就會依照其意識形態的聲言來改變實相。

3.意識形態本身並沒有足以轉變實相的力量，但意識形態的思考總是把事物納入一種絕對的邏輯程序中，即從這種意識形態思考出發，萬事萬物均前後一致，首尾連貫。其實，現實世界中，上述邏輯程序的基本前提並不成立。㉟

獨裁意識形態雖然對獨裁政治具有強大的反作用，但是其發展趨勢是背離歷史發展規律的，是違背人類文明共同準則的。從這個意義上說，獨裁意識形態正好起到了一種反面的促進作用。它使獨裁政體「不義而強」，卻無法挽救這些政體「其斃必速」的歷史規律。

無競爭的霸主：獨裁政黨

「政黨是現代的和現代化的政治制度的產物」。㊱

我國古代有「朋黨」的說法，但是並無現代政黨的涵義。所謂的「君子之朋」和「小人之朋」在多數場合下都是貶稱，含有「朋比為奸」、「狐群狗黨」的意思。至於各個朝代中出現的統治階級內部形成的不同的政治集團，如：唐朝的「牛黨」與「李黨」、宋朝的「天佑黨」和「元符黨」、明朝的「東林黨」等等，都不具備近現代政黨的性質。同樣，在西方國家中，古代希臘、羅馬也出現過所謂「貴族黨」，「平民黨」，古代義大利還有「教皇黨」，甚至荒唐地有過「皇帝黨」，這與我們所要研究的近現代政黨，包括獨裁政黨，更是相去十萬八千里。

近現代政黨是指一種社會政治組織，有自己的綱領和為之奮鬥的目標。它是社會政治經濟發展到一定階段的產物。大體而言，近代政黨的產生主要有兩個條件：一是生產力發展到一定程度，

社會經濟利益分化，利益衝突和階級衝突（包括同一階級內部的利害衝突）日益明顯並公開化；二是人們獲得了一定的自由，有了日益增強的主體意識，為自己的利益而干預權力的強烈慾望。

　　政黨產生以後，無論是民主力量、革命力量還是獨裁力量、反動力量，都運用它從事權力鬥爭。

　　美國政治學者古德諾在他的《政治與行政》一書中談到政黨的作用時說：「要使政府協調地運轉，就必須找到某種使國家意志的表達和執行協調一致的辦法。……這種辦法在政府體制內部不能找到。所以，必須到政府以外的一些法外的制度中去尋找。事實上，可以在政黨中找到它。政黨不僅擔負了挑選在政府體制理論中是表達國家意志機關的成員，即立法機關的成員的責任，而且擔負起了挑選這種意志的人員，即執行官員的責任。」❸❼他的觀點的中心思想，是要說明政黨在政府和人民之間起著某種中介作用，尤其是在近代大國中，這種作用甚至是必不可少的。在一個近代大國中，在不可能產生直接民主的條件下，要通過政黨的有組織的活動才能把散落的、繁雜的個體意志集合起來形成「公意」，並以此為基礎構建國家的上層建築，使「公意」上升為國家意志。古德諾說：「政黨幾乎是用來防止無政府狀態的唯一屏障」。除了古德諾以外，西方不少學者都看到了政黨的上述功能和作用。美國的喬西亞·Ｈ·桑德曼明確指出：「政黨活動是個人與政府之間的媒介」，政黨可以起著「控制、指導和穩定衝突」的作用。❸❽英國政治觀察家布萊斯勛爵也評論說：「政黨能使為數眾多的選舉人從混亂的狀態中實現秩序化。」❸❾

　　作為社會政治組織，政黨是近代民主政治的產物，它是一個群眾組織，是由具有共同政治目的或政治理想的人在為某一種信仰而奮鬥的過程中結合起來的團體。用馬克斯·韋伯的話來說，

政黨是「以保證、維持其領袖對政府的操縱爲目標，並試圖通過控制手段給予其成員以某種理念和物質利益的穩定集團組織。」❹作爲一種社會政治團體，政黨圍繞政權進行活動，爲掌握和運用政治權力而進行鬥爭。所以，所謂政黨政治，是近現代各階級、階層、社會各不同利益集團運用政黨進行政治活動的形式。這種形式不僅包括民主政黨政治，同時還包括與它相對的獨裁政黨政治。兩種政黨政治的核心都是各自建立的政黨制度。

談到政黨制度，人們一般習慣於一黨制、兩黨制或多黨制的分類方法。也有人分爲「無競爭型」政黨制度和「競爭型」政黨制度，也就是另外一些人所說的「霸主式」政黨制度和「輪流式」政黨制度。前者是一黨壟斷，法律上禁止競爭對手，或實際上沒有競爭對手，後者是各政黨通過和平競爭輪流執政。除此以外，同樣有人把政黨制度分爲不平衡的政黨制度、分散的政黨制度、平衡的政黨制度。其實，這些不同名稱的分類實際上和傳統的分類並沒有多大的區別，重要的是我們必須明白：

1. 政黨制度本身具有相對獨立的能動性，在一定條件下可以反作用於社會制度的性質，但與此同時，它本身並沒有脫離一定社會制度獨立存在的意義。

2. 就獨裁政黨來說，我們不能簡單斷定獨裁政體中存在的一定是一黨制，獨裁政體同樣可以脫胎於兩黨制或多黨制。這就是說，獨裁政黨制度沒有純粹的形式。一黨制除戰前的法西斯國家和70年代以前的西班牙、葡萄牙曾一度存在過以外，目前已基本消失。相反，恰恰是在不少多黨制國家裡（特別是不發達的第三世界國家裡），我們可以發現一些當代獨裁政體的存在。

3. 雖然不能說獨裁政體一定實行一黨制，但是完全可以肯定，絕大多數獨裁政黨都是一種「霸主式」的政黨，它禁止其他政黨的合法競爭，企圖以此壟斷國家政權。這裡，還應當注意，獨裁者與獨裁政黨之間當然可能有矛盾，很多情況下，名義上的政黨專政實際上是一人獨裁。但是政黨在意識形態上的團結確是個人獨裁的精神基礎。這是分析獨裁者與獨裁政黨之間關係時不能混淆的一點。

從本質上說，獨裁政黨是民主政黨的對立物。但不論是民主政黨還是獨裁政黨，它們大體上都擔當著政府與人民之間的橋樑的角色。就民主政黨而言，一方面它們為政府的政策作宣傳，動員群眾以贏取群眾對政府政策的支持；另一方面它們又徵集、總結人們的意見，培養人民的民主意識，並協助代表民意的政黨取得政權。就獨裁政黨而論，很多西方學者認為現代獨裁政黨的直接理論起源於列寧對紀律、領導意志以及意識形態的強調。特別是列寧在1902年發表的《怎麼辦》一書，詳細闡述了俄國布爾什維克黨的宗旨、目標及組織手段等等，後來成為許多政黨的行動指南。這些學者強調指出，希特勒的德國國家社會主義黨和義大利的法西斯黨就是仿當時德共及義共，最後終於演變成為罪惡滔天的極權主義政黨，依此推論，他們指控列寧直接締造了世界上第一個極權主義獨裁政黨——蘇聯布爾什維克黨。

民主政黨與獨裁政黨的區別和聯繫可歸納為：

1. 近現代獨裁政黨的形成與發展是與資本主義社會政黨發展的歷史進程分不開的。與資本主義社會一般意義上的政黨（例如，英美等國家的政黨）相比，獨裁政黨的發展和演變有自己的特殊規律。19世紀後期以及20世紀資本主義國

家在世界範圍內推廣的普選制度並沒有對獨裁政黨產生深刻的影響，恰恰相反，一般意義上的資產階級政黨都不同程度地比較強調社會中的個人利益，而獨裁政黨更傾向於強調獨裁領袖、獨裁國家或獨裁團體的利益。

2. 一般意義上的資本主義社會的不同政黨有很多是某種社會團體利益的最高代表和體現，其最終目的是要掌握政治要職。與這些政黨不同的是獨裁政黨雖然也是獨裁政體的最高利益表現，但是它在更多情況下是一種推行獨裁統治的手段，甚至是獨裁者個人或獨裁集團掌握權力的工具。

3. 一般意義上的資本主義政黨在不同程度上加強了資本主義社會政治體制的各種功能，人民在一定程度上的政治參與又強化了政黨的統治；獨裁政體中的政黨只要求人民服從，嚴格限制人民對政治的正面參與。

4. 無論是那一種政黨政治，大眾傳播媒介都扮演著愈來愈重要的角色，而且在政治的具體運作過程中，政黨都要求成員保持絕對忠誠，以取得更大的社會支持。

就像民主與獨裁是社會矛盾的一對產物一樣，民主政黨和獨裁政黨也是水火不相容的對立物。但是，這裡有兩個問題應當引起我們的思考。

第一個問題是：民主的基本要素是自由和平等，在政黨問題上，民主也要求任何社會團體都有平等地組織政黨的自由，但是，民主是否也允許獨裁政黨的存在和發展？當獨裁政黨有可能按照合法程序取得政權的情況下，民主又應該採取怎樣的防範措施？

美國首任總統華盛頓在其名著《告別演說》中，曾有這樣一段話評價政黨的作用：「政黨總是干擾公共議會的工作，削弱行

政能力。它用毫無根據的妒嫉和虛假的恫嚇把社會群衆激動起來，使共同體處於不安之中，唆使一部分人反對另一部分人，有時還煽動鬧事和暴動。它還爲外國勢力和腐化打開了大門，外國勢力通過政黨熱情的途徑發現了接近政府的方便之道。這樣，一個國家的政策和意志就會屬於另一國家的政策和意志。」華盛頓所要講的中心思想是「政黨精神對美國政治制度具有有害影響」。

在今天看來，華盛頓的告誡雖然有其偏激之處，但我們不得不全面考慮政黨在民主與獨裁兩大政治體系鬥爭中的作用。

本杰明・里賓考特（Benjamin Lippincott）曾在《民主的困局》一書中批判了德國納粹黨在30年代的種種活動。作爲一個依照法定民主程序取得國家合法政權的非民主政黨，納粹黨不但在取得執政黨地位後公然廢除和禁止所有其他政黨的活動，而且對政治反對派進行殘酷的打擊。由此，里賓考特提出一個問題：「直截了當地說，極權主義者爲民主帶來了一個最尖銳的內部困局，那就是：能否容許一個主張專制的政黨利用民主去毀滅民主？」❹爲了防止「利用民主去毀滅民主」，我們必須深入研究人民是否在民主體制下享有結社的自由以及在何種情況下這種結社自由要受到必要的限制。筆者一個最基本的看法是：從現代民主政治發展的角度看，一個健全的政府，必須容許合法的批評、合法的反對以及合法的制裁（即限制政府濫用權力）；至於在什麼條件下必須對公民結社自由權利加以限制，恐怕還要從各國的具體實際出發，在保證社會穩定的前提下，利用民主政治是輿論政治和參與政治這兩大優點，設計出具體方案。

第二個需要考慮的重大問題是獨裁統治中反對黨的任務。

一般來說，一個國家中主要黨派與政府的關係是：

1.現政權的主要支持者。
2.使現政權保持權力的強制性機構。
3.現政權的被動的支持者。
4.現政權的積極反對者。
5.現政權的消極反對者。❷

在極權主義情況下，極權政府只允許一個獨裁政黨存在，因此這唯一合法的獨裁政黨既是現政府的主要支持者和使現政權保持權力的強制性機構，又扮演著消除一切現政權的反對者的角色。兩者之間的關係非常密切。

在一般多黨獨裁體制下，第三類政黨——即被動支持政黨——不得不屈從於獨裁政權的霸權統治。其成員不得不馴服順從，甚至參與政府事務，充當間接的、非強制性的政治營壘。因此，很多獨裁國家總是力圖把大批中產階級的知識分子、記者及其他職業人士網羅在一起。第四類和第五類政黨人士（特別是前者）都將受到現政權的打擊和鎮壓。但是也正是這類政黨能夠在日後獨裁統治削弱之時轉變為反獨裁政權的主要力量。它們在獨裁政權的統治之下，主要行使五種反對功能，即：

1.抵制與現政權相結合。沒有一個現代獨裁政府能夠做到將所有的社會團體與機構都合併到獨裁政權的機構中去，所以反對黨生存的首要任務就是爭取保持其獨立的意識形態、文化、機構的存在。
2.保衛自治區域以抗衡獨裁政權。
3.對獨裁政權的合法性提出質疑。
4.努力提高獨裁統治的代價。
5.創造一個值得信賴的民主實體來取代獨裁政權。

前面已經指出，獨裁政黨在本質上是一種不允許競爭的霸主式政黨。與此相應，獨裁政權大多是擁有霸權、強迫人民對其統治加以認可的專制政體。這裡有一個反常的現象，即在很多情況下，一個獨裁政權霸權統治的程度愈高，或是它能夠獲得默契愈多，那麼其強制性的上層人物所感到的壓力就愈小，久而久之，獨裁政權愈是採取這種霸權統治，它就變得愈是不需要依賴強制力量。要徹底改變這種現象，獨裁統治下的反對派的任務不僅要盡一切力量在國內分化獨裁統治，而且要充分善於利用國際輿論譴責獨裁政權的野蠻行徑。

獨裁國家與公民社會

美國人類學家羅伯特・卡內洛（Robert L. Carneiro）根據多年的研究得出了一個結論，即人在地球上出現已有200多萬年的歷史，但直到公元前5000年左右，人類還生活在極小的群體或村落之中。在這之後，許多村落才逐漸合併成為政治團體。一旦這種政治團體形成後，國家的形式就以加速度向前發展了。他認為世界歷史上的第一個國家大約出現在公元前4000年左右。❸

概而言之，國家是由四大因素構成的，即人民、土地、主權和政府。國家和政府是兩個不同的概念，但歷史上常常出現這樣的情況，即國家的行為僅僅限於政府的行為，而政府的行為又只是少數執政者的行動。少數掌管國家政權的人，利用「國家至上」的口號，用暴力來控制人們的言行，唯政府之命是從，其目的在於擴大權力，圖謀私利。在這種情況下，作為國家成員的人民並沒有任何平等和自由權利可言，這種以暴力控制人民行為的國家常常會轉化成為獨裁國家，少數執政者轉變成為獨裁者。西方歷史表明，文藝復興後，個人主義走向了一個「唯己」的極端，人

類的幸福被機械地當作了每個人幸福的總和，好像人與人之間並沒有任何矛盾衝突，只要每個人努力追求自己認定的幸福，社會整體就自然而然地達到了一種和諧。19世紀末開始，另一種觀點日益流行，即強調國家的價值而忽略了國家主體「個人」的尊嚴。誤認只有集體的幸福才能保證個人的幸福。二次大戰中的德、義、日極權主義國家就是這種學說在實踐上的典型體現。希特勒曾嘲笑德國人對國家表現出來的「像狗一樣的崇拜和忠誠」，他上台以後所做的第一件事便是把國家置於法西斯意識形態和國社黨之下，這樣他就可以利用自己在黨內的優勢掌握國家機器。納粹黨的《組織手冊》明文規定：「黨有義務和責任來不斷地把新鮮血液注入國家機關。黨必須注意儘量不干涉國家管理的事物，否則便有被國家官僚主義誤導的危險。」❹

1934年，希特勒以狂妄的口氣宣布：「國家只是一種人民生活的組織形式，只是維護民族生存的一種手段。」「不是國家向我們頒布命令，而是我們給國家下命令。」❹ 在他眼裡，所謂國家，必定需要鐵一樣的統治，否則便會像一座面臨崩潰的大廈，隨時都會倒塌。

法西斯主義和人類文明的較量導致了第二次世界大戰的爆發。經過全世界反法西斯主義正義力量的努力，極權主義盛極而衰，壽終正寢。痛定思痛，許多西方學者對極權主義國家形成的歷史條件進行了大量的、綜合性的研究，並發表了不勝枚舉、蔚為大觀的著作。這些著作不僅內容豐富、分析透徹，而且反映了西方社會科學在戰後發展的主流。

從西方學者已經取得的研究成果來看，可以發現在第二次世界大戰結束不久，西方政治學界便開始不斷標榜政治學研究對象的「重大轉向」，即傳統的政治研究對象是以國家、政府為中心

的，從研究國家與政府的發展規律，衍生出諸多的政治典範與政治理論，根據這些典範和理論，各種政治現象以及政府組織形式被一一剖析、研究。與傳統方法對立，新的流派轉而以「人」為中心，注意人格的發展、人權的健全，而不再以模糊的「國家」、「政府」為對象。以研究「人」的政治行為見長的新流派在西方政治學研究領域確實獨領風騷，大受青睞。然而，好景不常，到了80年代末90年代初，一股「重歸國家」 (back to the state) 的潮流悄然興起，而且愈演愈烈，大有摧枯拉朽、不可阻擋之勢。

獨裁政治研究也受這種「循環式」的學術潮流的影響，在戰後近半個世紀中完成了一個從國家到個人，再從個人到國家的歷史「回歸」。

「重歸國家」方法論的流行，與國家本身在當代政治生活中扮演著十分重要的角色有著莫大的聯繫。國家的存在，既不是個靜止空洞的架構，也不是個抽象無上的道德名詞，它是一個與其人民各種生活行為不可分的存在。

把國家作為任何一種政治分析的基本單位，其基本的前提性假設都是：在人類活動中，政治是相對獨立的領域；國家可以具有相對的獨立性，而非注定受利益團體或僅僅扮演統治階級及被統治階級之間的中介角色。國家論雖然經常以自由資本主義國家為主要對象，闡明政治與經濟、社會、文化等領域雖有關聯，卻有其獨立的運行規律，但是反其道而行之，我們不僅可以從逆向推理中總結出獨裁國家在獨裁體制下扮演的角色，還可以把獨裁國家和民主國家的異同作個綜合性的比較。

根據這種思路，我們對獨裁國家的研究應當從探討獨裁國家與獨裁統治下的公民社會的關係著手進行。這也幾乎是現在所有涉及極權主義國家的論述一致採用的研究方法。

下文就是根據這條線索所作的初步思考。

亞里斯多德的名著《政治學》劈頭指出：人是社會動物。只有在社會中，人才有幸福感。他又說，人同時也是政治動物，「是自然趨向城邦生活的動物」，在政治社會之外能夠生存的「如果不是一隻野獸，那就是一位神祇」。

這裡我們可以注意到，亞里斯多德實際上提出了兩個社會的概念，一個是一般意義上的社會，一個是「政治社會」。如果我們把社會廣義地定義為人們為達到某種目的而集合成的團體的話，那麼按照社會學的解釋，前一種一般意義上的社會可以被稱為「公民社會」，它在本質上是指與後者──「政治社會」（國家）具有相反特徵的由人民自發組成的大大小小的團體。後一種「政治社會」也就是現實生活中的國家的概念。它是一個掌握至高無尚強制權力及應推廣最大公眾利益的「宏觀社會」。❹從狹義上看，兩者的區別在於，國家強調強制性，公民社會則強調自願與自發性，其形成是為了滿足每個人生活上的實質需要。

應當說明，我們所採用的公民社會──政治社會的分類方法只是諸多社會分類方法中的一種。有的社會學家用其他方法分析社會的結構，其中之一就是把社會分成初級群體（primary groups）與次級群體（secondary groups）。初級群體是指個人之間有頻繁而直接交往的小社會，如：家庭、家族、朋友、鄰居等等，次級群體則是指個人之間沒有或者較少有直接交往的較大或大型社會，如：城市、國家等等。不論是採用哪一種方法，我們將要研究的都是獨裁國家（在第一種方法中表達為政治社會，在第二種方法中表達為次級群體）與獨裁政體控制下的公民社會（在第一種方法中直接表達為公民社會，在第二種方法中表達為初級群體）之間的關係。

　　追溯歷史，人們在生活中對公民社會與國家之間的關係早就有所表達。中國古代《擊壤歌》就描繪出一幅怡然舒適、優哉遊哉的畫面：「日出而作，日入而息；鑿井而飲，耕田而食，帝力於我何有哉？」這首只有23個字的民歌盡情地抒發了古代中國人民對「天人合一」的嚮往，淋漓盡致地道出了理想中的「公民社會」與國家怡然相處的美妙境界。

　　無獨有偶，20世紀的英國自由主義作家泰勒也極為嚮往那種「帝力於我何有哉」的寧靜生活。他感嘆：「直到1914年開始，一個奉公守法的英國人，能夠輕易地度過一生，除了郵政局和路警外，他並不感到國家的存在。」❹

　　泰勒當然不是一個否定國家的絕對主義者。他只是企圖說明，理想中的國家應該是為了人民而存在的，人民不是為了國家而存在；政治也是為了生活，而生活則完全不是為了政治。❽

　　這一古一今，一中一外的例子，簡單明確地向我們勾勒出了在某一歷史階段公民社會與國家在生活中的關係。

　　在西方思想發展史上，公民社會曾一度是「市民社會」、「國家」的同意語。「公民」（civil）原來就有文明的意思，公民社會多指「文明之邦」，其對立面是野蠻部落。到了西歐17、18世紀以後，社會與國家的概念才有所分別。「在理性主義時代，哲學家們為了建立世俗基礎而去批判當時的政治制度，才第一次清晰地把社會和國家看成是不同的東西。社會是早於國家的一種制度。」❾這裡，我們還要特別注意「公民社會」與「自然社會」的區別。簡單地說，自然社會是公民社會的胚胎，公民社會可以被視為是進化了的、有國家組織的自然社會。

　　很多西方學者大都認為，第一次世界大戰是「公民社會」與國家之間的關係失去平衡的重要分水嶺。戰前，人們幾乎不感到

國家的存在，戰後，國家統治領域迅速膨脹。就像牛津大學經濟教授哈特韋爾所說的：「今日的英國人處處感到國家的存在，國家決定他的生活越來越多，這種社會政治化從根本上看是一切的爭論變成政治爭論，一切的價值變成政治價值，一切的決議變成政治決議……」❺不僅如此，哈特韋爾還以非常沈重的心情描述了第一次世界大戰後「社會政治化」的後果。他說：「政治化使國家權力顯著增加，政治權力的增加就相對地削弱了各種各樣「社會」權力；政府官僚的權力增加就相對削弱了個人的、私有制的、自願團體的權力。對個人來說，他也就日益不斷地對政治有所依賴，時時感受到政治的存在；接踵而來的，則是政治功效的喪失和人們的逐漸絕望」。❺

另一位學者法利克斯‧莫利（Felix Morley）也表示了相同的見解。他指出：「……國家不斷發展，其犧牲者是政治生活中其餘兩個組成分子：社會與產生社會的個人。」❺

社會政治化的迅速膨脹，很快就使國家權力的強化達到登峰造極地步。德、義、日法西斯主義的興起，使人類遭遇了第二次世界大戰帶來的劫難。在這次戰爭中，全世界參戰的國家和地區多達61個，交戰雙方動員的兵力達一億一千萬人，戰火遍及歐、亞、非三大洲及太平洋、印度洋、大西洋、北冰洋四大洋。戰爭中軍隊和平民的傷亡在九千萬人以上。交戰國的軍費開支達一萬一千一百七十億美元，戰爭造成的經濟損失超過四萬億美元。戰爭夷平了城市毀壞了無數的工廠、住宅、鐵路、橋樑，僅蘇聯就有一千七百多座城市、三萬二千個工業企業、十萬個集體農莊和國營農場遭到破壞。戰爭的破壞至少使世界經濟的發展推遲了十餘年。戰爭還毀壞了許多博物館和名勝古蹟，使亙古以來人類所創造的文化藝術珍品及學術上的成果慘遭毀滅或蒙受巨大損失。

　　第二次世界大戰發生的原因在於極權主義國家的形成和它們對外奉行擴張主義。這已經是不用多說的基本事實了。從國家和公民社會的關係上看，在極權體制下，國家與公民社會的關係是相互對抗和相互排斥的。極權主義「……是與公民社會互不相容的。公民社會只有自願結合的領域，即市場交易和私有制。通過這種制度，具有不同意識的個人或團體，甚至有不同利益之爭的個人都可以和平共存於一個國家和社會。只有無所節制的極權主義政府是和公民社會相互敵對的。」❸

　　極權主義對政權的掌握本身，意味著對健康的公民社會的破壞。這就是說，公民社會本應當是一個主動的主體，而不是一個由國家管轄的政治、經濟、思想意識形態的被動的對象；但在極權主義體制下，一切都顛倒了，極權獨裁的所謂多元化不是真正的社會多元化，而只是少數統治精英內部的政治多元化。對於這個結論，一般人都沒有什麼異議，戰後對極權主義的研究基本上是沿著這種思路發展的。然而這裡值得一提的是，在二次大戰結束後，歐洲又一分為二，順著兩個不同的社會模式向前發展。從國家與公民社會的關係上看，在西歐，公民社會與國家基本上是兩個本質不同而互補共存的團體；在中歐和東歐，公民社會則漸漸被「國家」吸收吞噬。這兩個模式各自按照其預定的前提發展，結果卻截然不同。一方面是資本主義社會的不斷發展壯大，不僅「垂而不死」，反而「生機勃勃」，一片盎然景象；另一方面則是與理想背道而馳，人民生活困難，怨聲載道、最後國家解體崩潰，重新等待「民族的復興」。這純粹是歷史的偶然還是歷史的必然？這種世人沒有料到的歷史再造過程究竟是否含有多少發人深省的客觀規律？這才是我們要重點發掘探討的東西。

　　1988年，英國年輕的政治理論學者約漢‧基恩（John

Keane）帶頭編輯了一本書，題目就叫《公民社會與國家：歐洲之新透視》（*Civil Society and the State: New European Perspective*）。他在「導言」中開宗明義地說，為什麼這個老課題「公民與國家」在歐洲又享有再生之運呢？最容易回答的理由莫過於對東歐各國的審視。在波蘭、東德、捷克斯洛伐克、匈牙利等一黨專制國家，在共產黨經歷了多次自上而下的現代化的嘗試失敗以後，這些國家對公民社會與國家有所區別的理論和實踐發生了日益濃厚的興趣。除此之外，還有一個力量在背後推動，那就是一個流傳廣泛的共識：即這些國家認為只有把它們古老傳統中的公民社會徹底根除，一黨制才能起作用，這也就是說，只有把社會完全政治化……這些國家的集權制度才能生存。

從比較政治學研究的角度上看，基恩的觀點實際上並沒有什麼「標新立異」的地方。因為西方研究社會主義國家的理論家們一般都直接或間接地肯定，列寧式的社會主義國家常常帶有以垂直等級機構控制社會的特點，較自由資本主義國家更能自主地擺脫社會要求的制約。有些將社會主義國家稱為「全面的極權主義國家」的學者常常聲稱：在列寧主義國家中，黨員享有許多特權，國家對經濟的壟斷使「系統剝削」成為可能，但統治精英並未形成嚴格意義上的階級。他們認為，列寧式國家的「社會主義改造」遠遠超過了官僚——權威國家對異己力量的「外科切除」，甚至連官僚體系也無法幸免於難。例如，在美國1990年出版的《毛以後中共的政治改革：列寧主義國家中的民主和官僚主義》一書中，作者吸取韋伯的政治社會學理論，把以權謀私和貪污腐化看做是列寧主義統治的組成部分。其主要觀點是：

1.列寧式國家較之資本主義國家有更大的自主性，可以控制

社會。國家對社會的滲透，黨對所有正式組織和大眾媒體的控制以及政府對經濟的統制，成為限制這些國家改革的主要因素。

2. 列寧式國家堅持黨的領導地位，宣揚領袖魅力的合法性，其目的在於希望自上而下建立一套理性——法制（Rational－legal）機構，但在實際上，黨對社會的滲透卻衍生了一個廣泛的互相保證的關係網絡。這種承襲型的統治削弱了國家在意識形態上的合法性和經濟效率的下降。

　　基恩的理論後來之所以受到極大的重視，是與80年代末那個特殊的歷史時期分不開的。中歐、東歐一些執政者和在野反對派在那時都開始向前馬列主義時代的社會結構和傳統法制、哲學中尋求治國良方。對後來這些國家發生的舉世震驚的重大變化作歷史的評判，有人認為為時過早，但是有一點可以肯定，即公民社會與國家之間的關係不僅是我們研究傳統極權政體（德、義、日法西斯國家以及爭議中的史達林時期的蘇聯）的一條極為重要的線索，而且是我們分析今天整個世界形勢的一個焦點，所以，它不僅具有深遠的歷史意義，而且具有重大的現實意義。

　　行文至此，筆者想起100多年以前，法國著名作家阿力克西·德·托克維爾在其名著《美國的民主》（1835－1840）中列舉的許多「有助於維持美國民主共和制的主要原因」。他的清單不但包括憲法結構，而且包括沒有龐大的軍備、社會和經濟狀況的平等、繁榮的農業經濟以及美國人的風俗、習慣和宗教信仰。依照他的觀點，在美國，健全的民主政治體系的前景由於一個高度民主的憲法得到社會的其他方面的支持而大大增強。因此，美國社

會可以稱為民主社會。相比之下，許多觀察家對第二次世界大戰後德國民主政治的前景頗為悲觀。他們認為，德國社會的許多方面是高度獨裁的。他們擔心德國社會的各種體制──家庭、學校、工商企業以及政府官同普通公民之間的一切關係，都普遍傾向於採取支配和服從的強硬模式。民主政治能否在獨裁主義占上風的社會環境中生長，依舊吉凶難測。直到後來，他們看到德國社會體制的獨裁主義特性大為衰退的跡象，才對德國民主政治的前景表示非常樂觀。❺❹

作為小結，需加申明的是，通過研究獨裁政體下國家與社會的相互關係來揭示獨裁統治的本質，從而闡明反對獨裁的民主原則，這是一項龐大但是非常重要的系統工程。在著手進行這項工程的構建時，要有一種思想準備，即在運用「公民社會」這個概念的時候，不能忽視它的歷史與現實之間的區別。在一個沒有較為發達的私有經濟的極權國家裡，「公民社會」本身的政治、經濟、社會特點是什麼？這些特點與存在著較為發達的私有經濟國家裡的「公民社會」有何區別？經過幾十年的統治，這樣的「公民社會」在體制轉變的過程中所扮演的角色和所具備的功能與非極權社會中的「公民社會」有什麼共同點和不同點？不研究這些具體現實的問題，抽象地談「公民社會」及其作用，是無法解釋許多複雜現象的。

獨裁烏托邦：獨裁政治的哲學基礎

「萬變其情豈可蓋兮，孰虛偽之可長！」屈原在《悲回風》

中寫下這些句子時，萬萬沒有想到，從古到今的獨裁者們綿綿亙亙繩繩繼繼，竟在幾千年中掩蓋了他們的「虛偽」，而且，用以遮蓋的，還頗具哲學色彩。因此，這一節有必要略述獨裁政治的哲學基礎，還其本來面目。

獨裁哲學的分析框架問題

早在古代希臘羅馬時期，一代哲學大師柏拉圖就在《理想國》中描繪了一幅類似於極權主義國家的畫面：共和國包攬了個人的生活，人們無法獨立自主地選擇自己的職業以及所受的教育，社會由一批「精英分子」實行自上而下的統治，共和國就是一個要求人們適應的「理想政體」。

當代歐洲烏托邦思想與18世紀法國空想社會主義的主要理論家們也都曾像柏拉圖一樣，把私有制說成是資本主義罪惡的源泉，預言只有建立一種權威體制才能消滅剝削及不平等的社會現象。像威廉‧莫里斯（Willian Morris）、摩萊里、聖西門、莫爾等人，無一不是「有計劃天堂」的超級設計師。他們設計了一個又一個的標準城市、標準生活方式、標準婚姻與標準藝術風格等等，以此希望整個社會能夠達到一種財產公有、人人享有工作權利、人人絕對平等、社會統一一切的「太陽城」、「理想國」或「烏托邦」。

歐洲啟蒙思想家沙爾‧路易‧孟德斯鳩（1689－1775）在《波斯人信札》一書中對法國的專制制度進行了深刻的揭露與批判。他把法國國王比喻成一個「大魔術師，他的權力甚至在臣民的精神生活上也能起作用，他隨心所欲，左右臣民的思想」，在專制統治的條件下，「不忠、暴力、變節、背信棄義和不公正使人們得到榮譽。」

在《法意》一書中，孟德斯鳩對專制主義思想作了生動的描述。「路易斯安那的野蠻人要果子的時候，便把樹從根底砍倒，採摘果實。這就是專制政體。」他指出：「在專制國家裡，政體的性質要求絕對服從；君主的意志一旦發出，便應確實發生效力，正像球戲中一個球向另一個球發出時就應該發生它的效力一樣。在專制國家裡，對所謂調解、限制、和解、條件、商談、諫諍這些東西，完全沒有相等的或更好的東西可以同人建議；人就是一個生物服從另一個發出意志的生物罷了。……在那裡，人的命運和牲畜一樣，就是本能服從和懲罰。」❺❺

孟德斯鳩所抨擊的，當然不止法國一個國家的專制制度和專制思想。除了法國以外，世界上還有很多國家或名為「共和」而行獨裁之實，或直接否定人民主權，把統治者推尊為最高「攝政」。對這一切，都可以從孟德斯鳩論述中得到啟迪。

啟迪之一便是歷史上眾多的獨裁者常常把這樣或那樣的哲學理論說成是指導自己行為的準則，其獨裁國家不是柏拉圖式理想的實踐，就是為爭取實現人類最美好願望的積極探索。例如，義大利法西斯頭子墨索里尼費盡心機地強調法西斯主義是一種「回歸起源」的運動，是「對現代文明衰落恐懼的表現形式，它強調行動、紀律、義務、勇氣、忠誠異己分子自我否定」。❺❻依此論斷，墨索里尼也就成了追求理想的正義之士，黑衫黨占據著的羅馬也就堂而皇之地成為「古典與現代的嶄新結合」。

也許我們可以說尼采的哲學對墨索里尼和希特勒產生過巨大的影響，也可以說馬基維利才是獨裁者心目中的權術大師。這些說法都有道理，但都不全面。事實上，在墨索里尼政治生涯最關鍵的時刻，他最偏愛的書竟然是柏拉圖的《理想國》。

斷言獨裁政治是一種沒有哲學的政治是錯誤的、不切實際

的。獨裁政治不僅具有自己的哲學，而且其哲學基礎絕不僅僅限於傳統或現代的西方哲學，更不完全是傳統或現代的西方政治哲學。實際上，它與人類對平等、自由、民主以及國家理論的探討息息相關。

有鑑於此，首先應予說明的是，下面的探討僅僅涉及獨裁政治哲學基礎的一部分內容，有兩個缺陷需要在以後的研究中加以彌補。一是西方政治哲學的基礎是從古希臘、羅馬時代就開始奠定的，但下文捨去了古希臘、古羅馬政治法律學說，以及以聖‧奧古斯丁和托馬斯‧阿奎納為代表的西歐封建社會產生和發展時期的政治法律學說對各個時期獨裁政治的不同影響。二是客觀地說，筆者曾經冥思苦想，希望跳出目前這個分析框架，即不僅要把對獨裁哲學基礎的分析構建在對西方政治、法律思想以及西方文化的分析之上，還要把這種分析的範圍繼續擴大，對中國淵遠流長的思想史進行認真的考察，爭取從分析中國古代政治文化中的專制主義角度選出一個有利的突破口，將東西方的共同點結合起來，以求對獨裁政治哲學基礎的分析錦上添花、更加全面，有利於我們加深對獨裁政治的理解。但是在進行這項工作時，卻又深感框架鋪開以後，研究中遇到的困難遠非一己之功力所能駕馭得了的。於是，只好忍痛割愛，放棄原來的設想。所以更確切地說，目前的工作只能算是一種非常原始性的研究。對此，只有努力在分析中挖掘出深度來，才能爭取彌補廣度上的不足。

近現代獨裁哲學思潮

許多西方學者在提出獨裁政治的哲學基礎問題時總要指出幾種思潮對獨裁政治的影響，這包括：

㈠歐洲近代專制主義思想。他們常常舉出的代表人物包括：

喀爾文、布丹和霍布斯：

喀爾文 （又譯迦爾文、卡爾文，1509－1564）對於政治結構的論述僅在他的《基本原理》（*Institute*）一書中略有涉及。把他與獨裁哲學聯繫起來的根本原因在於他主張人有服從世俗權威的義務。喀爾文在原則上承認一切國家形式，認為國家無論其形式如何，都是上帝確立的。政府對於人民正如麵包和水、陽光和空氣一樣重要，政府可以幫助人們制止異教，維持和平和公道，培養商業上的誠信。他號召人們服從國家，而不管它是如何濫用權力。事實上，喀爾文的日內瓦教會一直掌握著國家的權力，而他本人又是教會的主管，所以人們服從世俗權威的實際意義便是服從喀爾文的旨意。

這裡我們應當注意，即便喀爾文的政治學說被某些獨裁者用來解釋其統治的合法性，喀爾文的理論茲涵的某些民主自由思想絲毫不會受到損減。例如，他總是不懈地宣傳：要避免暴政就必須依法治國；政府的最佳形式是「自由伴隨著國家的現代化而發展」，即使是世俗的統治者也要「防止自由被踐踏。在這一點上稍有疏忽，統治者便有可能成為叛逆。」**㊿**

讓‧布丹 （Jean Bodin, 1530－1596）是16世紀法國新興資產階級的政治思想家、法學家和君主專制的擁護者。布丹在政治法律方面的代表作是1576發表的《國家論》六卷集（*Six Livres de la Republique*）。這本著作最重要的價值在於它提出了國家最高權力的思想，呼籲強有力的世俗制君主專權。

布丹是西方政治法律思想史上第一個有系統闡述國家主權理論的人，在他看來，誰擁有主權，誰就可以頒布法律，誰就是最高權威。布丹的國家主權理論是他的國家學說的核心。他強調，主權不僅「是一個國家進行指揮的、絕對的和永久的權力」，而

且也是「對公民和臣民的不受任何法律限制的最高權力」。

布丹認為，國家主權者的權限包括：

1. 立法權：法律是主權者意志的表示或命令，而政府官吏所行使的行政命令只是由立法權衍生的權力。
2. 主權者具有對外宣戰、媾和以及締結國際盟約的權力。
3. 主權者有任命、免除國家各級官吏的權力。
4. 主權者是國家最高的審判官，這種權力不可轉讓。
5. 主權者具有赦免權，它是最高裁判權的一部分。
6. 主權者具有對臣民提出有關忠節服從的權力。
7. 主權者具有對國家貨幣鑄造和度量衡的選定權，因為貨幣鑄造權和度量衡選任是直接歸屬立法權範圍之內，這個權力同樣是不可轉讓的。
8. 主權者還具有徵收賦稅權、帶兵權等等，他是全國軍隊的最高統帥。❺❽

儘管布丹心目中的理想政體是君主制而非民主制，但是他和喀爾文一樣，堅決反對殘暴的君主專制。在他看來，「君主專制從本質上踐踏法律，濫用專權，不僅使人民變成奴隸，而且還掠奪人民的財產據為己有」。❺❾與這種觀點相對應，布丹堅持法制原則，認為君主要依法辦事才是合法的。從這個意義上講，布丹強調法治統治本身也為近代資產階級的法治理論奠定了基礎，表達了新興資產階級的願望。

顯然，布丹的理論非常矛盾，一方面，他一直認為限制私人財產、取締合作聯盟及社會團體即是走向野蠻專制的第一步，他維持君主制的理論又是為了進一步掃清發展資本主義的障礙。他的關於國家主權原則和權限的論述，奠定了近代資產階級國家學

說的基礎，構成資產階級憲法理論的重要組成部分。另一方面，他在當時法國中央集權受到威脅的情況下，又極力主張建立強大的王權，擁護君主專制。後者恐怕就是長期以來他被認爲是獨裁政治的哲學奠基人之一的根本原因。

托馬斯‧霍布斯　(Thomas Hobbes, 1588-1679) 是英國著名的哲學家、近代資產階級自然法學派的重要代表人物。他對國家的起源、國家的目的、國家主權的形成、國家主權權限、國家政體形式以及國家制度的變更原因都有詳細的探討。肯定霍布斯是獨裁哲學家的重要代表，與他提出的自然法理論有著密切的關聯。在《利維坦》 (1651) 中，霍布斯把人定義爲「天生的自私動物」，其本質是「利己主義」。他把人與人之間的關係比喻爲「狼與狼之間的關係」，並把人們之間彼此爭鬥的原因歸結爲三個方面：「第一是競爭；第二是猜疑；第三是榮譽。第一種原因使人爲了求利，第二種原因使人爲了求安全，第三種則使人爲了求名譽而進行侵犯。」⑩

霍布斯認爲，當沒有一個共同權力能夠使大家懾服的時候，人們便處在混亂的戰爭狀態之中，這種「一切人反對一切人的戰爭狀態」對每個人都是危險的，因爲即使有各種自然法原則存在，人們仍然會相互衝突，安全並無法得到保障。爲了擺脫這種危險狀態，人們只有把自己的自然權利放棄，把它交給一個人或某些人，使他具有社會的權威性來治理社會、管理國家。霍布斯把這種思想表述爲人們在理性（自然法）的啓迪下，爲了謀求和平而一起放棄無限的自然權利以求實現共同的利益。「這一點辦到之後，像這樣統一在一個人格之中的集體就稱爲國家，在拉丁文中稱爲城邦。這就是偉大的利維坦 (Leviathan) 的誕生」。⑪

《利維坦》早已成爲西方思想史上的不朽名著。在這部著作

中，霍布斯重申一個政治組織中的人民應該遵守法律，但在法律之外則享有一定的自由。在他看來，「合法的主權」條件下的自由比強權的範圍更為廣泛。因此，單憑《利維坦》中的某些論斷就認定霍布斯主張一種國家無所不管的獨裁統治思想是不對的。

近代專制主義思想家們又被稱為絕對主義思想家，因為他們往往把專制、獨裁絕對化。但是，絕對主義者如喀爾文、布丹以及霍布斯等人的強權國家理論與獨裁者信奉的哲學教條往往是兩回事，而在具體實踐上，特別是墨索里尼和希特勒在義、德兩國的極權主義具體實踐，則與這些思想家們的主張完全是風馬牛不相及。

㈡除了絕對主義思想家以外，研究獨裁政治哲學基礎的學者經常提到的四位著名的思想人物是盧梭、黑格爾、馬克思與尼采。

下面我們簡單加以介紹：

讓·雅克·盧梭　（J.J. Rousseau, 1712－1778）是18世紀法國著名的啓蒙思想家、資產階級民主主義者。他的政治法律學說在西方政治思想史上占有十分重要的地位。由於從小喪母，一直過著寄人籬下、流離失所的生活，他對封建社會的不平等感同身受因而洞若觀火，並進而對專制制度產生了強烈的抵觸情緒。盧梭在《科學和藝術的復興是否有助敦風化俗》、《論人類不平等的起源和基礎》、《新哀洛伊絲》、《社會契約論》、《愛彌爾》，以及《懺悔錄》等一系列名著中，對當時法國君主專制制度的黑暗、僧侶貴族和社會的特權進行無情的揭露和批判。

盧梭的政治法律思想主要反映在《論人類不平等的起源和基礎》及《社會契約論》這兩部著作中。在他看來，人類進入文明社會以前曾存在過一個所謂的「自然狀態」，在這個人類的「黃金時代」中，人們過著孤立的、自由的和平等的生活。當時的人

們只有年齡、健康和體力的不同，而其他方面是平等的，沒有私有財產，沒有國家和法律的存在，更沒有奴役和被奴役的現象。

盧梭把人類不平等的最初原因歸結爲社會權威和私有制的出現。私有制把人們分爲窮人和富人，這是人類社會不平等的第一階段。富人爲了避免社會混亂造成的財產損失，便說服窮人簽訂契約，成立國家，制訂法律，他們把國家看成是唯一公正的仲裁者。這時，富人在統一的政權治理下就成了強者和統治者，窮人則變成了弱者和被統治者。這是人類社會不平等的第二階段。國家的建立不僅不能消滅社會不平等的現象，反而使這種不平等更趨於加深，統治者利用法律來維護自己的利益和特權，並剝奪多數人的合法權利，以至於最後出現踐踏法律、任意奴役人民的獨裁者和暴君。這種暴政政體是人類社會發展不平等的頂點。但是在這個時候，事物同時向相反方向發展，不平等將重新轉化爲平等。因爲「暴君只在他是最強者時候，才是主人；當他被驅逐的時候，他是不能抱怨暴力的。以絞殺或廢除暴君爲結局的起義行動，與暴君前一日任意處理居民的生命財產的行爲是同樣合法的，暴力支持他，暴力也推翻他。一切事物都是這樣按照自然的秩序進行著」。❷

1762年，盧梭發表《社會契約論》。在這部著作中盧梭明確指出：「要尋找一種組合的形式，使它能夠以全部共同力量來防禦和保護每個參加者的人身和財富；並且由於這一結合而使每一個與全體相聯合的個人實際上只是服從自己本人，並且仍然像以往那樣地自由，這就是社會契約提供解決方法的根本問題。」❸

盧梭理想中的民主共和制，要求每一個社會成員都把自己及其全部權利毫無保留地轉讓給社會，然後再從社會得到同樣的權利。這種結合行爲「產生了一個道德的與集體的共同體，以代替

每個訂約者的個人；組成共同體的成員數目就等於大會中的票數，而共同體就以這同一行動獲得了它的統一性、它的公共的大我、它的生命和它的意志。這一有全體個人的組合所形成的公共人格，以前稱爲城邦，現在稱爲共和國或政治體；當它被動時，它的成員稱爲國家，當它主動時，就稱它爲主權者；而以之和它的同類相比較時，則稱爲政權。至於結合者，他們集體地就稱爲人民；個別的作爲主權權威的參與者，就叫做公民，作爲國家法律的服從者，就叫做臣民。」 64

《社會契約論》是盧梭關於國家學說的完整論述。在這部著作裡，盧梭還詳細闡述了人民主權的概念。他認爲人民行使國家主權就是人民主權。人民主權是公意的運用和體現，是國家的靈魂、集體的生命。它不僅不能轉讓、不可分割、不可代表，而且是絕對的、至高無尙的和不可侵犯的。他還強調了法治原則。他說：「我願意生活在一個法度適宜的民主政府之下，我願意自由地生活，自由地死去，也就是說，我要這樣服從法律；不論是我或任何人都不能脫離法律的光榮束縛……」 65 在盧梭的心目中，「與其說自由是按自己的願望行事，無寧說是不屈從於他人的意志……沒有法律便沒有自由，任何人高居於法律之上也就沒有自由……不管政府採取什麼樣的形式，只要它的領導人仍是法律的執行者，人民就是自由的。」 66

應當說，即使在今天，盧梭的許多民主思想仍然放射著耀眼的光芒。盧梭的自然法理論是資產階級革命的銳利思想武器，它揭穿了封建制度對「人生而自由平等」的天賦人權的嚴重侵犯，論證了人民革命的合理性，對美國1776年和法國1789年資產階級革命起了巨大的推動作用。盧梭的自然法理論也是資產階級政治法律制度的理論基礎。資產階級革命勝利後頒布的一系列重要政

治文獻，如：1776年美國《獨立宣言》、1789年法國《人權宣言》
和一些重要憲法，如1787年美國憲法、1791和1793年法國憲法等，
都反映出盧梭思想的影響。從整體上說，盧梭思想中的菁華部分
是世界思想史上極爲寶貴的精神財富，具有深遠的進步歷史意
義。

　　一些學者把盧梭思想與獨裁政治聯繫起來，最主要的論據包
括以下兩點：

1. 認爲盧梭主張暴力革命，而暴力革命是獨裁政體的普遍特
   徵。盧梭的自然法理論的鋒芒是指向封建專制制度和封建
   特權的。他用自然法理論揭穿了封建制度的不合理性，指
   出這是對人生而平等自由的天賦人權的嚴重侵犯。然後，
   盧梭從政治上對國王的種種罪行進行了猛烈的抨擊，他深
   刻地指出，暴政是由暴力支持的，這種非正義的暴力一定
   要用正義的暴力來推翻，以建立一個合乎人類理性的民主
   社會。盧梭的正義暴力革命論一直被人誤解甚至遭到歪
   曲。把他說成是一個主張以暴力建立強權統治的獨裁擁護
   者，原因就在於此。

2. 認爲盧梭過於強調國家權力應當集中統一，反對分權。這
   種觀點認爲盧梭對「共同意志」的過分崇拜又使他誤入歧
   途。他肯定「共同意志永遠是正確的」，同時承認「但是
   引導這個意志的判斷卻並不一定有足夠的知識」。因此，
   盧梭主張，在一個社會還沒有達到理想境界時，人的私慾
   和無知使他們無法充分體會共同意志，他們需要一個智慧
   超群的人──立法者 (legislator) ，這個立法者就像柏拉
   圖心目中的「哲學王」一樣，「他必須充分意識到，他的

工作就好像要改變人性一樣，他要使每一個單獨的人，本來是一個完美而孤立的整體，變成一個比他更巨大的整體的一部分，而這個大的整體，從某一個意義上說，是每個人的生命和他所以爲人的根源」。❻❼

從這裡可以看出，盧梭一方面認爲個人必須全身心地融合於一個大的整體，必須服從共同意志，才能得到道德昇華和自由，可是另一方面他又認爲這個整體需要有一個近乎神明的智者來領導。這就是盧梭民主理論的基本矛盾。這種矛盾使他積極主張取消行業聯盟，以強迫手段干預公民宗教信仰，甚至堅決反對先進的代議制政府。由於這些思想，盧梭常被錯誤地誤解爲國家絕對權威的辯護人，後來許多西方學者把盧梭看成是極權主義思想與實踐的哲學前驅。

與盧梭一樣，黑格爾也是一個人們在討論專制與集權問題時常常提到的對象。他關於國家理論的學說以及人民與國家關係的論述，一直是長期以來爭論不休的基本問題。

喬治·威廉·弗里德里希·黑格爾 （1770－1831）是一個關心政治、渴望德意志民族和國家統一與興盛的思想家。他對當時德國的四分五裂、國將不國的局面表示了極大的不滿和悲憤。1802年，黑格爾寫了《德國法制》一文，一開始便大聲疾呼：德意志已不再是一個國家。他爲自己確定的目標和任務是把德意志提高爲一個國家，從而表現出強烈的愛國主義熱情。這也是他後來精心論述國家問題的根本原因之一。

黑格爾強調「國家是倫理觀念的現實」，是社會發展的最高階段。❻❽只有通過國家，人們才能獲得自由。這也就是說國家高於社會和個人，國家是一種獨立力量是個有機體。在這種獨立的

力量中，個別人只是一些環節。在個人與國家的關係上，黑格爾明確認為國家是目的而不是手段。國家作為民族精神、普遍意志的體現必須保持足夠的力量，使普遍性和特殊性的統一這一「國家的本質」得到實現，而只有這種統一才能保持住國家的穩固。

黑格爾的國家主權學說的一個非常重要的方面便是君主主權。他把君主的作用比喻為邏輯的絕對理念，是宗教上「上帝」的體現。由此，國家的人格化必須集中在一個人身上，這個人就是君主。

有人認為，黑格爾突出王權的傾向表現在以下幾個方面：**❻❾**

1. 認為君主的決斷是最高的，它體現了現代精神的「主觀性」。古代決定國家大事常常採取神諭、占卜的辦法，而王權的決斷比古代神諭高明，因為它有了能體現現代精神的「主觀性」。

2. 主張君主世襲制，君主世襲不僅可以預防王位出缺時的派系傾軋，而且由於君主的來源是「沒有根據的直接性」，是不能用選舉的方法產生的。因此，「君主選舉制倒不如說是各種制度中最壞的一種。」**❼⓪**

3. 君主操生殺予奪大權。黑格爾強調君主有「赦免罪犯的權力」。在宗教上，上帝「可以在精神上化有罪為無罪」，而在「塵世中」，「只有這個有主宰一切權力的人才有權實現這種化有罪為無罪。」他用上帝在宗教的地位，來比擬君主在政治上的地位。**❼①**

4. 君主有任免官吏、頒布法律的任意性的特權。他認為國家制度和法律「是自在自為的普遍物，從主觀方面說，就是君主的良心」。君主的權力是沒有根據的，無限性的，不

負責任的。其最後依據就是「我要如此」。這就把法律制
度放在君主的主觀任性的基礎之上。**❼❷**

　　根據王權至上原則，黑格爾認爲所謂民主政治條件下任何人
都應該參與國事，一切人均需了解國家大事，那不過是一種假設，
實屬不可能。在黑格爾看來，人民，尤其指國民全體中的某一部
分——根本不知道自己的意願何在。他要能知道自己所希望者爲
何物，他就知道絕對意志（即道理）所願意者爲何物，這乃是智
識與卓見之結果，而非一般民衆所能之事，因此不可能有民主制
度。總之，黑格爾在政治上是一位國家主義者，他極力推崇君主
主權，實際上是「朕即國家」理論的邏輯加工。他認爲王權是「意
志最後的決斷的主觀性的權力，王權把被區分出來的各種權力集
中於統一的個人，因而它就是君主立憲制的頂峰和起點。」**❼❸**

　　除了君主主權論以外，黑格爾的國家學說還滲透著強烈的民
族主義思想。他崇尚獨立自主，認爲這「是一個民族最基本的自
由和最高的榮譽」。**❼❹**但是，將這種觀點片面誇大後，他提出了
一系列有關戰爭的倫理性以及日爾曼民族的優越性等錯誤論點。
他反對康德的永久和平論，認爲這種要求只是一種幻想。爲了防
止內部騷亂，鞏固國家內部的權力，戰爭不應被看作是絕對的罪
惡。相反，戰爭還具有一種崇高的意義，即通過戰爭，一個民族
可以避免由於長期和平和閉關自守導致的墮落腐化，從而保持
「各國民族的倫理健康」。

　　黑格爾關於國家是一切社會機能的調和者，因之處最高地位
而個人不能脫離國家統治的論斷，被後來法西斯主義者所用。

　　科學哲學的開山鼻祖卡爾・波普（Karl Popper）曾把黑格
爾稱爲近代歷史主義和極權主義之父。他列舉了黑格爾哲學的六

點理論缺陷並加論證：

1. 國家是民族精神的具體化。
2. 國與國之間的關係只有戰爭，彼此互相仇視。
3. 國家至上，國家就是法律和道德，國家至上無倫理。
4. 戰爭的倫理觀念。戰爭本身是善的，繁榮會給社會帶來危機，戰爭能避免腐化；永久的和平亦會帶來社會的腐敗。因此戰爭正如特效藥材，它本身縱令十分危險，卻是療創止痛所不可缺少的。
5. 提出偉人理論。認為發掘公共輿論十分重要，但只有偉人才能做到。
6. 否認人真正具有充分的理性能力，而認為人類傾向於英雄崇拜。

波普認為，黑格爾提出國家崇拜，以有機體說、集體精神說，來提倡泛國家主義，主張社會中任何事物，只有在國家中才有意義。有了國家，思想才得自由，科學以及客觀知識才能存在。黑格爾的國家主義，特點在於挑起人類的部落性本能、感情以及偏見。其形成原因有：

1. 盧梭理論的影響。盧梭雖然提倡自由平等，但也主張「不同國家具有不同人格」。這種國家人格說，正是黑格爾國家主義理論的重要根據。
2. 對拿破崙以鐵蹄方式輸出革命的贊同，企圖為德意志的再興創造有力的理論基礎。
3. 康德弟子之一——赫德（J.G. Herder）提倡自然疆界說，是國家主義論證的一大支柱。

4. 費希特所提倡的語言疆界說，適合作爲散亂落後的德意志操日爾曼語諸邦，藉語言之一致來統一國家的理論。

波普把黑格爾的哲學視爲人類文明史上最大的智慧欺騙，認爲這種哲學只是爲普魯士王絕對專制統治利益辯護的工具。

對於黑格爾的國家學說進行評判是應當和必要的，但我們不能從一個極端走向另一個極端。把後來法西斯思想簡單地與黑格爾的觀點硬拉在一起是不對的。這是因爲：

1. 畢竟，黑格爾心目中的理想國家是一種法制國家。他雖然把法律制度放在君主的主觀任性的基礎之上，但是他關於憲法理論有著不少發人深省的論述。他不僅指出政府的行爲要遵守憲法，而且強調成文法保護公民財產權的重要性，反對司法專制，提倡陪審制度，實行公開審判原則以及在法律面前人人平等和契約自由原則。即使在國際關係中，黑格爾也沒有完全否認國際法的作用。他提出，「在戰爭中，戰爭本身被規定爲一種應該消失的東西，和平的可能性應在戰爭中予以保存」。❼❺

2. 黑格爾主張國家權力的強大，但並非不受任何限制。黑格爾認爲「國家的目的在於謀求公民的幸福」，「國家是滿足公民幸福的中介」。❼❻他把國家主權分爲對內主權和對外主權兩個方面。對內是至高無尙，對外是絕對獨立。主權不是強力、任意或專制，不是沒有法律的統治，就是君主主權也要受到憲法的約束，在憲法的範圍內行使權力。

3. 黑格爾的國家學說主張寬容和政敎分離，這與獨裁政治哲學完全對立。例如，黑格爾的刑法理論就反映了資產階級對生命權、自由權和財產權保護的要求。他認爲生命是無

價之寶，對人只有一次，因此，一個國家的死刑應該越少越好。再如，黑格爾曾把人類的歷史發展階段分爲4個時期。一是東方時期，其中只有專制君主才有自由；二是希臘時期；三是羅馬時期，其中部分人享有自由；四是日爾曼時期，全體人民享有自由。黑格爾不僅對「世界歷史王國」中的東方專制制度進行了猛烈的抨擊，而且還直接或間接地闡述了當代國家制度所應遵循的法制原則、民主自由原則。

弗利德里希·威廉·尼采 (1844－1900) 從表面上看來，尼采可當之無愧地堪稱爲極權主義的哲學奠基人。甚至無論是文筆還是文風，尼采也一直是墨索里尼和希特勒鍾愛及效仿的對象。可以說，就許多哲學思想而言，例如，對於人類仁慈的鄙視和對超人的讚賞，對於國家功能的貶低，甚至於對婦女在社會生活中的態度等方面，尼采哲學對後來執政的希特勒以及墨索里尼都有莫大的影響。然而，如果我們進一步分析判斷，我們就會自然而然地需要深入尋求尼采哲學和義大利的法西斯主義以及納粹的國家社會主義之間的歷史聯繫。

尼采的著作是對「美女野獸」和「超人」的無限崇拜。超人應當不顧及法律和道德規範，而確立自己對「庶民」的統治。尼采認爲「條頓人」（即德國特權階層）和武士（即日本貴族）是負有統治世界使命的高等種族。而「奴隸的野蠻階層」的起義和他們對所謂社會不平等的反抗是令人憤怒。爲了把勞動人民鉗制於被奴役狀態，尼采認爲必須根絕民主和法律上的平等，取消「人權」和「一般道德」，消滅世界文化的一系列成就，使歷史倒退，並確立貴族階級對被剝削「奴隸群」的公開而絕對的統治。

　　對於貴族政治來說，最好的倫理就是尼采的倫理。「假如真有上帝，我如何忍受得了我不是上帝？因此上帝是沒有的。」這是尼采的扎拉澤斯特拉所說的話。上帝必須讓位於人間的暴君。

　　「權力意志論」是尼采政治思想的基礎。尼采宣布權力意志是一切可能確定的事實之中最基本的事實，整個世界是權力意志的表現。尼采把權力意志說成是萬物的起源，是在自然界和人類社會中發生作用的唯一動力。在他看來，人類社會由於權力意志的作用成了爾虞我詐、人慾橫流的社會。他把人和其他生物都分成等級，所謂等級就是彼此較量的權力意志。強者以犧牲弱者而生存，強者征服弱者，壓迫弱者；弱者則嫉妒強者，憎恨強者；弱者總是團結一致，強者總是獨往獨來。尼采將這一荒謬理論運用於人類社會，把「性惡論」推向極端。在尼采看來，人只是在智力上不同於禽獸的動物，但在本質上，人和動物都是利己自私的，與此對應，社會也是權力意志的產物，生命的本質就是渴望權力，每一個人都以此為目的，為此可以不擇手段地對付他人。

　　尼采指責道德觀念，厭惡正義、德行、同情、博愛等口號。具體而言，尼采認為人在生理上可以分為三類，即智力強的人、體力強的人和兩者都不強的人，最後一種人在社會上占大多數。由此，社會也分成三個等級，這三個等級的職能、權力和義務極不相同。第一等級是出類拔萃的「少數」，他們應當發號施令，對於他人和他國，他們應是洪水猛獸，可以濫施暴虐。第二等級可以充當「護從和左右手」，第三個等級是凡夫俗子，他們應該俯首聽命，受人剝削。他反對社會平等，主張強化資產階級國家機器，要求建立專制和恐怖統治鎮壓社會革命。在他看來，「在未來的一世紀裡將到處遭到沈重的『疼痛』，而巴黎公社比起將要到來的情況也許不過是顯得輕微的『消化不良』而已」。**⓱**

尼采認爲「超人」是人類所創造的「最高價值」。他集中了世間一切的罪惡，是新的「大地之主」，具有非同一般的威力和統治意志，有指揮和命令一切的權力。「超人」的意志不受任何限制，「對一切愚民猶如狂風暴雨」。人不過是「超人」的「肥料」，是應當獻身於「超人」的生命的過渡和臨時形式。他說：「猴子對於人類是什麼呢？笑柄或恥辱而已。人對於超人也不過如此，只是笑柄或恥辱而已。」❼❽

「超人」創造世界，制定法規，統治衆生。人是他手中的「原石」，需要雕琢，歷史也是超人手中的「軟泥」，可以任意揉捏。「超人」是半神、半獸、半人，「背上長著天使的翅膀」，以「撒謊、暴力和最無恥的自私自利統治他人」。只有「超人」才能拯救愈來愈退化的人類。在「超人」創造的世界裡，應當實行社會等級制。等級制度是「至高無尙的規律」。尼采把人分成治人的上等人和受治於人的勞動人民大衆。他認爲「上等人有必要向群衆宣戰」。❼❾

與上述觀點對應，尼采還從權力意志出發，把種族分爲「高貴種族」和「奴隸種族」兩類。前者先天具有統治的本能，後者注定要受人統治和剝削。他宣稱日耳曼的亞利安種族高於其他種族，總有一天德國人要掌握歐洲的命運。他還斷言戰爭是生命意志的體現，是由人的動物本性決定的。人是「一堆糾纏在一起的惡蛇」，總要發生搏鬥。人是野獸，人的本性決定人類需要戰爭來達到征服他人的慾望。戰爭能使優秀人物問世，是生命自我昇華和自我肯定的首要條件。

從根本上說，尼采是個個人主義者。他在本質上認爲個人在社會中持有不可動搖的崇高地位，這與墨索里尼和希特勒的「群衆運動」有著天壤之別。儘管後者蔑視群衆，但是他們一直宣稱

自己的政權完全是為人民大眾謀福利的。

把馬克思主義學說歸為獨裁政治的理論起源，原因有兩點：

1. 馬克思所說的沒有階級的社會是可望而不可及的烏托邦，以這種理論作為指導的歷史實踐既不能保證個人不受階級、國家的壓迫，更不能充分保障法制的發展。
2. 在俄國革命成功以後，很多西方學者誤把史達林的專制看成是馬克思主義的具體實踐，而史達林模式正好是他們喜歡抨擊的當代極權主義的三個代表之一。

關於馬克思主義無產階級專政理論問題的探討，我們在本書第五章中摘要作重點分析，這裡就先不贅述了。

獨裁政治的心理分析

政治生活空間與獨裁政治心理因素析微

歷史上曾經流行過一種觀點，即認為獨裁政治出現是由於少數獨裁領袖的狂熱造成的，這些獨裁者靠著狡詐和欺騙的手段掌握了龐大的獨裁機構，其追隨者單憑暴力去統治，人民只是供他們玩弄和恐嚇的無意志的對象；獨裁政治要麼是一種壟斷經濟力量，即獨裁國家實行擴張主義的產物，要麼是一種基本的政治現象，即少數人對多數人進行欺騙和脅迫的結果。還有一種觀點，強調在現代條件下之所以出現一些實行獨裁政治的國家，主要原因是這些國家尚不具備民主政治的基本條件，人民缺乏足夠的民

主訓練。

其實，除了導致獨裁政治產生的政治、經濟和社會條件以外，還有人自身的問題需要了解。在現實生活中，個人與社會的關係不是一種靜態的關係，一方面，人們出於某些本能產生自身的需要，例如，饑餓、乾渴和性慾；但是另一方面，造成人們個性差異的那些驅動力，如：愛與恨，貪求權力與渴望屈服等等，又都是社會過程的產物。就精神分析的政治涵義來講，我們應該看到，研究非意識動機、非理性因素對人類行為的影響，從而試圖揭示人類社會的某些本質特徵，對社會和人類自身的健康發展是有利的。當然，過於強調心理因素的作用，又會本末倒置，這就不必贅言了。

政治社會學家L・芒福德在分析法西斯主義現象時指出：法西斯主義的真正根源「在於人的心靈，不在於經濟」。他認為：法西斯主義起源於壓倒一切的傲慢狂妄、以殘忍為樂的心理以及神經病的發作，而不在於《凡爾賽條約》或德意志共和國（即魏瑪共和國）的軟弱無能。這種分析固然過於片面，但確也揭示出一定的道理。獨裁政治中有一個心理學問題，心理因素本身又受經濟因素制約；獨裁政治是一個經濟學和政治學問題，但獨裁者之所以強求在經濟、政治方面役使整個國家，卻又有心理方面的導因。從這個角度說，獨裁作為一種政治制度涉及一種非理性主義的力量。如果僅僅是涉及獨裁政體的結構功能、政治體系，心理因素的心理分析還不顯得怎麼重要，但是要分析獨裁政治對社會行為，特別是對個人及團體生活的影響，那麼心理因素的分析就必不可少了。

美國學者杜威說過「對我們民主制的嚴重威脅不是國外專制主義政權的存在，而是存在於我們自己的態度中，存在於我們自

己所處的環境的制度中。這種制度使人屈從於外在權威、外部戒律和規範,使人在國外依賴『元首』。因而,戰場就在這裡,就在我們自身內,就在我們的制度中。」❽⓿

我們認為,獨裁政治心理分析就是一個有待開闢的「戰場」,在這個「戰場」內的縱深挺進有兩個基本目的:一個是分析心理因素對政治行為的作用,另一個是考察一定的政治系統對人的思想、感受以及動機產生的影響。

讓我們先明確一下人類生活的政治空間:❽➊

政治生活空間

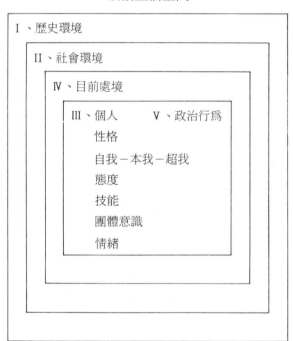

　　在上面這個簡表中，各種概念之間的相互關係如下圖所示（圖中阿拉伯數字表示相互關係的重要程度）：❷

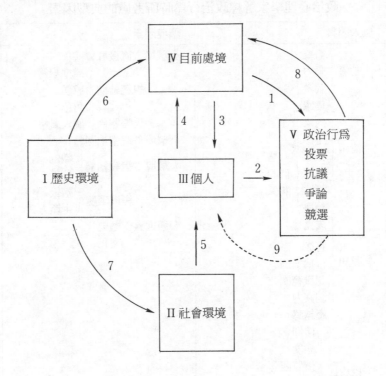

現在把上面兩張圖表中標明的第三部分放大，我們就得到了政治心理分析的基本框架。我們用下面這張表來加以表述：**83**

政治心理學家解釋政治行為時所考慮的典型因素

個人因素	環境因素
動機 ⎰ 需要 / 動力 / 刺激	小環境：直接社會關係
情緒 ⎰ 焦慮 / 內疚 / 壓抑 / 品質 ⎰ 人格 / 目的 / 關係	規範結構 ⎰ 標準規範 / 懲罰 / 角色
	人際關係 個人風格
	小環境：親密小團體
認知 ⎰ 類型 / 成見 / 盲從 / 行為準則 / 認識範圍 / 洞察力 / 優越感	大環境：組織結構 ⎰ 職位 / 分工
	經濟環境 ⎰ 階級 / 生產方式
相容性 ⎰ 信仰 / 態度 / 價值觀念 / 意識形態 / 自重 / 認同	宏觀世界：歷史 / 文化
才幹 ⎰ 特殊技能 / 綜合能力	
愛好 ⎰ 一般嗜好 / 特殊鍾愛	

作更進一步的說明，對上述個人因素解釋如下：

1. 動機：促使人產生行動的心理因素。有時人們用需要、動力、刺激等不同的詞語表達同一種意思，但是事實上，這幾個詞語各有不同的涵義。需要主要是指人所努力彌補自己欠缺的東西，如權力需要，物質需要等等，動力更多涉及引導人們做出某種行為的內在力量；刺激則主要涉及迫使或促使或誘使人們做出某種行為的外在力量。

2. 情緒：這是一個令許多心理學家費盡腦筋但又無法完全解釋清楚的概念。導致政治行為的第一個值得探討的情緒因素是人的焦慮。人或者因為害怕某種不幸事件的降臨而產生不安情緒，或面對複雜的現實情況一籌莫展，不知如何處置。獨裁政治學中經常提到的獨裁個性與人的情緒因素有著莫大的關係，佛洛姆在他的《逃避自由》一書中對這一問題的分析頗有見地。除焦慮以外，內疚和壓抑消沈也是人經常產生的情緒因素。

3. 認知：這是指人對客觀世界的認識程度和理解程度。當然也包括對他人行為的了解和反應。在認知的範圍內，又有幾個主要因素必須加以重視。即：人的品質：包括人格，即人是否誠實、是否渴望權力、是否精於玩弄手段等等。行為的目的，即人為什麼要作某件事，他有沒有野心或詭計？人與人之間的相互關係如何？人在什麼條件下會形成利益聯盟？在什麼條件下又會產生衝突？類型：一個人的政治見解是趨於保守還是比較自由？是否容易產生成見或盲從他人？他自己有沒有一定的行為準則？認識範圍：這涉及一個人對事物認識的深淺程度，在一定程度上取決於

每個人的天賦和洞察力。優越感：如果某個社會集體認爲自己高人一等，應當享受更大的自由和權力，那麼一旦這個群體成員掌握國家政權，他們必定會做出有利於本階層利益的政治決策，從而影響社會公平競爭。

4. 相容性：這其實已經涉及到人與人之間的相互關係，人與其周圍環境的關係。人能否和平友好地與他人相處、合作、公平競爭，能否戰勝困難、適應環境，在很大程度上取決於人自身的信仰、態度、價值觀念、意識形態以及對他人的認同。

5. 才幹：只有政治願望而沒有政治技巧是遠遠不能造就一個政治家的。發表激勵人心的政治演說，積極參加政治競選，善於與他人交往並能夠以自己的超人智慧說服別人，得到大衆的承認，這都是一個政治活動家所應具備的基本技能。政治是一門既骯髒又高超的藝術，只有那些具有過人才幹的人，才能在這個充滿驚濤駭浪的領域裡獲致一葉不沈的諾亞方舟，有機會到達理想的彼岸。

6. 愛好：這也是歷史上很多政治心理學家喜歡探討的一個主題。不少人認爲，一個政治領袖的個人日常生活習慣、心理偏愛，都會對他的政治行爲產生影響。有時候，這種影響是不可估量的。有的人「玩物喪志」，因沈湎於某種嗜好而誤國誤民，有的人心狠手辣，視權力鬥爭爲遊戲，視流血殺人爲最高快樂。這都是研究政治行爲必須探討的。

獨裁金字塔：治者與被治者心理

在搭好獨裁政治心理因素研究的基本框架之後，下一步的任

務就是要從紛繁複雜的諸多線索中理出一個頭緒，然後進行深入剖析，提其要領、探索精微，既做到游刃有餘，又不失方略。

研究獨裁政治的心理因素，一般可以藉助的方法有三種，一是集中探討領袖人物的行為和影響；二是偏重於重點研究某些社會階層在獨裁政體中的角色作用；三是側重於研究整個獨裁社會人民的心理狀態。

就第一種方法而言，差不多所有研究獨裁的著作指出，獨裁者對權力的慾望是決定他們政治行為的最重要的心理因素。

獨裁者對權力的追求和他們對統治範圍的慾望被霍布斯稱之為一種「永恒的、無止境的、至死方休的」「一般的人類傾向」，是人類從享樂和安全的願望中產生完全合理的現象，是對生存競爭的生物性反應的邏輯結果。自霍布斯以來人們一直把權力慾看成是人類行為的基本動力。獨裁統治者便是迷戀於權力的勝利並視之為力量象徵的人。他們對權力的貪婪以及對權力合理性的確信往往達到無以復加的地步。從心理意義上講，對權力的貪婪不是起源於力量，而是根植於虛弱。權力可以自動喚起人的愛慕、欽佩和心甘情願的服從，無論是對個人或某一社會組織都是如此。權力使人著迷，並非因為某一特定權力本身有什麼價值，只是因為它是權力而已。沒有權的人或組織機構自然而然地產生某種屈辱感。人們正是發現自己沒有權力才想去攻擊、支配他人，或者自甘墮落。這種思想的共性在於確信人的生活是由人本身、情趣、意願以外的力量決定的，只有服從這些力量才能有幸福。

美國著名政治學家哈羅德·拉斯威爾認為「追求權力者」的權力追求是「補償童年時代心理上所受損害的一種手段」。他在《權力與個性》一書中對謀求權力者作出了精闢的分析。他認為一個人如果自身受到傷害，個人對自己的評價就低（自身一般包

括「原始自我」、「我」及其他更多的東西，它包括父母、配偶、子女、朋友、所熟悉的其他公民、宗教信仰相同的人等等）。在兒童時代、少年時代或以後的階段裡，謀求權力者學會通過追求權力來補償這一對「自身」價值的低估。他們最後相信，通過獲得權力，既可以改善自身，從而得到更多的愛和尊重，也可以改變他人對那個「自身」的態度。掌握了權力，他們將變得重要、受人愛戴、受人尊敬、受人欽佩。因此，他們希望通過權力關係來獲得他們在家庭關係中沒有得到的友誼和尊重。當然，這一行為不需要有意識的、「合理」的思想來驅動。相反，許許多多的動機都可能是無意識的。謀求權力者並非一定很清楚地洞察他們謀求權力的原因，但他們使這種謀求權力的行為合法化。因此，與他人相比，謀求權力者是這樣一種人：

1. 高度重視贏得權力。
2. 為自身（原始自我加上其他自我的綜合象徵）要求權力。
3. 對贏得權力具有較高信心。
4. 至少最低限度地精通權力技能。❽

拉斯威爾關於「補償損害」的說法雖然缺乏充分根據，但對分析某些獨裁者的行為來說確是一針見血。拿破崙‧波拿巴（即後來的拿破崙一世）在遠離法國本土的科西嘉島上度過了自己的童年。其個人、英雄主義夢想即源於此。有的研究學者指出：拿破崙在青年時代即因口音很重而不善交談，但他在炮校學習時卻非常勤奮，利己主義傾向十足。他與老師、同學關係不好，然而一直野心勃勃地向上奮鬥。他開始積極主張科西嘉獨立，脫離法國統治。但後來卻改變初衷，放棄了故鄉的自由事業。他對法國及歐洲的征服似乎被一種內心深處的慾望所驅動，這就是要把法

國和整個世界變成一個龐大的戰爭學院，自己作他的監護人。❽

　　拿破崙的侄子，被馬克思稱為政治侏儒的路易・波拿巴也有類似的權力夢想和慾望。他青年時代即在國外求學，對本國政治非常陌生。但作為偉人的後代，他在遭受了千百次挫折後終於取得了權力。於是，他便濫用權力，實施獨裁。

　　第二次世界大戰頭號元凶、政治狂人希特勒同樣具有強烈的權力慾望。他青年時代曾不得不靠到處打短工、幹活來謀生。他20歲那年，完全是一個流浪漢，「他夜宿在公園中的長椅上或隨便哪家的大門洞裡，白天在小酒室和侯車室中以廉價食品充饑」。在這一年的聖誕節前夕，希特勒「終於把自己最後一些冬服典當一空，失魂落魄地進入了一個流浪者收容所。」25歲那年，他在一封信中寫到：「兩年來，憂愁和貧困是我的女友，無盡的饑饉是我的同伴。我從未在生活中結識過青春這樣一個美麗的字眼。直到五年後的今天，滿手滿脚的凍瘡是那悲慘時日留給我的紀念。」❽這就是希特勒對當一名流浪漢的強烈感受。作為下層中產階級的典型代表，他曾經是一個沒有機會、沒有前途的小人物。在《我的奮鬥》之中，他多次提到這點，說自己年輕時是一個「默默無聞的人」。❽雖然這本質上是由於他的社會地位造成的，但他用詩一樣的語言予以描繪抒發，並企圖以此來證明自己追求權力的合理性。希特勒後來的不少著作或言論都反覆唱著同一個調子，目的是為了說明：

1. 他對別人的控制是為了自己的利益，為了世界文化的改善。德國支配世界可以帶來和平，這種和平的基礎不是眼淚汪汪的和平主義職業婦女哀悼者的棕櫚枝，而是統治民族的勝利之劍，它把世界變成一個更高級文化的附屬物。

2. 追求權力的慾望是自然界的永恆法則，自然是「一切智慧的殘忍的女王」，她的生存法則「受到堅如黃銅的必然性規律的約束，受到在這個世界上最優者和最強者享有勝利權利的、堅如黃銅的規律的約束。」❽他承認並遵循這些法則，而且在實際生活中按更高的權威——上帝、命運、歷史和自然——的命令行事。

3. 他的控制企圖只是對他人想控制他以及德國人民的企圖的回擊。在希特勒眼裡，他和德國人民永遠是清白的，「敵人」才是殘忍暴虐的畜生。猶太人種族低劣，企圖毀滅白種人；法國人企圖削弱德國，繼而稱霸歐洲；共產黨人又野蠻殘忍，必須予以鎮壓。希特勒一直以為，「德國人所欠缺的是獸性強權與機智的政治意圖的密切結合。」❾他個人後來確實具備了作為一個凶殘狡詐的政治家所應當有的品質——獅子般的勇猛和狐狸般的狡猾，這使他最終成為一個在人類歷史上遺臭萬年的罪人。

純粹從追求權力的角度研究獨裁政治的本質，特別是獨裁者的統治動機，當然是拉斯威爾之類政治學者的明顯缺陷，但是從他們的論點出發，我們至少可以得知：

1. 不論原因可能是什麼，獨裁者總是相對地更孜孜以求地篡謀權力。

2. 在獨裁文化、社會、經濟和政治體系中，權力是實現獨裁統治的一個重要工具。獨裁者對權力的追求往往達到近於變態的瘋狂地步。

3. 毫無疑問與其他行為一樣，獨裁者對權力的追求一般也是

有意識的動機和無意識的動機的混合物。獨裁者可能知道他們爲什麼追求權力的部分理由，但是我們既無法期望他們知道一切理由，也不可能掌握他們那樣做的全部動機。

4.一切權力謀求者，包括獨裁權力的謀求者和民主權力的謀求者，都很少有實質上相似的個性。一個人爲何追求權力，不僅出於各種各樣的有意識或無意識的動機，而且還取決於不同的政治體系和不同時代的權力的代價和利益。

以上我們用管中窺豹式的透視，從「權力追求論」的角度闡述了獨裁政治心理研究中運用得最多的一種研究方法，即研究獨裁者的各種心理動機對他的獨裁行爲的影響。如果把這種方法稱爲「領袖研究」，那麼下面我們將要探討的第二種和第三種方法，即分析獨裁體制下某些社會階層和整個社會全體人民的心理，則正好是「領袖研究」的對立面。這兩種方法側重的對象都不是高高在上、獨攬大權的統治者個人，而是在獨裁金字塔權力結構中處於中下層地位的特殊社會群體和「芸芸衆生」。

西方不少學者認爲，近現代西方獨裁政治的產生，特別是20世紀法西斯主義的產生和發展，帶有某種社會歷史的必然性。他們的主要依據是：西方文藝復興以前的社會（主要是指中世紀），處在一種相對的穩定社會狀態，人們雖然缺乏自由，但是社會卻嚴格地規定了每個人的社會身分和地位，給予人們以相對的保障和安全感，人們較少爲自己的前途和命運操心。文藝復興和宗教改革的浪潮衝擊使個人的情感表達和宗教信仰方面獲得自由，但這種自由的結果是個人競爭代替了合作，個人奮鬥代替了社會安排，自由給人們帶來的不是幸福，而是惶恐不安、孤獨、恐懼、焦慮和懷疑。在你死我活的生存競爭中，在一個充滿敵意

的世界裡，自由像沈重的負擔壓得人們產生恐懼。在這種情況下，以控制他人顯示自己的力量或放棄自己的權力，以「逃避自由」、屈從於外在強權來獲得保障，凡此種種，無一不是獨裁政治得以生長的社會基礎。

我們提出的第二種或第三種研究方法探討某些社會階層或全體人民對獨裁政治統治形成的影響，有兩個基本概念不可忽視。

第一個概念是所謂的「回歸權威」。我們知道，「嬰兒退化」是精神病理學中常見的一個名詞，它是指個人生長過程中的逆向發展，退化到兒童的智力及體能水平，特別是爲逃避某種創傷、挫折，或精神上受到某種刺激後的產生的麻木、遲鈍以及智力下降。現代政治心理學中有一個與「嬰兒退化」極其相似的詞語，即所謂成人社會中的「權威回歸」。

記得有人曾問伊朗國王爲何不當一個憲政君王，他回答說：「當伊朗人學會像瑞典人一樣行動時，我就可以像瑞典國王一樣。」領袖的心理和追隨者的心理是密切相關的。任何想現代化的君主，都可能同樣具有強烈的父權主義的情感。然而問題的另一方面涉及到是否每個普通的社會成員都甘願做君主的奴隸。

俄國作家杜思妥耶夫斯基曾在《卡拉馬佐夫兄弟》中說：「對人們來說，最爲迫切的需要是盡快找到某個可以歸順的人，這是自由贈給他這個可憐蟲的出生禮物。」

政治心理學家艾德勒把人分爲順從型的和專橫型的兩類，他說：「奴性的人總是按照他人的法規生活，這種人近乎強迫地要找到自己的奴隸地位。」另一方面，專橫的人則總是在問：「我怎樣才能高居於一切人之上？」在需要領導者的時候，這種人就會被發現，而且在革命時期往往取得最高職位。艾德勒認爲這兩種人都是不應該有的，他們都是教育失敗的產物。他說：「官方

教育最大的害處是，它使兒童產生權力的理想，並向他們展示獲得擁有權力所具有的愉快。」官方教育在產生專制型人的同時，也會產生奴隸型人，因爲它使人感到兩個合作者彼此之間唯一可能的關係，只能是一個人指揮，一個人服從的關係。❾❶

從現實生活中看，艾德勒在這裡提出的觀點並不新奇。凡有重大危機時，社會中大多數人的衝動是找到一種「權威」並服從它。在這種時候，他們常常感到政治是困難的，他們最好還是追隨某個領袖。他們的這種感覺有時是本能、無意識的，有人把這種感覺比喻成狗對主人的跟隨。這種比喻雖然過於刻薄，然而從某種意義上說，人一旦放棄自己個性的完整性和自由性，的確可以從自己依傍而入的權力中，分享新的安全與傲慢，還可以保護自己免受疑慮的折磨。

如上所述，「權威回歸」是指一般社會成員爲了逃避責任並希望得到照顧和關懷，企望在「成年生活中享受青年人的濫用自由」，便在受到安全威脅或處於逆境時產生渴望權威的心理。回歸權威大致有兩種情況：

1. 回歸者希望以對權威的順從換取安全或避免受到懲罰，這是一種被動的回歸。
2. 回歸者虔誠地相信權威倡導的意識形態或宗教信仰，希冀以對權威的服從換取權威者的信任，同時獻身於他們共同的「事業」。這是一種主動的回歸。不管是哪種情況，當社會處於變型時期，「回歸權威」心理能夠在很大程度上影響人們的行爲，使人們崇拜「經驗」、不願冒險和承擔責任，對社會變革產生反作用。

「權威回歸」揭示了一個非常重要的心理現象，即對於一個

生性懦弱的社會成員來說，參加社會組織不僅意味著擁有了一個
對領袖服從效忠的機會，而且在這個組織中他還能發現一群與自
己感覺相同的人。作為這個集體中的一員，他可以在目標一致的
熱烈集會上感受到一種熱情和安全交織的得意感。當這種共有的
情緒變得格外強烈的時候，他就可以忘記一切，徹底排除其他情
緒，在內心深處油然生出一種因「自我」倍增而產生的權力興奮
感。「集體興奮是一種絕好的麻醉，期間理智、人道主義、甚至
自我保存很容易被遺忘；期間殘忍的屠殺和英勇的殉難同樣是可
能的。這種麻醉和其他的麻醉一樣，它的快感一旦被體驗到，是
很難抗拒的，但它後來會導致漠然和厭倦，若要再產生以前的熱
情，那就需要越來越強烈的刺激」。**92**

　　第二個概念是「偽偏執狂」。從醫學和心理學的角度看，一
個人如果患有臆想、偏執心理，那麼他對人生、現實社會的感受
就會與常人不同，所表現出來的行為方式也就與眾不同。與一般
假設相反，獨裁社會中真正的偏執狂並不多，許多人雖然在心理
上遭受過種種挫折，但是他們在執行獨裁政策時往往能夠與獨裁
者保持一致。還有不少人深知明哲保身的道理，不願擔負責任，
因此只是扮演執行任務的角色。

　　有些研究第三帝國的專家就指出：在納粹統治時期，希特勒
喪心病狂地發動戰爭，爭奪所謂的生存空間，然而他的隨從中真
正考慮未來德國命運的人並不多見。希特勒給理想主義下的定義
是：「理想主義就是引導人自願承認實力與強權的特權，從而使
人成為那種形成與規定整個宇宙的秩序中的一顆微塵。」**93** 按照
這種邏輯，「犧牲個人，使之降低為灰塵、微粒，意味著放棄個
人意見、個人利益和個人幸福的權利。這種放棄最終的目的是要
實現一種制度，在這種制度中，人民的人生觀終於成功地導致崇

高的時代，那時，人們將發現自己不再關心怎樣養狗、養馬、養貓，他們關心的是怎樣振奮人類本身，一種人有意識地、平靜地放棄權力，另一種人則愉快地讓與權利和犧牲自己」。❹希特勒的理想是荒謬的，但是他創造了一個獨裁者統治登峰造極的時代。在第一個權力層次上，連他最信任的將軍也會嘲笑《我的奮鬥》不過是欺騙德國大眾的政治宣傳。他們明明知道希特勒制訂的許多政策只能導致德國的最終滅亡，但是還是憑著「軍人以服從命令為天職」的心理去積極地執行這些政策；在第二個權力層次上，其他社會階層的人，如：商人、外交官、利益代表等等，在對自身信仰產生懷疑時，卻又不得不屈從於種種壓力，特別無法違背「希特勒就是德國，反對希特勒就是反對德國」的社會輿論，盲目地忠於「元首」和「祖國」。這實際上也是一種半意識狀態下的自欺欺人，他們不知道自己將來會怎麼樣，但是很多人清楚目前自己不應該作什麼；❺在第三個權力層次上，成千上萬的德國普通百姓同樣不得不作出違心的選擇：希特勒政府就是「德國」，同希特勒作鬥爭無異於不承認自己是德國公民；當其他政黨統統被取締之後，納粹黨就是德國，反對納粹黨就是反對德國。對一般人來說，恐怕沒有什麼會比被一個大集團視己為異的感覺更難以忍受的了。德國公民無論怎樣反對納粹主義的政治原則，一旦要他在被孤立與屬於德國的感情之間作出抉擇，大部分人仍會選擇後者。從這個意義上講，對孤立的恐懼和道德原則的相對削弱，有助於任何政黨贏得大批大批群眾的效忠，只要這個政黨已經掌握國家政權。❻

歷史上，許多獨裁者的在位時間都非常長，這與民眾對他們的擁戴有著莫大的關係。社會普通成員的「權威回歸」心理行為會造就曠世難見的大獨裁者，這種獨裁領袖與民眾共同創造的文

化往往能夠持續很長一段時期並影響民族性格。這恐怕就是我們認同的一個觀念——歷史是人民創造的。

「學如弓弩，才如箭簇。識以領之，方能中鵠。」對獨裁政治的權力金字塔進行心理分析是一項艱難浩大的工程，當我們在考察東西方社會文化實質時，必須具備正確的指導思想。我們既要考察人的個性結構形成後對社會進程的歷史作用，又不能忘記各種社會因素（政治、經濟、宗教、意識形態）對個性心理的影響。當然更重要的是，在這種考察中還必須對相互作用雙方的每一個方面都加以辯證的分析，分別指出各自積極、消極的意義。

獨裁個性

如果說我們剛剛從「宏觀」上完成對獨裁權力金字塔上各種角色的分層政治心理分析，那麼下面我們將從「微觀」研究角度專門探索獨裁爭論中的「獨裁個性」問題。

在是否存在反民主的個性或獨裁個性問題上，很多西方學者早就著手進行研究。按一般推測，如果一個人固守常規，對權威只順從不批評，對違反常規價值的人進行攻擊和懲罰，反對對世界持主觀的、想像的和想入非非的想法，念念不忘權力和強橫，對一切從壞處著想，關心世界上正在發生的險象環生的事情，這個人可以說有一種「獨裁個性」。

在研究獨裁個性方面美國學者漢斯·埃塞克（Hans Eysenck）提出的「兩點論」是很出名的。所謂兩點，一是指「R」點（R是「激進」英文單詞Radical的第一個字母），係根據每個人的政治觀點決定，實則是對人進行政治意識形態評判的一種標尺。另一個是「T」點，（T是「溫和」英文單詞Tender和「堅強」英文單詞Tough中的第一個字母），它是由人的性格決定。

「R」點和「T」點在座標軸上的組合共同決定了一個人的政治行爲。

埃塞克認爲法西斯主義分子是「T」點較高、「R」點較低、意志堅強但相對保守的政治團體成員；而共產主義分子則是「T」點和「R」點都高的、意志堅強但相對激進的政治團體成員，兩類人物都具有獨裁個性。下表是埃塞克對人性格的分類：❾

性格溫和的人	性格堅強的人
理性主義者（做事循規蹈矩）	經驗主義者（注重事實）
崇尚智慧	重視感覺
帶理想主義色彩	追求物質利益
樂觀主義	悲觀主義
信奉宗教	不信教
意志自由	宿命論者
一元論者	多元論者
教條主義	懷疑一切

埃塞克的「兩點論」雖然給我們提供了一個思考問題的角度，但畢竟過於簡單，真的付諸實踐，恐怕有些滑稽。除了他的研究以外，西方社會科學界也有不少其他的成果。例如，1950年，美國加州大學伯克萊分校出版了一部兩卷本的長篇學術著作——《獨裁個性》（*The Authoritarian Personality*），專門從兩個角度研究了這個問題。

1. 這部著作首先確定反感傷主義的根源，然後試圖將它與反民主情緒相聯繫。
2. 這部著作從理論和實踐上考查了納粹德國興衰的歷史，對

戰前和戰爭中德國人民依附希特勒的種種心理狀態做出了深刻的分析。

《獨裁個性》出版發行後引起了多方面的評論和關注，後來美國又連續出版了不少書籍，其中還有對反獨裁個性的探討。從總體上看，這些著作採取的一種較爲流行的研究方法是，首先歸納出與獨裁政治有關的主要心理因素，然後對其加以定性或定量分析，測量反民主傾向的強弱程度，從而總結出一般意義的獨裁個性的各個方面。

下面這張表列出了從50年代至今一直影響西方獨裁心理學研究的一些最主要心理因素：**98**

1.因襲主義：嚴格恪守中產階級價值觀。命題假設： (1)喜怒無常、惡習不改、貪得無厭的人很難與有教養的人相處 (2)商人、企業家對於社會的價值遠比藝術家和教授重要
2.對權威的服從：對理想權威的態度。命題假設： (1)服從和尊敬權威是每一個兒童必須學習的最重要的美德 (2)國家除了法律和政治設計以外，更需要一批人民忠心信賴的、敢作敢爲而又堅強不屈的政治領袖
3.權威侵犯：對離經叛道者的譴責和懲罰。命題假設： (1)性犯罪應當受到極其嚴厲的懲罰 (2)一個國家如果能夠想辦法「清理」掉社會渣滓，那麼所有的社會問題便可以迎刃而解
4.性格明朗化（anti－intraception）：反對性格內向、不切實際、膽小懦弱。命題假設： (1)人解除煩惱的最好藥方是使自己忙碌，忘卻煩惱 (2)現在越來越多的人喜歡探究人家的隱私，對他人造成傷害

5. 迷信及成見：個人命運不可預測，思想僵化。命題假設：
　(1)科學當然重要，但人類有許多事情根本不會完全弄懂
　(2)某些人生來就是天才，注定要擔當大業

6. 權力和「粗暴」：統治──服從、領袖──大眾、權力──軟弱之間的
　關係。命題假設：
　(1)只要人有超人的意志，人便能戰勝一切
　(2)人從本質上說可以分成兩類：強人和懦夫

7. 破壞性和玩世不恭：對世界的看法。命題假設：
　(1)人類不可能消除戰爭
　(2)親暱生狎侮

8. 標新立異：性情衝動。命題假設：
　(1)人為了突出自己，必須標新立異，與衆不同
　(2)大多數人並不知道人生實際上有很多陷阱

9. 性：對性的過分強調。命題假設：
　(1)與古希臘羅馬時代的狂野相比，現代人的性社會已經文明了不知多
　　少倍了
　(2)同性戀是一種嚴重犯罪

　　F等級表（F為英文「法西斯主義」的第一個字母，在這裡用
來測定反民主的獨裁傾向）

　　對「F」等級表，我們只作介紹，不作更深入詳細的分析。因為它和「兩點論」一樣，只是獨裁個性研究中的兩個較具代表意義的實例而已。值得注意的是目前許多研究獨裁個性者都發現，獨裁個性與人的社會經濟地位有著十分密切的關係，人受的教育越少，社會經濟地位越低下，獨裁個性也就越強。這種觀點，與馬克思主義的「經濟基礎決定上層建築領域」理論頗有近似之處。

　　探討獨裁個性問題時，簡單明了地剖析一下形成獨裁個性的種種心理因素以及獨裁個性所包含的具體內容，是完全必要的，其主要之點是：

　　㈠按照精神分析大師佛洛伊德的說法，「所有的革命都源於搖籃」。

　　因此，形成獨裁個性的一個最主要的心理因素，應當是獨裁者對父母的態度以及獨裁者個人童年的經歷。例如，古希臘高林斯（Gorinth）的統治者塞普勒斯（Cypselus）的媽媽拉波達（Labda）曾是某個城邦的公主，因為身殘，下嫁一介平民。塞普勒斯大權在握後對其母原來的城邦進行報復，殺死他的國王，自稱為王。

　　佛洛伊德學說中著名的愛恨理論也揭示了這樣一種矛盾：在一個家庭中，兒子一方面憎恨自己的父親，因為他奪走了母親對孩子的寵愛；同時，父親的權威作用又經常使兒子害怕，使之具有一定的恐懼感；另一方面，由於父親畢竟是家庭中最強有力的人物，通常又是遇到困難時可以依賴的對象，兒子又對父親產生某種尊重和敬佩。有些政治學家把這套理論運用於政治分析，提出在一個國家中，人民的潛意識裡，國王就扮演著一個類似家庭中父親的角色，王后就是母親，國王表現出來的男性特徵愈強烈，

人民的反抗意識也就愈強烈，憎恨意識愈強烈。也有人不同意這種觀點，認爲獨裁者對父母的態度固然重要，但他們與當時的社會環境、特別是與上流社會階層的關係，則是決定他們政治行動的關鍵因素。我們認爲，不管這種爭論有沒有一定的結論，結論如何，獨裁者幼年的經歷一般都會對他們日後的成長產生或多或少的影響。

歷史上著名的德國皇帝腓特烈大帝童年時很害怕他的父親，他雖然多才多藝，喜歡音樂、愛好詩歌，但總是唯唯諾諾，膽小怕事，爲此常常受到父親嚴厲的責罵。18歲那年，腓特烈長大成人，一方面，他是一個熱情洋溢的青春少年，才華過人，同時善良可愛；另一方面，他還沒有擺脫父親的陰影，時時渴望尋求獨立的生活。爲了實現自己的目標，腓特烈帶了自己的好朋友凱特不辭而別，逃到英國，宣布背叛自己的家庭，要過自己的人生。然而，身爲普魯士王子，他在英國很快就被人發現，並和凱特一起被押解回國。腓特烈的父親爲了懲罰不忠的兒子和失職的凱特，命令隨從把腓特烈關押在皇宮一座塔樓上，讓他親眼目睹了凱特慘死劊子手刀下。從此以後，腓特烈彷彿變了一個人，對父親的命令言聽計從，表現出無限的忠誠，甚至於接受了父母安排的毫無感情的婚姻。繼承皇位後，腓特烈開始從事統一德國的事業，「一個沒有獲得愛和忠誠的人開始爲了希望奮鬥」。腓特烈大帝視自己爲神聖德意志帝國的僕人，國家至高無尙，一切德國人，包括君主在內都必須爲它獻身。他發狂似地工作，每天早晨5、6點鐘便起床處理公務，對自己的部長們也非常苛刻，要求他們站著辦公，以便「頭腦清醒」。在他執政期間，竟然發生過一個重要大臣在開會期間精疲力竭，以致累死在會議廳裡的事情。

有些政治心理學家在研究盜世奸雄希特勒的性格時發現，他

在自傳中向人展示了自己幼年悲慘的經歷和對父親的憎恨。他的父親是一個私生子，直到39歲時才被繼父（希特勒的繼祖父）正式承認，並被賜予使用「希特勒」這個家族名字的權利。希特勒的父親結婚後整天無所事事，藉酒澆愁。希特勒小的時候，經常半夜三更被媽媽叫起來，然後迷迷糊糊地跑到啤酒館裡，把喝得不省人事的父親拖拉回家。父親醒來後，常常莫名其妙地大發雷霆，粗魯地抽打妻子和他的孩子。希特勒對父親無比憎恨，從不屈服。長大之後，他一直懷疑父親具有猶太血統，因為當初希特勒的奶奶曾在一戶猶太人家中當管家，很有可能被主人強姦，而那戶猶太人又莫名其妙地承擔了希特勒父親14年的撫養費。專家們分析，希特勒把對父親的恨轉化成一種對猶太人的種族歧視與仇恨，他認為正是自己骯髒的父親沾污了可親可敬的母親，使具備純正亞利安血統的母親飽受凌辱。這種心理到後來變態發展到極點，以致他把消滅「可恥的猶太人」當成恢復德國亞利安種族的高貴和純潔的最重要的手段和第三帝國的最高目標。

　　㈡佛洛伊德和其他許多西方學者還特別研究了性、性愛、性慾對獨裁者的影響。

　　簡而言之，性與獨裁個性的關係可以從4個方面來解釋：

1. 自由或保守的性態度和性行為對獨裁個性的影響：區分放浪形骸的獨裁者和相對保守的獨裁者。一個政治人物能否在性生活上自我節制，與他如何治理國家大事有著密切的關係。
2. 性昇華論：人的性慾是人的本能衝動，必須得到適當的滿足和昇華。性壓抑、性變態有可能造就令人厭惡的獨裁個性和獨裁統治。

3. 性高潮理論：性生活的和諧是心理健康的重要指標。得到性滿足的人更接近於「民主個性」，思想開放，容易接納異己或不同意見。

4. 性征服慾望對獨裁個性的影響：性政治一般都強調男人對女人的征服。「男人通過征服世界來征服女人」，而女人則「通過征服男人來征服世界」。征服慾強的男人一般與意志堅定、憤世疾俗等個性有關；而征服慾低的人一般與逆來順受、利他主義等個性有關。

㈢除了上述兩點因素以外，人的個性中的自卑、貪婪、嫉妒、報復、冷酷等等既是培植獨裁個性的土壤，也是獨裁個性本身將會顯示出來的部分內容。

上述這類例子太多了；僅以西方歷史來說，古希臘西塞昂 (Sicyon) 的暴君奧塞格拉斯 (Orthagoras) 曾經是個屠夫，常給貴族剔肉，大權在握之後，殺人如麻，暴虐成性。錫拉求斯 (Syracus) 的阿格思克里斯 (Agathocles) 是個陶匠的兒子，出身貧寒，由於一直對年輕時代軍旅生涯中仕途多桀耿耿於懷，掌權後便毫不留情地報復貴族王公，以此為樂。🟡

古羅馬的情況也是大致如此。

公元前2世紀的著名統治者如提比尤斯 (Tiberius) 和蓋尤斯 (Gaius Gracchus) 等人大多是世家望族後代，而凱撒 (Gaius Julius Caesar) 及後來的繼承者則大多出身於失意貴族，他們在一次次欺騙和允諾中藉助於下層人民的力量奪取政權。凱撒的例子很有意思。他體弱多病但又生性豪爽，講求豪華生活，喜歡一擲千金。有人責怪他窮奢極侈、不知節儉，凱撒的回答是「偉大的青年都應善於舉債，並在背負重擔之時保持樂觀

的情緒」。爲了不被貴族社會淘汰,同時滿足在物質方面的揮霍,凱撒一方面憑藉堅強的意志不斷鍛鍊,以此迎接來自生活的挑戰,另一方面不斷攫取權力,在血與劍的洗禮中衝鋒陷陣,搏取功名。他自己曾說:「想到亞歷山大在我這個年齡已經征服了那麼多的國家,而我卻還無所事事,未建功名,我便知道自己沒有任何理由悲嘆。」⑩正是在這種強烈的「我來,我看,我征服」的獨裁個性的支配下,凱撒終於擊敗所有對手,成爲羅馬最著名的獨裁者。

　　同樣的例子在中世紀和近現代也是比比皆是。例如,人們往往注意到文藝復興時代造就了一代科學巨匠,但沒有研究爲什麼在那個堪稱劇烈變革的時代條件下的歐洲,同樣蘊育著後來個人主義泛濫和悄然興起的獨裁政治暗流。從獨裁個性角度上講,人性中最醜陋的東西,包括:貪得無厭、背信棄義、陰險刁鑽、殘酷無情等,幾乎是文藝復興時代歐洲暴君的一致特性。在講究血統高貴的社會裏,出身貧賤的統治者們在當政後常常喜歡採取暴虐的手段治理國家。像歷史上以殘暴、狡猾聞名的暴君鮑吉亞(Cesare Borgia)和雷佐(Cola di Rienzo)就曾是紅衣主教、後來的教皇亞歷山大七世、德皇亨利七世的私生子,他們都曾爲打進上流社會遭受種種挫折。而帕維亞(Pavia)的君主威斯康提(Giangaleazzo Visconti)因爲小時天生缺臂,常遭親友取笑,所以養成陰鬱多疑、凶暴殘忍的個性,繼位後機關算盡,濫殺無辜;他的兩個兒子受其影響很大,一個總想當凱撒,終於發了瘋,另一個心理嚴重變態,被極端恐懼症折磨了一生。有的歷史學家發現,英國資產階級革命的先驅克倫威爾,出生在威爾市鄉下一個具有仇視英國皇室傳統的村莊,他除了從小就對查理一世極端憎恨以外,自身心理也不是很正常。他脾氣很壞,常有

幻覺。在一般的年代，他也許早就被送進了瘋人院，但是暴風驟雨般的革命卻使他的白日夢成為現實，他不僅脫穎而出，還成為英勇敢為、具有極大感染力的領袖。這頗令人感嘆。因為在大部分人眼中，唐吉訶德是個自不量力、四處碰壁的瘋子，但是也會有人把他看成無所畏懼、敢於挑戰的勇士。

應當指出，政治心理分析確實為我們提供了研究獨裁政治的一條捷徑。但是對這種方法，我們不應盲目推崇，以為它是剖析獨裁政治的萬能的靈丹妙藥。

筆者在這裡要再次提醒讀者注意獨裁的根本特性是赤裸裸的「強權即真理」的霸道。很多人都讀過安徒生的著名童話《國王的新衣》。在這篇童話裡，國王的裁縫師聲稱他為國王裁製了一套只有聰明人才能欣賞的新衣服。當國王試穿這套「新衣」之時，上至王公大臣，下至黎民百姓，人人交口稱讚，國王本人也得意非凡，穿著「新衣」到處炫耀。直到一次盛大遊行中一個無知的兒童脫口而出「國王根本沒有穿衣服」，這時人們才發現，其實每個人都曾暗自懷疑國王是全身赤裸，只是沒有人敢於說出事實——「誰都不願被當作傻瓜。」傳播學者們認為這個神話揭示了一種普遍的社會心理現象，而這種普遍的社會心理現象，可以用德國傳播學者伊莉莎白・諾爾－紐曼 (Elisabeth Noelle-Neumann) 的「沈默螺旋」 (spiral of silence) 理論來解釋：一個自認處於少數地位的人通常不願意談論自己的觀點，以免冒犯敵人或遭到敵視、蔑視和孤立；當一個實際上處於多數地位的人誤以為自己處於少數時他也會沈默，這種沈默又會促使其他的多數派誤以為自己屬於少數而保持沈默；所有多數派的沈默又促使他們進一步確信自己是屬於少數，從而更牢牢「三緘其口」。如此循環往復，形成「螺旋」，是為「沈默螺旋」。試穿

「新衣」的國王並不能欣賞「新衣」的美麗，但裁縫師一口咬定「新衣」是美麗的，不會欣賞的必定是笨蛋，使得國王相信自己是屬於那「愚蠢」的少數。為了掩飾自己的「愚蠢」，國王不但絕口不提自己根本看不到「新衣」，反而貌似信心十足地向臣子們炫耀「新衣」，從而在每個大臣的心理上造成一個由裁縫師與國王造成的假多數，這些王公大臣的反應和國王的差不多——為了掩飾自己的「愚蠢」，他們不但絕口不提自己根本看不到「新衣」，反而貌似真心誠意地誇讚「新衣」，從而促使國王跑到街上去向老百姓炫耀「新衣」，從而造成另一輪更大的沈默螺旋。

⑩ 國王的裁縫師指無衣為有衣，那是歐洲的童話。中國歷史上，倒真有過一個皇帝的丞相「指鹿為馬」的故事：秦朝趙高篡權，在宮廷中指著鹿說是馬，「問左右，左右或默，或言馬以阿順趙高，或言鹿者，高因陰中諸言鹿者以法」。童話裡的裁縫師製造沈默，靠的是人們腦子裡的「無知」；2000多年前的趙高製造沈默，靠的是駕在脖子上的刀劍。獨裁政體在其全盛時期製造沈默和順從，同時依靠「無知」與「刀劍」兩者。等到失去「無知」這一幫手，就不得不套用趙高的故伎，單憑武力來維持自己的統治，這就是所有獨裁者最顯著的獨裁個性，也是「強權即真理」的具體表現。

注釋：

❶T. Carlyle, *On Heroes, Hero—Worship*, Vi, in Collected Works, 1870—87, p. 234.

❷Hermann Goering, *Germany Reborn*, London, 1934, pp. 79—80.

❸Quoted from Stamps, Norman L. *Why Democracies Fall: A Critical Evaluation of the Causes for Modern Dictatorship*, University of Notre Dame Press, 1957, p. 111.

❹Otto Forst de Battaglia, ed. *Dictatorship on Its Trial*, translated by H. Patterson, London, 1930 pp. 321—322.

❺For discussion, see Harold Orlansky, "Reactions to the Death of President Roosevelt," *The Journal of Social Psychology*, CCVI, 1947, 235—266.

❻Neumann, Sigmund. *Permanent Revolution*, New York, 1942, p. 77—79.

❼Tannenbaum, Edward R. *Fascism in Italy*, New York: Basic books, 1972, p. 74.

❽Bracher, Karl D. *The German Dictatorship*, New York: Praeger, 1972, pp. 341.

❾Schapiro, Leonard. *Totalitarianism*, Praeger Publishers, New York, 1972, p. 23.

❿Quoted from H.S. Harris, *The Social Philosophy of Giovanni Gentile*, Urbana: University of Illinois Press, 1960, p. 219.

⓫見希特勒：《我的奮鬥》。

⑫同上。

⑬轉引自：埃里希·佛洛姆著，許和平、朱士群譯，范進校，《對自由的恐懼》，國際文化出版公司，1988年，第156頁。

⑭解力夫：《專制魔王──墨索里尼》，世界知識出版社，1985年版，第367頁。

⑮Michael Curtis. *Totalitarianism,* Transaction Books, New Brunswick, New Jersey, 1979, pp. 41−42.

⑯Luigi Barzini, *The Italians,* New York: Antheneum, 1965, p. 137.

⑰嚴家其：《首腦論》，上海人民出版社，1986年，第211頁。

⑱同上，第218頁。

⑲Orwell, George. *Collected Essays,* New York, 1968, Vol.2, p. 135.

⑳Neumann, Sigmund. *Permanent Revolution: Totalitarianism in the Age of International Civil War,* 2nd ed., New York: Frederick A. Praeger, 1965, pp. xviii−xix.

㉑Mannheim, Karl. *Ideology and Utopia: An Introduction to the Sociology of Knowledge,* Oxford, 1936, p. 50.

㉒Apter, David. *Ideology and Discontent,* pp. 16−17.

㉓Arendt, *Origins of Totalitarianism,* pp. 469.

㉔Bell, Danial. *The End of Ideology: On the Exhaustion of Political Ideas in the Fifties,* Glencoe, IL: The Free Press, 1960, p. 370.

㉕Paul, David W. "Sources of Societ Foreign Policy," in *The Theory and Practice of International Relations,* 4th ed., David S. McMellan, William C. Olson and Fred A.

Sandermann, edtors, Englewood, Cliffs, NJ: Pretice Hall, 1974, p. 142.

㉖Gregor, *Contemporary Radical Ideologies,* pp. 9—10.

㉗Opera Vol. XXIV, pp. vi, 117—31.

㉘轉引自巴梅：〈自由主義及其敵人〉，載《知識分子》，1990年冬季號，第82頁。

㉙Hermann Rausching, *Germany's Revolution of Destruction,* London: Heinemann, 1939, pp. 58—62.

㉚轉引自巴梅：「自由主義及其敵人」，載《知識分子》，1990年冬季號，第82頁。

㉛同上。

㉜同上，第82頁。

㉝Friedrich, Carl J., et al. *Totalitarianism in Perspective: Three Views,* Praeger Publishers, New York, 1969, p. ix.

㉞鄂蘭：〈極權主義制度：意識形態與恐怖統治〉，《知識分子》，1989年秋季號，第51頁。

㉟LaPalombara, Joseph and Myron Weiner, ed. *Political Parties and Political Development.* Princeton: Princeton Unioversity Press, 1966, p. 3.

㊱吳江，牛旭光：《民主與政黨》，中共中央黨校出版社，1991年版，第7頁。

㊲P. J. 古德諾：《政治與行政》，華夏出版社，1987年中文版，第80頁。

㊳楊百揆編：《現代西方國家政治體制研究》，春秋出版社1988年版，第353頁。

㊴〔英〕拉夫爾・密利本德：《英國資本主義民主制》，商務印

書館，1988年版，第47頁。

⑳Weber, Max, *Wirtshcraft und Gesellschaft,* Tubingen, 1925, p. 167.

㊶Lippingcott, Benjamin. *Democracy's Delimma.* New York: Ronald Press, 1965, p. 13.

㊷參見史培德〈試論民主反對派的任務〉一文。

㊸Carneiro, Robert L. "A theory of the Oringin of the State", in *The Politicization of Society,* 1979, pp. 27–52.

㊹Quoted from Leonard Schapiro, *Totalitarianism,* Praeger Publishers, New York, 1972, p. 67.

㊺Buchheim, Krausnick, H., M. Broszat and H.A. Johnson. *Anatomy of the SS State,* New York: Walker, 1968.

㊻Hartwell, R.M. "Introduction" in *The Politicization of Society.* 1979, p. 15.

㊼引自紐約州立大學昂乃昂達校區政治學教授曹日新的論文：《社會與公民社會：國家與全能主義》，1992年8月。

㊽Mayhew, Leon H. "Society", in *International Encyclopedia of Social Sciences,* Vol, 14, 1968, p. 577–578.

㊾Hartwell, R.M. "Introduction" in *The Politicization of Society.* 1979, p. 14.

㊿Ibid., p. 14–15.

Morley, Felix. "State and Society" in *The Politicization of Society.* 1979, p. 54.

Paul, Ellen F. ed. *Totalitarianism at the Crossroad.* New Brunswick, N.J.: Transaction books, 1990, p. 100–101.

McCorrmick, Barrett L. *Political Reform in Post–Mao*

China: Democracy and Bureaucracy in a Leninist State. University of California Press, Berkeley, CA, 1990, pp. 6－7.

(54)羅伯特・A・達爾，王滬寧、陳峰譯，《現代政治分析》，上海譯文出版社，1987年版，第24－25頁。

(55)《論法的精神》，上冊，商務印書館，1982年版，第27頁。

(56)Friedrich, Carl J., Michael Curtis and Benjamin R. Barber. *Totalitarianism in Perspective: Three Views,* Praeger Publishers, New York, 1969, p. 64.

(57)Calvin, Book IV, Chapter XX, SS 8 and 29.

(58)王哲：《西方政治法律學說史》，北京大學出版社，1988年8月第1版，第106頁。

(59)Quoted from an abridged translation of the Six Books by M.J. Tooley, Oxford, 1955, Book 2, Chapter 4.

(60)霍布斯：《利維坦》，商務印書館，1985年版，第94頁。

(61)同上，第132頁。

(62)盧梭：《論社會不平等的起源和基礎》，法律出版社，1958年中譯本，第146頁。

(63)盧梭：《社會契約論》，商務出版社，1982年版，第23頁。

(64)同上，第25－26頁。

(65)盧梭：《論社會不平等的起源和基礎》，法律出版社，1958年中譯本，第51－52頁。

(66)From the Eighth "Letter from the Moutain", written in 1763.

(67)轉引自水秉和：〈民主的意義〉，載《知識分子》，1988年冬季號，第42頁。

⑥⑧《法哲學原理》，商務印書館，1982年版，第247頁。

⑥⑨更詳細的論述，請參見王哲：《西方政治法律學說史》，北京
大學出版社，1988年8月第1版，第356－357頁。

⑦⓪《法哲學原理》，商務印書館，1982年版，第304頁。

⑦①同上，第292頁。

⑦②同上，第285頁。

⑦③同上，第287頁。

⑦④同上，第339頁。

⑦⑤同上，第350頁。

⑦⑥同上，第253頁。

⑦⑦轉引自劉放桐等著《現代西方哲學》，第94頁。

⑦⑧轉引自徐大同主編：《西方政治思想史》，天津人民出版社，
1985年版，第463頁。

⑦⑨轉引自《西方現代資產階級哲學著作選集》，第22頁。

⑧⓪Duwey, J. *Freedom and Culture*, Allen & Unwin, London,
1940.

⑧①Stone, William F. and Paul E. Schaffner. *The Psychology
of Politics*. Second edition, New York: Springer－Verlag,
1988, p. 33.

⑧②Smith, M.B. "A Map for the Analysis of Personal and
Politics," Journal of Social Issues, 24(3), 1968, 17.

⑧③Source: Carol Barner－Barry and Robert Rosenwein.
Psychological Perspectives on Politics. N.J.: Englewood
Cliffs, Prentice－Hall, Inc., 1985, p. 10.

⑧④Laswell, Harold D. *Power and Character*. New York: W.
W. Norton, 1948, chapter 3.

(85)Quoted from George W.F. Hallgarten. *Why Dictators? The Cause and Forms of Tyrannical Rule Since 600 B. C.*, New York: The MacMillan Company, 1954, p. 17－18.

(86)引自彼德・波羅夫斯基：《阿道夫・希特勒》，群衆出版社，1983年版，第14、15、19頁。

(87)Adof Hitler, *My Struggle,* Hurstand Blackett Press, London, 1939, p. 3.

(88)Ibid., p. 394.

(89)Ibid.

(90)Ibid.

(91)轉引自伯特蘭・羅素著，靳建國譯：《權力論：一個新的社會分析》，東方出版社，1988年版，第9、14頁。

(92)同上，第17頁。

(93)Adof Hitler, *My Struggle.* Hurstand Blackett Press, London, 1939.

(94)Ibid.

(95)Gilbert G.M. *The Psychology of Dictatorship: Based on an Examination of the Leaders of Nazi Germany.* The Ronald Press Company, New York, 1950, p. 305－ 312.

(96)埃里希・佛洛姆著，許合平，朱士群譯，范進校，《對自由的恐懼》，國際文化出版公司，1988年，第146頁。

(97)Stone, William F. and Paul E. Schaffner. *The Psychology of Politics.* Second edition, New York: Springer－Verlag, 1988, p. 85.

(98)Adorno T. et al. *The Authoritarian Personality.* Berlekey:

The Univesity of California Press, 1950, 120−121.

㊾Quoted from George W.F. Hallgarten. *Why Dictators? The Cause and Forms of Tyrannical Rule Since 600 B. C.,* New York: The MacMillan Company, 1954, p. 14.

⑩Ibid., p. 15.

⑪Noelle−Newmann, Elisabeth, "Return to the Concept of Powerful Mass Media", in H. Eguchi and K. Sata, ed., *Studies of Broadcasting 9,* Tokyo: NHK, 1973, pp. 67−112. "Spirial of Silence: A Theory of Public Opinion," *Journal of Communication 24,* 1974, pp. 43−51. Also, see Chaffee, Steve, "Mass Media in Political Campaigns", in Ronald E. Rice and William J. Paisley, ed., *Public Communication Campaigns,* Beverly Hill, CA: Sage, 1981; McQuail, Denis and Steven Windahl, *Communication Models for the Study of Mass Communications,* London: Longman, 1981.

3

極權主義：獨裁政治最高表現

清人劉獻廷《題鍾進士啖鬼圖》載《廣陽詩集》云：「小鬼爲祟婦女嬰，所索簞食並豆羹。大鬼崇國崇天下，人面鬼術公然行。」獨裁政治之登峰造極便是極權主義的橫行天下。在這一章裡，我們略事介紹極權主義的一般模式並作評析。

極權主義的一般模式

　　德、義、日法西斯主義已被人類歷史鐵定爲極權主義獨裁政治的峰頂。「物以類聚，人以群分」，三者的載體——法西斯德國、義大利、日本，三者的靈魂——法西斯極權主義，三者的主體代表——希特勒、墨索里尼、東條英機，正應了全人類的同聲譴責。這一節將略述三者的一般表現形式，以求對極權主義的一般模式有所了解。

義大利法西斯主義

　　1919年初第一次世界大戰結束之際，英、法、美、日、義等幾個主要戰勝國在法國召開了舉世矚目的巴黎和會。這次會議的主角是實力相對雄厚的美、英、法、義四大國。但在這四個國家中，義大利只是一個配角，並沒有起多大作用。因爲義大利在戰爭初期腳踏兩隻船，勉強參戰後又在經濟上依賴美、英、法的支持。所以，義大利總理奧蘭多在巴黎和會中因受盡窩囊氣而滿腹牢騷。他提出的建議很少被採納，竟至有時憤然離開會場，但其他與會者根本不予理睬，他又只好悄悄地回到會場。在整個會議過程中，美、英、法三國首腦成為大會的中心人物和一切重要問題的最高仲裁者，義大利在其壓力下，不過是討得了一杯殘羹剩粥，早先的夢想作爲戰勝國向巴爾幹擴張的企圖最終得個「竹籃打水一場空」。

　　殘酷的戰爭給義大利的經濟帶來了嚴重的破壞。1919年初，

義大利的罷工人數高達幾10萬人。整個國家處在一種深刻的革命危機狀態中。1921－1922年冬春之交的幾個月內，義大利政府內閣走馬燈似地連換了5屆。在這種歷史背景下，大資產階級爲了鞏固其地位，企圖建立公開的法西斯恐怖專政。

從國際情況來看，爲了準備參加世界再瓜分的鬥爭，義大利反動當權者也與英、美壟斷組織和梵蒂岡教會勢力相互勾結，公開在財政上和政治上支持國內出現的法西斯主義暗流。墨索里尼這個大獨裁者就是在這種歷史背景下產生的。

本尼托・墨索里尼（Benito Mussolini, 1883－1945）1883年7月29日出生在義大利瓦拉諾・迪科斯塔一個鐵匠家裡。墨索里尼的父親是一個社會主義者，他給兒子起名本尼托是爲了表達對墨西哥民族英雄本尼托・胡亞雷斯的敬仰。胡亞雷斯在1806年出生於印地安人的一個農民家庭。在他擔任墨西哥總統期間，曾進行了許多重大改革。他廢除了敎士與軍官武士的特權，沒收用於敎堂建築以外的一切敎會地產，剝奪敎會的世俗權利。1862年至1867年，他領導人民抗擊拿破崙三世組織的墨西哥遠征軍並獲得了勝利，從而推翻了以麥克西米連爲傀儡的帝國。他曾興辦敎育，鎮壓退伍軍人的暴動。墨索里尼的父親對胡亞雷斯的英雄事蹟非常崇拜，希望自己的兒子長大以後也要像胡亞雷斯一樣，作一個有利於人民的人。

墨索里尼青少年時代受當時社會主義、民主主義、帝國主義、封建極權主義以及各種泛濫思潮的影響很大，頭腦中充滿種種幻想。國外不少學者認爲他在32歲以前基本上還是一個社會主義者，有一段時期，墨索里尼窮困潦倒，一文不名，囊空如洗，但他口袋裡總保留著一枚馬克思的像章，以此支撐著自己的精神信仰。❶

　　墨索里尼之所以對社會主義發生興趣，除了經濟貧困的原因之外，主要還有：一方面是受他父親影響的緣故。他在義大利掌權以後對記者坦誠：「我父親曾因爲是一個宣揚社會主義的人而被拘捕。他死的時候，成千上百的人護送他的靈柩進入墓地，這給我留下的印象太深了……我人生遊戲中最大的一張王牌就是出生在一個無產階級家庭，它鑄造了我今天的命運。」❷另一方面，當時他周圍有一批志同道合的社會主義者。例如，墨索里尼有一段時間內曾在米蘭與後來成爲第三國際第一書記的安格里卡·巴爾芭娜芙一起工作，兩者之間據說還有過某種非常特殊的羅曼蒂克式的關係。而後者是一個「強悍、堅定的女性，堅信共產主義意識形態」。❸

　　墨索里尼改變自己政治信仰的時間大概是在第一次世界大戰爆發前後。當時，墨索里尼爲義大利參加第一次世界大戰的問題而與社會黨決裂。他離開社會當時，口袋裡只剩下5個里拉，其狼狽不堪之情，很多年後他自己回憶起來也是不勝感嘆。❹

　　墨索里尼在脫離社會黨後的當年11月，竟然創辦了一份《義大利人民報》。這份報紙一創刊，就用了引人注目的兩句格言。一是布朗基所說的「誰有鐵，誰就有麵包。」一是拿破崙所說的「革命是一種理想，須要有刀槍維持」。面對歐洲政治現實，墨索里尼撰寫了不少文章積極主張義大利參戰。在他看來，非戰不足以奮發有爲，非戰不足以改變平民政治所養成的人民的惰性，非戰不足以收復失地，重新振奮人心。

　　從本質上說，他深受尼采唯意志論的影響，讚揚主觀戰鬥精神，強調人生目的在於擴張權力，「擴張自我」。他像尼采那樣，鼓吹「超人」哲學，認爲「超人」是歷史的創造者，也有才能奴役群衆，而普通人只是「超人」實現自己權力意志的工具。

1919年3月，墨索里尼在米蘭召集過去政治上和行伍中的同志150人，組織了一個「戰鬥的法西斯黨」。這個黨的宗旨是「用軍隊的組織形式組成一個革命團體，恢復義大利固有的國性，欲鏟除赤化勢力」。他強調的法西斯主義（fascism），是從（fasci）一詞引出來的。這個詞源於古羅馬帝國，原指中間插著一把斧頭的一捆棍棒，棒子象徵人民，斧頭象徵領袖，墨索里尼把（fasci）解釋成「戰鬥組織（團體）的意識形態」。這一方面說明暴力和強權是法西斯主義的宗旨，代表著義大利人民古代的光榮；另一方面說明，人民要絕對服從他們的領袖。法西斯主義要求所有法西斯黨黨徒，都著黑色制服，號稱黑衫黨。墨索里尼用「信仰、服從、戰鬥」的口號，代替了他所鄙視的民主政治的「自由、平等、博愛」。

1921年，墨索里尼作出了他那有名的觀察性結論：「如果法西斯主義不打算毀滅，說得更嚴重一點，是不打算自殺，那麼，它現在就必須為自己提供一種理論……我希望在全國代表大會召開之前的2個月之內，法西斯主義的哲學能夠創造出來。」❺

1922年春季，墨索里尼又說：「民治的奮鬥，生在不和民治的時代中。19世紀，人人口中，無一不說民治。現在的口號，應當改為『以少數賢明之人治國』。恢復古羅馬政理。我們知道，革命與反動，是相逼而來的。歐洲再要向民治方面走，是愈走愈糟。只有革命可以救國。」❻5月，法西斯黨徒在選舉中贏得了議會中的35個席位，10月26日，墨索里尼下令法西斯黨向羅馬進軍，「清君側，用武力攫取政權。」28日占領羅馬，31日，墨索里尼被義大利國王任命為總理。到了11月，法西斯黨武裝黨徒發展到50萬人，普通黨員100萬人。此外，在它控制操縱下的工會和其他社會團體還有250萬人。

這裡必須指出，在當時的歷史條件下，法西斯黨雖然表現出極強的獨裁傾向，但其70%左右的組成成員來源於社會最底層。其中有26%是農民，43.5%是產業工人和其他勞工階層工人。❼

1923年，墨索里尼頒布了一個新的選舉法，把全國分成15個大選區，每一個黨提出一個全國性的候選人名單。得到選票最多的黨，有資格獲得衆議院中三分之二的席位，剩下的三分之一席位按比例分給其他黨派。1924年4月，按新選舉法舉行普選，墨索里尼的法西斯黨和他的同盟者獲得65%的選票，法西斯黨成了議會中的絕對多數黨。1925年，墨索里尼藉助於一手控制的議會，通過法律，從根本上廢除了舊有的議會制君主政體。其後，他又下令解散了其他一切政黨，很多政治反對派領袖遭到打擊和流放，法西斯黨成為唯一合法的政黨，法西斯黨的大議會成為國家機關，這樣，墨索里尼幾乎掌握了義大利國家的各種權力，取得了「輝煌」的勝利。

墨索里尼在1922年登上義大利總理的寶座，並在1925年就使義大利變成了一個實施新聞檢查、清一色法西斯閣員、秘密警察高壓統治的極權主義國家。據統計，義大利法西斯黨在1926年時有100萬人，占當時人口總數的2%。人們可以自由加入，自由退出，黨員資格的審核很不嚴格。1926年墨索里尼取得政權，法西斯黨人數大量增加，到了1932年以後，黨員資格是「擔任政府工、商、文化界重要職務的必要條件」。❽

就意識形態而言，義大利的法西斯主義內容是貧乏的，除「克服國家分裂」這一本質上消極的觀念，以及「恢復羅馬帝國的光榮」這一顯然不能實現的目標外，它並沒有提出許多有關未來的見解，「法西斯黨幾乎只是官吏的成群結黨，他們對於享受由專制權力得來的利益，比對追求革命實踐更有興趣；缺乏一個有力

的意識形態是整個法西斯運動一直存在的典型弱點。」❾

義大利法西斯主義在本質上是反對自由的。墨索里尼說過：「……人類早已厭惡了自由。自由的泛濫成災使之早已不再是我們前代為之而生為之而死的嚴肅、仁慈、純潔的信念。迎來歷史新時代曙光的青年們早已拋棄了自由，而在秩序、服從以及紀律之中找到了歡樂，他們英勇果敢，不知疲倦，充滿活力，勤奮向上。」❿1926年，墨索里尼又寫道：「鬥爭這個堅強而又鋼鐵般的詞，使我在夢想與理想之中創造了法西斯主義的所有綱領，並對之予以修正。」⓫1926年世界經濟危機後，義大利全國預算出現巨大赤字，失業人口超過100萬。為了擺脫危機，墨索里尼決意擴軍備戰，對外冒險。為了重新分割東非與北非的殖民地，獨霸地中海，控制紅海通向印度洋的航路，以削弱英法與亞洲殖民地的聯繫，墨索里尼冒天下之大不諱，發動了侵略阿比西尼亞（今埃塞俄比亞）的戰爭。1935年10月3日，義大利出動20萬大軍，從北、東、南三路侵入阿比西尼亞。1936年4月，義大利侵略者公然踐踏國際法，在阿比西尼亞境內進行了滅絕人性的化學戰爭，使用了大量的毒氣，致使27.5萬阿比西尼亞軍民被毒氣薰死，40萬無辜居民慘遭殺害。5月，義軍占領阿比西尼亞首都亞的斯亞貝巴，迫使國王海爾·塞拉西流亡英國。義大利侵略軍以歷時7個月、死傷14萬人的代價，攻占了阿國全境，並將其與義屬索馬里、厄立特里亞合併，組成義屬東非帝國。

墨索里尼吞併阿比西尼亞的行動並沒有受到國際力量的嚴懲。雖然國際聯盟對運往義大利的戰爭物資（除石油以外）實行了禁運，但是，在非洲擁有自己殖民地的法國和害怕義大利會切斷其地中海上帝國生命線的英國，決定犧牲只不過是一條「駱駝走廊」的阿比西尼亞。同時，他們還心存幻想，希望義大利還會

同他們站在一起反對德國的擴張。墨索里尼後來承認：「如果國際聯盟把經濟制裁……擴大到石油上去，我將不得不在一週之內從阿比西尼亞撤退，這對我來說將是一個無比的災禍。」⓬

義大利對阿比西尼亞的侵略，占領了非洲之角的一個戰略要衝，同時掠奪了該國的豐富礦藏和肥沃土地，為在非洲侵略取得了基地，因而使得法、義矛盾和英、義矛盾日益尖銳，為以後英、義在非洲的戰爭播下了種子。另一方面，義大利在侵阿戰爭中，也得到德國的支持，希特勒把墨索里尼看成是未來的侵略夥伴，同時也想轉移義大利對奧地利和巴爾幹的注意力，以便納粹德國在這些地區建立自己的勢力範圍。1936年10月，義大利與納粹德國簽署共同協定，德國正式承認義大利吞併阿比西尼亞；德義兩國正式承認當時西班牙的佛朗哥政府，並加強對西班牙武裝干涉；兩國在多瑙河流域和巴爾幹半島劃分勢力範圍，在這方面義大利對德國作出了若干讓步。1年後，日本帝國主義勢力在亞洲太平洋地區迅速崛起，為了發動對華全面戰爭，獨占中國，繼而稱霸亞洲，日本也希望在歐洲找到盟友。經過密謀磋商，德國和日本在1936年11月25日在柏林簽訂了《反共產國際協定》。1937年11月6日，義大利也加入了《反共產國際協定》。至此，3個法西斯國家結成了「柏林——羅馬——東京」的侵略軸心。3天後，希特勒就在慕尼黑叫囂德、義、日三個國家已經聯合成一個「世界的大三角」，這個「大三角」並不是由3個微弱的幻影組成的，而是由三個大國組成，準備並決定實現它們的權利和確保它們的生死利益。」⓭

義大利法西斯主義以公然反對自由、社會主義和赤裸裸的對外侵略為特徵，同時顯露了理論和意識形態上的極端貧乏、混亂。與此相較，納粹德國的情況則大不相同。

納粹德國的國家社會主義

和義大利的法西斯運動興起的時間大致相同，在納粹德國興起了國家社會主義運動。

第一次世界大戰後，帝國主義通過巴黎和會和華盛頓會議建立了所謂「凡爾賽——華盛頓體系」，完成了列強對世界的重新瓜分。但從20年代末到30年代初，世界經濟危機的影響使德國企業紛紛倒閉，工人大量失業。加上議會制的魏瑪共和國內閣頻繁更迭，政局動盪，大資產階級為了擺脫困境，需要尋找一個政治強人來代表自己的利益。在這種情況下，希特勒領導的法西斯主義性質的「德國社會主義工人黨」肆無忌憚地進行宣傳，在「反民族壓迫」，建立「強大德國」的口號下，煽起沙文主義情緒。

希特勒的掌權完全是德國壟斷資本巨頭支持下的成功。1933年，德國年邁的總統興登堡委託納粹黨控制下的「新國會」通過了一項《授權法》（正式名稱是《消除人民和國家痛苦法》），把立法權、國家預算的制定權和決定權、同外締約的批准權、憲法修正權都從手中拿了過來，移交給了內閣，為期4年。《授權法》還規定，希特勒作為新任內閣總理，有權起草和制定法律，而且「可以不同於憲法」。到這時，希特勒如願以償，從一個在野的政黨領袖變成掌管巨大權力而又不受議會和任何法律限制的大獨裁者。

希特勒上台瘋狂叫囂：「我們要精選一個新的統治階層，這個階層不知溫和為何物；這個階層將認識到自己屬於優良種族，因而有權統治別人；這個階層將能毫不動搖地奪得並堅守它的統治權。」

的確，從奪取和鞏固自己的權力方面來說，希特勒取得了震

驚世界的巨大成功。1934年初興登堡去世，希特勒掌握國家大權並成為軍隊總司令，直接控制著行政、司法機構，他的命令是比法律還重要的領袖訓諭，是神聖不可違抗的最高指示。到了6月13日，希特勒得寸進尺地宣布「我對德國人民的命運負有責任，因此，我已成為德國人民的最高法官」。

1938年，他正式接管了作戰部，3年後把軍隊所有權力集中在自己手裡，「冒天下之大不諱，對美國宣戰，擴大了第二次世界大戰的嚴重態勢。❹

應當說，希特勒從一開始便以驚人的殘酷和膽大妄為的獨斷專行震懾住了自己的對手，因此，納粹政黨一直是助紂為虐的有力工具。希特勒雖然「厭惡政府的日常工作」，在鞏固了自己的政權以後即轉而「專注大的方針政策。」❺但這並不是說，他放棄了對納粹黨的忠誠要求。1933、1937年納粹黨兩次大規模擴充，入黨已寫入法律條文。雖然人數眾多，黨的主要骨幹仍須嚴格挑選，目的就是為了保證對「元首」絕對服從。第三帝國中的納粹黨重要人物如：戈林、戈培爾、希姆萊等人都創建了自己的統治體系，各地方長官也在其領地內獨霸一方。但希特勒對此卻有意容忍，因為最終的結果是他自己的獨裁權力的擴大，誰也不會對他的最高權威提出異議。

德國建立法西斯獨裁後，立即把國民經濟納入了戰爭的軌道，提出「大炮代替黃油」的口號，加速國民經濟軍事化。

從1933年開始到1939年，德國軍費支出高達900億馬克，占同期國家預算支出的五分之三。1934年8月，希特勒秘密下令把陸軍限額從10萬人擴充到30萬人。1935年3月，德國空軍正式宣布成立，德國飛機的產量迅速增加，1934年生產飛機約2000架，1938年增加到5200架。1935年，德國還發表了重振軍備的宣言。1936

年，德國進兵萊因蘭非武裝區。當時出動的僅三營德軍，而且都奉有一旦遇到法國抵抗就迅速撤退的密令。但是，英法只在國聯通過一紙決議，把德國的行動記錄在案了事。希特勒後來供認：「在進軍萊因蘭以後的48小時，是我一生中神經最緊張的時刻。如果當時法國人也開進萊因蘭，我們就只好夾著尾巴撤退。」❶

　　墨索里尼的義大利和希特勒的納粹德國雖然都是極權主義國家，但就整體而言，兩者還有3個基本的不同點：

1. 德國的哲學傳統使它的人民比義大利人更徹底地接受反動的非理性主義——意指拒絕科學（或科學精神）及理性，要恢復文藝復興以前的價值，強調個人崇拜或少數天才的領導。從某種意義上說，「正是德國的知識分子把自己國家的人民引入了獨裁政治的深淵」。在納粹統治期間，儘管有許多正直的知識分子遭受迫害，被迫逃亡他國，但仍有大批的知識分子擁護第三帝國，爲希特勒效忠。據統計當時納粹衝鋒隊中擁有大學學歷的人比例極大，最高決策圈中四分之一的精英分子具有博士學位。❶

2. 由於德國本來就比義大利強大，希特勒建立了一個比墨索里尼所建立的更完全的極權主義政權，從而對外國更具有侵略性。

3. 可能也是最重要的一點，就是希特勒特別著重種族的觀念。他相信猶太人具有人類迄今爲止展現出來的一切劣根性，只有優秀的亞利安人才能夠維持德意志種族的純淨。要文明繼續蓬勃發展，就必須徹底消滅猶太民族。❶

　　1933年，希特勒發動對猶太人的攻擊，從此，德國歷史上開始了一個最黑暗的年代。起初，猶太人被有組織地從各種行業中

清除出去，他們不能經商，更不能參與國家政治活動。1935年，根據德國《紐倫堡法》，猶太人被剝奪了一切公民權利和政治權利，變成了沒有國籍的人。1938年，納粹政府對猶太人的迫害不斷升級，全國範圍內，到處是反猶暴行，猶太人無以復加、令人髮指地備受歧視和凌辱。11月9日，分散在德國境內的幾百座猶太教堂被洗劫和焚燒；猶太人在大街上公然遭到毆打；猶太人的商店被搗毀。這天夜裡的暴行之後，德國不少猶太居住區內景象凋敝，到處可以看見砸碎的玻璃，聽到無辜婦女和孩子們淒慘的抽泣。在這個「打砸搶之夜」後，德國政府非但沒有懲罰肇事暴徒，反而對猶太居民罰款4億美元，同時把5萬多猶太人送進達豪和布痕瓦爾德兩座集中營，對其加以「處理」。

第二次世界大戰爆發以後，德國制訂了詳細的計劃，準備消滅歐洲的全部猶太居民。當時，猶太人被納粹分子用運牲畜的棚車押往集中營，先被毒氣毒死，然後在焚屍爐中焚燒。1941年蘇德戰爭爆發以後，德國特別行刑隊把猶太人集中在一起加以殺害。僅蘇聯基輔一個地區，在兩天內就有3.3萬人被殺害。華沙的猶太居住區成為德國人野蠻行為的目標；到1942年秋季，該城38萬猶太人僅7萬人幸免於難。

為了實現消滅歐洲猶太人的計劃，德國在歐洲各地建立了滅絕人性的集中營。僅波蘭的奧斯維辛一個集中營，就用毒氣和大型焚屍爐殺害了100萬猶太人。1940年在歐洲的納粹占領區內還住著1000萬左右的猶太居民，但到了1945年至少有600萬人死亡。

為了把「純種優秀」的德國亞利安青年都培養成為「有權統治別人」的人和「全世界都望而生畏的青年」，納粹德國在學校教育中極力灌輸「優勝劣敗、弱肉強食」的法西斯主義理論。希特勒說：「我需要看到的是具有強烈主動性、主人翁氣概的、不

膽怯的、殘忍的青年。決不允許他們軟弱和溫和。我要從他們的眼睛裡看出驕傲的神色和猛獸般獨立的光輝。」❶

在第二次世界大戰中，納粹德國爲了欺騙青年，採取了各種卑鄙的手段。例如，看到美國士兵善待德國青年軍的戰俘，德國當局非常恐慌，在報上發表了許多文章，誘惑德國人民「不要上當」。其最具代表性的文章通常先否定所謂美國兵向德國戰俘發放糖果、巧克力、並對其加以遣返之說，指斥這「純粹是無稽之談」，然後再對讀者聲稱：

1. 美國政府發動對德戰爭的根本目的就是爲了征服德國，他們對居民住區狂轟亂炸，造成德國婦女和兒童的巨大傷亡。
2. 美國參戰爲蘇聯稱霸世界奠定了基礎，亞利安人的生存空間將會越來越小。
3. 即使個別美國士兵具有紳士風度，能夠對戰俘待之以理，但是他們與反動的美國政府是兩碼事，絲毫改變不了美國企圖毀滅德意志民族的國家政策。這種宣傳當然是賊喊捉賊的無恥把戲。

回顧歷史，必須特別指出的是，納粹主義是一種典型的現代意識形態，它所承諾的理想與以前的自由主義及社會主義所承諾的理想大不相同，因爲它並未使人對平等自由的理想社會懷抱希望。新秩序將是永久的極權獨裁。「優秀種族」運用它對於劣等種族的專制與毫不妥協的控制權來實現它「自然而正當的功能」。所有這一切悖謬狂論，無疑與社會主義甚至自由主義都是水火不相容的。儘管納粹的實踐是短暫的，但是在相當程度上「它成功地動搖了西方文明最深遠的基礎，意識形態的力量從未如此

可怕地展現過」。

納粹德國的法西斯主義，以打著社會主義的旗號，瘋狂實行種族滅絕爲特徵。這與日本的法西斯主義又異旨趣。

日本軍事封建帝國主義

對日本封建社會體制特徵，東西方學者的觀點歷來就有很大分歧。雷施豪爾（E. O. Reischaure）在《日本封建主義》一文中列出了促使日本社會現代化發展的好幾種因素，例如，強烈的民族情緒，在封建體制內資本主義企業的獨立發展等等，但是從整體上說，從1639年到1853年美國海軍闖入東京灣，日本被迫開放國門這段漫長的歷史時期內，日本德川幕府的統治基本上維持著一種和平的秩序。[20]

西方先進軍隊和技術使日本許多領導者迅速覺醒。爲了與西方競爭，1868年開始「明治維新」，日本新統治者吸收了大量在舊政權下命運乖蹇的武士，立志要建立一個現代集權國家，創立現代工業經濟。1869年明治政府宣布各階級在法律面前一律平等，掃除貿易與流通中的地方障礙，允許農民自由種植，允許個人取得村莊土地的私有權，准許土地像其他商品一樣買賣。從此以後，日本建立了一種不同於西方的、帶有官僚因素的封建主義模式，它一方面極其強調身分和軍事上的忠誠，而不是自由選擇和契約關係，缺少西方各種自由制度背後的原動力；另一方面又使得資產階級變得馴服和怯懦，根本無法向舊秩序挑戰。在向工業社會過渡的整個過程中，統治階級始終能夠控制或疏導農民中產生的破壞勢力，不僅資產階級革命沒有在日本發生，連農民革命也沒有發生。

巴林頓・摩爾在《民主與獨裁的社會起源》一書中，把明治

天皇復位以後的日本政治史分成三個階段：第一個階段以農業自由主義的失敗爲特徵，在1889年正式憲法通過並以接受某些議會民主制的外在形式爲界限；第二個階段是以民主勢力力圖打破束縛的失敗嘗試爲下限，這是30年代早期大蕭條的突然襲擊所造成的明顯後果；30年代的失敗開創了第三階段的戰爭經濟和右翼極權主義的日本模式。㉑

　　第二次世界大戰前夕和戰時的日本，在國家政權組織形式上仍保留著明治維新後建立的君主立憲政體。與德義不同，日本沒有發生像義大利1922年的「羅馬進軍」和希特勒於1933年奪權那樣的政權突然轉移，沒有實行大規模的恐怖政策來消滅基本人口中的某個特殊部分。同時，日本也沒有德國那樣的「平民元首」或義大利的「領袖」；相反，天皇充當著民族的象徵。第二次世界大戰前夕，日本軍主義勢力掌握政權和隨之而來的政策轉變，都是在君主立憲制範圍內發生的。日本也沒有一個眞正有效率的獨裁政黨，後來的「大政贊翼會」只是一個法西斯主義政黨的低劣摹仿品。可以說，從30年代中期到第二次世界大戰結束，日本的君主立憲政體表現出獨裁專制性質。其天皇制是一種披著「立憲」外衣的君主獨裁政體。

　　這一時期，日本二元君主制的最大特徵，便是以軍部爲代表的軍閥勢力、官僚勢力和資產階級政黨勢力構成了日本天皇制政權的三個因素。它們之間的相互傾軋，對日本政治產生了巨大的影響。這裡要特別說明，所謂軍部並非國家機構的一個部門，諸如立法機關或行政部門。軍部實際上包括陸軍參謀本部、海軍司令部以及陸海軍兩省，獨立於政府、議會、國民管轄之外形成一種獨特的政治勢力，直接影響日本對外侵略政策的形成和執行。

　　20世紀20年代，由於資產階級政黨勢力有了較大的發展，日

本的政治制度中產生了許多議會制的因素。1922年，由工業界控制的一些日本報紙甚至提出「軍人不干政」的口號。1930年《倫敦海軍條約》的批准也使一些學生對議會力量寄予莫大的希望，積極呼籲要以立憲議會民主制度治理日本。但是，1929年爆發的經濟危機很快使剛剛出現的一些民主希望破滅。到了30年代初，日本國內階級鬥爭十分激烈，軍閥勢力不斷增強，它們在壟斷資本的支持下，猛烈抨擊議會與政黨，公然要求取消日本政治制度中的一切議會制因素，實行軍部獨裁。

　　事實上，即使是在20年代資產階級民主勢力得到壯大時，以軍部為代表的軍閥勢力和各種隱蔽性很強的反資本主義運動、法西斯主義團體的活動仍是十分活躍的。早在1925年，日本政府文部省就發起了主要是針對學生的「反危險思想」運動。1923年9月，東京發生大地震，日本政壇因為人民的不滿和抗議引起一陣混亂，上千名參加遊行示威的居民被逮捕，其中大部分是社會主義分子。一個憲兵頭子親手勒死了一位著名勞工領袖及其妻子和7歲的侄子，在他被送上軍事法庭並被判處十年徒刑後，一些法西斯主義報紙還稱讚他是民族英雄。❷❷

　　1925年4月，日本政府通過了比1887年還具體嚴厲的治安法，對那些參加旨在改變政府體制或私有制社團的人，要予以監禁。這一法律為日本大規模監禁政策開了先例。到了20年代末，日本軍國主義者確立了「要征服世界，必先征服中國，要征服中國，必先征服滿蒙」的對外侵略方針。這就是歷史上有名的「田中奏折」。❷❸

　　1926年是日本政治發展史上的一個轉折點。是年，日本部分軍隊發動歷史上有名的「二二六事件」。在這次政變中，一些高級官員被逮捕殺害，判亂者占據城市一部分地區達3天之久，並散

發傳單宣揚他們的政治主張：摧毀舊的統治集團，用「新秩序」拯救日本。「二二六政變」導致日本極權政體的公開建立。以一貫主張侵華的廣田弘毅爲首相的新內閣實行法西斯主義獨裁統治。

1931年，日本占領中國東三省，徹底改變了它在1930年倫敦海軍會議上的外交立場，開始奉行赤裸裸的對外侵略擴張政策。1932年日本首相被暗殺後，日本進入一個還不是直接被法西斯統治的準軍事獨裁階段。到1936年，日本國內仍有溫和的自由選舉，公開的極右派只獲得40萬張選票和國會中的6個席位。與此同時，勞工黨獲得的選票是以前的兩倍，並在國會中贏得18個席位。民政黨出乎預料地獲得多數票，當時，它甚至提出這樣一個口號：「日本向何處去：議會政治還是法西斯主義？」❷❹

但是，到1936年全面侵華前夕，日本的軍事預算已經達到10.7億多日元，占其財政支出的47%以上，後來竟占到70%！日本政府還頒布和修改了許多法令，加強了對主要經濟部門的控制，逐步將國民經濟納入戰時軌道。這可見諸：構成日本軍事工業基礎的化學工業和鋼鐵工業，在1931年到1936年之間增長2.5倍。生鐵產量在1931年還不足16萬噸，到1936年增至200萬噸以上。1934年初，日本統治集團以國家壟斷企業八幡鋼鐵廠爲中心，把屬於三井等五大財閥的鋼鐵公司合併，組成了龐大的日本鋼鐵公司。日本經濟軍事化的過程，也是壟斷資本不斷擴大的過程。1936年，日本大壟斷企業特別是重工業部門，一般都控制了其部門總產量的一半以上。1932年至1936年，財閥控制的企業接受政府軍事訂貨達55億日元之巨。經濟軍事化促進了財閥同軍部的相互勾結，爲擴軍備戰創造了條件。1930年，日本軍隊總人數是23萬人，短短6年後，便達到38萬人。海軍總噸位超過150萬噸。國民經濟的

迅速軍事化，從根本上把日本推向了厲行帝國主義擴張政策的道路。

　　日本強化法西斯統治和實行軍事化的目的，是爲了對外侵略擴張，它的目標首先對準中國。1931年9月18日，盤踞在中國東北的日本關東軍，炸毀了瀋陽北郊柳條溝段的南滿鐵路，反而誣陷中國軍隊「襲擊」日軍，並以此爲藉口，向中國軍隊發動猛烈進攻，製造了震驚中外的「九一八事變」。在日軍進攻面前，奉行「攘外必先安內」政策的國民黨蔣介石政府下令中國軍隊撤退，東北大好河山淪喪在日本鐵蹄之下。1932年，日本又在上海製造了「一二八」事變。中國軍隊第十九路軍在人民群衆的支持下奮起抵抗，粉碎了日軍占領上海的企圖。1932年3月1日，日本帝國主義扶植清朝末代皇帝溥儀建立了僞滿洲國，並要求國際聯盟予以承認。次年，在國聯拒絕承認「滿洲國」以後，日本退出這個國際組織，並開始肆無忌憚地逐步向中國華北地區蠶食。1933年1月初，日軍占領了中國東北和華北之間的咽喉要地—山海關，3月又侵占了熱河省，並逐步擴大了在華北的侵略活動。1936年12月25日，日本與德國簽訂了《反共產國際協定》，兩個結成侵略聯盟。1937年7月7日，日本採取突然襲擊的方式，製造了「盧溝橋事變」，發動了蓄謀已久的全面侵華戰爭。

　　1940年，日本政府強迫解散一切政黨，正式組成了一個類似納粹和法西斯黨的組織——「大政翼贊會」。到1941年日本軍閥東條英機上台後，日本的政權完全軍國主義化了。日本加入了反對共產國際的德、義、日三國同盟，解散了所有的貿易協會，並組成了一個「透過工業爲國服務」的團體以代替之。因此，到1940年末，日本已顯露出與歐洲法西斯相同的形象特徵。

　　日本的法西斯主義以封建性與軍事侵略爲特徵。這種特徵與

日本的歷史傳統、階級力量對此以及周邊國家的國力薄弱有密切的關係。

如上所述，極權獨裁作爲獨裁政治的最高表現，其發展之極致便是法西斯主義，而法西斯主義便是極權主義的一般模式。儘管德、義、日法西斯主義各不相同，別有特點，但萬變不離其宗，它的擴張性、侵略性、野蠻性、殘暴性是完全如出一轍的。對極權主義的認識，當然不能止於對其一般模式及德、義、日三國個案的分析，因此，下文將從對極權主義的批判入手，進一步分析極權獨裁的性質、極權主義的特徵。

極權主義批判

古往今來，對極權主義的概念、涵義、性質、特徵、社會作用（正面與負面的作用）、發展趨勢等等，議論紛紛，擁之者叫好，反之者斥歹，否定者攻其凶殘，衛道士辯其合理，如此這般，不一而足。這一節，我們將從極權主義的概念辨析入手，對其試作科學的批判。

引論：極權主義概念的名家之言

在本書第一章中，筆者曾給極權主義下了個定義，即極權主義是一種複合獨裁體制，在這種體制中，獨裁者不僅大權在握，沒有任期限制，而且控制著國家的教育、輿論工具和經濟制度，隨意處置國家人力、物力及財力資源，並企望安排整個社會及公民的個人生活。

最早出現在義大利語中的Totalitarian一詞，含有「極權」的意思。也有人考證說此詞最初來源於法國。本世紀20年代初，義大利御用哲學家喬萬尼‧吉泰爾 (Giovanni Gentile) 發明了這個詞。他聲稱：「法西斯主義是生活的絕對觀念。」㉕

吉泰爾與20年代義大利其他法西斯主義的理論家們把國家說成是一個眞正的有機體，政府是首腦，統禦一切。1925年6月，墨索里尼第一次在自己的演講中提到「強烈的極權意志」來攻擊自己的政治反對派。當法西斯領袖最初引進極權這個名詞時，法西斯主義信徒們無不對此津津樂道。甚至在黨綱之中列爲法西斯主義的同義詞。㉖但不久，因大家用它時帶有諷刺貶斥之意，於是法西斯主義者也就否定了這一概念。1928年英國《當代雜誌》(*Contemporary Review*) 4月號刊載：「法西斯否定集權政體並以平等地位參與競選。」次年，倫敦《泰晤士》(*Times*) 報也採用集權和單一國家來形容法西斯主義和共產主義。1933年，《牛津英語字典（補編）》載入「極權主義」這個名詞。㉗

與義大利法西斯主義分子不同的是，「極權主義」在當時的德國並沒有受到多大靑睞。希特勒及其黨徒出於亞利安人的高傲與自負，獨創了自己的意識形態用語。

對於極權主義的定義，不少西方理論家都作出了積極的探討。一些學者（例如，漢納‧鄂蘭）雖然沒有全面剖析列寧主義國家與極權主義之間的聯繫，但19世紀民族主義的歷史淵源爲我們提供了分析問題的基礎；另外一些專家（例如，卡爾‧弗里德里克）則集中對蘇聯進行了深入細致的調查研究，指出史達林的個人獨裁使蘇聯人民飽受專制之苦，使蘇聯社會發展受到嚴重傷害；此外，也有其他一些人從各個不同的角度考察了全能主義的意識形態、社會背景、提出了它與法治、民主的關係。

這裡我們要特別注意：在西方學者研究極權主義的論述中，有四位學者和他們的研究成果應該引起我們的重視。他們是：漢納・鄂蘭 (Hannah Arendt)，弗蘭茲・紐曼 (Franz Neumann)，羅伯特・塔克 (Robert C.Tucker) 以及漢斯・布克翰姆 (Hans Buchheim)。

鄂蘭的主要作品是初版於1951年的《極權主義的起源》。在這部堪稱是關於極權主義經典的宏篇鉅制中，鄂蘭以歷史分析的方法，全面闡述了極權主義產生的社會歷史條件以及在當代的演變。

《極權主義的起源》一書有三個主要論點一直被西方理論界反覆引用，即：

1. 極權主義的法制特殊性。在極權主義條件下，法制以憲政的名義實施，政府機關雖然存在，但一切國家機器均由政黨操縱。這就提醒我們全能主義並非簡單的歷史重複，無論從哪一個角度上說，當代全能主義國家與歷史上已經存在過的、名為共和的凱撒帝國和曾經煌赫一時的拜占庭王朝，都有著極大的不同。

2. 極權主義國家中的意識形態與其說是一種觀念和信仰，莫若說是統治者維護其統治的工具。

3. 鄂蘭詳細探討了極權主義國家對於恐怖和暴力手段的依賴。她認為「全面的恐怖統治是全能主義的基本特徵」，另一方面，她又認為極權主義國家的獨裁者並不一定以簡單地使用恐怖和暴力來使人民屈服，相反，他們故意製造人們之間的隔膜和疏遠，人們無法自由結盟，因此也就無法對抗獨裁者的統治。❷⓼

　　羅伯特‧塔克的主要論點提醒我們：並非所有的極權主義國家都是由一黨領導下的群衆運動取得革命成功演變而來的。這位著名的蘇聯問題專家認眞分析了蘇聯歷史發展的不同時期，從而得出結論，即在列寧領導之下，蘇共仍然是一個獨立的政黨組織，但是到了史達林時代，黨就變成他個人專制的工具，因此，史達林的蘇聯與希特勒的德國在極端的特點上十分相似。

　　與塔克一樣，弗蘭茲‧紐曼同樣注重全能主義的體制分類問題。在他看來，即使是極端的君主專制和極權獨裁之間也有本質的區別。前者並沒有廢除法制，甚至還能容忍當代自由主義的某些原則，後者恰好相反，其統治不是通過立法、司法以及行政系統的運作來維持；反而離不開秘密警察和政黨。

　　除了鄂蘭、塔克、紐曼以外，漢斯‧布克翰姆的思想也一直影響著西方理論界的研究。他不僅提出自己關於獨裁專制、集權主義以及極權主義的界定方法，而且集中精力探討了極權主義與國家權力正常擴大之間的聯繫與區別。他認爲，儘管眞正的民主和極權獨裁都需要社會政治化以及國家和社會的統一，但是兩者之間的根本區別在於後者「以一種烏托邦式的、非政治性的目標把國家和社會混爲一談。」 ㉙

論爭：極權主義的六大特徵

　　從宏觀定義的角度看，我們應該確認，極權主義是通過控制人民的思想行爲，來統管整個社會各個方面的權力壟斷。極權統治企求對整個世界以及人民的社會生活進行無限制的控制，並竭力將此轉化成爲政治行動，因此，它十分注重自己的組織活動。

　　20世紀的極權獨裁與歷史上曾經存在過幾種不同形式的獨裁專制，如：古羅馬帝國、希臘城邦制、歐洲文藝復興時期及當代

歐洲實行專制君主制度的政體以及各種各樣的軍事獨裁等等，都有很大的不同。

50年代初期，美國學者弗里德里克和布里辛斯基列舉出當代極權主義的6大特徵，即：

1. 一個有系統的官方規定、強迫人民接受的宗教信仰。為了實現「人類至高無上的境界」，真理只能被掌握在政府的手裡；政府是唯一合法的真理解釋者。
2. 一個有廣大民眾參與（縱使不是自願參與）的唯一政黨，由一個富有英雄主義的人及他的少數死黨領導。
3. 以加諸肉體及精神迫害所造成的恐怖去統治整個國家。
4. 通過高科技去壟斷，或近乎壟斷所有的通訊出版及大眾傳播媒介。
5. 通過高科技去壟斷，或近乎壟斷所有的武器。
6. 一個由中央控制領導的計劃經濟。使一切個人及社團的物質需要完全操縱在中央政府手中。❸⓿

弗里德里克和布里辛斯基認為當代極權主義的這6大特徵是傳統獨裁政體所沒有的。1969年，弗里德里克教授又撰文強調，在極權主義條件下，「社會所有組織，包括一切經濟組織」都被統治者牢牢控制，與此同時，政黨「也不一定是統治者完成統治的首要條件」。❸① 布里辛斯基也補充說：極權主義大致可以歸入一種新的獨裁政府形式，這種形式的權力為了實現有效的、全面的社會革命，運用先進的技術手段，把特定意識形態強加於人，以爭取全體人民的順從。❸②

「六大特徵論」提出以後，西方理論界沸沸揚揚，詰難頗多。從總體上說，一派觀點承認「六大特徵論」的創新之處，但認為

這種描述性的立法論還遠遠不能說明問題，有待進一步修改或補充。例如，意識形態中的「征服世界」觀念、不斷的大眾動員需要等等，都是極權主義的重要特徵，但通過高科技去壟斷，或近乎壟斷所有武器的特點卻並非極權主義國家所獨有。另一派觀點則強調：所謂的「六大特徵」實際上並沒有使人掌握極權主義的真諦，不管是過去、現在還是將來，歷史上總可以發現與極權主義相似的獨裁政體，「六大特徵論」很難說明這些政體之間的具體區別或相似之處。

在對「六大特徵論」提出疑問的眾多理論中，一位慧眼獨具的學者約翰‧格雷（John Grey）著重強調了極權主義國家與公民社會的對抗性與互相排斥性。在他看來，極權主義……是與公民社會敵對的……而公民社會在此指自願結合的領域：市場交易和私有制。通過這種制度，有不同意識的個人與團體，甚至有不同利益且有互相競爭目標的個人，都可以和平共處……只有無所節制的極權主義政府是和公民社會互不相容的。他還指出了極權主義的幾個要點：

1.破壞公民社會。

2.一個中央計劃經濟的政府。

3.一個強把「世界觀」加諸全民的國家。

他認為極權主義「工程」的目的是要消滅公民社會。極權主義想依自己的想像與形象去改造每一個人，用強制力摧殘破壞每一個的人格尊嚴，使之完全屈服於國家的淫威之下。❸這也就是所謂的「統一思想」政策。

　　竊以爲可從兩個角度著手歸納研究極權主義的一般特徵。

　　第一種方法是根據極權主義強調領袖作用的特點，集中考察極權政體中所謂「精英人物」的行爲，特別是極權政體最高統治者的獨裁行爲。在一般情況下，由於獨裁者不僅掌握政治領導權，而且控制著極權國家的經濟和社會形勢，我們研究他的獨裁行爲，便可以發現一條極權國家權力鬥爭的線索，總結出歷史規律。與此相涉，下表頗存參考價值：

極權政體中政治精英的特點
企圖壟斷一切
單向思維──政治上絕對服從
等級分明
孤傲排外
無所不管（信奉全能主義）

　　第二種方法運用得更爲廣泛，即根據極權國家社會政治化程度高的特點，重點研究極權體制下的社會動員、對反對力量的壓抑和極權政黨的運作。

　　極權政體總有一個從「革命政黨」向執政黨轉變的歷史過程，隨著政權的鞏固，極權政黨功能就會發生相應的轉變，開始採取更嚴厲的手段控制社會。例如，納粹希特勒當政後所依賴的兩個最主要的支柱是納粹黨（正式名稱是德國社會主義國家工人黨，NSDAP）和秘密警察系統。納粹黨在希特勒上台之前發揮的作用與上台後的作用並不一樣，二戰中的「第三帝國」與其說是

被納粹黨的意識形態控制，不如說是被希特勒的個人意志統治，黨完全成爲希特勒發號施令的工具，其功能和作用都發生了許多變化。

　　西方自二戰以來對極權主義的研究有兩個最明顯的缺陷：一是極權主義觀念的運用使人們理所當然地把納粹德國、法西斯義大利以及史達林統治下的蘇聯設想成鐵板一塊式的政治體制，這種體制不存在任何內部摩擦和矛盾對立，不管在什麼條件下，軍事統治都自上而下、自始至終地滲透每一個政治環節，最高獨裁者是一個殺人不眨眼的專制魔王，人民大衆逆來順受，聽從命運的擺佈；二是到目前爲止，極權主義的理論探討仍然停留在靜態考察階段，範圍相對狹窄，沒有較大的突破性進展，大多數著作集中分析極權政治制度，但忽視了從動態角度探索極權體制下法西斯主義群衆運動演變和發展的歷史規律。

　　由此可見，西方學者中的「非正統派」提出的某些觀點，還是值得深入研究的。例如，有些學者認爲，在威瑪共和國後期，德國已經出現集權主義傾向。希特勒上台並沒有從根本上改變原來的政治體制，他也沒有像許多人想像的那樣，壓抑德國的民主傳統，因爲德國壓根就沒有什麼民主可言。爲什麼德國人民那麼輕易地就接受了希特勒的蠱惑並全盤肯定了納粹主義？爲什麼德國沒有出現大的反對派、反對團體（包括遭鎮壓前的德國共產黨在內）？在當時的歷史條件下，國家社會主義運動從根本上說並不是「一種旨在徹底改變社會結構的革命運動」，希特勒的納粹政權代表著一種重振偉大德意志帝國，恢復光榮的希望；❸❹希特勒從來沒有試圖改變德國的經濟結構和資本主義私有制，即使是在戰爭條件下，德國對原有經濟部門活動的限制和改造也遠遠不能同社會主義的蘇聯相比；德國本國絕大多數人民也沒有被強制

勞動，他們雖然被灌輸一種國家社會主義的信仰，但是沒有人強迫他們一定接受這種意識形態，因為德國人太習慣於接受一種帶種族主義、人種偏見和帝國主義色彩的政治宣傳了。所以，德國國家社會主義學說在很大程度上可以說是適合德國「國情」、易於被德國人民接受的一種意識形態方式。

根據上述理由，這部分學者爭辯說，希特勒的德國是一種集權主義國家，或者，至少在大戰全面爆發以前是這樣。戰爭中的極權主義統治，只不過是一種必要的手段罷了，因為即使是民主國家，在面臨戰爭時也會採取種種相對獨裁的緊急措施，保護國家利益。後來的獨裁研究之所以把納粹德國、義大利及史達林統治下的蘇聯歸入同一類型的「極權主義國家」，實際上更多的是針對這三個國家採取的政府形式都體現出高度集權特點而言的。其實，就本質來說，義大利的法西斯主義運動、納粹德國的國家社會主義運動和史達林的社會主義建設在許多方面是根本不同、不可籠統地一言以蔽之。拿德國和蘇聯來說，儘管兩種制度都被稱為極權制度，但就連反政府的異議分子所寫的個人傳記都明顯帶有不同的政治色彩。㉟

這裡值得一提的是，用弗利德里希在50年代總結出來並廣泛流傳的關於極權主義的六條標準來考察義大利法西斯主義、納粹國家社會主義、日本軍國主義其至史達林主義，我們的確看出這些標準在應用中的巨大偏差。例如，西方學者指出，史達林習慣於權力鬥爭，他的恐怖鎮壓是針對全體人民進行的，大規模的清洗被當作蘇聯強制性教育的手段。納粹德國並沒有發生那麼大範圍內的恐怖行動，在很大程度上，希特勒更關心如何征服整個世界，他並沒有觸動德國的經濟神經，所要恐嚇迫害的只是社會中的「劣等人種」——猶太人。所以從某種程度上說，史達林的清

洗更接近於一種制度化的集體屠殺。希特勒的德國則沒有作太大
的努力去使整個社會政治化。有些西方學者進一步指出，第三帝
國統治階級內部的矛盾指示了一個所謂「極權政權」的外強中乾
和潛在危機。例如，在納粹非常重視的宣傳領域，獨裁者之間也
互不買帳，勾心鬥角。戈培爾理應是主管帝國文化的第一把手，
但是喜歡附庸風雅的戈林却經常發號施令，干涉宣傳事務，巧取
豪奪了許多珍貴文物。又如，希特勒很不喜歡日常行政工作，他
經常隨意提拔自己的部下，對有「才華」的人賦予重任。他的幾
個內閣成員根本不是納粹黨成員，對政治漠不關心，但是希特勒
認為他們有一定的專長，所以讓他們擔當部長職務。這一點恐怕
不能簡單地以一句「裝飾民主門面」來解釋。

　　義大利法西斯主義的極權統治同樣顯示出德國式特點。從某
種意義上說，儘管墨索里尼占據了那麼多的頭銜，義大利的權利
仍然處於分散狀態，君主、教會、警察甚至於軍隊系統都會各行
其事，難於統一。墨索里尼只不過是陷於自己編織的空洞口號中
的光杆司令。在墨索里尼當政時期，法西斯黨在義大利的權力鬥
爭中至少受到以下兩個方面力量的牽制：

　　來之於皇室力量　早在1922年發起「進軍羅馬」的奪權醜
劇之初，墨索里尼就宣布法西斯黨絕對效忠義大利皇室，他的目
標在於拉攏義大利的保皇黨，力圖減少奪權過程中可能遇到的阻
力。當法西斯兵臨羅馬城下時，義大利國王維克多・埃曼努爾被
迫把重新組織政府內閣的任務交給了氣勢洶洶、聲言「不獲全
勝，決不罷休」的墨索里尼。墨索里尼獨裁專制期間，法西斯黨
與王室的摩擦從來沒有停止過。國王無論在什麼場合都象徵著一
種不同於法西斯勢力的政治力量，在他的周圍聚集著一大批企圖
有朝一日掌管權力的失意政客。到了1943年，連年的戰爭、巨額

的軍事使義大利的經濟瀕於全面崩潰。1943年，全國工業、農業總產值與戰前相比，分別下降了30％和20％。國家的預算赤字高達870億里拉，收入只及支出的36％。物價飛漲、食品奇缺以及名目繁多的苛捐雜稅，更加深了義大利人民對法西斯政權的不滿。與此同時，盟軍在反法西斯戰爭中取得絕對的優勢，義大利舉國上下普偏存在著失敗主義情緒，人民和軍隊對前途已經喪失信心，好幾個大工業城市都發生了大規模的罷工，饑餓的工人為了「麵包、和平、自由」不斷遊行示威，墨索里尼政權岌岌可危，搖搖欲墜。正是在這種情況下，義大利統治階級內部驚慌失措，深怕政局動盪會引起新的社會革命，在各派力量作出妥協之後，一個反對墨索里尼獨裁專制、決心「把鈴鐺掛在一隻凶猛野獸的脖子上」的反法西斯主義聯盟結成了，連軍方力量也加入了這個聯盟，不再指望墨索里尼繼續指揮義軍作戰。在這種情況下，義大利國王聯絡了多方勢力，精比策劃如何推翻墨索里尼的獨裁統治。7月25日，國王在一切準備就緒之後，神氣十足地穿上大元帥服接見了墨索里尼，隨後設計軟禁了這個統治義大利長達211年的獨裁者。

從這裡我們知道，雖然都是義大利的統治集團，墨索里尼的法西斯黨與義大利王室之間一直存在著相互矛盾和衝突。在大部分情況下，這種矛盾被共同的政治利益掩蓋起來，沒有被激化，但到了後來，王室和法西斯黨之間猜忌增大，國王終於暗中串通反墨索里尼的政治力量推翻了他的統治。從這個角度上說，義大利法西斯主義國家政權並沒有達到一種真正意義上的「極權」統治。特別是義大利法西斯黨在使義大利軍隊「法西斯化」過程中遇到了巨大的阻力，不管是高級軍官還是中下級軍官，很多人並不贊成法西斯政權的內政外交方針，在很大程度上保持著對國王

個人的忠誠。墨索里尼曾氣急敗壞地咆哮：「正是昏庸無知而又蠻橫目大的皇室，嚴重阻礙了義大利軍隊的法西斯化。」❸

來自教會勢力力量　義大利人民自古就有珍視宗教的傳統，教會勢力滲入到社會的各個角落，對人民生活產生了巨大的影響。墨索里尼的青少年時代是一個不信宗教的激進社會主義者。到了第一次世界大戰期間，他目睹了戰爭的殘酷無情後，便改變了自己的信仰。他開始崇拜宗教，希望利用宗教來贏得民心，從而達到奪權的目的。法西斯黨上台後，墨索里尼從來不敢與教會分廷抗禮，反而極力維護羅馬教皇和天主教的勢力。

從某種程度上說，墨索里尼達到了自己的目的。正是在宗教外衣的掩護下，法西斯黨一次又一次地欺騙了義大利人民，逐步開始對外擴張。但是，也正是這樣，法西斯黨從來沒有能夠真正成為義大利人民精神生活主宰，即使在墨索里尼獨裁統治達到登峰造極的那段日子裡，法西斯黨也無法實現全面的政治社會化，全面的法西斯主義化。儘管墨索里尼宣稱：「法西斯國家的精神、道德不僅體現在它制訂的法律上，而且表現在它獲得了人民的一致支持。」❸但是在1929年2月墨索里尼同梵蒂岡簽訂的法西斯主義和天主教會聯盟的《拉特蘭條約》（*Lateran Treaty*）第一款中，義大利天主教被公認為義大利國教。當梵蒂岡羅馬銀行即將破產之際，墨索里尼下令對其加以挽救。除此以外，就連法西斯黨特別重視的教育壟斷也不得不接受條約第36款的規定，允許各級公立學校按照教會的要求開設有關天主教的課程，宣傳非法西斯主義的意識形態。教會實際上變成了一個與法西斯極權政權同時存在的「倫理帝國」。

《拉特蘭條約》還有一些規定，使得羅馬教會保持著相對獨立的機構，充分利用各種機會，深入社會傳教。法西斯黨承認這

些組織的權利，允許它們進行自己的活動。墨索里尼甚至還採取某些措施設法增加了傳教士的經濟收入。後來，有不少教會組織變成了反法西斯主義的正義團體，有的甚至直接拿起武器參加抵抗獨裁專制的鬥爭。

據史籍載，連希特勒都認爲墨索里尼的致命弱點就在於他沒有掌握實質上的「絕對權力」。❸在許多納粹獨裁者眼裡，墨索里尼雖然冷酷無情，但比起希特勒和史達林的殘暴卻又略遜一籌。1943年，納粹戈培爾曾表達了自己對墨索里尼的失望，他認爲墨索里尼竟沒有對內閣中背叛自己的人施以報復，實在「不是一個像元首（指希特勒）和史達林一樣的革命者」。❸

除了國王和教會勢力，法西斯黨在地方上的控制也呈現出一幅分散割裂、軟弱無能的畫面。在法西斯分子「進軍羅馬」取得「輝煌勝利」後，很多已經掌握實權的法西斯分子並沒有眞正皈依他們的最高宗教——法西斯主義。有些人原來帶有社會黨的背景，現在還或多或少地爲社會黨的利益說話；有些人原來是民粹黨成員，現在還堅持自己的宗敎信仰；有些人原來帶有自由主義色彩，直到今天還我行我素，故態依然。這些人雖然都在自己的身上貼著一張法西斯主義的標籤，但是他們在實際行動中卻都對自己的利益考慮得十分周到，有時常常陰一套陽一套，暗中與法西斯黨中央作梗。

所有這些法西斯主義統治階級內部的矛盾鬥爭，並不是導致法西斯政權崩潰的最終因素。從純粹的學術研究角度來看，法西斯黨最大的失敗在於它對整個社會文化的失控。法西斯主義並沒有創造出一種使全社會都擁護法西斯政權的公民文化，在各種反法西斯主義思潮面前，法西斯主義除了鎮壓以外，並沒有其他令人心服口服的手段。

這種情況在法西斯主義的義大利表現得特別鮮明。在義大利，由於社會文化失控，反法西斯主義思潮逐漸轉化為一種全義大利範圍內的反法西斯主義政治運動，不可一世的墨索里尼終於被推翻下台。

墨索里尼曾對一個密友說：「只要你想像一下我為了避免與對手之間產生衝突而作出的那些費盡心機的努力，包括設法消除政府、黨、國王、敎皇、軍隊、民兵、目中無人的狂妄分子、各部部長之間的一切嫉妒與仇視，你就會明白，所有這一切都是極權主義永遠無法解決的難題。」❹1945年3月9日，他面對淒涼敗局，不無感嘆地說：「事實上，我從來就不是一個獨裁者，因為我的統治權力正好符合義大利人民的意志。」❹在法西斯政權倒台前幾天，墨索里尼還對他青年時代的好友狄納爾 (Ottavio Dinale) 說，作為一個獨裁者，他從來沒有能夠成功地使義大利轉化為一個成功的極權國家。

從某種意義上說，墨索里尼的話並非誇張。在他當政最風光時期，情況也確實是這樣。1926年時，墨索里尼大權獨攬，一躍而成為總理、議會主席、外交部長、內政部長、合作部部長、3個服務部部長、軍隊大元帥以及法西斯黨黨魁。他曾自詡是歷史上最桀傲不馴的獨裁者。但是很多歷史學家却都喜歡把他和英國的張伯倫相提並論。墨索里尼雖然精於權術却缺乏雄才大略，狂妄自大而又常猶豫不決。墨索里尼的另外一個老部下把墨索里尼形容成一個「典型的戰術專家」，說他在選舉面前露出孤獨的原形。此外，墨索里尼本人性格自相矛盾，他好大喜功，傲慢無比，占據了義大利政府的多項職位却又從不深入研究行政上的具體事情。所以他不得不求助專家，因而難免受人影響，在自高自大的表面，極力掩飾自己對形勢具體發展的模糊認識。1939年4月，墨

索里尼發表了一篇演講，對義大利軍隊進行了猛烈的抨擊，他指責義軍裝備落後，作風散漫，根本不能擔當保家衛國的大任。但是他一點兒也沒有提及自己10多年來作爲義軍統帥兼作戰部部長的工作，好像根本就是一個局外人。墨索里尼一方面夸夸其談，另一方面却老想給人一種講求精確的印象，明明自己對義大利的前途沒有什麼遠見，但一意孤行，把義大利的命運與納粹德國聯繫在一起，使義大利走向黑暗的戰爭深淵。這種矛盾的心情到後來演變成一種喜怒無常的變態人格，隨著軸心國在戰爭中的節節失利，墨索里尼情緒日益低落，有時常常莫名其妙地大發雷霆，歇斯底里般地生活在主觀臆想之中。

對極權主義的解釋與批判

二次大戰結束後擔當紐倫堡審判主訴官的美國律師羅伯特‧傑克遜 (Robert Jackson) 不無感慨地說：「我無法否認這樣一個事實，即（受審的）這些人竟然對法律一無所知，事實上，他們對世界上還存在法律這個東西感到莫名驚訝，他們過去的統治從未依賴過法律、完全漠視法律或公然反抗法律。」❷

對極權主義頗有研究的羅傑‧斯克魯頓 (Roger Scruton) 也提出了極權主義與法制互不相容的特點。他認爲法制對極權主義來說是個進退兩難的問題。沒有法制現代化的工業革命便無法發展，但有了法制，極權統治者便會失去特權，失去一切。他說：「極權主義視國家爲至高無尚，但國家權力在一般情況下却掌握在政黨手裡，這種政黨統治與其說是造成個人專制的工具，不如

說是為了維護某種社會平衡的重要手段。在全能主義國家中，沒有任何社會力量可以對國家命令行使否決，國家隨時可以收回它對公民社會的容忍，人民沒有任何固定不變的法律保障。」❹

從本質上說，極權主義是人類歷史發展迄今出現最反動的獨裁政體。現代極權主義國家常常聲稱自己代表人民的根本利益，是一種最高尚的民主，人民的權利在這種政治制度下得到最好的保證。在很多情況下，極權政體擁有完整的機制，如：選舉制度、議會制度、諮詢監督制度以及功能特別發達的政黨制度。究竟如何認識極權主義呢？且看對極權主義的5種評判：

第一種觀點認為極權主義是傳統獨裁的一種極端變形，是專制主義種種最醜陋的陰暗面在當代的集中表現 這種觀點主張，在肯定了極權主義是傳統獨裁的一種極端形式之後，我們可以利用兩種研究方法來深入探討這種形式的現代表現。一種方法側重研究極權主義的意識形態；另一種方法側重研究極權主義的國家形態，即極權國家的種種功能。應用前一種研究方法，我們可以總結出，在極權政體下，人們無法分清是非、正義與邪惡。它與傳統暴政最大的不同不僅表現在極權社會下科學技術有所發展，意識形態與現代社會的相互揉和，更重要的是，這種極權主義最大程度地剝奪了人的尊嚴，使整個社會喪失道德標準而追求一種極端錯誤的統治目標。道德的淪喪使被壓迫階級經常處於一種高度恐怖之中。從這個意義上說，柏拉圖的《理想國》及其他古典政治學著作已經對這種獨裁暴政的本質作出了深刻的分析，用這些經典著作來解墨索里尼、希特勒政權，同樣使人發現歷史是那麼驚人地相似。應用後一種研究方法，我們可以發現，「國家的絕對神聖化」是極權主義的最高信條。凡是相信這種信條的國家都可以被稱為是極權主義國家。像古代東方的埃及、中

國，古代西方的斯巴達與當代東方的日本、當代西方的義大利極
權政權和希特勒德國並沒有什麼太大的區別。從人類歷史長河來
看，極權主義的最大的特點都是權力濫用到無以復加的地步。❹

　　德國的一部詞典曾把極權主義定義為「多種獨裁的同時存
在」，是「常常轉化為暴君制的獨裁」。❺我們不難發現，如果
說極權主義是失去法制的現代暴政。那麼無論是從哪一方面來
看，極權獨裁對社會的全面控制，對民主傾向鎮壓的廣度和深度，
都是傳統專制獨裁國家望塵莫及的。因此，簡單地把極權主義解
釋為「傳統獨裁的一種極端變形和專制主義種種最醜陋的陰暗面
在當代的集中表現」是不全面的。

　　第二種觀點認為極權主義是現代神權政治的一種體現

從中世紀開始，神權政治思想便影響著歐洲乃至人類文明的發
展。神權政治樹立了《聖經》的絕對權威，使之成為判斷是非的
唯一標準。上帝不僅創造了人與國家，他還是宇宙間的萬物之主，
至高無尚權力的擁有者。神權政治也改變了古代倫理道德的觀
念，強調人們現世的罪惡，認為古代宣揚的平等、正義等等觀念
是在來世才能實現的。為此，它要求人們無條件地服從上帝的旨
意，服從上帝的安排。有些西方學者至今還認為：就像中世紀著
名思想家奧古斯丁、阿奎那等人鼓吹宗教愚昧、盲目信仰，宣傳
精神高於物質、上帝高於一切的思想一樣，馬克思主義和尼采的
超人哲學也為極權主義的形成提供了哲學基礎。極權主義對權力
的崇拜，對政治暴力的盲從，都使極權體制以「人間的最高統治
者代替了神權政治中的上帝」。這個最高權威是萬能的，無時不
在，無處不有。他掌握著人間一切秘密，控制著人類一切行為。
人們創造出來的種種知識都變相地成為最高權威加強極權控制的
工具。如果說古代神權思想充分表現了教會的利益和要求，那麼

極權主義意識形態則是一種現代宗教，是極權主義的精神支柱。

把極權主義與神權政治作膚淺的機械類比是不值得提倡的。但是這種理論確實提出了一個非常重要的問題，即極權獨裁的宗教基礎。換句話說，這種思維方式為我們提供了思考問題的另一個角度。可惜，到現在，我們還沒有發現任何令人信服的理論對這個問題加以科學的闡述。

第三種觀點認為極權主義是現代馬基維利主義具體實踐的最高體現　極權主義是一種制度化的馬基維利主義。「希特勒的德國把日爾曼民族的嚴謹和毀滅世界的浪漫主義幻想，以一種極權體制加以結合」，其結果是現代馬基維利主義的泛濫。這種泛濫不僅導致了政治上的絕對獨裁，還導致了整個社會潛在的總體危機和面臨全面崩潰的巨大危險。馬基維利對權力的崇拜和對政治統治術的津津樂道，使現代極權主義獨裁國家處在一種「赤裸裸的生存掙扎之中」，在這裡，極權主義是文藝復興所倡導的個人主義價值觀走向極端的一種文化與歷史的綜合產物。

極權主義是現代馬基維利主義具體實踐的最高體現，這種觀點與我們前面提到的那種「極權主義是傳統專制主義的一種極端變形」，「是專制主義種種最醜陋的陰暗面在當代的集中表現」的觀點有什麼不同呢？顯然，前者重點在於強調文藝復興運動對極權主義的巨大影響，特別是馬基維利主義作為一種系統的政治學說對極權統治者的指導作用；後者則側重於極權主義同歷史上專制獨裁的相互比較。

應當指出，這種觀點的最大缺陷是忽略了極權主義的意識形態因素。我們在評價第五種觀點時還要對此重點論述。

第四種觀點認為極權主義是一種激進民主形式　這種觀點把極權主義視為一種極端民主形式，強調歷史上盧梭、羅伯斯

比爾、巴貝夫的激進民主思想對現代極權政體的影響。這種觀點的倡議者把盧梭看成是激進民主的啓蒙先驅，而羅伯斯比爾則是第一個激進的帶有極權主義傾向的獨裁者，他把一種恐怖獨裁的思想付諸歷史實踐，爲極權獨裁開創先例。

蘇聯十月革命前後，很多人都將十月革命拿來和法國大革命相比。到了後來，這種觀點逐漸衰落。特別是史達林時代，西方更傾向於把蘇聯的革命看成是以馬列主義爲指導思想的紅色恐怖和紅色獨裁。不管怎麼說，歐洲的啓蒙運動強調理性、秩序、美德、正義、自然法……而極權主義却無視這些因素，背離文藝復興的主旨，創造了「一種新的野蠻狀態」。這種野蠻狀態到了現代，被法西斯主義和國家社會主義描繪成一幅人間美景。實際上，各個時代都會出現的恐怖鎮壓、秘密警察監視下的「批評與自我批評」以及試圖建立一種近似於某種宗教的政治信仰，都是極權主義國家不可缺少的統治手段。

第五種觀點認爲極權主義是20世紀特有的一種政治現象
這種觀點認爲與歷史上存在過的種種專制獨裁政體不同，極權主義作爲一種現代政治社會現象並不僅僅是對獨裁統治的全面強化。比較墨索里尼的義大利、希特勒的納粹德國和史達林的蘇聯，極權主義全都是少數「精英分子」利用大規模的群衆運動上台建立起來的。它們的共同特點是一黨獨裁，絕對壟斷權力，目標是整個社會最大程度的政治化。與過去的革命不同，極權主義體現了「新奇浪漫的革命」情調，它的動力是無休無止的「永遠革命」和「永遠清洗」。西方持這種觀點的理論家是著名的獨裁政治研究學者——漢納・鄂蘭。她認爲極權主義不同於以往的權力鬥爭，它革新了權力的根本概念。筆者十分欣賞她的一段分析：「對眼前利益的毫不在乎超出了殘酷無情的權力傾軋；對國家利

益的莫名的全然忽視超出了狹隘的民族主義；利它動機的種種嘗試超出了對自我利益的盲目追求『理想主義』等等，他們（指極權主義者）對幻想世界中意識形態的絕對信仰遠遠超出了他們對權力的慾望——所有這些都使國際政治領域出現了一種新的不可估量的動亂因素，它遠遠不是用『侵略』就可以解釋得了的。」**㊻**

　　鄂蘭還正確地指出，極權主義之所以是20世紀特殊的政治現象，還在於它的心理基礎已經大大不同以往的專制獨裁。在這種極權體制下，人們感到萬分孤獨與絕望。這種情感是人類沒有體驗過的世界末的感受。

　　卡爾‧曼海姆也以犀利的筆鋒，強烈譴責20世紀極權主義的罪深惡重。他認為連最卑鄙無恥的沙皇政權在現代極權主義統治頭子面前也要自嘆不如，感嘆自己的心慈手軟。納粹第三帝國犯下的種種罪孽罄竹難書，其大規模的集體屠殺、殘酷無比的戰爭狂熱，都是人類前所未有、前所未聞的。**㊼**

　　最後兩種觀點我們還要在下面兩章中作更加詳細的討論。因為如果承認極權主義是一種激進民主制，那麼我們就要比較它與其他非激進民主制的區別、與一般民主制的區別。同樣，承認極權主義是20世紀特有的一種政治現象，我們必然要回答它是否會以一定的方式延續到即將來臨的21世紀，如果有，其具體表現如何等等。

　　1945年5月9日，德國統帥部代表德國向同盟國政府無條件投降。但是希特勒的繼承人鄧尼茨元帥在最後的告別書上仍然向他的同夥——全體納粹軍官宣告：

　　「同志們……在我們的歷史上，我們倒退了1000年。1000年來就屬德國的這塊土地現在落到了俄國人手中。……儘管今天在

軍事上是徹底崩潰了，但是我們的人民已不再是1918年的德國人民了。它沒有被摧毀。或者我們組織另外一種形式的國家社會主義，或者我們就服從於我們的敵人強加給我們的生活方式，我們可以確信，繼承於國家社會主義的團體一致將一定會繼續存在下去。」

「我們每個人都是前程未卜。然而，這是無關緊要的。重要的是要高度保持我們之間的同志情誼，這種同志情誼是我們在我們的國家遭受空襲的情況下建立的。只有通過這種團結，我們才可能度過未來的困難時刻，而且也只有以這種方式，我們才能確信德國人民永遠不會滅亡。」❹❽

第二次世界大戰後，歐洲人民痛定思痛，對法西斯主義和納粹主義深惡痛絕，各國政府和社會輿論一直堅持不懈地教育下一代要警惕後法西斯主義的復活，消除這種危害人類的社會意識形態。但是隨著整個資本主義社會的經濟衰退，歐洲各國不斷面臨嚴重的經濟危機，失業和其他社會問題非常嚴重，潛伏的法西斯主義和納粹主義又獲得重新萌芽的土壤。

西方傳播媒介關於新納粹主義的報導，多半傾向於把他們視為少數狂人。實際上，很多新納粹主義分子並不是趕時髦、內心空虛的現代青年。相反，他們嚴格要求自己，工作努力勤奮，放棄物質享樂，不聽搖滾音樂，不吸美國烟，不吃麥當勞漢堡，甚至不度假，不曬太陽。許多人有正當職業，扣除自己最基本的生活費，其餘的工資悉數奉獻組織。「為了德國，我不惜殺人，也願犧牲自己的生命。」這是每個入盟的人所必作的宣誓。

新納粹主義分子心目中的目標是要實現大德意志第四帝國的美夢，一但要從波蘭奪回德國在第二次世界大戰後劃歸該國的11.4萬平方公里的土地，還要與奧地利重敍舊性，把奧國併入德國的

版圖。爲此，新納粹主義分子出於狹隘民族主義心理，極度仇視
外籍人士。其毆打外國移民，甚至狂妄叫囂再次把猶太人「都送
進焚化爐去！」儼然已經繼承了希特勒的殘暴傳統，赤裸裸地把
自己的意識形態建立在仇恨、暴力和民族優越感之上。

　　新納粹主義分子擁有自己的精神領袖。在前西德納粹分子中
享有盛名的青年領袖昆能還一度加入過西德共產黨。在追隨者心
目中，他是一個有組織能力的行動家和冷靜的思想家。他曾寫了
很多宣傳文字，被西方輿論看作是爲新納粹主義創下了一種介於
「濫情的社會主義加浪漫的童子軍思想」的理論奠基人。他的新
納粹主義的三階段計劃中的主要主張包括：宣傳奧斯威辛集中營
是個謊言，否定納粹曾屠殺數十萬猶太人的事實；爭取社會容忍
新納粹主義分子的「革命」活動；力爭政府取消對納粹組織和思
想的限制，以此作爲新納粹主義90年代的具體目標。

　　新納粹主義像一種流行病一樣遍布歐洲各地，四處興風作
浪，已經取得了相當的政治影響。例如，1988年法國大選就出現
了一個令歐洲國家震驚的現象：極右派政黨「民族陣線」獲選票
高達436萬多張，占全國選民總票數的14.41%，成爲具有相當影響
力的政黨，比法共多出230萬張選票。「民族陣線」在意識形態上
繼承了二、三十年代法西斯主義和納粹主義的衣鉢，以激進的國
家民族主義爲基礎，在強調獨裁統治和反民主的國家與領袖至上
學說同時，竭力宣揚狹隘的民族主義、種族主義和對外擴張。又
如，新納粹主義分子在西德花了10幾年底工夫，才從百人之衆發
展到千人之衆，而東德的「後起之秀」在短短幾年內就從無到
有，至今已達到一兩萬人。

　　歐洲法西斯主義回潮的根本原因在於社會轉型時期爲極權主
義提供了溫床。東歐的劇變、蘇聯的解體，非但未給慘遭兩次世

界大戰蹂躪的歐洲帶來和平，反倒帶來許多動亂和苦惱。新納粹主義借屍還魂，像瘟疫一樣在歐洲一些地方蔓延。在德國和義大利，新法西斯主義公開宣布崇奉希特勒和墨索里尼。兩德統一後新加盟的東德五省失業情況嚴重，物價高漲，不少人墮入貧困的下限，人們的精神、道德一片真空。在這種情況下，歐洲極右勢力政黨擴大影響和發展會員。它們利用排外和反移民的口號大作宣傳，在不少國家的選舉中得到較多的票數。這種情況，引起了歐洲人民的警惕。

1993年1月30日，在希特勒上台60年之際，德國的柏林、波恩、漢堡和慕尼黑等大中城市，數十萬人舉行聲勢浩大的反納粹示威遊行。在柏林，約10萬人穿過布蘭登堡門舉行燭光遊行。1993年，納粹衝鋒隊員曾沿著這條路線舉行3小時的燭光遊行，慶祝希特勒接管權力。反納粹的示威結束時，燭光和大門上的探照燈一齊熄滅，在夜空下閃耀的唯有用燭光在地面上砌成的大字：「千萬不能重演！」

「曾經孕育惡魔的肚子還有孕育的能力」。這句話可以概括歐洲人民無時無刻不在警惕納粹主義可能捲土重來的心態。它也提醒我們，要想徹底消滅世界上殘存的極權主義觀念，我們還有很長一段路要走。

佛朗哥獨裁政權的解體與葡萄牙、希臘的轉型

70年代中期以後，獨裁政治研究中有一個「熱點」經常引起人們的反覆爭論，這就是關於南歐獨裁政權的解體問題。其實，

從嚴格意義上說，南歐從獨裁向民主轉型的西班牙的、葡萄牙和希臘這三個國家中，只有西班牙一個國家可以算是極權政體，其他兩個國家應當被歸入集權獨裁一類。然而，由於這三個國家地理位置的特殊性，以及西班牙佛朗哥政權上台的特殊歷史背景，人們已經習慣於把它們放在一起作比較研究。

本章中作這種比較的目的，除了上述原因以外，還有一個重要的考慮，就是要通過體系構架上的總體設計，藉這三個國家的解體過程分析，從動態角度總結極權獨裁民主化的有關規律。

現在我們來看西班牙、葡萄牙和希臘的轉型過程。❹

佛朗哥夢想與謊言的幻滅

提到西班牙，人們常會聯想到燦爛的陽光、雄赳赳的鬥牛士、載歌載舞的男男女女，以及那浪漫的西班牙情歌，古老的拉丁風情。人們不會忘記，正是這種情感上的浪漫孕育了當代藝術大師畢卡索、達里和米蘭等一批著名人物，正是這樣源遠流長的文明歷史吸引了來自全世界的競技好手，在1992年巴塞隆納奧運會上一逐高低。

西班牙曾因為哥倫布發現新大陸而聞明海外，也因為脆弱的共和國被法西斯叛軍戰敗而震撼世界。

從地理上看，西班牙位於歐洲西南部的，伊比利亞半島，西鄰葡萄牙，北瀕比斯開灣，東北與法國、安道爾接壤，東和東南瀕臨地中海，南隔直布羅陀海峽與非洲的摩洛哥相望，扼地中海和大西洋航路之咽喉，戰略地位十分重要。

西班牙原為王國，1930年初暴發資產階級革命，建立了共和國，民主力量逐步增長。1932年2月，有共產黨人參加的人民陣線政府上台執政，西方各大國為之恐懼。於是，在墨索里尼和希特

勒的暗中策劃下，西班牙在西屬摩洛哥的駐軍頭目佛朗哥於1936
年7月17日發動了武裝叛亂，西班牙成了各種政治理想決鬥的流血
戰場。當時在歐洲的國際知識分子、作家和藝術家大多都捲入了
這場正義與邪惡之間的鬥爭。經過3年血戰，官方統計死亡人數爲
70萬人。法西斯分子佛朗哥領導的叛軍得勝後實行一黨專政、軍
事獨裁，直到1975年11月佛朗哥去世爲止。

　　根據1939年2月9日關於「政治責任」的法令，凡從1934年10
月1日起，直接或間接參加過民主運動的人，都必須接受法院審
訊。法律規定，凡共產黨人和共濟會會員都得交由兩名軍人、兩
名長槍黨人和兩名高級官員組成的「政治責任」特別法庭審訊。
被告人無權聘請辯護律師，懲治辦法分爲四等：徒刑6年；徒刑12
年零1天；徒刑20年零1天；死刑。西班牙官方資料公布，到1939
年底，西班牙監獄中有27萬名政治犯，幾乎同等數目的犯人被關
押在集中營。甚至連法西斯德國大使施托雷爾也深信，到1940年
底至1941年初，在西班牙監獄和集中營裡關押的「赤色分子」達
100萬到200萬人之多。在法西斯的統治之下，西班牙變成了一座
人間地獄。藝術大師畢卡索在1936年爲了揭露佛朗哥的專制獨
裁，創作了一套木刻配文章的作品《佛朗哥的夢想與謊言》。世
界著名的藝術作品《格尼卡》也是畢卡索爲揭露法西斯罪行而作
的。

　　就西班牙而論，佛朗哥的獨裁統治可以稱爲是一種權力寡頭
壟斷形式。30年代到70年代中，西班牙社會中存在5種掌握國家權
力的主要階層：

　　1.國內資產階級代表，主要以工業資本家、交通運輸行業、
　　　製造業及旅遊業資本家爲主。

2.買辦資產階級代表，主要以金融寡頭、銀行老板、商業界
　巨賈、大地主爲主。

3.軍隊力量。

4.教會力量。

5.小資產階級力量。

　　國際上有一種非常流行的觀點，即西班牙獨裁政體的解體是
國內資產階級改革的結果。這種觀點認爲，第二次世界大戰結束
後，佛朗哥希望依賴發達資本主義國家實現西班牙的工業化，因
此逐步採取吸收外國資金的鼓勵投資政策，客觀上使在西班牙的
外國資本迅速增多。1960年國外資本輸入3,600萬美元，1968年上
升到1.8億美元。這些資金從50年代末期就開始轉移到工業生產部
門，促進了民族資本家的財富積累。國內資產階級的代表擁有巨
大的經濟實力後自然提出更高的政治要求。爲了與買辦資產階級
爭奪國家權力，他們極力主張西班牙在對外貿易政策上向歐洲共
同體靠攏，以此打擊美國支持的買辦資產階級勢力。兩種力量的
交鋒實際上代表了兩種發展主張，前者傾向於加入歐洲共同體，
結束獨裁統治，加速西班牙的民主化；後者獲得軍方保守勢力的
支持，企圖繼續維持現狀，延續獨裁體系。到了70年代中期，佛
朗哥的獨裁統治基礎已被極大地削弱，要求從上至下改革的呼聲
越來越高。佛朗哥死後，開明派的阿道爾夫·蘇亞雷斯執政上台，
實行獨裁統治達40年之久的西班牙開始了歷史性的民主化進程。

　　其實，西班牙的獨裁政權的解體是一個漸進的過程。㊿1975
年佛朗哥的死並沒有帶來全面西班牙的社會革命。這就使的民主
化具有3個最突出的特點：

　　1.舊的獨裁政府中的領導人在體制轉化中發揮著重大的作

用。德義日法西斯國家戰後民主化的一個先決條件是懲治
戰犯，培植新一代具備民主思想的領袖。這為後來德義日
的經濟復興、政治發展，奠定了根本的基礎。西班牙的情
況不同，即使佛朗哥撒手歸西，國家權力機關仍把持在信
奉敎佛朗哥敎條的實力派手中。

2. 新舊體制轉換的過程是以民主和獨裁政府的共同存在、相
   互交替為特徵的。佛朗哥1975年去世，但新憲法在1978年
   才遲遲問世，即使是在民主化的最高潮，軍方某些勢力還
   一直想干涉國家政治，左右未來發展。1981年2月發生的未
   遂軍事政變差點使民主化進程毀於一旦。

3. 社會變遷造成了一定的混亂狀態，但是相對而言，西班牙
   政治生活開始走向多元化，其民主化的進程呈現出穩定漸
   進的特點。

　　50年代後期一批技術官僚出身的政治領導人為了振興西班牙
的國民經濟，實施了一整套經濟復興計劃。60年代和70年代初，
古老的西班牙展現了南歐的「經濟奇蹟」，其國民生產總值的大
幅度增長在歐洲獨樹一幟，超過了聯邦德國的增長率，在世界上
僅次於東亞的日本。這種經濟增長為西班牙進入歐洲共同市場奠
定了基礎，西班牙的國民經濟發展與世界資本主義潮流匯合在一
起。同時，也正是這種經濟因素決定了上層建築的發展和種種重
大社會變革的實現。經濟改革的直接後果就是政治自由、政治民
主程度的提高。當然，西班牙解除閉關鎖國禁令之後，積極參與
了歐洲經濟的共同發展，加上它本身的地理位置獨特，具有鮮明
的民族文化，因此旅遊事業蒸蒸日上，增加了人民對外部世界的
了解。例如，1963年進入西班牙的外國遊客總數為西班牙人口的

三分之一，1966年是二分之一，到了1972年則發生更大突破，超出本國居民總人口數。這些旅遊觀光的客人不僅參觀西班牙具有悠久歷史的城堡、著名的古建築，欣賞西班牙豪放而又充滿浪漫情調的鬥牛、戲劇，而且還深入到廣大的農村地區，了解這個民族的特殊文化背景。遊客帶來了西班牙經濟的繁榮，也帶來了先進的政治文化和政治思想。即使在佛朗哥的獨裁統治時期，西方報刊、廣播也能直入西班牙國門而受到較少的限制，西班牙自己的新聞自由也一步步開放。從某國意義上說，眞正改變西班牙獨裁統治的是來自西方民主制度中的遊客。30年代「國際縱隊」沒有完成的事業，被這些遊客加以繼續和深化。

促使西班牙獨裁政體解體的另外一個非常重要的因素是西班牙政府允許境內外勞工的自由流動。這種雙向交流對西班牙政治經濟生活的影響也是難以具體估計的。它改善了勞工之間的關係，促進了勞工立法，調解了勞工與政府之間的糾紛。最主要的是，它造成了一種自由經濟發展的氣氛，使有關當局不得不逐漸放棄舊的、僵硬的意識形態，開始關注平等、福利以及穩定民主所需要建立的種種機制。

經濟的發展動搖了西班牙獨裁政治的基礎。歷史上以殘酷而惡名昭著的佛朗哥政權，到了本世紀60年代後被迫做出政治上的妥協，答應允許反對力量的存在，維護人民的基本權利。

1975年12月20日以後西班牙獨裁政權的解體大致可以分爲三個階段：

從1975年11月到1976年7月，是獨裁政權解體的混亂階段

一方面，佛朗哥的死給渴望改革的人們帶來了巨大的鼓舞，70年代初實行的新聞管制不斷放鬆，官方雖仍然視各種政黨活動爲非法，但在實際上，很多政黨已公開組織集會，倡導政治革新。

從1976年7月到1978年12月，為獨裁政權解體的第二個歷史階段，有人稱之為「西班牙政治奇蹟」 1976年卡洛斯國王通過調換議會成員控制了西班牙的立法機構，成功地任命了阿道爾夫·蘇亞雷斯（Adolfo Suarez）擔任總理，與此同時，西班牙新憲法開始生效，一系列溫和的「可以討價還價的自上而下的改革」開始列上日程，並得以不斷深入。蘇亞雷斯著手進行了軍隊改革，包括任命自由派軍官擔當要職，要求軍隊絕對忠誠；頒布命令宣布共產黨合法化；釋放所有的政治犯；建立和完善民主選舉制度。到了1977年反政府勢力逐漸減小，蘇亞雷斯政府獲得了社會的初步認同。

從1978年開始，為西班牙獨裁政權徹底解體的第三階段「魅力型領袖」開始消失，健全的機制逐步建立，雖然在這中間出現不少反覆，國內地區爭端、失業問題並沒有得到完全解決，但從總體上說，西班牙政治已步入正軌，正朝著民主的方向演進。

在西方政治術語中，紅色代表共產主義，粉紅色是社會主義。今天西班牙的溫和民主社會主義被形容成一個粉紅色的夢。1986年，作為執政黨的社會工人黨在大選中再次獲勝，總理岡薩雷斯繼續實行「粉紅色」的政策。這年1月，西班牙正式加入歐洲共同體，成為歐洲現代民主社會的一員。

在轉型時期還有一件廣為流傳的「民主趣事」值得一提。就在岡薩雷斯再次當政不久，一位西班牙歌唱家在法庭起訴他不履行競選諾言。這位歌唱家對法官說，他是受了社會黨的競選諾言的感動才投了岡薩雷斯一票的，現在發現「質量不高」，要求賠償損失。馬德里的法院判原告獲勝——他認為民主政治下地競選過程中，政治家和選民之間存在一種精神上的默契，政治家獲選後不履行諾言，便是不遵守契約。可惜當時西班牙法律中沒有條

例可援，否則岡薩雷斯真的要「賠償損失」呢。

現在，西班牙人民普遍的輿論是：不要野蠻資本主義，也不要教條社會主義。他們深信18世紀法國思想家伏爾泰所說的一句話：「自由的人可以選擇自己喜歡的路通往天堂。」他們正在為進入21世紀而努力。

葡萄牙的激進民主轉型

70年代葡萄牙的獨裁統治解體是通過激進民主化的方式完成的。

從30年代到60年代末，葡萄牙一直屈從於安東尼奧‧薩拉扎 (Antonio Oliveira Salazar, 1889－1970) 的獨裁政府統治。這個政府是由年邁的保守分子、帶法西斯主義思想傾向的知識分子、冷酷無情的政治警察及其個人家族成員組成的。薩拉扎本人在成為獨裁者之前原是一個不苟言笑的大學經濟教授。1926年，一小部分軍人發動政變，推翻了原來的議會共和政體，建立了集權的獨裁政府。薩拉扎在30年代初上台後以自己的政治哲學治國，仿效義大利法西斯和德國納粹政體，推行反共政策，建立了葡萄牙「新國家」。戰後的葡萄牙也像許多歐洲國家一樣，百廢待興，急需建設。但是與其他歐洲國家不同的是，由於薩拉扎政府一直強調反共，因此在40年代後期東西方冷戰爆發後，它能與美英等國保持密切的聯繫，加上它戰略地位重要，直接控制著亞速爾群島，於是很快便與美英結盟，成為北大西洋公約組織的成員國之一。

薩拉扎統治時期，葡萄牙雖然加入了北約集團，但在經濟發展上依舊堅持頑固的閉關鎖國政策，對國外投資、國際貿易加以嚴格的控制。當時，葡萄牙的統治階級曾有過兩種主張：一種認

爲葡萄牙在政治上應該繼續加強政府對人民的控制，限制自由貿易團體，限制個人自由，同時在經濟上採取集權統治下的市場政策，但與歐洲共同體劃清界限；另一種觀點認爲，葡萄牙無論是從經濟上還是從政治上講，都應當積極參與歐洲一體化發展計劃，只有與歐洲發達資本主義國家聯盟，實行更民主、自由的政治經濟政策，葡萄牙才能眞正融入世界發展的潮流，達到國家生活的現代化。

60年代末，薩拉扎本人因爲年老多病，把權力讓給馬塞羅・西坦諾博士（Marcello Caetano，1906－1980）。西坦諾是一個大學法律敎授和歷史學家，他雖然在許多方面反對薩拉扎的獨裁政策，而且任命了一批新的官員，但是他自己一點也沒有放鬆對政府審查制度和秘密警察系統的控制。到70年代初期，葡萄牙還依舊是一個封閉的社會。1970年時，葡萄牙人口中的文盲率高達25.8%。與另一個獨裁國家西班牙的接壤，又把葡萄牙在地理上與中西歐各資本主義民主國家隔離開來，給葡萄牙的國民經濟建設和政治民主發展帶來了許多困難。但是從這時開始，葡萄牙移民方向發生了重大的轉變，由原來流向南美洲的巴西轉爲流向歐洲共同體國家。據統計這些移民的年齡大多在18－35歲之間，占葡萄牙北部人口比重的18%和南部人口比重的18.5%。僅在70年初期，歐洲共同體國家平均每年接收10萬葡萄牙移民。到了1975年，大約有150萬葡萄牙人生活在國外，其中至少有70萬人在法國，11.5萬人在西德。更值得注意的是，幾乎每3個離開葡萄牙農村地區的人中便有2個是去國外，葡萄牙農業人口開始出現嚴重流失，國民經濟工業化速度飛快。❺身在國外的人不僅對葡萄牙的獨裁統治進行了猛烈的抨擊，而且瓦解了獨裁政治依賴的經濟基礎。外國投資的增長使葡萄牙經濟與發達國家經濟緊密結合在一起，這

一方面大大加速了私有化和市場化的步伐，使葡萄牙經濟越來越接近於發達國家的水平，另一方面，也直接減少了葡萄牙對原有殖民地原料進口的依賴。但是，經濟的發展、國家的開放同樣帶來了不少社會矛盾和危機。1974年4月，這種經濟社會危機發展到了一種非常嚴重的地步。

首先，就國內經濟狀況來說，農業人口的匱乏、對勞工出口和旅遊事業的依賴以及龐大的政府赤字使葡萄牙經濟陷入蕭條，人民生活受到極大影響。人民迫切希望變革，制止日益嚴重的通貨膨脹。

其次，由於葡萄牙在73年爆發的中東戰爭中站在北約立場上，允許美國使用亞速爾群島上的空軍基地向以色列運送武器裝備，招致阿拉伯世界的一致反對和經濟制裁。加上葡萄牙本國在原屬殖民地地區的局部戰爭呈現膠合狀態，到了1974年，只有900萬人口的葡萄牙竟然在非洲擁有一支20萬人的軍隊，每年國民收入的45%要花在沒有止境的殖民戰爭上，因而嚴重影響到了葡萄牙人民的國民生活。當時倫敦《經濟學家》雜誌諷刺葡萄牙是「非洲在歐洲唯一的一個殖民地」。

1974年的軍事政變是由一小部分中上層軍官精心策劃的。這批軍官的一個共同的特點是都親身經歷了殖民戰爭，相信只有通過政變才能挽救葡萄牙的歷史命運。政變成功地推翻了統治葡萄牙46年之久的獨裁政府，受到人們的熱烈歡迎。政變後成立了臨時政府，曾在西非殖民戰爭中立下功勛的安東尼奧·斯皮諾拉將軍擔任了首腦。經過兩年的轉型，臨時政府渡過種種危機，實行了一系列的經濟改革、非殖民地化運動，並在葡萄牙建立起一整套西方代議民主制度。

1976年，葡萄牙進行了第一屆國民議會選舉，同年6月，第一

屆憲政政府由少數黨——社會黨執政，馬里奧·蘇亞雷斯擔任了葡萄牙總理。

葡萄牙獨裁政體的解體具有鮮明的特點。大眾動員是這場運動中的決定性因素。與鄰國西班牙相比，它不同於西班牙的轉型方式，並沒有走法制轉化、新舊政體相互妥協的道路，而是採取一種果斷激進的政變手段，力求在短期內徹底改變國家政治經濟結構，由軍人領導迅速建立民主政體。在轉型階段中，軍隊力量受到逐漸削弱，從1974年到1980年，軍隊數量從20萬人削減到4萬人。與此同時，傳統獨裁政體對國外資本的歧視得到矯正，從1977年開始葡萄牙吸收了大量的外來投資，1977年在葡萄牙的外國資本總數不過是1900萬美元，到了1978年便上升到2.49億，1980年達到10億美元，1982年猛增到18.9億美元。其幅度之快，給葡萄牙政治經濟生活產生了巨大的影響。㊿

然而，葡萄牙的民主革命還沒有徹底完成。1976年建立的政治體系只是一種社會利益的暫時妥協，其代價是人民大眾開始對政治產生麻木感，不願進一步的參與政治。80年代中期開始，葡萄牙政治舞台上發生了引人注目的巨大變化，不少新的民主政黨紛紛成立，有的還在大選中獲得了相當多的選票。但是從總體上看，國家權力分配過程中出現了某些非制度化的退步現象。新的政黨與老的政黨之間尚未建立十分健康的競爭關係，這從另一方面阻礙了葡萄牙民主化的深入。

與西班牙佛朗哥政權的解體相較，葡萄牙之走向民主採取了激進的政變方式。因而從根本上促成這兩個國家轉型的導因，在西班牙是外國遊客的大批湧入，在葡萄牙是國內居民的大批外流。逆向的人流所導致的結果却是一致的，即大大促進了文化交流，民主思想、民主政治的交流。這種背道而馳的逆向人流因其

「逆向」，似乎應是互相悖謬地得出不同結果的，但恰恰相反地取得了同樣促成獨裁政體解體的結局。究其原因，就是一切人際交流都是信息的交織，方向順逆是基本無關的；而信息的交流，正是社會發展的驅動力。因信息交流，而有比較，因有比較而發現長短優劣，因有長短優劣而產生取長補短、擇優汰劣的渴望，於是發生革命，發生改革，發生一切的一切，於是有了西班牙、葡萄牙的不同方式與進程的轉型。那麼，與之近鄰的希臘又是如何呢？

現代希臘民主轉型的根基

希臘是一個歷史悠久的文明古國，但在後來的發展中卻飽受民族創傷，歷盡挫折艱辛。自中世紀開始，它就被迫屈服於勢力橫跨歐亞大陸的奧托曼帝國的統治長達400年之久。1821年開始，希臘爆發爭取民族獨立的正義戰爭，1833年，獨立後的希臘在歐洲大國的授意下，不得不接受巴伐利亞王室派遣來的國王統治自己的國家。從那時開始，希臘內部民族矛盾、地區矛盾日益激化，一直到20世紀的今天還未完全消除。第二次世界大戰中，希特勒的鐵蹄肆意踐踏古老的希臘大地，掠奪了大量的文明財富。戰爭結束後，英、美、法國扶植了一個腐朽、無能、殘暴的傀儡政權。為了鞏固自己的統治，這個政權發動內戰，著手鎮壓以共產黨人和其他左翼民族主義抵抗戰士——包括全國人民解放軍（ELAS）、民族解放陣線（EAM）——為另一方的民主進步力量。1947年3月，美國總統杜魯門在國會兩院特別聯席會議上發表了引人注目的演說。他用了不長的篇幅分析希臘內戰形勢，以及當時蘇聯與土耳其在具有戰略意義的達達尼爾海峽問題上的爭端，要求美國國會批准向希臘、土耳其提供4億美元的援助，以便

遏制蘇聯共產主義的擴張。這就是著名杜魯門主義，冷戰期間美國外交政策的指導方針。1947年以後，美國的援助和顧問川流不息地湧入希臘，美國外交粗暴地干涉希臘的政治。350多名美國軍官在1947－1949年反對民主解放陣線的戰鬥中與希臘軍隊一起作戰。到1952年，美國已花了5億美元擴充希臘軍隊。不言而喻，希臘政府愈來愈依靠美國的援助，成了名副其實的美國支持下的傀儡政權。當時，每十位公民中就有一個是難民，三分之一的人口靠政府的救濟糊口度日。

1949年後，美國雖然幫助希臘確立了西方民主制度，然而在將近20年的時間裡，一小部分極權主義分子統治希臘，國家民主化進程發展緩慢，公民無法享受自己的政治權利。雖然經濟取得了表面上的成功，但是依舊隱藏著巨大的危機。自60年代下半期開始，由於政壇風雲多變，民主與獨裁勢力之間進行了針鋒相對的激烈較量。

1967年，希臘發生政變，代表反民主勢力的職業軍人（主要是一些上校）建立了軍事獨裁政府。1967－1973年之間是喬治‧帕帕多普洛斯（Gerorge Papadopoulos）執政，1973－1974年期間狄麥特里奧斯‧艾奧安尼達斯（Demetrios Ioannides）推翻帕帕多普洛斯政府，自己掌權。這兩屆軍政府的統治有背歷史潮流，都沒有實現希臘的繁榮發展，反使人民深受其害。

希臘軍事獨裁政府的解體是由希臘、土耳其1974年在塞浦路斯島的爭端引起的。當時，希臘企圖兼併獨立的塞浦路斯，引起土耳其的強烈反應。面對即將升級的希土衝突，希臘軍事獨裁領袖艾奧安尼達斯不顧屬下的反對，一意孤行，下令擴大戰爭。軍政府中的其他高級軍官十分清楚這樣做的後果只有一個，即希、土兩國之間的衝突加劇將使希臘產生嚴重的政治、經濟後遺症。

當時已有不少傳言說某些希臘軍隊實力派人物即將拒絕執行軍政府的命令，策劃向雅典進軍示威，甚至不惜發動內戰，奪取權力。在這種情況下，希臘軍方領導人在7月23日下午召開緊急會議，決定還政於民，挽救民族危機。當時的希臘總統要求軍方召開緊急會議，同時由到會者立即決定一個新的內閣，馬上承擔起一切責任。這次會議從下午開始，經過一番仔細的研究和探討，衆人在傍晚5點半時已經決定出了有關新政府的人選。但當即將出任總理的卡納羅普洛斯進入密室與另外一個主要領導人商談晚上的就職儀式時，希臘前外交部長再次提議，考慮請前希臘總理康斯坦丁·卡拉曼里斯（Constantine Karamanlis）回國組閣。卡拉曼里斯明顯具備更高的威望，下午的會議早已提出這個問題，只是因爲他人在法國居住而沒有深入研究可行性。事情偏偏很巧，與會者中的一個成員正好有卡拉曼里斯在法國的電話號碼。經過又一通艱苦的努力，卡拉曼里斯終於被聯絡上了。24日凌晨2點，卡拉曼里斯乘法國總統專機到達雅典機場，他像一個古代拯救民族危亡的英雄一樣，受到熱情民衆的盛大歡迎。從機場到雅典市內的大街上，人們向他揮舞美麗的鮮花，盡情呼喚他的名字，把他視爲一個魅力型領袖，認爲只有他才能拯救素有西方文明搖籃之稱的希臘。

卡拉曼里斯被召回國後果然不負衆望，採取了不少積極果斷的措施處理國內外危機。在國內政策上，他的內閣提出了「卡拉曼里斯還是坦克」的口號，表示與軍政府的徹底決裂。他重新修改憲法，釋放了所有的政治犯，關閉了獨裁統治下建立的集中營，解除新聞管制，允許不同政黨包括共產黨的合法存在。此外，他還下令拆除軍政府在各地的象徵和標誌，向人民傳送軍事獨裁已經結束的信息。對於不服從命令的軍方力量堅決不予通融，以一

批新的忠於自己的軍官取而代之，並把目標定在實現軍隊民主化
上。在希、土衝突問題上，他不僅派人與土耳其政府積極磋商，
做出種種必要的讓步，而且懂得求助於國際社會的同情，依靠國
際法來保護希臘的利益。塞浦路斯後來被一分為三，土耳期統治
三分之一，希臘統治三分之二。這雖然沒有從根本上解決兩國爭
端，但至少維持了一定的國際和平和希臘的政局穩定。

　　10月，卡拉曼里斯宣布希臘將舉行大選，他廢除了軍管制度，
並決定按照法律程序對實行軍事獨裁統治的主要領導人物進行公
開審判。在外交政策上，他又順應反美情緒，撤出北大西洋公約
組織，力圖維護希臘民族獨立。這裡更深一層的涵義是希臘人民
普遍認為美國政府一直支持獨裁的希臘軍政府，並在希土衝突中
扮演了極不光彩的角色。11月如期舉行的選舉表明，卡拉曼里斯
政府在領導希臘從獨裁到民主的轉化中獲得了各方面的極高評
價。次年舉行對前獨裁政府領導人的審判，又讓人民看到了獨裁
者的暴虐無知、極度腐敗，認清了獨裁政體本質。

　　希臘人民自古就有關心政治的傳統，他們在民主化過程中表
現出積極的熱情和真正的赤誠。從表面上看，希臘之民主轉型幾
乎是一夜之間完成的一個奇蹟，而且似乎完全取決於奇蹟般地選
擇了一位魅力型領袖，而他則像魔術師一樣把希臘變成了一個，
使之從專制獨裁國家演變為民主國家。但是，「四海變秋氣，一
寶難為春。」個人的力量、領袖的魅力無論有多麼大，絕不可能
從根本上改變一個國家、一個社會的發展狀況與發展規律。只有
順應歷史潮流，個人才能發揮應有的巨大作用。選擇卡拉曼里斯
一事本身以及卡拉曼里斯之種種舉措得以成功，其源蓋出於「四
海」已經有「秋氣」——希臘廣大人民對民主的渴求已經成為希
臘民主轉型的深厚而強有力的基礎。應該說，自始至終，推翻統

治希臘近8年之久的軍事獨裁政府的不是個別的政治領袖,而是廣大熱愛民主的普通人民。

從南歐這三個國家向民主化演變過程來看,我們是否能夠總結出具體規律呢?

70年代末,對從獨裁向民主轉型問題頗有研究的尼古思‧普蘭察斯(Nicos Poulantzas)發表了一本在西方學術界引起強烈反響的著作:《葡萄牙、西班牙及希臘的獨裁危機》。他試圖用馬克思主義的觀點分析這些國家的獨裁解體的根本原因。他在這部書裡提出了幾個重大的理論問題:

1. 如果運用階級分析的方法來剖析70年代中西班牙、葡萄牙及希臘三個獨裁政治垮台的主要因素,是不是可以說這些國家的國內資產階級(即民族資本)對買辦資產階級的勝利促進了各國民主化的發展?

2. 為什麼在獨裁國家面臨種種嚴重內部危機時它們還能存在一定時期,沒有立即被進步力量推翻?

3. 怎樣克服獨裁國家民主化過程中的霸權主義傾向?換句話說,如何才能實現真正的民主轉變,需要哪些國內國際條件?

4. 為什麼這些國家在轉型時期都或多或少地存在走社會主義道路的可能性,但最終却實現了資產階級代議制民主?

普蘭察斯公開聲稱,他認為馬克思、恩格斯、列寧以及義大利社會主義領導人葛蘭西的著作,特別是關於國家本質、職能的有關理論和闡述對獨裁政治研究具有重大的理論指導意義。❸從這點出發,他總結道:從獨裁向民主的轉型,實際上也就是資本主義社會生產力與生產關係相互作用、不斷發展的結果。具體而

言，葡萄牙、西班牙和希臘這三個國家的獨裁統治是法西斯主義、波拿巴主義以及軍事獨裁的代表。從歷史上看，這三個國家既具備發達資本主義國家的某些特徵，又都屬於資本主義世界相對落後的發展中國家。它們都曾有過自己的殖民地，也都曾擁有過一陣「（歷史暫時的輝煌）」，但是它們後來在世界資本主義體系中處於極為不利的地位。就像它們曾經無情地剝削殖民地國家人民一樣，它們在當代全球資本主義競爭階段受到英美等發達資本主義國家的剝削和壓迫。這也是帝國主義發展的一個新的時期，落後的工業化國家在經濟上無法參與國際競爭，在政治上同樣採取保守的、非民主的手段來維護自己的統治。這種非民主的統治方式最典型的體現就是獨裁政治。普蘭察斯從馬克思主義關於「國家是一個階級壓迫另一個階級的暴力工具」的論斷出發，認真分析了這些國家的階級鬥爭狀況，並提出一系列論述。他站在馬克思主義立場上，以馬克思主義的觀點分析獨裁在現代國際社會中的發展，無疑可成一家之言。

對於獨裁國家或其他非民主國家向民主演進的規律，行文至此，似乎可見端倪，作者概括了：

演進的根本原因在於市場經濟的蓬勃發展　在一般情況下，任何一個經濟落後的國家，任何一個因實行計劃經濟而造成經濟停滯的國家，是不可能有向民主政治演進的可能的。

演進的突破是打破閉關鎖國，實行開放政策　這是因為開放帶來了外來文化、外來思想、外來的民主新風。信息的交流大大促進民主政治、民主思潮的形成，大大促進政治體制演變的進程。

演進的偉力存於民眾之中　領袖個人作用不可抹殺，但也不應無限誇大。

　　世界環境對演進有極大的影響　70－90年代的民主演進，
是世界性的潮流。在這一潮流的衝擊下，不少落後的資本主義國
家終於改弦更張，放棄獨裁，走向民主。在這一潮流的衝擊下，
社會主義世界陣營也發生了震驚的變化。這一變化儘管在前蘇、
東各國以及亞洲各國是各不相同的，但走向民主這一點都不可否
定。因此，在下一章裡，我們將著重通過解剖社會主義國家的演
變來作若干說明。

注釋：

❶參見Vellerli, Richard. and William E. Ford. Jr. *The Socialist Base of Modern Totalitarianism.* MrDutrhau Publishing Corporation, CA:1968, p. 58.

❷Ibid., p. 57.

❸See Milton Bracker's exceptionally fine study of Benito Mussolini in Look, Aug. 30, 1960, pp. 18－27.

❹解力夫：《專制魔王──墨索里尼》，世界知識出版社，1985年版，第14－15頁。

❺參見巴林頓·摩爾著，拓夫譯，《民主與獨裁的社會起源：現代世界誕生時的貴族與農民》台北：久大：桂冠，1991年版，第450頁。

❻轉引自解力夫：《專制摩王──墨索里尼》，世界知識出版社，1985年版，第39頁。

❼Finer, Herman. *Mussolini's Italy.* London:Victor Gollancz, Ltd., 1935, p. 143.

❽Salvatorelli, Luigi, and G. Mira, *Storia del Fascismo,* Rome, 1952, p. 745.

❾Watkins, Fredcrich M. *The Age of Ideology: Political Though, 1750 to the Present,* Englewood Cliffs, N.J.: Prentice-Hall, Inc., 1964, p. 95.

❿Quoted from Hans Buchheim, *Totalitarian Rule:Its Nature and Characteristics,* translated by Ruth Hein, et al, Wesleyan University Press, Middletown, Connecticut, 1968. p. 25.

⑪Ibid., p. 26.

⑫轉引自國際和平年中國組委會編：《國際和平年學術討論會資料匯編》，社會科學文獻出版社，1986年版，第285頁。

⑬轉引自解力夫：《專制魔王──墨索里尼》，世界知識出版社，1985年版，第98頁。

⑭Curtis, Michael. *Totalitarianism,* Transaction Books, New Brunswick, New Jersey, 1979, p. 38.

⑮Bullock, Alan, Hitler, *A Study in Tyranny,* revised edition, London, 1962. p. 312.

⑯轉引自國際和平年中國組委會編：《國際和平年學術討論會資料匯編》，社會科學文獻出版社，1986年版，第285頁。

⑰Vellerli, Richard. and William E. Ford. Jr. *The Socialist Base of Modern Totalitarianism.* MrDutrhau Publishing Corporation, CA:1968, p. 86.

⑱Baradat, Leon P. *Political Ideologies:Their Origins and Impact,* Englewood Cliffs, N.J.: Prentice-Hall, Inc., 1979, pp. 264−274.

⑲Bullock, Alan, Hitler, *A Study in Tyranny,* revised edition, London, 1962, p. 60.
Watkins, Fredcrich M. *The Age of Ideology:Political Though, 1750 to the Present,* Englewood Cliffs, N.J.: Prentice-Hall, Inc., 1964, p. 100−101.

⑳Reischauer, E. O. ”Japan Feudalism”, in Coulburn, ed., *Feudalism in History,* p. 46−48.

㉑參見巴林頓・摩爾著，拓夫譯，《民主與獨裁的社會起源：現代世界誕生時的貴族與農民》台北：久大：桂冠，1991年版，

第五章。

㉒同上，第287頁。

㉓史學界一般認為「田中奏折」是1927年7月27日提出來的。但是據美國和日本在戰後的考證，所謂「田中奏折」並不存在，傳說中的「奏折」是日本政府1927年8月間森恪主持的大連會議中的議決案理由書。

㉔參見巴林頓・摩爾著，拓夫譯，《民主與獨裁的社會起源：現代世界誕生時的貴族與農民》台北：久大：桂冠，1991年版，第289頁。

㉕Quoted from Schapiro, Leonard. *Totalitarianism,* Praeger Publishers, New York, 1972, p13.

㉖Schapiro, Leonard. *Totalitarianism,* Praeger Publishers, New York, 1972, p. 13.

㉗Spiro, Hebert J. ”Totalitarianism,” in *New International Encyclopedia of Social Sciences* Vol. 16, pp. 106−112.

㉘Aredt, Hannah, *The Origins of Totalitarianism,* new edition, Harcourt, Bruce & World, Inc., New York, 1966.

㉙Quoted from Leonard Schapiro, *Totalitarianism,* Praeger Publishers, New York, 1972, p. 104.

㉚Friedrich, Carl J. and Zbigniew K. Brzeninski. *Totalitarian Dictatorship and Autocracy,* 2nd Ed., Harvard University Press, Cambridge, MA, 1965, p. 22.

㉛Friedrich, Carl J., ”The Evolving Theory and Practice of Totalitarian Regiemes” in Friedrich, Carl J., Michael Curtis and Benjamein R. Barber. *Totalitarianism in Perspective: Three Views.* Praeger Publishers, New York,

1969.

㉜Brzeninski, Zbigniew K. *Ideology and Power in Soviet Politics,* rev. ed. New York: Frederick A. Praeger, 1967, pp. 46−47.

㉝Pau, Ellen Frankel, ed., *Totalitarianism at the Crossroads,* New Brunswick, New Jersey and London:Transaction Books, 1990, pp. 100−102.

㉞Hallgarten, George F.W. *Why Dictators? The Causes and Forms of Tyrranical Rule Since 600 B.C.,* New York, 1954, p. 231.

㉟Mentze, Ernest A. *Totalitarianism Reconsidered.* Port Washington, N.Y.:Kennikat Press, 1981, p. 53.

㊱Ibid., p. 84.

㊲Mossolini, *Opera Omnia,* Vol. 1, p. 89.

㊳Quoted from Leonard Schapiro, *Totalitarianism,* Praeger Publishers, New York, 1972, p. 27.

㊴Geobbels, Joseph. *The Goebbels Diaries, 1942−1943,* Garden City, NJ.:Doubleday, 1948, p. 468.

㊵Quoted in Aquarone, p. 302, from the Record of his conversitions with Mussolini published by Ottavio Diude in 1953.

㊶Mussolini, *Opera Omnia,* Vol. 1, p. 177.

㊷Jackson, Robert H. *The Case Against the Nazi War Crinimals,* New York:Knopf, 1946, p. 72.

㊸Scruton, Roger. "Totalitarianism and the Rule of Law," in Ellen Frankel Paul, ed., *Totalitarianism at the Cross-*

road, New Brunswick and London, Transaction Books, 1990, pp. 171—209.

㊹Sorekin, Pitirim. *Social and Cultural Dynamics,* New York, 1962; and Franz Neumann, American ed. *The Democratic and Authoritarian State:Essays in Legal and Political Theory,* Glencoe, ILL., 1957.

㊺Quated from Ernest A. Mentze. *Totalitarianism Reconsidered.* Port Washington, N.Y.:Kennikat Press, 1981, p. 38.

㊻Arendt, Hannah. *The Origins of Totalitarianism,* new ed., New York, 1973, p. 417—418.

㊼Greiffenhagen, Martin. "The Concept of Totalitarianism in Political Theory", in Mentze, Ernest A. *Totalitarianism Reconsidered.* Port Washington, N.Y.:Kennikat Press, 1981, p. 37—44.

㊽轉引自解力夫：《縱橫捭闔——史達林》，世界知識出版社，1989年版，第446頁。

㊾有關西班牙內戰及佛朗哥獨裁政權的討論，參見：Guttman, Allen, *The Wound in the Heart,* 1962; Richardson, Dan R. *Comintern Army:The International Brigades and the Spainish Civil War,* 1982; Chilcote, Ronald H. et al. *Transitions from Dictatorship to Democracy.* New York:Taylor & Francis Inc., 1990.; *Souther Europe Transformed: Political & Economic Change in Greece, Italy, Portugal and Spain.* Harper & row, N.Y.:1984.

㊿Chilcote, Ronald H. et al, *Transitions from Dictatorship to*

Democracy. New York:Taylor & Francis Inc., 1990. p, 52.

㉛Henz, John H. *From Dictatorship to Democracy, Coping with the Lagacies of Authoritarianism and Totalitarianism.* Westport, Conn.:Greenwood Press, 1982, p. 78.

㉜Ibid., p. 125.

㉝Chilcote, Ronald H. et al. *Transitons from Dictatorship to Democracy.* New York:Taylor & Francis Inc., 1990, p. 2.

4

反思與超越：
革命獨裁與無產階級專政

對革命獨裁與無產階級專政，古往今來的是是非非評判臧否，事實上頗多歧見甚至是截然相反。究竟如何客觀地評價？本章將針對有關問題略事分析。

革命獨裁的涵義

　　對革命獨裁如何評價？如果只見「紅色恐怖」的一面，或僅言「歷史進步」的一面，怕「此亦一是非，彼亦一是非」，「公說公有理，婆說婆有理」，永遠得不到科學的結論來。為此，首先要界定「革命獨裁」，要弄清革命獨裁的涵義。誠然，這是一件艱難繁複的工作，但是，即使「上窮碧落下黃泉，兩處茫茫皆不見」，也要窮追不捨，深究其底蘊，以期廓清迷霧，認明真理。我們將循著「革命」的一般涵義——革命中權威的確立、革命獨裁的發展等的線索，漸次展開論談。

　　革命是指一個社會的政治制度、社會結構、領導體系、政治活動和政策及其主要的價值發生急促的、根本的和暴力性的內在改變。因此，革命有別於暴亂、叛亂、反抗、政變和獨立戰爭。政變只是改變領導權和政策；暴亂、叛亂可能改變政策、領導權、政治制度，但不改變社會結構和價值；獨立戰爭是一個社區要擺脫外國社區的統治，不一定要包括改變社區的社會結構。

　　亞里斯多德在其名著《政治學》第五卷中曾著重探討了國家政體變革的原因，其目的是為了防止社會革命的爆發，以挽救奴隸制的崩潰。亞里斯多德認為，就革命的途徑來說，任何一種社會革命的成功不憑武力就憑欺騙，或兩者交替使用。他的原話是：「革命的成功不出兩途，或由武力或由詐欺。武力有時用於革命的開始，也有在已發動了鬥爭之後，方才訴之於武力的。詐欺也可以在革命進行的兩個不同時期運用的。有時事件才開始就進行

詐欺。於是，大家同意革新制度；而權力落入改革派手中，他們一經掌握了實權，就不顧一切反對派的揭露和抗議，盡力抓緊機構而控制著局面。❶

按照西方理論界的普遍看法，革命發生的兩個先決條件是：一是政治制度已無能爲新的社會勢力在政治上，及新的優秀分子在政府上，提供參與的渠道；二是目前被排除在政治圈子之外的社會勢力渴望參與政治，這種願望通常由團體感覺到它需要獲得某種象徵的或物質的利益而引起，因此願望的達成只有在政治上施與相當的壓力。向上攀升的團體或期望甚殷的團體之出現，及僵硬不具彈性的政制是造成革命的基本因素。

「革命」具有現代化的特性。從歷史上看，世界上純粹自下而上的革命在1789年法國大革命爆發以前鮮有成功的例子。法國大革命建立起革命的知覺。它「擊碎了現代的意識，使得人們體會到革命是個事實，一個大革命可能發生在一個現代化的、進步的社會……」❷有的學者總結出兩點規律，即：

1.這種革命能夠迫使社會上層分子加入。
2.外來干涉打擊了本國政府的統治，否則純粹的自下而上的革命總是無法避免失敗的命運。❸只有到了19、20世紀，整個社會階層不斷分化，各階級之間的權力鬥爭更加激烈，眞正的自下而上的革命才有可能通過暴力革命的形式出現在歷史舞台上。

很多自下而上的革命都是二次革命，即當第一次革命成功後，掌權的社會上層忽視了人民的利益，人民又一次奮起抗爭，再次建立新的政權。

1494年，法蘭西國王查理八世的大軍越過阿爾卑斯山，侵入

義大利佛羅倫斯。當時的佛羅倫斯的統治者皮埃洛（Piero）不加抵抗就向法國投降。佛羅倫斯人民面對這種情況，自下而上地發動革命，趕走了皮埃洛，在多明我會的修士薩沃納羅拉（Girolamo Savonarola）領導下建立了共和政府。薩沃納羅拉極其仇視上流社會的腐化和奢華，這大概與他個人年輕時的苦難經歷和曾經受到過一位貴族小姐的感情傷害有關。由於薩沃納羅拉當政前是修道院的院長，因此他竭力建立神權統治，實行革命獨裁。薩沃納羅拉革命獨裁的特點之一是進行了激進的社會改革。在當政期間，他曾組織聲勢浩大的群眾遊行，並在佛羅倫斯的廣場上搭起一座巨大的8面金字塔，當眾焚燒從各地搜集來的上流社會的奢侈虛榮的用品，如：象棋、樸克牌、樂譜、笛子、吉他、假髮、眼鏡、香水、面具、雕塑，以及各種「傷風敗俗」的書籍。在他的統治下，昔日的賽馬、宴樂被禁止，華美的服裝、珠寶及藝術都成了窮奢極侈的象徵。這種獨裁顯然不符合文藝復興時期的整體精神。1498年，薩沃納羅拉與兩個弟子同時遭到貴族暗算，在佛羅倫斯市政廳前被當作「異端者」判處火刑。

　　16世紀的歐洲基督教改革運動是對神聖羅馬帝國以及天主教的抗議。1525年，德國中部和南部發生了農民起義，遭到政府的血腥鎮壓。起義雖然失敗，但它喚醒了各地人民的反抗意識。德國最發達的工業重鎮之一——明斯特的人民率先起來響應。反對宗教專制，提倡再浸禮運動。明斯特人民的鬥爭使信奉天主教的當政者大為恐慌，他們斥責再浸禮運動的「離經叛道」，派兵前去鎮壓。1534年，明斯特人民擊敗了政府軍，成立了自己的政權。新政權在立足未穩之際，實行革命獨裁統治。後來經常有人把16世紀明斯特人民的革命看成是1917年布爾什維克革命的先聲。其實，仔細考察這段歷史，我們可以發現：明斯特政權實行的很多

政策都是符合後來西方民主原則的。這次革命使《聖經》第一次被那麼多的普通大眾閱讀，以致《聖經》成為革命的指導手冊。明斯特政權成立後反對德國政府的鬥爭是異常艱苦的。當時，整個城市被孤立，男勞力嚴重不足，軍隊缺乏訓練，糧食供應緊張。在這種情況下，起義領袖詹·雷登（Jan Van Leiden）自立為國王，為了維持秩序，他採取了十分嚴厲的恐怖手段。值得一提的是雷登正式登基那天披了一件「自羅馬時代以來世人就不曾再見過的紫紅色包金大氅」，整個典禮豪華奢侈。但是表面上的光榮並不能解除政權面臨的危機。革命的獨裁對「叛徒」一律格殺勿論，包括獨裁者本人的妻子。破壞秩序的人被當眾絞死，連對待10歲的女孩也是如此。但是，在16世紀，歐洲統治階級的勢力仍然十分強大，他們不可能讓一個自下而上的革命取得成功。雷登和他的政權終於存在了短短的一個時期以後分崩離析。

一般來說，西方自下而上革命的第一個階段是舊王朝的崩潰。「革命並不是開始於新的勢力對政府的攻擊，而是開始於幾乎所有的積極與沉默的國民突然對於政府的存在不予承認。」舊政權崩潰之後，便是權威的真空。「革命者引起萬人矚目，並不像馬背上的強人，以勝利的陰謀者姿態出現在大庭廣眾的討論會上；而是像羞澀的小孩打開空屋，不敢確定那是空屋。」❹

與西方式革命引起的舊王朝崩潰後出現的無政府狀態相比，東方式自下而上的革命則有所不同，其明顯的特徵是「雙重權力」的延長：革命派擴展其政治參與和統治制度的範圍及權威；原政府在其他地區和時間仍然繼續行使其統治權。對比這兩種革命，杭廷頓曾經總結說，「以制度化和參與的兩個觀點看，西方式革命是從既存政府制度崩潰，到參與的擴大，再到新制度的建立，分三個階段進行。東方式的革命完全不同。政治參與的擴大

和新政府制度的建立同時進行，且革命領袖的崛起和舊制度的崩
潰是革命的結果而不是開始。在西方式的革命，革命從掌握首都
開始，然後擴展至鄉下。在東方式的革命不從中央、都市地區開
始，而從控制邊遠地區建立基地開始，經恐怖和宣傳獲得農人支
持，慢慢擴展其控制範圍，並逐漸升高軍事活動……最後再把力
量集中到戰場上將政府軍擊敗，並占領首都達到革命目的。」❺

歷史上，革命經常導致：傳統權威結構的恢復以及軍事獨裁
和武力的統治。新權威結構的建立，以反映由革命所產生政治體
系中權力總量及其分配的基本改變。查理二世和路易十八代表傳
統統治者與傳統權威結構的恢復；克倫威爾是軍事獨裁，企圖尋
找新的合法性基礎但遭到失敗；拿破崙是軍事獨裁，企圖建立新
的帝國王朝，並自軍事勝利、大眾愛戴和王朝神秘來樹立合法性，
他也失敗了。不論是哪一種後果，革命的根本問題都是政權問題。
從某種意義上說，不消滅舊的政權，就不可能消滅舊的社會關係
和建立新的社會制度。按照馬克思主義的觀點，「每一次革命都
破壞舊社會，所以它是社會的。每一次革命都推翻舊政權，所以
它具有政治性。」「……革命的政治精神就在於沒有政治地位的
階級，渴望著消除自己被排斥於國家和統治之外的這種孤立狀
態。」❻

革命獨裁的產生與發展

這一節，我們略述近現代革命獨裁的產生與發展的史實，從
中或可加深對革命獨裁涵義的認識。

法國大革命與巴黎公社

16－18世紀，法國封建貴族的勢力日益衰落，新興資產階級的力量逐漸強大。但是在政治上，法國仍是一個國王獨攬一切大權、直接掌握全國軍隊的君主專制國家。從1614－1783年的100多年中，法國沒有召開過一次三級會議，國家大事全都由國王做主，「朕即國家」、「法律出於我」成為專制制度的真實寫照。

1789年的法國大革命是封建專制制度在18世紀以後內部危機日益尖銳化的結果。這場革命經歷了三個階段：第一階段 (1789.7-1792.8) 是革命初期階段，可以稱為憲政時期。它是以攻打巴士底獄、農民起義、貴族逃亡、國民議會監督制訂憲法等一系列事件為標誌的。這個階段中，代表大資產階級和自由貴族利益的斐揚派 (即立憲派) 掌權，該派的代表人物有米拉波 (Gabkiel Milabeau，1749－1791) 和拉斐特 (Lafette，1757－1843) ，他們都是民主立憲政體的擁護者。

第二個階段 (1792.8－1793.5) ，由於立憲派對革命的背叛，巴黎人民舉行了第二次武裝起義。起義者逮捕了法國國王路易十六。1792年9月21日召開國民公會，驅逐立憲派，宣布法蘭西為共和國 (1792－1804年為第一共和國) ，政權由立憲派轉到吉倫特派手中。吉倫特派是先進的工商業資產階級利益的政治代表，因為該派的首領多來自於富裕的吉倫特郡 (Gilronte) 而得名。吉倫特派的主要代表人物是布里索 (Jacbues Pierre，Brissot，1754－1793) 。吉倫特派雖然主張廢除君主制，建立共和制，但是他們「只不過把人民當作一包可以用來炸毀巴士底獄的炸藥」，把人民當作工具使用，當作奴隸看待。面對逃亡在外的反革命貴族的反撲和國內經濟形勢的急劇惡化，吉倫特派不僅不能

挽救革命危機，反而利用手中的權力瘋狂地掠奪財富，謀求私利。軍事上的接連失利和人民生活的日益艱難使人民迫切期待形勢的好轉。於是，「戰爭革命強化了本次革命……使得它在國內更激烈，在國外更具長遠的影響力」。

第三個階段從1793年5月開始，巴黎人民舉行了第三次起義，腐敗無能的吉倫特派被迫辭職，布里索逃跑未遂，後被處死。代表中下層人民利益的雅各賓派上台，並於同年9月宣布成立共和政體。雅各賓派當政期間，其革命措施包括：

1. 羅伯斯比爾以盧梭的革命民主主義為指導，親自主持和制訂了1793年法國憲法，這部憲法雖然沒有能夠實施，但是它的內容逾今為止仍具有民主進步性。
2. 雅各賓政府頒布了土地法令，宣布廢除封建土地所有制，部分地滿足了農民對土地的要求。
3. 針對國內當時存在的投機倒把猖獗、普遍通貨膨脹的現象，雅各賓政府頒布了「普遍最高限價」的法令，懲罰了投機商人。
4. 最後，依靠人民群眾改組了公安委員會，實行了革命恐怖，鎮壓了吉倫特派的反革命叛亂，嚴懲了國內各革命復辟勢力的進攻，粉碎了歐洲各君主國的武裝干涉，普奧聯軍一步步地被趕出了法國，革命達到了最高潮。到1793年底，雅各賓政權獲得暫時的穩定。

1793年底是雅各賓派當權的重要轉折時期。為了防範領導階層的分裂，繼續執行戰時經濟政策來保證國家安全，激進的雅各賓派採取了某些嚴厲措施，實行革命獨裁。羅伯斯比爾相信在特定的歷史條件下，採取有力的恐怖政策可以挽救革命，並鞏固革

命的成果。「在一次革命中，政府的權力來源於美德和恐怖統治。沒有恐怖的美德將是一場災難，沒有美德的恐怖又會蒼白無力。但是恐怖恰恰意味著敏捷、嚴厲和不屈不撓的正義。」❼

對法國大革命中雅各賓派的歷史作用，中外史學界看法不一。這本身與後來雅各賓派的內部分裂有關。在革命高漲時，雅各賓派主要領導人錯誤地把革命的暫時勝利看成是革命的終結，他們對廣大人民特別是貧民關於土地的要求不再考慮，同時對領導階層內部反對力量派採取鎮壓的作法，施以嚴厲打擊。例如，賀伯特（Jacques Hebert）、丹東等人在清洗擴大化中紛紛遭到處決，信奉「革命需要人民的熱情，但革命無法相信大眾的智慧」哲學的理論家馬拉（Marat）也因為傾向於君主專制而遭到排擠和暗殺。❽在這種混亂的情況下，熱月黨人在1794年7月發動反革命政變，陷於孤立的雅各賓派政權立即被推翻，羅伯斯比爾與其他領導人下台並被判處死刑。

羅伯斯比爾的死一直是許多學者熱衷於研究的一個歷史之迷。因為就在下台以前，他剛剛指揮革命軍隊取得了一連串巨大的軍事勝利，法國很多城市被革命軍收復，反革命武裝損失慘重。羅伯斯比爾死後革命形勢一天天惡化。原來的雅各賓派專政是「人民專政」。但是雅各賓派下台後，人民專政却逐漸為政黨專政取代，民族主義成為驅策法國政治前進的強大動力。這種傾向加上人民對穩定政府的渴望，終於導致拿破崙專制政體的形成。

重新回顧法國大革命的歷史進程，我們發現，這場革命一方面從根本上推翻了統治法國達1000年之久的封建制度，從而徹底動搖了整個落後的、專制的、君主的、半封建的歐洲；另一方面，革命派對恐怖暴力手段的迷戀又為獨裁政治研究增添了一個非常敏感的重大課題——革命獨裁及其評價。

　　如果把法國大革命看成是資產階級反對封建專制的一顆重磅炸彈，那麼一個世紀以後的法國巴黎公社運動則標誌著世界歷史進程中資產階級革命時期的結束和無產階級革命時期的開始。

　　巴黎公社運動的爆發有兩個最主要的原因，一個是18世紀中下葉的法國內憂外患加深，資本主義的發展遭受巨大挫折，而第二帝國的統治又使各種社會矛盾日益激化，全面的危機爲巴黎公社革命的爆發準備了客觀歷史前提；另一個原因是當時的法國無產階級力量壯大，一大批具有領導能力的鬥爭領袖人物紛紛湧現出來，成爲法國歷史上舉足輕重的力量。這是巴黎公社革命得以發生的主觀歷史條件。

　　巴黎公社運動在革命獨裁研究中是一個值得深入探討的經典課題，其主要原因是：

1. 從某種程度上說，巴黎公社不僅是法國歷史也是世界歷史的一大轉折，它使從封建主義向資本主義過渡的歷史進程，開始過渡到無產階級革命的歷史進程。

2. 巴黎公社的革命實踐成爲發展無產階級專政學說的重要泉源。馬克思1871年6月3日完成的《法蘭西內戰》，恩格斯1891年爲《法蘭西內戰》寫的導言，列寧1917年寫的《國家與革命》等一系列重要著作，都總結了巴黎公社的經驗，提出了無產階級革命和無產階級專政的理論。

　　西方學者認爲巴黎公社不是完全的共產主義運動，甚至不是社會主義運動。當時由於沒有馬克思主義政黨的領導，參加公社革命有不同政治派別，包括：蒲魯東主義、布朗基主義、新雅各賓主義的人們不可能完全擺脫他們原來的思想信仰的影響。從這個意義上說，馬克思主義尚未在工人運動中取得統治地位，歷史

上還沒有一個以馬克思主義爲指導思想的無產階級革命黨。

法國大革命和巴黎公社孕育革命獨裁的搖籃；他們就像暴風驟雨來臨前的前兆，預示了革命獨裁在未來必有極大的發展。

十月革命與社會主義的困惑

1917年11月7日，列寧領導的俄國布爾什維克黨以城市無產階級爲主力，成功地舉行了武裝起義，推翻了以社會革命黨人克倫斯基爲首的聯合臨時政府，取消了孟什維克黨，建立了無產階級專政。十月革命成功的當天，布爾什維克黨頒布了《告俄國公民書》，宣佈俄國政權已經掌握在俄國工人、士兵、農民自己手裡。第2天，新政府又頒布《土地法令》，農民獲得了1億5千萬俄畝的土地。1918年3月召開的第7次黨的代表大會，決定將「俄國社會民主工黨」改名爲「俄國共產黨（布）」，並將首都從彼得堡遷往莫斯科。

關於十月革命的意義，杭廷頓有兩段較爲客觀的說明：

「在布爾什維克革命之前，沒有一個革命在政治意義上是完整的，因爲沒有一位革命領袖曾建立一個可以解釋如何把擴大的政治參與組織起來，並使之制度化的理論，因此正是革命的本質。列寧解決了這個問題，因而樹立了20世紀最具意義的政治創新之一。」

「列寧主義是一種政治發展理論。它涉及政治動員的根據，政治制度化的方法，以及公共秩序的基礎。……比起絕對王權，政黨應是一個更具彈性和基礎雄厚的制度，更能擔負現代化的工作……這就是爲何列寧的政治發展理論，對亞、非、拉丁美洲國家現代化頗能產生作用的基本原因」。❾

在肯定十月革命是一個完整的政治革命之後，還必須探討關

於十月革命的歷史作用及其對革命獨裁理論的影響。這至少包括下列基本問題，即關於十月革命與馬克思主義關於革命的經濟條件問題；關於十月革命後建立的政體問題；關於革命專政與革命恐怖的問題；關於意識形態及對社會生活的控制問題；關於國家公有制基礎之上中央計劃經濟發展問題等等。

下面我們分別加以論述。

十月革命與馬克思主義關於革命的經濟條件問題　恩格斯在論述俄國的社會革命時指出：「現代社會主義力圖實現的變革，簡言之就是無產階級戰勝資產階級，以及通過消滅任何階級差別來建立新的社會組織。為此，不但需要有能實現這個變革的無產階級，而且還需要有使社會生產力發展到能夠徹底消滅階級差別的資產階級。」這也就是說明「資產階級例如無產階級本身一樣重要，也是社會主義革命的一個先決條件。」❿

在這個問題上，現代西方學者對列寧的批判主要集中在以下兩點：

1. 十月革命使馬克思主義根本變質。馬克思主義堅持社會革命只有在工業高度發達的前提下才能進行，列寧卻把馬克思主義和貧窮的、落後的、封建的國家結合，這就使馬克思主義理念上的現代性不見了，成為落後國家政治強人的奪權武器。

2. 列寧為奪權而奪權。持此觀點的理由是，布爾什維克掌握權力以後實行了「戰時共產主義」，後改為「新經濟政策」。但才實行了一年，列寧就在1922年3月27日俄共（布）第11次代表大會上作政治報告說：「我們退却已經一年了。現在我們應當代表黨來說：已經夠了！退却所要

達到的目的已經達到了。這個時期就要結束，或者說已經結束。」列寧並沒有眞正有意識地發展國家資本主義，利用主義經濟關係來發展社會經濟，使生產力發展到很高的水平。奪取權力成爲唯一的目的。❶

十月革命後建立的政體問題　馬克思認爲：「中央集權國家機器，最初是在君主專制時代創造出來的。」❷而列寧建立的中央集權政體，完全背離了馬恩的最初設想。這種看法的依據是：

1.中央集權在歷史上是一切專制主義的政制形式。
2.一黨專政的危害性。

在1919年布爾什維克黨同其他政黨合作的嘗試失敗以後，社會革命黨人和孟什維克詆毀布爾什維克黨是「一黨專政」。對此，列寧回擊說：「當有人責備我們是一黨專政，……我們就說：『是的，是一黨專政！我們所依靠的就是一黨專政，而且我們絕不能離開這個基地；因爲這個黨是在幾十年內爭得了整個工廠無產階級和工業無產階級的先鋒隊地位的黨。……只有這個黨才能領導工人階級去深刻地、根本地改變舊社會』。」❸列寧多次強調，實行專政的是受共產黨領導的工人階級，而黨的基本領導方法，無論是對工人階級還是對黨員群衆，都是說服的方法。「黨專政」這種提法在實踐中是極端危險和極爲有害的，在理論上，是同馬克思列寧主義關於共產黨是無產階級專政體系中的領導力量的學說絕對不相容的。列寧借用「黨專政」一詞說明布爾什維克黨必須實行一黨領導國家的方針，這一點布爾什維克黨不準備作絲毫讓步。

列寧過分強調「民主共和制、立憲議會、全民選舉等等，實

際上是資產階級專政」。❶❹他在實行「委任制」時又特別強調布
爾什維克黨的作用而忽視法治。比如，馬克思和恩格斯雖然認為
資產階級的法律是維護資產階級利益的上層建築，反映了資產階
級的觀念，但是對於資產階級的民主和選舉形式，如：「全民選
舉」，並沒有全盤否定，反而盛贊美國的「省自治」。對於巴黎
公社，馬恩也主張「公社必須由各區全民投票選舉出的城市代表
組成……這些城市代表對選民負責，隨時可以撤換」。❶❺列寧認
為，「共產黨必須按照高度集中的方式組織起來，像黨內實行鐵
的軍事紀律，黨的中央機關必須具有廣泛的權力，得到全體黨員
的普遍信任，成為一個有權威的機構。」❶❻「無產階級革命專政
……是不受任何法律約束的政權。」❶❼這種觀點到後來被史達林
片面誇大，他在理論上肯定「一個黨的領導（這個黨不與其他政
黨而且不能與其他政黨分掌這種領導權）是無產階級專政的基本
條件。」❶❽「無產階級專政只有由一個黨，由共產黨來領導，才能
成為完全的專政，共產黨不和而且不應該和其他政黨分掌領導。」
❶❾「幾個政黨，也就是政黨自由，只有在有利益敵對而不可調和的
對抗階級的社會裡，……才會存在。」「在蘇聯只有兩個階級，
即工人和農民，這兩個階級的利益不僅不彼此敵對，相反地，是
互相友愛的。所以，在蘇聯也就沒有幾個政黨存在的基礎，也就
是說沒有這些政黨自由的基礎。」❷⓿

更應當批判的是，在史達林時代，以黨代政、以黨代法、黨
大於法、權大於法的現象越來越嚴重，權力名義上高度集中在黨
的手裡，實際上是集中在史達林一個人的手裡。大大小小的「史
達林」們由「黨的公僕」變成了黨的主人。這種國家的黨化（黨
治制）和共產黨的行政化，表現在社會的每一個基層、每一個單
位，都有黨組織，黨中央和地方黨組織控制各種非黨的縱向政治

系統，如：政府、蘇維埃、法院、社會團體等等，執政黨政府化、企業化了，從「領導」變成「包辦」。

　　關於革命專政與革命恐怖的問題　列寧強調：「只有承認階級鬥爭，同時也承認無產階級專政的人，才是馬克思主義者。」只有懂得一個階級的專政「不僅對推翻了資產階級的無產階級是必要的，而且對介於資本主義和『無產社會』，即共產主義之間的整整一個歷史時期都是必要的，──只有懂得這一點的人，才算掌握了馬克思主義國家學說的實質。」❷❶他在1917年寫的《國家與革命》等著作中，把無產階級專政定義爲無產階級一個階級的、不與人分享的、直接的憑藉暴力的專政。

　　蘇聯70多年社會主義實踐中犯下的一個致命錯誤，即政治路線和政見的分歧，權力的確立和轉移，利益的分配，很難通過和平民主程序去解決；相反，權力高層常常發生流血鬥爭。1922年，列寧曾在他的「政治遺囑」中提醒蘇共黨代表大會，他說：「史達林同志當了總書記，掌握了無限的權力，他能不能永遠十分謹慎地使用這一權力，我沒有把握。」「……史達林粗暴，這個缺點在我們中間，在我們共產黨人的來往中是完全容忍的，但是在總書記的職位上便是不可容忍了。因此，我建議同志們想個辦法把史達林從這個位置上調開，另外指定一個人擔任總書記，這個人在各方面同史達林一樣，只是有一點強過他，就是更有耐心、更忠順、更和藹、更關心同志，少任性等等。」❷❷但在當時，史達林自己的種種藉口和理由來辯解自己的獨斷專行。1923年4月蘇共十二大會上，史達林對一個要求在黨內有更多討論自由的批評者說：「黨不是辯論會。俄國正處在帝國主義豺狼的包圍之中，而在兩萬個黨的基層組織中討論一切重要問題，就會把我們手中的牌都攤在敵人面前。」大會以後，持不同政見者聚衆抗議時，

遭到政治警察的逮捕。從那以後，每當「民主自由」與國家安全的概念之間發生衝突時，史達林總是將安全列在自由前面。

　　從1923年列寧病危，到聯共於1930年公布16大文件，史達林經過一系列黨內鬥爭的風浪，逐個擊敗了黨內的反對派，建立了自己的「家長制」。1927年12月，黨的第15次代表大會竟宣稱「附和反對派是與黨籍不相容的」。到這時為止，只有史達林的理論和政策，才是「完全正確」、「代表人民的最高利益」的，人民只有服從「慈父」史達林的意志，才符合「黨的利益」和蘇聯最高國家利益。在以後一段時期內，由於缺乏權力制衡，史達林製造了共青團中央書記加薩繆夫的「共青團反黨集團」事件以及所謂的醫生案件、列寧格勒案件等，當時許多聯共中央和蘇聯國家領導人如：伏羅希洛夫、卡岡諾維奇、莫洛托夫等顯要，都受到牽連。莫洛托夫的夫人好幾次被逮捕，莫洛托夫本人不得不表示沈默。卡岡諾維奇的兩位兄弟——擔任蘇聯貿易部領導職位的弟弟尤里被捕後遭到秘密處決，擔任軍火工業部部長、以後又擔任飛機工業製造部部長的哥哥米哈伊爾則拒捕自殺。史達林妻子納佳的弟弟阿利盧耶夫也在1939年肅反高潮中被貝利亞秘密「解決」，到了40年代，連史達林的母親也遭到逮捕（是否為史達林同意，不得而知，據說史達林的母親有猶太人的血統），史達林的其他親戚也幾乎全數被捕。貝利亞按照史達林定出的逮捕標準，快要牽連到連史達林本人也要被逮捕了，肅反運動才戛然而止。

　　據蘇聯《在國外》周刊1988年第22期披露，大清洗中蘇聯五名元帥被殺了3個，15名集團軍司令中被整肅了13名，85名方面軍司令中被整掉了57名，195名師長中只剩下85名，406名旅長中剩下186名。這家雜誌說：「根據可靠史料，史達林在1937—1938年

底肅反運動中，處死了近35,000名紅軍指揮官。」赫魯雪夫在蘇共
20大上的報告中披露，在第17次代表大會上選出的139名正式和候
補委員中，被逮捕和遭槍決的有98人即百分之七十；在代表大會
有表決權和發言權的1,966名代表中，被指控犯有「反革命」罪而
遭逮捕的有1,108人，占一半以上。被指控因背叛祖國和反黨活動
罪而遭到鎮壓的數萬名軍官完全是沒有任何根據的。他們之中沒
有一個人是人民和黨的敵人，沒有一個人企圖推翻政府，更沒有
一個人像史達林的保安機關所斷言的那樣「爲德國間諜機關服
務」。所謂轟動一時的「軍官反黨事件」完全是史達林獨裁專斷
的結果。當時的烏克蘭共和國共有中央委員和候補中央委員102
名，除一位掛空銜的烏克蘭蘇維埃主席團主席比德羅夫斯基以外
（但也失去了一個兒子），只有兩名候補委員倖免於難，其餘的
黨、政、軍首腦和保安部門的幹部統統被殺掉。除了烏克蘭最顯
要的軍人、基輔軍區司令亞基爾大將是在1937年6月12日同圖哈切
夫斯基元帥以及六名將軍同時被槍斃之外，其餘的人——上至烏
克蘭黨中央第一書記及其中央書記，烏克蘭總理及副總理同政府
全體17名閣員，烏克蘭17個州的州委第一書記連同他們的書記們
統統被消滅了，而執行這一任務的就是後來繼承史達林職務的赫
魯雪夫。

　　對於肅反，史達林在後來1937年代表聯共中央作的《論黨的
工作缺點和消滅托洛斯基兩面派及其他兩面派的辦法》的報告
中，給自己的大規模恐怖政策尋找到了「充足的理論根據」。他
的觀點是：「隨著社會主義的深入進展，階級鬥爭愈來愈尖銳。」
史達林還說，歷史是這樣教導我們的，列寧是這樣教導我們的。
事實上，史達林的肅反擴大化造成了諸多冤假錯案和極爲恐怖的
政治局面。

史達林震驚世界的肅反運動持續了4年之久。1933年，蘇共黨員和預備黨員的人數為350多萬。1935年5月，即在基洛夫被刺後幾個月時的中央委員會，在史達林授意下命令重新審查所有黨證。到1937年1月為止，正式黨員和預備黨員的人數下降到200萬以下。在3年時間內，有150多萬正式黨員和預備黨員遭到了清洗。不僅如此，史達林還把權力伸入東歐各國。捷克斯洛伐克共產黨總書記斯蘭斯基（Slansky）的審判、匈牙利中央委員大冤案，都是史達林為維護所謂的「權威」而製造出來的。1956年，東歐掀起「社會生活民主化」的運動，波蘭統一工人黨（波蘭共產黨）的領袖哥穆爾卡非常沈痛地說：

「我不想過多地回顧過去那種個人崇拜體系統治的歷史。它違反了民主原則與法則。正是在這樣一個體系中，人性與良心被泯滅了，人們被踐踏著，污辱了他們的尊嚴。」

在波蘭也發生了這種悲慘的事實，當時有一些無辜的人被弄死了。另有許多人（包括共產黨人）也被監禁了許多年。許多人遭受殘暴的酷刑。恐怖和道德敗壞的現象盛行。❷③革命專政與革命恐怖問題，是西方和某些民主社會主義者一直批判蘇聯社會主義革命建設的主要問題。他們認為，鑑於許多社會主義國家在歷史上都曾經犯下階級鬥爭擴大化的失誤，因此，所謂無產階級專政實際上是一種代替了階級專政的「黨專政」，是違反人道主義不民主的恐怖制度。在今天人類社會生活中，這種「黨專政」或無產階級專政必須被徹底取消，「民主」應當成為「高於一切的」價值標準。按照這種邏輯推理，「民主與自由是人類文明偉大的價值觀」，「民主」社會主義應當是一般民主的全人類的理想和價值觀的體現者和捍衛者。它不再是人類社會矛盾運動的必然產物，而是人道主義、自由、平等等人類理性和倫理原則的實

現，是全面人權、人的尊嚴的實現。

關於意識形態以及對社會生活的控制問題　列寧在《黨的組織關係和黨的文學》一文中談到，要「打倒無黨性的文學家！打倒超人的文學家！」文學事業應當成爲無產階級事業的一部分，成爲統一的、偉大的、由整個工人階級所開動的社會民主主義機器的「齒輪和螺絲釘」……報紙應當成爲各個黨組織的機關報；文學家一定要參加黨的組織；出版社和書庫、書店和閱覽室、圖書館和各種書報營業所，這一切都應當成爲黨的機構。蘇維埃對文學的控制，只是對意識形態以及對社會生活控制的一個方面。

「一種思想，一個主義」是造成後來社會主義思想僵化、政治上萬馬齊瘖局面的根本原因，也是史達林實行的「國家社會主義」的理論基石。在這種條件下，整個社會國家化、軍事化，國家無所不包地管理或干預全部社會事務。社會自治的領域很小，而政府不僅機構龐雜，而且除管理社會一切公共事務之外，還干預社會生活直至私人生活的各個方面。

對意識形態和社會生活的控制使蘇聯國內人際關係依附化畸形發展，除了一個或少數幾個人權力不受任何限制，人民在社會上沒有獨立人格，多種複雜的組織人事制度、社會福利制度、對全體公民的偵察監督制度等，將人民對黨和國家的依附關係制度化。到了20世紀80年代中期，蘇聯當局每年還要採集54—60億項數據，公民却完全沒有知情權。在實行範圍極寬的保密制度的同時，政府也沒有適時解密和建立一種供公民利用信息的制度。這種管理神秘化和信息封閉成爲愚民統治的重要手段。

關於國家公有制基礎上的中央計劃經濟發展問題　蘇聯社會主義經濟建設的一個十分突出的現象，就是全社會像商品拜

佛教一樣崇拜計劃，又不像商品經濟條件下一樣可以自由競爭，因此，社會缺乏活力。短期來看，人民生活和某些經濟部門發展迅速，但是從長遠利益考慮，國家所有製造成了巨大浪費，有計劃按比例的設想反過來造成了經濟部門的結構失調。

有一種見解認爲對於社會主義制度，即使是對最典型的「史達林模式」，也要採取一分爲二的態度。其主要觀點是：

1. 在經濟領域，「史達林模式」在特定的歷史條件下不僅可以理解，甚至在某種程度上也是必要的。就蘇聯和中國而論，當新生的、未充分鞏固的社會主義政權在本國工業發展水平低下、國土遼闊而經濟資源分散又面臨嚴峻的國際形勢之際，通過在社會、經濟領域實行極高程度的中央集權，使全國勁往一處使，擰成一股力量，迅速推進工業現代化，是十分必要的。儘管付出了慘重的代價，但成效是顯著的。否則就無法解釋，在二次大戰中，蘇聯主要憑自己的力量，竟能打敗動員了幾乎整個歐洲大陸工業資源的希特勒德國的全面進攻，並在戰後迅速成爲可以與美國抗衡的超級大國。在「文化大革命」前的中國，以類似方式進行的工業化，儘管歷盡挫折，但總體來說不能算是失敗，其工業發展速度與一般發展中國家相比不能說是慢的。

2. 史達林模式即使在經濟領域從一開始就有嚴重的缺陷。如果說，在戰爭和軍事、政治激烈對抗的年代裡，這些缺陷還不明顯或還能容忍的話，那麼在相對和平的年代，它們就越來越變得具有破壞性，而到了非改革不可的地步。

上述觀點看似客觀，但筆者覺得正是這種一分爲二式的含糊不清容易給人們的思想造成巨大的混亂。最簡單了當的批判是：

1. 從國家發展的角度來說，政治和經濟應當是同步發展的。管理國家是一項綜合複雜的社會工程，我們很難把一個經濟發達但政治獨裁的國家稱為真正的民主國家。況且，一個國家社會經濟水平發達與否，絕不能單純看它的經濟發展速度。蘇聯所走的重工輕農的經濟發展程序所得的是一段時間的高速度，但也為此付出了巨大的代價。畸形高速度不僅犧牲了人民的消費水平，而且造成了價格畸形、商品經濟落後以及國民經濟水平的總體提高。所以，以高速度這單一指標來標明社會主義的優越性，不是什麼一分為二的客觀分析，倒是一葉障目式的短見乏識。

2. 從人民權利保障角度來看，這種觀點實際上肯定了一種錯誤的認識，即一個國家要想取得迅速的發展，必須在短期或較長一段時期內採取軍事化或半軍事化集權政策，犧牲人民的基本人權。這種論調使人產生種種誤解，以為經濟發展必定要以犧牲人民利益為代價，在資源有限的條件下，國家為高速發展社會經濟必須採取一些迫不得已的措施。其實，這不僅沒有理解有關經濟運行的基本規律，把社會需求的削減看成是促進國民經濟發展的靈丹妙藥，而且在根本上錯誤地理解了社會生產的目的以及國家與人民之間的關係，視社會不平等現象為社會經濟發展的必然結果，把對人民的公民權和政治權的限制看成是國家發展的前提條件。

一些研究獨裁政治的西方學者常把史達林主義與希特勒第三帝國和墨索里尼法西斯政權、日本軍國主義相提並論。他們認為史達林是人類歷史上出現的一個典型的「紅色暴君」，與歷史上

眾多的獨裁者並無太大區別。

　　約瑟夫・維薩里昂諾維奇・朱加施維里（史達林）1879年12月21日誕生於格魯吉亞哥里城一個貧苦的農民家庭。他的父親是一個鞋匠，母親是一個農奴的女兒。從1896年起，史達林就開始從事反沙皇專制的革命鬥爭，其後數度被逮捕流放，但他與反動政府進行了不屈不撓的鬥爭。1917年10月，史達林協助列寧領導了武裝起義。革命成功後被選為全俄中央執行委員會委員，並被批准為民族事務人民委員。1922年，蘇共中央根據列寧的提議，選擇史達林為黨中央委員會的總書記。這是史達林獨裁統治形成的開始。

　　西方輿論從史達林個性的各個方面探討了史達林主義形成的原因。其中特別提到：

1. 史達林貪得無厭的權力慾。用布哈林和加米涅夫的話說，史達林是一個不講原則的「陰謀家」，「世界上的一切，全部都要服從他的權力慾……」史達林自己也說：「盯住敵人，仔細研究實施打擊的每一個細節，為這不可避免的復仇開心一番，然後休息休息，嗨，還有什麼能比做這事更快樂呢？」❷❹

2. 史達林個人生活中的挫折。史達林妻子納加在1932年11月18日的開槍自殺極大地震動了史達林，這件事對他來說是一個可怕的心理打擊。他不能理解為什麼「最親密和忠誠的朋友」也「毀滅性地背叛」了自己。他在舉行向納加遺體告別的儀式上一反常態，走近棺木站了一會兒，然後突然用雙手推開棺木，大怒離去。他一直認為她是作為一個反對他的持不同政見者自殺的，因此，他從不到新聖母公

墓看妻子的墳。西方輿論據此推測，史達林在承受這種重
大打擊之後，猜忌、獨裁的性格進一步發展，他失去對同
志、對朋友的信任，相信一切現行的或潛在的反對派必須
根除和摧毀。

3. 史達林的肅反與其說是出於一種內心的殘酷和對權力的慾
望，不如說是出於一種更新幹部隊伍的考慮。史達林對缺
乏文化知識而又占據領導崗位的工農兵幹部是極端不滿
的。1928年5月，史達林有一篇講話說：「我國無論在農業
方面或工業方面，願意參加建設和領導建設的人有的是，
會建設和會領導的人則少得不像話。相反地，我們在這方
面是非常無知的。不但如此，我們還決心歌頌我們沒有文
化。如果你不識字或常寫錯字，並以落後自誇，那你就是
『產業工人』，你就得到了榮譽和尊敬。如果你擺脫了沒
有文化的狀況，認識了字，掌握了科學，那你就不是自己
人了，你『脫離』了群眾，不再是工人階級了。我認為不
消除這種野蠻和不文明的現象，不消除對待科學家和有文
化的人的野蠻態度，我們就一步也不能前進。如果工人階
級不能擺脫沒有文化的狀況，如果它不能造就自己的知識
分子，如果它不掌握科學，不善於根據科學的原則來管理
經濟，那它就不能真正成為國家的主人。」㉕有人根據上
述言論，史達林擴大肅反有一種明顯的意圖即通過對老幹
部的殘酷屠殺來更新幹部隊伍。事實上，史達林本人對辦
教育非常重視。他對知識分子一直給予高薪和特權，在國
家最困難的情況下還興辦了許多中等技術學校和高等工業
學院。後來不少年輕幹部都被送到各級學校去念書或進
修。

在歷史上，史達林是一個悲劇型的政治人物。1956年，赫魯雪夫在蘇共20大上首次提出史達林的個人迷信問題，譴責他濫用職權、個人獨裁。作爲犯有嚴重「罪行」的人，連史達林的遺體也被移出莫斯科紅場，焚屍揚灰。赫魯雪夫在60年代中下台後，蘇聯當局在一定程度上修正了對史達林的看法，莫斯科紅場還專門樹立了史達林的半身雕像。到了80年代後半期，關於史達林的爭論再度興起。戈巴契夫在1987年10月革命節的報告中提出，要「對十月革命以後70年來所作的一切進行嚴肅認眞和有根據的分析」，「要站在歷史眞實的立場上，既看到史達林在爭取社會主義、捍衛其成果方面無可懷疑的貢獻，也要看到他及周圍的人犯的粗暴政治錯誤和專橫行爲使人民付出的巨大代價，對社會主義產生的嚴重後果。」❷❻

但今天，史達林（甚至包括列寧）都成了被徹底否定的對象，被說成是造成前蘇聯70年社會主義實踐中一切過錯的罪人。

從1917年到1991年，蘇聯這個國家就像一顆耀眼發光的慧星，橫掃過人類歷史的天空。它的出現和殞落，都帶有強烈的戲劇色彩。社會主義在蘇聯的歷史實踐表明，到目前爲止，我們還不能在人類20世紀政治坐標體系中確定這顆慧星的軌道。

與此相應，要正確評價史達林及史達林主義也是很不容易的。簡單的否定或肯定都會導致社會主義在將來再次誤入歧途。史達林領導蘇聯近30年，走過了蘇聯歷史上一段最艱難曲折的道路，一切成就和失敗都和他聯繫在一起。所以，他不單是一個人，還代表著一個時代，甚至曾經是一種社會制度的化身。要從這個高度認識，庶幾才能得到正確的結論。

當代其他社會主義國家的具體實踐

　　史達林把革命獨裁實踐扭曲到了令人髮指、難以置信的地步。其流毒影響深遠，花樣越來越新。這可以從某些其他打著社會民主旗號的國家裡找到證據。我們先來看一看戰後社會主義陣營產生與發展的一般概況，然後看一看革命獨裁實踐的扭曲在某些國家中的表現。

　　第二次世界大戰結束後，蘇聯人民以極高的愛國主義熱情投入戰後建設。1951年，蘇聯的工業產量比1929年增加了12.7倍，而同一時期美國只增加了2倍，英國增加了1.6倍，法國增加了1.04倍。❷戰後初期，蘇聯的科學技術也有了巨大的發展，1954年蘇聯建成了世界上第一座原子能發電站。1957年，蘇聯先於美國成功地發射了第一顆人造地球衛星，4年後，蘇聯又使世界上第一個宇航員成功上天。在那麼短的時期裡，蘇聯經濟實力一下子躍升到世界第二位，成爲很多第三世界國家嚮往、仰慕的典範。在蘇聯的帶動下，歐洲的波蘭、捷克、匈牙利、保加利亞、羅馬尼亞、南斯拉夫、阿爾巴尼亞和民主德國，亞洲的中國、蒙古、朝鮮北部等10多個國家相繼走上了社會主義道路。

　　車爾尼雪夫曾經說過，「歷史的道路不是涅瓦大街上筆直的人行道」。綜觀戰後40多年來社會主義國家的歷史實踐，可以說，社會主義國家和國際共產主義運動已經在實踐中遭受到巨大的失敗。特別是從50年代中期開始，社會主義陣營分化瓦解，先後出現波匈事件、蘇聯出兵捷克、蘇聯支持越南入侵柬埔寨、蘇聯武裝占領阿富汗以及中國發生大躍進、「文化大革命」等事件，社會主義在國際上聲譽大爲下降。到了80年代末90年代初，國際共產主義運動更是落入谷底。蘇聯——這個曾經在國際舞台上與美國並駕齊驅的龐大帝國兀然失踪，隨之而來的巨大震盪又使國際體系發生重大變化，全球進入二次世界大戰後最大規模的一次重

劃政治地圖的歷史階段中。列寧在70多年前曾經說過，「我們還不能闡述社會主義的特徵」，「我們現在還不知道完全的社會主義將是個什麼樣子」。❷❽70多年後的今天，社會主義的革命實踐非但沒有解決這個問題，還使世界人民加重迷惘。在許多人看來，社會主義至今還在黑暗的隧道中摸索爬行，要想跟上時代的發展，社會主義必須轉軌到經濟市場化、政治多黨化的道路上來。對這種觀點，我們應當進行更詳細的分析。

　　從獨裁研究的角度看，社會主義民主旗號越揚越高，而不少國家出現了個人獨裁專制越來越變本加厲的現象。同時，這些獨裁專制國家大多實行閉關自守政策，社會利益和思想文化一元化。例如，有「歐洲社會主義明燈」之稱的阿爾巴尼亞共產黨曾長期實行一種類似史達林式的統治。被譽爲勇敢的「山地之鷹」的阿爾巴尼亞人民一直生活在獨裁統治之下。霍查死後，阿利亞繼任黨和國家元首，試圖在政治經濟方面進行某些改革，改變國家一窮二白的面貌。但是由於霍查遺孀奈米亞（Najmia）垂簾聽政，不管人民生活多麼貧窮，她却依舊大量出版霍查著作，將一切來自社會主義世界的改革信息視爲洪水猛獸，大肆批判「資本主義的改革和資產階級改良主義的主張」，對內對外層層封鎖，不許人民擁有一點兒民主自由。直到80年代末90年代初，阿爾巴尼亞國內漫山遍野依舊是軍隊的明碉暗堡，高射機槍無所不在。國內政治生活沒有任何生機，全國300萬人口中竟有10萬人被當作政治犯關壓在集中營。更有甚者，1989年有3個計劃逃亡南斯拉夫的人被慘無人道地活活釘在十字架上遊街示衆，這在當今文明世紀，實在是前所未聞的殘暴行爲。❷❾

　　齊奧賽斯庫統治下的羅馬尼亞可以稱之爲另一種形式的法西斯獨裁。對於這個問題，應該實事求是地打破禁忌，作出正確的

是非判斷。

羅馬尼亞在齊奧塞斯庫的統治時期裡，個人專斷和個人迷信盛極一時。當時，齊奧塞斯庫夫婦的行為幾乎成了羅馬尼亞人民的唯一新聞來源。到處是他們的著作、報告、照片。博物館裡有他們的專館。每次齊奧塞斯庫演講，聽眾必須多次起立鼓掌，高呼萬歲。不但到處有「齊奧塞斯庫萬歲」的標語，而且建造在大的建築物上。為了建造個人紀念碑，他命令把布加勒斯特舊城中心的大片地區拆除，造起了宏偉的「共和國宮」。齊奧塞斯庫本人被黨內稱為「思想的多瑙河」、「喀爾巴阡山的天才」。他不但大搞獨裁，還大搞「族閥主義」（nepotism）。他的夫人艾萊娜（Elena）是前總理，戴上了「當代最偉大的科學家」的頭盔；他的三個兄弟都擔任高級官員；他的兒子尼古（Nicu）是德蘭雪凡尼亞（Transylvania）區單位黨委書記，並被指定為接班人；他的母親原來是一個普通的農村婦女，在兒子當政期間，她住在豪華的宮殿庭園中，盡享榮華富貴。長期的農村生活使她不習慣乘坐現代交通工具，齊奧塞斯庫就專門派人在這些庭園中飼養了她喜歡的毛驢，每次出門走動，都有大批保鏢前呼後擁，光怪陸離、不倫不類。

對待自己親人，齊奧塞斯庫可以說是恨不能「一人得道，雞犬升天」；對待百姓，他却一步也離不開嚴苛的警察統治。全國76萬安全警察，實際上是他的御林軍。這些秘密警察無惡不作，令人深惡痛絕。當時，羅馬尼亞曾流行一則笑話，諷刺生活中的秘密警察即使在釣魚這樣的小事上也忘不了濫施暴虐，大發淫威。他們在釣到一條魚後便「啪啪」打它幾個嘴巴，然後進行嚴刑拷問：「說，其他的魚在哪裡？」這種羅馬尼亞現實生活中經常出現的鏡頭一旦被人們用辛辣的言語表現出來，便會引發人們

含笑的眼淚。1987年布拉索夫（Buranson）罷工，組織者全部被逮捕繼而失踪。知識分子、作家、官員如批評政府便要遭到失業、軟禁或投入神經病院，甚至申請出國護照都可能遭到解雇、沒收公房、撤銷身分證，不得進學校、醫院、領取配給證。政府規定不經允許不可與外國人談話，否則即是違法。平時的書刊、報紙、信件一律實行檢查制度。人民生活極為艱苦，食品短缺，能源匱乏，起碼的食品供應和冬天的取暖都告缺，如到處排長隊買東西，甚至麵包、玉米、麵都要定量供應，人最低的生理要求都無法滿足。但是齊奧塞斯庫和其他高級官員却窮奢極侈，生活靡爛，不僅有政府的特殊補助，還享受高級遊艇、豪華別墅。羅馬尼亞新政府報告，齊奧塞斯庫曾想攜其存在國外銀行的10億美元出走。具有諷刺意味的是，面對這種現實，僅僅在齊奧塞斯庫倒台前夜，羅馬尼亞共產黨代表大會還以全票選舉齊奧塞斯庫為黨的總書記，歌頌他是「羅馬尼亞人民最喜愛的兒子、偉大的天才、現代社會主義羅馬尼亞的建築師、沿著進步和福利道路前進的國家及高瞻遠矚的領袖、國際共產主義運動的英明領袖、為社會主義和共產主義而奮鬥、為世界和平和合作的勝利而奮鬥之堅定不移的戰士」。

孔子說：「好民之所惡，惡民之所好，災必覆夫身」，這正是羅馬尼亞獨裁者不明白的一個道理。

除歐洲的阿爾巴尼亞和羅馬尼亞外，拉丁美洲的古巴和亞洲的越南也在政治發展上出現了種種挫折，被世界輿論認定是獨裁政體。

80年代下半期，特別是1987、1988年以前，古巴政權面臨的幾點：

1. 當時蘇聯戈巴契夫的改革對古巴產生了巨大的影響，古巴人民普遍具有一種「臨時」感，盼望政府改革。
2. 卡斯楚把古巴捲入多次非洲戰爭後，國庫已空，經不起大的動盪，從經濟上看，古巴在此時已處在一蹶不振的崩潰前夕。
3. 政府無法控制整個社會局勢，國內沒有一個真正霸主式的政黨，國內反對派勢力聲音虛弱。

當時，蘇聯繼續對古巴實行經濟援助，蘇聯的一個正規軍戰鬥旅駐紮在古巴西部，與地處古巴東部的美國關塔那摩海軍基地成犄角之勢，虎視眈眈地緊張對峙。古巴甚至作好打算，準備一旦與美國發生軍事衝突，就以迅雷不及掩耳之勢轟炸座落在弗羅里達土耳其點的美國核動力設施，使美國措手不及地應付一個類似蘇聯車爾諾貝利事件的核打擊。總的來說，卡斯楚在這時還掌握著高效率的國家機器。

1787年以後，國際環境發生了眾所週知的變化。全球社會主義運動遭受了巨大的挫折，蘇聯對古巴的政治經濟援助都大大減少。古巴被看成是「歐洲人世界裡唯一剩下叫人看了噁心的、史達林式的政治僵屍」，是「拉美西班牙語世界中的最後一個暴力政權」。與此同時，美國在1989年對巴拿馬的入侵又使古巴喪失一個忠實的貿易伙伴和盟友。對古巴來說，諾列加的被捕獲不僅使古巴通過巴拿馬的轉口貿易蒙受重大損失，突破美國的經濟禁運變得更加困難，而且美國方面正在竭盡全力調查所謂古巴與巴拿馬之間在「非法移民和毒品走私」問題上的「合作」，以求對古巴施加更大的國際壓力，進一步揭露古巴的惡劣國際形象。從國內形勢看，這一時期，古巴人民的生活水平不斷下降，工業原

料匱乏，軍隊裝備無法及時更新，有時飛機、坦克甚至因爲缺少零件而無法發動，加上長期的社會革命使古巴的旅遊事業受到極大挫折。與經濟危機相映，古巴國內發生了好幾次企圖推翻卡斯特羅的軍事政變，政變的策劃者遭到處決，但他們的舉動對古巴的社會主義領導體制發生了十分重大的影響。

90年代以後，古巴國內出現了一些小型的但却具有重大意義的人權事業組織，它們成爲反抗卡斯楚主義的活動中心。這些組織推舉著名律師葛斯塔沃・A・伯納斯（Gustavo Areos Bergnes）爲領袖，使古巴反政府力量日益壯大。

不少反卡斯楚統治的反對派都把他形容爲一個人人見了便會搖頭的、古裝滑稽戲裡的丑角。在公開的場合下，卡斯楚政權的核心人物無一不是冠冕堂皇地盛贊卡斯楚制定的政策路線，但是他們中間實際上沒有多少人相信，面對蘇聯及東歐發生的種種變革、美國對古巴的封鎖以及國內人民的日益不滿，古巴仍有可能長久地維持一個史達林式的獨裁政權。面對不肯放棄權力的「恐龍暴君」卡斯楚，他們只能像裝了同一程序的機器人一樣，官方提出什麼政治口號，他們就全都鸚鵡學舌地重複這些口號。

與古巴一樣，實行社會主義制度的越南也是世界上最窮的國家之一，其年平均國民收入只有150美元，屬於最落後的「第四世界」。但是它的軍隊規模在世界上名列前矛，國家預算的一半用於軍費開支，只有2.4％用在文教衛生方面。1986年12月，越共召開第6次代表大會，批判了黨在政策上的種種失誤，決定開展一系列的經濟改革，從而以「革新」運動來恢復黨和政府在人民心中的威信。當時，越共允許新聞界自由地批評黨，揭發貪污腐化和濫用權力的官員。但是到了1988年，當最高領導人發現原來只想讓人民出一口怨氣，可是沒有料到形勢很快發展成爲一片異口同

聲的、對黨的基本方針政策的討伐和詰難，有不少人還提出了對
社會主義制度本身的根本懷疑，於是從1988年到1990年，一共有
14種報刊被封閉，許多大膽講話的新聞記者被撤職開除，有的異
議分子甚至遭到暗殺。儘管河內當局對於黨內反對派只採用一些
微妙的手腕和權術，但對普通百姓提出政治民主化的要求，則毫
不留情地加以鎮壓。1988年的大清洗中，諸多人權活動的積極分
子和宗教領袖被囚入監獄，大多數人都被判了重刑。有一位學者
被判處死刑的原因竟然是「在大街上散發人權事業的傳單」。

　　90年代後，越南人民對改革徹底失望。對國內國外形勢，越
共依舊教條化地堅持強調：

1. 共產主義世界出現的「全面危機」是「處心積慮要摧毀社
　 會主義事業的一切帝國主義勢力」對社會主義國家從外部
　 施加壓力的後果，對轉型國家的內部動力視而不見。
2. 在越南，儘管改革取得了不少成就，但是各種經濟危機並
　 沒有過去。

　　因此，在越南實行社會主義建設，必須大力加強黨的領導，
維護黨對全部國家事務的控制。按照這種邏輯，一切「反政府活
動」都將受到嚴厲懲罰。例如，越南建立了一種類似我國古代的
「保甲制」。各個地區設置地段安全監督員，他們擁有巨大的權
力，監督人民的生活。這種安全監督員通常負責30個大戶人家
（300—500人），對其管轄內的每一個人都有任意處置的全權。
他無需取得任何人的批准，也無需事先和戶主打招呼，便可以隨
意進入人家搜查。其任務就是徹底掌握他負責的地段裡所有居民
的全部情況，解決在那裡可能發生的一切事情。甚至如果有一個
家庭主婦一次買的糧食多於她平時的購買量，監督員就可以推

理：她們一家人可能會偷偷搬到別的地方；如果有三個或三個以上其他地段的人到他管理的地段中某一戶人家去，他就可以懷疑這些人是在進行非法聚會。監督員以各種的藉口逮捕「罪犯」，把他們送進「再教育營」或「新經濟區」去勞改。作為犯人，他們沒有任何上訴的權利。事實上，這種嚴格的控制所生產的實際效果與越共的願望相反，從1988年以後，越南到處發生示威遊行和社會騷亂。1989年6月，河內、西貢等大城市發生大規模學生遊行被鎮壓事件；夏天，南方各省農民抗議「紅色封建地主」的殘酷剝削，有些地區黨的幹部在幾乎不給任何報酬的情況下強迫當地居民到各國國營農場去幹活，甚至還用警犬、警棍對付敢於反抗的農民，這招致了不少地區發生重大騷亂事件。

面對如此現實，越南人權委員會提出一個「在越南實現民主制的建議」，其具體內容包括：

1. 越南共產黨和越南政府要取消憲法中關於黨在社會和國家事務的一切領域中享有至高無上權力的規定。
2. 組織自由公平普選，不論政治觀點如何，所有的社會、政治以及宗教界人士都有選舉權與被選舉權。通過選舉，越南應當成立一個真正代議制的國民議會，著手制訂新的保障人民基本權利的憲法。
3. 在舉行自由公平選舉前，越南當局應保證人民的基本權利不受侵犯，人民享有言論、出版、結社、集會等自由。
4. 選舉前，越南當局應當採取具體可行步驟，消除腐化，取消對國民的恐怖統治，釋放所有持不同見解的政治犯。

總結歷史經驗教訓，目前殘存的社會主義國家存在的政治危機主要表現在：

1. 人民對現實生活不滿，國內階級關係和民族關係尖銳化，
   罷工事件時有發生，甚至爆發武裝衝突，民族地區局勢動
   盪不安。
2. 由於國內局勢緊張，政府採取某些措施，暫時限制人民的
   政治權利和自由，以穩定政治局勢。
3. 國內反社會主義勢力抬頭，力量壯大，希望奪取政權，改
   變社會主義制度，建立資產階級共和國。
4. 黨內鬥爭激烈，領導階層內部發生危機，政局動盪，政治
   生活極不正常。

社會主義政治危機的特點可以概括為：

1. 政治危機與經濟危機密切相關，往往是經濟危機引起政治
   危機，而政治危機又加劇了經濟危機。
2. 政治危機具有隱蔽性。國家的政治生活在危機前似乎很穩
   固，但實際上積聚了很多不穩定的因素，一有機會，這種
   不穩定因素便會為國家動亂的根源，造成政局動盪，因
   此，社會主義的政治危機又具有突發性。
3. 社會主義政治危機從根本上說，既是社會主義政治制度的
   危機，也是歪曲了社會主義政治制度的政治生活危機。
4. 社會主義政治危機的結果，往往使黨和政府作較大的人事
   變動。❸⓪

值得一提的是，社會主義70多年來在政治經濟方面的失敗無
時無刻影響著社會主義國家之間的關係和整個國際形勢。這主要
表現在：社會主義國家之間和共產黨、工人黨之間的關係，不是
建立在獨立自主、完全平等的原則基礎之上的關係，以至社會主

義國家之間時常發生尖銳矛盾和衝突。

史達林曾經說過：「誰決心絕對地、毫不動搖地、無條件地捍衛蘇聯,誰就是國際主義者,因為蘇聯是革命的基地……」❸¹他堅持認為,「共產國際不得干預各國黨的事務」,但同時又認為「否認干預的權利就是為共產主義的敵人效勞」。❸² 1949年,蘇聯領導下的共產國際情報局對拒絕效仿史達林模式的南斯拉夫進行了嚴厲的抨擊和指責。當時,不僅南共領導人鐵托被稱為「殺人犯和間諜」,情報局還把南斯拉夫與蘇聯意識形態上的分歧擴大到黨和國家關係上,使矛盾性質完全轉化。60年代到80年代初,蘇聯推行擴張主義的全球戰略,走上霸權主義道路。其他社會主義國家有的成為這種錯誤政策的受害者,不得不對蘇聯進行反覆的抵制和鬥爭,例如,50年代波匈事件的波蘭、匈牙利,60年代末期的捷克等等;有的成為蘇聯的附庸,使社會主義國家之間的矛盾和國際衝突進一步激化,如:熱衷於地區霸權主義的越南和直接出兵非洲從事「無產階級革命」的古巴等等。

執行了錯誤的無產階級國際主義路線方針政策,企圖「輸出革命」,從而破壞世界和平與穩定。

無產階級國際主義的本質應當是各國共產黨在反對剝削和壓迫、爭取民族解放鬥爭和社會主義建設過程中的相互支持和相互援助。但是,在這個問題上,不難發現無產階級革命導師有關論述的模糊性和矛盾性。1915年,列寧曾經總結說:「經濟政治發展的不平衡是資本主義的絕對規律。由此就應得出結論:社會主義可能首先在少數或者甚至在單獨一個資產主義國家內獲得勝利。這個國家內獲得勝利的無產階級既然剝奪了資本家並在本國組織了社會主義生產,就會起來反對其餘的資本主義世界,把其他國家被壓迫階級吸引到自己這方面來,在這些國家中掀起反對

資本家的起義，必要時甚至用武力去反對剝削階級及其國家。無產階級藉以推翻資產階級、獲得勝利的社會的政治形式將是民主共和國……沒有無產階級這一被壓迫階級的專政，便不能消滅階級。」❸❸

列寧後來還設想在十月革命的影響下掀起世界革命的高潮。他曾經說：「俄國無產階級專政現時的基本任務是……進一步鞏固和發展蘇維埃聯邦共和國，這種共和國是……唯一適合於從資本主義到社會主義過渡時期即無產階級專政時期的國家形式；全面和充分地利用已在俄國燃起全世界社會主義革命的火炬……使革命蔓延到比較先進的和所有一切的國家中去。」❸❹

誠然，十月革命勝利之初，列寧確曾在理論上否定過從蘇維埃國家「輸出革命」的論調。1918年，他在莫斯科工會和工廠委員會第四次代表會議上說：「有人以爲，革命可以在別的國家裡按照定單和協議來進行。這些人不是瘋子就是挑撥者。」他指出，一個國家的社會主義革命的爆發和實現，是這個國家內部主觀革命形勢成熟的產物，即統治和壓迫階級不可能照原樣繼續統治下去，受壓迫的階級無法在桎梏下繼續生存。在他看來，共產黨人和革命者並不是應當放棄對仍在受資本壓迫和剝削的人民的責任，但是，「我們主要是用我們的經濟政策去影響國際革命。」❸❺ 然而，隨著國內外形勢的變化，蘇維埃新興政權急於突破帝國主義的全面封鎖，完全背離了列寧確定的方針。爲了把無產階級一國專政轉變爲國際性的專政，蘇聯在1917年至1919年期間，先後支持德國、匈牙利、保加利亞等國的武裝起義。1920年，紅軍直接進入波蘭作戰，「輸出革命」。後來在反法西斯主義戰爭中，蘇聯解放了東歐諸國，開始把自己當作世界革命運動中「強大的公開的中心」。❸❻ 這就使它在處理同這些獨立國家的關係上犯了

嚴重的大國沙文主義錯誤。史達林時代,這種「輸出革命」的理論變成了「輸出革命」的實踐。這種實踐又推波助瀾地「昇華」了「輸出革命」的理論。

史達林在1952年曾預言,英、法、聯邦德國、日、義等資本主義國家必將擺脫美國的控制而走上獨立發展的道路並與美國發生衝突,這種衝突在實踐中將超過社會主義國家同資本主義國家之間的矛盾。他還認為和平運動只能推遲戰爭,但不可能從根本上消除資本主義國家之間戰爭的不可避免性。**㊲**實際上,戰後世界爆發的140多次地區戰爭中,大部分是發生在第三世界落後地區和社會主義國家。直到今天,前南斯拉夫等地區發生的戰爭仍引起國際輿論的廣泛關注。地處巴爾幹半島,距巴黎、柏林、布魯塞爾均僅數百公里之遙的前南斯拉夫曾經是兩次世界大戰的策源地和主戰場之一。1990年國家解體後,南斯拉夫通貨膨脹率就上升到122%;由於內戰爆發,1991年的通貨膨脹率攀升235%;因戰爭不斷升級和國際制裁,1992年更躍升到19810%,成為世界通貨膨脹率最高國家。更殘酷的事實是,直到1993年,人民仍看不到戰爭的盡頭,國際制裁和軍事干涉都無法解決問題,科索沃、馬其頓、乃至整個巴爾幹都如同盤坐在火藥桶之上。

南斯拉夫和原來東歐幾個社會主義國家的崩潰造成了一股強勁的難民狂潮。洶湧的難民潮猛烈地衝擊著西歐諸國,致使這些國家的失業問題更加突出,民族主義情緒蔓延,極右勢力氣焰囂張,歐洲大陸的安全與穩定受到嚴重威脅。

革命獨裁扭曲所導致的某些社會主義國家的災難告訴人們,革命獨裁與法西斯獨裁相距僅一步之遙。德意志法西斯獨裁赤裸裸之表現是容易為人覺察、揭露並予推翻的,打著社會主義民主旗號的「革命獨裁」,則由於頭頂上的熠熠光圈極易迷惑涉世不

深的善良人類，尤其極易欺騙幾無信息來源的忠順民衆。

艱辛的探索：當代中國的民主革命

「自古盛衰如轉燭，六朝興廢同棋局。」社會主義革命在十幾個國家裡獲得成功，短期之內形成了整整一個陣營，然而事實證明，社會主義政治與革命獨裁的發展，將是一個漫長歷史時期的探索。流血的與不流血的鬥爭將橫瓦其間，奇峰迭起、波濤險惡，也許會成爲人類大同前夕最爲痛苦而又最爲壯觀的歷史畫面。這種「盛衰」和「興廢」的轉折，在中國民主革命的征途上可見一斑。

如說明中國民主革命的來龍去脈，我們當從中國近代上的獨裁專制談起。

近代中國獨裁專制與民主之悲劇

從某種意義上看，舊中國歷史可以簡化爲一部權力爭奪歷史。春秋戰國的「縱橫捭闔」、秦始皇「吞併六國」而一統天下、西漢「七國之亂」和「王莽改朝」，曹操「挾天子以令諸侯」，西晉「八王之亂」，隋朝「楊廣殺父」，初唐「玄武兵變」、宋太祖黃袍加身，從「陳橋兵變」到「杯酒釋兵權」，再到後來的明太祖稱帝、清末慈禧「垂簾聽政」等等，統治者幾乎時時刻刻都處在殘酷的權力鬥爭中。

權力成爲人們崇拜的東西，是因爲權力本身常常被人神化。中國封建社會的皇權高於一切，「普天之下，莫非王臣，率

土之濱，莫非王土」。以「君君、臣臣、父父、子子」為代表的等級順序建立在「天人合一」君主至高無尚的前提之下。中國傳統社會之所以能夠繩繩繼繼、綿延5000年之久，與這種封建專制體制的相對穩定有很大關係。封建統治者不僅利用人們對許多神秘自然現象的盲然不解，附會人間萬象，把皇帝說成是「真龍天子」而欺騙人民，他們還通過內在的血緣關係神化權力，宣傳「上智下愚」。

權力的產生和存在常常有名利和特權伴隨。

《聊齋志異》中有一個故事說，一位商人泛海漂入夜叉國，談到中國的官場，夜叉國的人不知所云，問：「何以為官」？商人回答：「出則輿馬，入則高坐堂上，一呼而下百諾，見者側目視，側足立；此名為官。」由此可見，過去那種「學而優則仕」的價值觀念、權力私化及其現實效應，不僅吸引著貪婪的掌權者，而且吸引著具有「趨利」之心的「愚昧」者。在古代中國，作為私有物的權力，是名分、利益，人們常把「當官」和「發財」聯繫在一起，認定掌握權力就等於掌握了利益。事實上，隨著權力的變化，人們確定了各種名分，從其衣食住行到婚喪嫁娶，到處是欽定的規矩，大大小小的權力決定人們程度不同的自由和享受。❸這種情況，數千年如一日地沒有絲毫改變，即使時至近代也是如此。

透過中國近代歷史發展的脈絡來看，鴉片戰爭以後，儘管屢遭西方列強侵略，但為了實現「富國強兵」的目標，舊中國的當權者也試行過一次又一次的政治改良，希望「以夷制夷」，用西方先進的民主制度來實現自己的社會現代化目標。從1840年到1949年期間，西方所有的民主制度模式，包括總統制和國會制，內閣制和君主立憲制以及地方自治制，中國都一一試行過。但是，

這一切「引進」和「移植」西方民主制度的實驗，在中國都沒有成功。❸ 令人感慨萬千的是，在萬馬齊瘖、危機四伏、深受帝國主義掠奪和凌辱的舊中國，所謂「共和」和「憲政」總是徒有其表，真正的民主對於人民來說，總是遙遠而不可及的。眾所周知的是，辛亥革命成功以後，孫中山在1912年元旦正式就任臨時大總統，成立了南京臨時政府。但是，短短3個月後，北方大軍閥袁世凱就竊取了大總統的職位。1年後，他派人暗殺了國民黨領導人宋教仁，分化了國會中的反對派。之後，他先是強迫國會改變《中華民國臨時約法》中的責任內閣制，取消了國會對總統的制約，然後得寸進尺，在1914年1月10日公然下令解散了國會。2月8日，袁世凱御用的約法會議閉幕，《中華民國約法》取代了《中華民國臨時約法》，「總統制」代替了原來的責任內閣制。12月28日，《大總統選舉法》正式通過，袁世凱本人也堂而皇之地當上了中華民國的大獨裁者。西方移植來的「共和政制」在中國完全變形。中國並未因為激進的辛亥革命而使西方民主紮根下來，反而被一個以西方民主制度為名，行獨裁專制之實的政權篡奪了革命果實。更為悲哀和滑稽的是，後來袁世凱又在「君主立憲」的招牌下，改中華民國為中華帝國，更中央政府為洪憲政府。歷史向後倒退了一大步。

袁世凱稱帝失敗後，西方民主政治的「共和」、「國會」、「憲法」、「內閣」等形式成為中國政壇上的時髦標籤，甚至變成了所謂「法統」。此後國內許多權力鬥爭都是以恢復這些「法統」或再造「共和國」的名義進行的。在這種混亂的歷史情況下，西方民主制度的實際內容，如：防止少數人獨裁的同時，防止多數人專權，多黨競爭、自由表達意願等，從未在中國政治制度中建立起來。

本世紀20年代上半期，國民黨在中國政治舞台上崛起。1924年召開的國民黨第一次全國代表大會確定了國民黨一黨專政的原則和建國原則。大會重新肯定了軍政、訓政和憲政的建國三程序，並在會後立即開始了北伐，進入軍政階段。從1924年改組國民黨到1927年北伐成功，國民黨完成了軍政任務。但1927年，震驚中外的「四一二」政變爆發，第一次國共合作宣布結束，國民黨開始實行獨裁統治。

1928年，蔣介石戰勝國內各派新軍閥，完成了「北伐」，實現了形式上的全國統一。在這種情況下，蔣介石宣布結束「軍政」進入所謂「訓政」時期。這個時期，國民黨名義上實行訓政，即一面訓練人民行使政權，另一方面指揮監督政府行使治權。國民黨的解釋是：因為中國積數千年帝制之餘，大多數人民的政治意識和經驗都相當缺乏，在這種情況下，一下子把政權交給人民，必將引起全國形勢的混亂。因此，國民黨要扶持人民渡過一段困難時期，然後再還政於民。國民黨的訓政在中國歷史上建立了第一個一黨專制的政權。1928年10月，國民黨中央執行委員會根據蔣介石強調的「以黨治國」的原則，制定並公布了《訓政綱領》，用法律形式確定了一黨專政。綱領規定，在訓政時期，中國國民黨全國代表大會代表國民大會領導國民行使政權；國民黨中央執行委員會設「政治會議」作為在全國實行「訓政」的最高指導機關，指導監督國民政府重大國務之施行，修改及解釋國民政府組織法；凡屬大政方針，均須先有黨中央「政治會議」決議，然後交國民政府執行。

1930年12月，國民黨中央政治會議通過了《國民會議組織法》。1931年，國民政府根據《訓政綱領》的基本精神制定了《中華民國訓政時期臨時約法》，蔣介石集黨政軍大權於一身。從此，

國民黨開始實行「黨禁」，視共產黨爲主要對手，頒布了《危害民國緊急治罪法》、《限制肅清赤匪案》等法律。

國民黨的專制獨裁使孫中山在《建國大綱》中規定的、屬於人民的選舉、罷免、創制、複決四項權力全都被國民黨壟斷，國民黨中央委員會實際上成了中國的中央政府，而這個政府又以蔣介石一人意志爲最高意志，從而使國民黨成爲標準的獨裁政體。即使是在抗戰爆發後，國民黨還在1939年接連制定了《限制異黨活動辦法》、《淪陷區防範共黨活動辦法草案》和《共黨問題處置辦法》等秘密文件，堅持所謂「一個黨、一個主義、一個領袖」的政治綱領，實施「溶共、防共、限共、反共」方針，取締一切進步團體，加強特務統治。1935年，蔣介石在國民黨內部權力鬥爭中獲得勝利，集黨政軍大權於一身。抗戰一爆發，他就「名正言順」地用「非常時期」的藉口通過合法手續，給自己的獨裁統治披上冠冕堂皇的「法統」外衣。國民黨中央授權軍事委員會委員長蔣介石對黨政統一指揮。1938年，國民黨臨時全國代表大會決定「確立領袖制度」，設相當於孫中山先生專任的總理地位與職權的「總裁」，由蔣介石擔任。1939年2月，蔣介石以總裁身份兼任國防最高委員會委員長，「以命令爲便宜之措施」，手令變成法令。1943年，國民政府主席林森逝世，蔣介石繼任。1948年5月，蔣又重新擔任中華民國總統。爲了繼續用法律形式確認他的獨裁行動，他制訂了臨時條款，賦予總統以不受立法權制約的「緊急處分權」，因爲《中華民國憲法》雖然是一種修正的總統制，但畢竟有國會內閣制的條文，使總統權力受到制約。這樣，國民政府在大陸崩潰前夕，國家的最高權力，包括黨政軍三項大權，選舉、罷免、創制、複決四種政權，行政、立法、司法、考試、監察五種治權，卻高度集中，以一個人爲中心運行。

中國共產黨與當代中國民主政治的挑戰

　　1949年中國共產黨在中國大陸的勝利，建立了「人民共和國」。但是，共產黨只不過是以一種新的一黨專制代替了國民黨的舊的一黨專制。新中國使中國傳統社會的專制有了更加現代化的表現形式，權力成爲當代社會主義徹頭徹尾的化身，政治拜權教在各個方面影響著人們的觀念。在新中國，權力的變遷缺乏正規的程序制約，自上而下的非程序運行導致自下而上的非程序操作。這種權力的過分集中引起權力轉換的困難。黨的直接領導使國家行政機關和權力機關、立法機關以及檢察機關都被黨直接控制，機關重疊造成辦公效率低落、「上有政策，下有對策」成爲官僚主義的眞實寫照。

　　共產黨在中國實行「絕對的紅色專制」，這主要表現在「共產黨統治」下，「民主」的適用範圍遭到限制，國民被分爲「人民」和「非人民」（敵人）兩類，一方面，只有「人民」才能享受民主，「非人民」則只能成爲專政對象。另一方面，即使是有限制的「民主」，人民的利益也必須與黨的利益相符合。這種強求一律的「利益一致」論使西方民主的核心內容如自由表達和多頭競爭完全不見了，給予人民「民主」的目的，只是爲了更能動員人民群衆，調動人們的積極性和聰明才智，爲黨的目標而奮鬥。根據這種推理，共產黨「人民利益一致」的結果永遠是一黨統治亦即：「共產黨領導人民推翻了剝削階級的統治之後，還要領導人民消滅剝削階級本身。在此期間需要一黨專制；等到共產黨消滅了剝削階級和剝削制度之後，資本主義社會中固有的資本與勞動的對立，以及統治階級內部不同利益之間的矛盾和衝突已不復存在，全國各族人民利益一致，作爲這種一致利益代表的共產黨

就理所當然地要繼續保持一黨專制獨裁，以保證這種最高利益的實現」。下面，我們將從國家權力與人民權利之間關係的角度出發，對上述看法進行更加具體的分析。

1954年，中共宣告人民代表大會制度是人類最高類型的民主體制，它同資產階級「三權鼎立」制度相比，具有以下優越性：

1. 它體現了中共政權「是工人階級階領導的、以工農聯盟爲基礎的人民民主專政的社會主義國家」。人民是國家和社會的主人，一切權力屬於人民。
2. 它實行議行合一的制度，既保證了國家權力的統一，又使各個國家機關更好地分工合作，密切配合，有利於充分提高國家機關的工作效率。
3. 它充分體現了民主集中制的原則，兼取民主和效率兩者之長，既能保證中央集中統一的領導，又能充分發揮地方的主動性、積極性。
4. 它是黨領導的民主制度，有利於國家的統一和穩定，是發展社會主義民主最重要的途徑和形式。❹

其實，中共1954年憲法規定「中華人民共和國的一切權力屬於人民」，「全國人民代表大會是最高國家權力機關」，但與此同時，又在黨章中規定中國共產黨行使全國人民領導核心的職能，這樣，中共政體從一開始就是一種二元制體制，一方面是法定最高權力機關——全國人民代表大會，另一方面是事實上的最高權力機關——黨中央。而在實際運作中，黨指揮和領導一切。黨中央是高於全國人民代表大會的權力機關，黨章和憲法都對黨的行爲缺乏約束力。

從這種思考出發，人民代表大會制度就顯得破綻百出了。例

如，我們說它實行議行合一的制度，但又肯定它是共產黨領導下的民主體制，這裡就有一個問題值得深入探討：這種黨領導下的議行合一的民主制度理論依據是什麼？如何才能保證黨的領導的正確性？

按照列寧對「黨的領導體制」的理論表述，黨對「體制」的領導主要有以下幾點最重要的特徵：

1. 集中制度的基本要求是黨中央應該享有絕對的權力。黨就像一個樂團，黨中央就是指揮。這種觀點後來被史達林進一步發揮，他在強調黨的高度集中制度的同時，特別強調領袖的作用，從某種程度上講，國家和政府的權力集中在黨身上，而黨的權力集中在少數領袖身上。這種理論應用於社會主義實踐的直接後果，是他基於黨支配一切的看法，把黨置於整個社會中最高權力的地位；而自己又凌駕於黨中央之上，形成個人獨裁。

2. 在當時蘇聯歷史條件下，黨把這種集中的制度付諸實施，目的就是要建立一個領導中心來指導革命運動。黨的領導體制的基本特點是自上而下的任命和指示，而下層各級應無條件地絕對服從上級。

3. 建立一個高度集中制度只是確定黨的領導手段。黨緊握政權，直接對政府具體事務進行管理和指揮，插手政府所有的政治和經濟的運作。這也是我們說的「黨政合一」。

4. 確定共產黨不與其他黨派分享政權，而是「一黨專政」。

1954年，中共確定人民代表大會是國家最高權力機關，但沒有提出建立任何監督它的機構，沒有獨立的法律監督程序去防止濫用權力。而且在理論上說，黨的權力應當在人民代表大會之下，

但是後來的實際權力運行中，黨逐漸超出人民代表大會，成爲國家最高權力機關。此外，受中國傳統政治觀念的影響，如：「大一統思想」、封建專制主義的等級制和重人治、不重法治等觀念，中共第8次全國代表大會通過的黨章（1956年）關於建立「黨內民主生活」的規定，對「家長」也缺乏約束力。作爲國家基本法的共和國憲法，也成了政治生活的點綴品。「不斷革命論」否定了一切民主的形式和法律。憲法的存在不產生民主，它關於人民各方面權利的條文，根本得不到任何保證。相反，權力成爲一切眞理和法律的化身，權力越大，享有越廣的自由，權力的喪失即意味著自由的淪亡。政治鬥爭的公式簡化爲「你死我活」。加上「文化大革命」的惡性發展又使我國反民主的政治走向極端，毛澤東個人就是黨、就是政府，他的一言一行都是「最高指示」，代表著人民的最高利益，一切與其言行相違背的政治權力都不允許存在。被賦予了「大民主」的中國人民只能按照「偉大的領袖」的「諄諄敎導」「將無產階級文化大革命進行到底」。在這裡，民主與一種荒誕的革命結合在一起，民主不僅名存實亡，而且連民主的名義都成了動員大眾、實行個人獨裁統治的工具。

1975年，中共制訂了第二部憲法，即「七五憲法」。這部憲法是在特定的歷史條件下制訂的，具有很大缺陷。在〈國家機構〉一章，憲法規定了「全國人民代表大會是在中國共產黨領導下的國家最高權力機關」，這明顯地把全國人民代表大會置於在黨中央之下的從屬地位，是黨中央的執行機關。「黨權高於一切」，「加強黨的一元化領導」，實際上就是一種以黨代政，其結果是黨的國家機器化和國家機器的形式主義化，民主法制建設橫遭破壞，民主備受摧殘，人權踐踏無遺。「七五憲法」爲10年內亂補充提供了法律依據。但實際上，在1966—1976年期間，上自國家

主席、下至普通老百姓和一般幹部，最起碼的生命安全都失去了保障。〈橫掃一切牛鬼蛇神〉社論一發表，就可以任意抄家、打砸搶、游鬥、關牛棚⋯⋯還被稱為「百分之百的革命行為，天然合理」。公、檢、法被徹底砸爛，各式「專案組」集公檢法大權於一身。法律所規定的批捕、起訴、各項審判制度被認為是「束縛專政手腳」、「干擾對敵鬥爭」，私設公黨、監獄、刑場，刑訊逼供成了合法。千千萬萬冤假錯案的當事人都成了喪失公民基本人身自由和民主權利的受害者。十億中國人民被推入了慘絕人寰的血腥海洋之中。

在社會主義難逃失敗命運，國際社會流行「後共產主義時代」說法的今天，必須重新認識社會主義「民主」原則在具體運作中存在的一些主要問題。這些問題包括：

所謂「黨主」問題，突出表現在「黨大於法」還是「法大於黨」這個問題上　黨大還是法大？1982年以前，中國大陸曾經發生過這樣一場爭論：究竟是黨的領導權高於法律，還是法律高於黨的領導權？「黨大還是法大」，這在當時還是一個理論禁區。有位領導人明確指示：黨永遠比法大。另一位領導人的回答是：法律是黨中央領導下制定的，任何地方黨委都要服從黨中央領導制定的法律，因此法比地方黨委大。但是，他沒有說明法律與黨中央哪一個大。這個問題，直到1982年，一位法學構成才大膽指出：法是根據黨中央的建議制定出來的，就立法來說，可以說中央比法大；但就執行法律來說，則黨中央也必須守法，應當說法比中央大，更不用說各級黨委了。❹

在防止獨裁、實行民主的問題上，之所以強調法制是目前中國面臨最重大的挑戰，是有著深刻的歷史原因的。過去，共黨和國家領導人信口成法，《人民日報》、《解放軍報》以及《紅旗》

社論常常具備法律效用。在地方，各省、市黨政負責人的指令在
其管轄範圍內也具有法律效力。此外，中央還直接立法而不經過
人民代表大會。如1976年1月中共中央下達的《關於無產階級文化
大革命中加強公安工作的苦幹規定》，即「公安六條」，實際上
就是刑法。在長達13年的時間裡，成千上萬的無辜公民被這條規
定定罪，到了1979年，又是中共中央而不是全國最高立法機關
──全國人民代表大會──宣布撤銷此一規定。慘痛沈重的實踐
教訓告訴人們，黨的政策不能代替法律；忽視甚至違反法律的行
為當堅決予以制止；黨的任何決定、政策與個別領導人的口頭指
示，都不能與憲法或國家其他法律相抵觸；法院判決書上使用馬
列經典著作和毛澤東語錄作為斷案依據的做法必須根本改正。

肯定法比黨大，僅制訂健全的法律條文還不夠，民主建設不
僅要求有法可依，而且要求有法必依，同時保持法律的連續性和
一致性，不朝令夕改。

從1949年「人民共和國」成立到1979年，大陸沒有刑法達30
年之久；從1949年到1987年，大陸沒有民法達38年之久，直到1991
年，中共政權才頒布《民事訴訟法》；1959年到1979年，司法部
被取消達21年之久；1967年到1978年，檢察院被廢除了12年；
1967年到1975年，最高人民法院沒有業務活動。實際上，人民沒
有任何法律可以保證他們正當的公民權利。有法不依的例子更
多，如54年憲法規定，全國人民代表大會每年召開1次，但是1954
年到1978年的24年內，有13年沒有召開過人民代表大會。最明顯
的例子就是文革期間，親身參與制訂中華人民共和國憲法的國家
主席劉少奇被迫害至死。在他臨去世前28天，沒有一個人敢向這
個被關在黑暗牢房中的「叛徒、內奸、工賊」表示最起碼的人道
主義關懷，劉少奇飽受人身侮辱，最後孤苦淒慘地離開人世。

1949年到1982年，中國大陸頒布了一個《共同綱領》和4部憲法。海外一部分研究中國法律的專家學者對此非議甚多，認爲世界上還沒有一個政權在短短32年之內制訂5部不同憲法的記錄。他們把中國法律和法制與西方的法律和法制的不同，總結爲以下幾個方面：

1. 西方多把法律看作是國民共同意志的體現，而中共認爲法律只能代表統治階級的意志，即中共強調法的階級性。
2. 中共法律是實現黨的政策的一種手段，即中共法律強調法的政治性和黨性。
3. 西方一貫有「法律至上」的傳統，而中共法律却強調「原則性與靈活性的結合」，其標誌便是有關部門經常按照政治要求，伸縮法律內容。
4. 在西方國家，法律草案從提出到通過，一般都是經過反覆討論，其討論過程也是公開的。而在中國大陸，法律的「機密性」要求常常把有些具有法律效力的規定和法制工作列入重要的保密範圍。

根據這些特點，他們總結說：「階級性和政治性屬於法律的本質問題，靈活性和機密性屬於運用問題，核心爲政治性，其他都是服從於執政黨的政治要求的。」❷

對這些議論，我們必須加以仔細審視，逐條研究。這些說法也許失之偏頗，但確實爲我們提供了思考以法制治國過程中可能出現的種種難題的線索。

所謂無產階級專政的必要性問題 西方不從階級鬥爭而從理性原則來看待國家，得出了尊重人性和保護少數，甚至保護罪犯作爲「人」的權利的原則。單講西方民主只是保護少數資產階

級利益是無法解釋西方社會實際情況的。在這方面，西方推行的一套「無罪推定」、「提供律師辯護」、「不強迫被告作出不利於自己的供詞」等等儘管並不完善，但畢竟代表了一種趨於以法治國的潮流和傾向。對於這些經驗，必須加以借鑑。

黨權與民權的觀念，是劃分中國大陸政治體制改革的分水嶺。政府的權力不應來自於黨，應來自於人民。民主不單單是讓人民說話，民主是一個權力問題。是「主權在民」還是「主權在黨」，這是中國大陸政治體制改革的關鍵問題。大陸也在強調，黨要善於領導，不能干預過多，權力結構要從封閉型轉化為開放型，必須保證人民的言論自由。然而直到現在，大陸還沒能引進先進的諮詢制度、科學論證制度和民意調查制度來達到黨政分開的良好境界。

目前，中共已經承認社會主義的經濟利益是多種多樣的。這裡就有一個問題值得思考：作為社會主義經濟利益在上層建築領域的表現，社會主義政治利益是否也是多種多樣的？政治利益多樣化的具體表現是通過人民代表大會、通過宣傳媒介、通過各種決定和法律實現的。我們常說「人民內部沒有根本的利害衝突」，「人民的利益與黨的利益一致」，或者「黨代表了人民的利益」、「黨領導人民追求共同利益」。在理論上，這種利益一致論還被表述為：「中國共產黨的利益和全體人民的利益，包括各民主黨派的利益是完全一致的。中國共產黨除了人民的根本利益之外，沒有自己的任何特殊的利益。這就排除了多黨輪流執政以及黨內出現代表不同利益集團的派別理論和實踐根據，從而決定了我國決不能照搬西方的三權鼎立和多黨輪流執政的制度。」❸但是，在這種利益一致論下，如何鼓勵人民追求各自利益從而達到總體上相互妥協的民主？這顯然又是一個新的問題。

無產階級專政與「全面的全能主義」評判

無產階級專政的歷史涵義

政權問題是革命的首要的政治問題。關於無產階級專政、關於奪取政權的方式和專政形式的論述，在馬克思主義國家和法的科學理論中占有極其重要的地位。

馬克思在1844年設計共產主義政治體制時，曾經說過：「共產主義按政治性質是民主的或專制的；是廢除國家的，但同時尚未完成，並且仍然處於私有財產即人的異化的影響下。」❹恩格斯在1847年寫的《共產主義原理》第18條也說：「首先無產階級革命將建立民主制度。」

「專政」這個概念並不是馬克思和恩格斯的創造。在馬克思以前的社會主義學說中，巴貝夫提出過「勞動人民專政」的思想，布朗基提出過「巴黎專政」的思想。把「專政」同無產階級這兩個概念掛鈎，從「無產階級專政」這個角度闡述無產階級革命的歷史任務，是馬克思的歷史創造。

「無產階級專政」這一思想最早出現在馬克思的《德意志意識形態》一書中。馬克思認為：「每一個力圖取得統治的階級，如果它的統治就像無產階級的統治那樣，預定要消滅整個舊的社會形態和一切統治，都必須首先奪取政權。」❹按照這種原則，無產階級專政的政權既不是和其他階級分享的政權，也不是屬於一個人或某一個派別集團的政權，無產階級專政就是無產階級作

爲一個階級，憑藉暴力對國家權力的獨占。這種「獨占」的目的就是爲了實現「社會民主主義的紅色共和國」。46

馬克思主義無產階級專政思想明確地規定了無產階級革命經濟的、政治的和思想的任務，提出了政權發展遠景的一個梗概，一直到政權的全部消亡。在馬恩看來「民主主義的必然結果就是無產階級的政治統治」，無產階級政黨戰鬥口號「根本不是共和制代替君主制，而是以工人階級統治代替資產階級統治」。47

1948年，馬恩發表的《共產黨宣言》，宣告無產階級專政的思想爲科學共產主義的綱領性要求。《共產黨宣言》一文中雖然沒有使用無產階級專政這個詞，但是無產階級專政的思想已開始形成無產階級專政的理論。在這裡，無產階級奪取政治統治是確立眞正民主的先決條件。《宣言》還擬定了無產階級專政國家的許多重要任務。無產階級運用自己的國家，逐步地剝奪資本的資產階級，「把一切生產工具集中在國家手裡，並且盡可能更快地增加生產力的總量」。48

1848年革命至巴黎公社這段時期，馬克思在《法蘭西的階級鬥爭》一書中提出了「一個大膽的革命戰鬥口號……這個口號就是：推翻資產階級！工人階級專政！」49在《路易·波拿巴的霧月十八日》一書中，馬克思又對整個資產階級國家的法律上層建築、對整個資產階級社會的國家法律結構進行了更尖銳的批判，同時宣布無產階級獲得勝利和無產階級奪取政權的一個必要條件，就是打碎資產階級的國家機器。這個結論使無產階級專政的學說在革命實踐中得到新的發展。1852年，馬克思在給約·魏德邁的信中有一段著名的論述：「無論是發現現代社會中有階級存在或發現各階級間的鬥爭，都不是我的功勞。在我很久以前，資產階級的歷史學家就已敍述過階級鬥爭的歷史發展，資產階級的

經濟學家也已對各個階級作過經濟上的分析。我的新貢獻就是證明了以下幾點：

1. 階級的存在僅僅同生產發展的一定歷史階段相聯繫。
2. 階級鬥爭必然要導致無產階級專政。
3. 這個專政不過是達到消滅一切階級和進入無階級社會的過渡……」❺⓿

繼馬克思和恩格斯之後，列寧對無產階級專政問題也作了大量的論述。列寧認為，專政是直接憑藉暴力而不受任何法律約束的政權。「革命的無產階級專政是由無產階級對資產階級採用暴力手段來獲得和維持的、不受任何法律限制的政權」，❺❶列寧不止一次地強調指出，資產階級民主革命的勝利，推翻專制制度和消滅農奴制度，所有這些都是無產階級臨時的過渡性的任務。從這個意義上說，「無產階級專政已經不是原來意義上的國家，而是半國家，是過渡性的國家」。❺❷這個過渡時期的國家「必須是新型的民主國家（對無產者和一般窮人是民主的）和新型專政的國家（對資產階級是專政）」，「從資本主義過渡到共產主義，當然不能不產生多種多樣的政治形式，但本質必然是一個，就是無產階級專政。」❺❸

在《國家與革命》一書中，列寧把無產階級專政同發展社會主義民主聯繫起來作了更加詳細的論述。列寧認為，最完全最徹底的民主就是使資產階級民主變為無產階級民主。在資本主義社會裡，統治階級用無數的詭計、陷阱和限制把窮人從政治中排除出去，「由於資本主義的剝削條件，現代的雇傭奴隸被貧困壓得『無暇過問民主』，『無暇過問政治』」。因此，進入社會主義不能簡單地走，盡量擴大資產階級民主的道路，而只能通過無產

階級專政。無產階級專政除了大規模擴大民主使它第一次成爲勞
動人民的民主以外，還要對剝削階級實行強力鎮壓，不允許他們
參加民主生活。

列寧特別說明，無產階級專政是指對剝削階級的暴力，但是
它的主要任務是組織勞動，組織新的社會關係。專政指的不只是
對剝削階級的暴力，甚至主要的不是暴力，而首先是建設工作。
「它的主要實質在於勞動者的先進部隊，先鋒隊、唯一領導者即
無產階級的組織性和紀律性。無產階級的目的是建成社會主義，
消滅社會的階級劃分，使社會全體成員成爲勞動者，消滅一切剝
削制度的基礎。」❺❹「這是最幸福時代的開始，那時政治將愈來愈
少，人們很少談論政治，談論時也不會這樣長篇大論，講話更多
的是工程師和農藝師。……今後最好的政策就是少談政治。多促
進工程師和農藝師，向他們學習，檢查他們的工作，不要把代表
大會和會議變成空談的機關，而要變成檢查經濟成就的機關，變
成我們能夠真正學習經濟建設的機關。」❺❺

對無產階級專政理論的反思

無產階級專政是一個不斷引起爭論的概念。馬克思主義的
「無產階級專政」屬於團體範疇，而不屬於政體範疇。這一特定
概念裡的「專政」是特殊用法而不是普通用法。它指的是一個階
級壓迫另一個階級。

對馬克思主義關於無產階級專政的論述，早在上個世紀後半
期，第二國際的一些理論家就提出了種種反對看法。伯恩施坦白
認爲，無產階級專政是一種倒退現象，是一種「低級文化」，是
政治上的「隔世遺傳」（封建專制的復活）。他說：「在社會民
主黨的代表在一切有可能的地方實踐上都已站在議會工作、比例

人民代表制和人民立法（這一切都是同專政相矛盾的）的立場上的這一時代，堅持無產階級專政這一詞句究竟有什麼意思呢？這一詞句今天已經過時。」❺❻另一位修正主義領袖考茨基也持否定態度。他對比西方國家和蘇聯的政治制度，指出前者有一定程度的民主，有些國家還實現了充分民主的普選制，而蘇聯卻缺乏民主自由。他說，在「充分民主的普選制下，一切階級和利益都按其力量大小而在立法議會裡有其代表。任何階級和政黨都能對任何法案進行最自由的批評，指出這個法案的缺陷，而且還能顯示在居民中間存在反對力量的大小。在蘇維埃裡，一切反對的批評都被排除，法律的缺陷也不容易暴露出來。而關於居民中間將會進行的反對，起先也完全無從知悉」。❺❼

無產階級專政是社會主義革命和建設中一個重大的理論問題。對此，我們必須結合對整個社會主義的評價來重新審視。

法國著名飛行員兼作家聖‧埃克絮佩里說過一句極富新意的話，是他用詩人的眼光和哲學家的智慧來表達的一種飛行感受。他說：在飛機給人們一種新視野之前，「我們總是受道路的哄騙」。確實，在道路上疲於奔走的人，最容易受道路的迷惑。❺❽

有些學者指出，今天，無論是社會主義還是資本主義，都是當代人在現代歷史潮流的推動下所選擇的道路。每一代人都奔命於前人為他們規定好的、塵土飛揚的道路上，不辭勞苦地前行。只要道路還有可能向前伸展，人們就很少有機會思索：自己是從哪裡來，又要到哪裡去？這時，就需要對前人所走過的路有整體的鳥瞰。

從全球角度觀察，90年代及下個世紀，社會主義各國面臨著發達資本主義國家經濟上的巨大壓力和政治上的和平演變攻勢。在經歷了一系列挫折之後，冷靜地思索和回顧一下馬克思主義的

歷史，實在是非常必要的。

馬克思主義產生以來，世界發生了很大的變化，人類的認識水平也有了很大的提高。現階段，社會主義國家在思想上超越馬克思主義，必須具備以下幾個基本條件：

1. 必須承認傳統與經典馬克思主義理論確實存在著歷史條件下的侷限和不足，必須認眞研究這些侷限和不足。這是實現超越的基本前提。

2. 必須深入研究傳統馬克思主義是否偏離了經典馬克思主義，怎樣偏離，表現何在。

3. 必須重新研究經典馬克思主義關於權威問題的有關論述。對涉及這個問題的領袖、人民群衆以及階級、國家等學說也要加以充分的重視。

4. 必須充分估計馬克思以後這100多年來的社會科學（特別是哲學和政治學）、自然科學的巨大進步，用符合這些科學最新成就的新思維方式去補充、改造經典馬克思主義所產生的舊思維方式，並運用這種新思維方式重新對整個人類社會、資本主義、社會主義進行批判性研究，用新的結論去代替馬克思、恩格斯理論體系中已經過時或本來就不正確的論點。

5. 在承認馬克思以後的馬克思主義多元化發展的基礎之上，客觀地實事求是地評價、吸收各派馬克思主義在研究當代資本主義社會和現實社會主義方面所取得的一切科學成果，使馬克思主義以後的發展更加科學化。

超越「全面的全能主義」

在世界範圍內，當代社會主義有多種涵義，有蘇聯、東歐、中國的社會主義，社會黨國際的民主社會主義，托洛斯基第四國際的社會主義、阿拉伯社會主義、合作社會主義、基督教社會主義、烏賈馬社會主義以及亞洲、非洲、拉丁美洲其他形形色色的社會主義。其中有兩種社會主義具有最大的影響：一種是共產黨專政國家的社會主義，即把社會主義作為向共產主義過渡階段的社會主義。另一種是社會黨人、社會民主黨人的社會主義。這種社會主義雖然把克服資本主義社會的弊病作為自己的目標，但他們公開宣布「社會主義同共產主義沒有共同之處」，他們是要建立一個既有「民主」、又有「社會正義」的社會。他們反對暴力革命，主張通過議會道路實現社會主義的目標。❺❾

社會主義是個吸引人的目標，但人們發現，權力的集中比資本的集中更可怕。曾幾何時，社會主義國家的民主化問題一直是社會主義國家人們所諱言的一個話題。究其原因，是因為長期以來社會主義國家在意識形態領域中的宣傳，往往只側重宣揚社會主義推行的是比資產階級民主還要民主百倍的無產階級民主，廣大知識分子不可能深入研究社會主義的民主化問題，更不必說從社會主義制度本身去尋找問題的根源了。

第一個社會主義國家誕生於1917年的俄國「十月革命」。在此之前，列寧領導的共產黨起先是在沙皇俄國專制統治下秘密地存在並進行活動的，鬥爭的需要使之形成嚴密的組織，建立自上而下制訂政策和委任的「民主集中制」體制。

按照一般的解釋，民主集中制這個原則體現了民主和集中的高度統一。其主要內容包括以下幾個基本點：

1. 黨員在黨內的地位是平等的，但決定重大問題時必須少數服從多數。
2. 黨員個人在黨內旣享有充分的民主權利，又必須服從組織紀律，服從組織決定。
3. 下級黨組織在工作中是獨立負責的，但必須接受上級黨組織的領導。
4. 黨的各級領導機關都由選舉產生，實行集體領導，並定期報告工作。
5. 經選舉產生的黨中央有「進行思想領導和實際工作領導的全權」，同時，黨中央接受全黨的監督。

「十月革命」以後，蘇維埃政權面臨著國內戰爭和階級鬥爭的嚴峻形勢，列寧主義政黨的模式開始逐漸形成。這種模式以高度集中制、一黨專政、黨政合一、一元化方式的集權式爲特點的黨的領導體制。可以說，正是列寧主義政黨的性質以及當時的歷史條件直接決定了列寧主義國家的特點及性質。有些學者曾以「黨—國家—經濟」、「權力—意識形態—文化」兩個三位一體或「黨—國家—經濟—軍事—法律—意識形態—文化」無所不包的統一整體，來形容列寧主義國家的特點，指出其從本質上說是極權主義或「全面的全能主義」。❻⓪

「全面的全能主義」是一個新詞，它在本意上仍是指一種全能極權的獨裁政治形式，意思是：作爲一種社會制度，史達林式的社會主義國家實際上依舊實行「超國家壟斷」政策，面對時代的發展，這種體制越來越呈現出巨大的矛盾和弊端，表現在經濟方面，即是一切決策決定於「長官意志」，缺少資本投資效益的合理計算，造成資源配置、投資和經營的極大浪費；國家所有制

名義上爲全民所有，實際上沒有具體的承擔者，即沒有人爲之負責，造成「有組織的經營不善」，生產效益和勞動生產效益都極爲低下；表現在政治方面，即是國家權力過於集中，使官僚主義和特權橫行無忌，人民民主和公民自由的各種權利受到踐踏。

「全面的全能主義」實際上是借用西方政治學理論中的術語，對史達林式的社會主義國家所下的一種新定義。這張標籤有兩個涵義，一是抨擊史達林式的社會主義極權獨裁的危害；一是從獨裁向民主轉型的角度出發，對社會主義民主化運動的探討。

不少西方學者從理論上論述「全面的全能主義」的特徵時，強調兩個因素：一是沙皇集權的歷史傳統，一是馬列主義的意識形態。這種研究方法引起的爭議很大，因爲當代政治學研究已經進入了一個新的理論階段，大多數政治學理論所運用的方法論都涉及到政治文化分析、利益集團評估、組織機構核定等內容，如果以這種常規方法論來對蘇聯問題作案例研究，所導致的結果並沒有多大的創見。有鑑於此，美國專家約翰‧格雷（John. Gray）提出了兩個補救方法。

第一步，他認爲，把蘇聯研究的常規方法與蘇聯極權主義的六個方面特徵作相互結合的探討，將對我們進一步認識列寧主義國家的性質不無裨益。這六個方面的特徵是：

1. 沙皇後期的社會政治、經濟、文化方面的實際情況。格雷認爲很多人在研究蘇聯民族主義、擴張主義及霸權主義的歷史傳統時只強調蘇聯對沙皇沙文主義的繼承。實際上，在1908—1902年期間，俄國煤、鐵、鋼及其他重金屬產量都有大幅度的提高；1890—1915年的25年中斷整個俄國的鐵路運輸網絡擴大了3倍。1909年時，俄國便成爲世界第四

號工業強國。在農業方面，俄國的小麥產量也在1908—1912年期間增長了37.5%；燕麥增長了62.2%；玉米增長了44.8%。❻在社會政策方面，俄國也大力投資教育、增加社會福利、效仿西方國家設立文官制度。總之，與其說當時的俄國是個集權主義的貴族統治專制國家，勿寧說它是一個充滿活力、日益壯大的歐洲國家。這與後來蘇聯的全球霸權主義擴張是不同的。

2. 蘇聯社會主義經濟建設中對西方資金、科學和技術的依賴。從1922年4月的蘇德《拉巴洛條約》，到美國胡佛及後來羅斯福政府的經濟援助；從60—70年代緩和階級大量西方資金的流入，到後來美蘇合作階段的直接求援，蘇聯一直沒有脫離對西方國家的經濟依賴。這也是蘇聯全能主義統治的一個特色。

3. 蘇聯社會主義發展中馬列主義意識形態的作用。這種意識形態領域中嚴密控制的直接結果，便是強調國家階級性、法制建設進程緩慢、以及市場交換機制的匱乏。格雷特別例舉了「戰時共產主義政策」來論述自己的觀點。在他看來，所謂「戰時共產主義政策」並非是一種對付蘇維埃政權危機的應急措施，而是列寧有意識要消滅國家市場機制的系列舉措中的第一步。

4. 列寧主義國家理論與實踐中對秘密警察及集中營體系的重視。在70多年社會主義歷史實踐過程中，蘇聯秘密警察活動早已是惡名昭著的了，加上各式各樣對社會生活的嚴密控制，蘇聯全能主義的統治早已無法脫離恐怖與暴力。

5. 蘇聯社會主義發展建設中勞改集中營的經濟功能。帶有「種族滅絕」色彩的集體農莊政策、無所禁忌的流放、勞

改，數以千萬計的無辜公民成年累月地被迫服從勞役，創
造了國家經濟成長的種種價值。

6.蘇聯領導階層對輿論信息的壟斷。這主要是指對人民思想
自由的鉗制以及對異議分子的無情鎮壓。

第二步的工作，便是系統地總結列寧主義國家的主要特點，
即缺少市場調節機制、對法制建設重視不夠、機械宣揚馬列主義
的意識形態，等等。格雷認為蘇聯全能主義統治是經濟混亂與政
治獨裁的混合物。❷

總體上看，格雷分析得出的結論是：從列寧主義國家轉向自
由，包括經濟上從指令性計劃經濟轉向市場經濟，政治上從全能
主義轉向多元政治，其關鍵課題在於消除超國家壟斷。

在社會主義國家和資本主義國家比較中，有些資產階級學者
也提出使社會主義國家「民主化」的其他對策，如戴芒德主張：

1.民主國家如果想使他們對社會主義國家所施用的壓力和刺
激鼓勵真正起作用的話，就必須在與社會主義國家打交道
時在行動上加以密切的配合。

2.在國際論壇上，最高級政府首腦會晤中以及作其他各種外
交接觸時，民主國家都要無例外地、強有力地表達出對社
會主義國家人權狀況的關心，特別是要採取種種手段強迫
他們在國際人權條約上簽字，承擔相應的義務。

3.民主國家應當特別注重扶助社會主義國家內部受政府控制
的各種協會和學術團體的成長，鼓勵信息、思想、見解的
更進一步的自由交流。民主國家應當尋覓各種途徑給社會
主義國家裡，專業界、知識界和藝術界剛露頭的多元化現
象以財政上的支持。同時，民主國家內部有關組織團體一

且發現社會主義國家內有與自己對等的新生組織團體出現，便應設法與之建立聯繫並進行人員交換。如果社會主義國家中這些組織團體遭到鎮壓，民主國家應大張旗鼓地利用國際輿論為之呼籲。

4. 民主國家政府應當鼓勵向社會主義國家傳入那些可以解除中央集權傾向的技術設備，如供私人用的電子計算機、複印機等，這一類設備對「極權」社會主義國家統治是一種嚴重的威脅。❸

與戴芒德一樣，另一位資產階級學者茲比格紐·勞 (Zbigniew Rau) 也特意著書立說，提出「脫離社會主義道路的四個階段」。在他看來，社會主義國家要想獲得民主，必須經歷四個步驟，即：

1. 要出現異己分子或異己分子集團。異議分子或異議分子集團可以向集權的中央權威提出挑戰。

2. 要有大規模的「回潮運動」，也就是說，要出現廣泛的爭取基本人權與社會參與權的運動。

3. 成立不同的政黨，其目的不僅僅在於與執政黨合作，更在於與其競爭。

4. 參與政治的公平選舉，旨在維護民主機制的多元性。❹

自由民主制度並非專為資本主義而設計，同樣，專制制度亦不應該是社會主義的本質特徵。那種認為爭取自由民主與堅持社會主義制度互不相容，要自由民主便不能要社會主義，要社會主義便得不到自由民主的看法是完全錯誤的。90年代初，蘇聯和東歐一個又一個國家放棄一黨專政，實行多黨制、自由選舉和市場

經濟。面對這一歷史潮流，重建社會主義便成為社會主義國家新的歷史任務。

　　必須特別提出，我們說資本主義有周期性經濟危機，但社會主義也有周期性的政治危機，「每七、八年來一次」。表面上看社會主義的政治危機是人為的，其實也有深刻的經濟背景。資本主義的經濟增長到一定程度以後會出現衰退；當衰退到谷底時就是經濟危機，衰退過後又是經濟增長，這是經濟規律使然。社會主義則是當經濟增長到高峰時，現有的計劃經濟體制容納不下，領導人用發動政治運動的辦法去解決。從某種程度上說，社會主義的周期性政治危機對社會生產力的破壞性，遠遠大於資本主義社會的周期性經濟危機。今天，我們有必要擺脫一個半世紀以來人類社會必然從「封建社會」，經過「資本主義社會」，向「社會主義社會」、「共產主義社會」過渡的理論。但採用哪種社會管理制度，應是全社會大多數人自由意志的選擇。資本主義社會也有相當一部分人曾經或還在嚮往社會主義。幾乎所有發達資本主義國家都有合法的共產黨存在，他們也曾競選到少量的議會席位。但社會主義陣營的國家還沒有一個能允許資產階級政黨的合法存在，這的確是一個無法迴避而又真正值得深入探討的理論問題。它不僅涉及到社會主義國家的公民結社自由保障，更涉及到社會主義國家的民主大業在未來的發展。

注釋：

❶亞里斯多德：《政治學》，商務印書館1981年版，第247頁。

❷薩繆爾‧杭廷頓著，江炳倫等譯，《轉變中社會的政治秩序》，台北：黎明文化公司，民國70年，第338頁。

❸George W. F. Hallgarten, *Why Dictators? The Causes and Forms of Tyrannical Rule Since 600 B.C.* New York The MacMillan Company, 1954, p.106—107.

❹薩繆爾‧杭廷頓著，江炳倫等譯，《轉變中社會的政治秩序》，台北：黎明文化公司，民國70年，第340頁。

❺同上。

❻《馬克思恩格斯全集》，第1卷，第488頁。

❼Quoted from George W.F. Hallgarten, *Why Dictators? The Causes and Forms of Tyrannical Rule Since 600 B. C.* New York The MacMillan Company, 1954, p.12.

❽Gottschalk, L. R. and Jean Paul, Marat, 1927, p.66.

❾薩繆爾‧杭廷頓著，江炳倫等譯，《轉變中社會的政治秩序》，台北：黎明文化公司，民國70年，第336，337，343頁。

⑩《馬恩選集》，第2卷，第617頁。

⑪《列寧選集》，第4卷，第629頁。

⑫馬克思：《法蘭西內戰》。

⑬《列寧全集》，第29卷，第489—490頁

⑭《列寧選集》，第3卷，第72頁。

⑮馬克思：《法蘭西內戰》。

⑯《列寧選集》，第4卷，第311頁。

⑰同上，第3卷，第623頁。

⑱《史達林全集》，第9卷，第43頁。

⑲同上，第9卷，第43頁。

⑳見1936年史達林《關於蘇聯憲法草案》的報告中關於蘇聯一黨制的論述。《史達林選集》，下卷，人民出版社1979年版，第408頁。

㉑《列寧全集》，第2版，第31卷，第32、33頁。

㉒見赫魯雪夫1956年2月25日在蘇共二十大上所作的〈關於個人崇拜及其後果〉的秘密報告。

㉓轉引自《潮流》，1989年6月15日，第88頁。

㉔見亞歷山大‧奧爾洛夫：《史達林肅反秘史》，澳門星光書店出版，1988年。

㉕《史達林全集》，第11卷，第64頁。

㉖解力夫：《縱橫捭闔──史達林》，世界知識出版社，1989年版，第476—477頁。

㉗《蘇聯共產黨第十九次代表大會文件匯編》，人民出版社，第13—14頁。

㉘《列寧全集》，第27卷，第134頁。

㉙《爭鳴》，1990年2月號，第96頁。

㉚吳少榮、林洽生：〈社會主義的危機現象〉，載《潮流》，1989年10月15日，第27頁。

㉛《史達林全集》，第10卷，第47頁。

㉜同上，第7卷，第57頁。

㉝列寧：〈論歐洲聯邦口號〉，《列寧全集》，第21卷，第321頁。

㉞列寧：〈俄共（布）黨綱草案〉，《列寧選集》，第3卷，第741頁。

㉟《列寧選集》，第32卷，第427頁。

㊱《史達林文選》，下冊，第504頁。

㊲見史達林：《社會主義基本經濟問題》。

㊳參見寧夏大學政治系副教授謝暉〈政治拜權敎與權力網絡〉一文。

㊴見美國加州大學聖地牙哥分校政治系助敎趙穗生的文章，〈中國民主悲劇探源：反思晚淸以來近百年仿行西方民主制度的實踐〉。

㊵田軍：〈試論堅持和完善人民代表大會制度〉，《南京大學學報》（哲學、人文、社會科學版），1991年，第1期，第70—71頁。

㊶翁松燃：《中華人民共和國憲法論文集》，香港中文大學出版社，1985年版，第24頁。

㊷同上，第13—23頁。

㊸《人民日報》，海外版，1989年8月14日。

㊹《馬克思恩格斯全集》，第42卷，第120頁。

㊺《德意志意識形態》，第1章。

㊻《馬克思恩格斯選集》第1卷，第474頁。

㊼《馬克思恩格斯全集》，第4卷，第337頁。

㊽同上，第4卷，第489頁。

㊾同上，第7卷，第37頁。

㊿《馬克思恩格斯選集》，第4卷，第332—333頁。

51《列寧全集》，第28卷，第218頁。

52同上，第25卷，第450頁。

53同上，第25卷，第400頁。

54同上，第29卷，第351頁。

55同上，第31卷，第466—467頁。

❺❻伯恩施坦：《社會主義的前提和社會民主黨的任務》，第195頁。

❺❼考茨基：《無產階級專政》，第42頁。

❺❽轉引自劉青峰、金觀濤：《新十日談》，台灣：風雲時代出版公司，中華民國78年版，第21頁。

❺❾嚴家其：〈20世紀是社會主義世紀〉，載《民主中國》，1990年6月，第2期，第33頁。

❻⓪詳見摩西・萊文（Moshe Lewin）、蘇紹智以及邁克爾・雷曼（Michel.Reiman）等人關於社會主義的爭論，見蘇紹智，〈實行民主還是新權威主義——列寧主義國家能否向民主化轉化？〉，載《潮流》月刊，1991年11月15日，第79頁。

❻①Heller, M. and A.Nekrich. *Utopia in Power: The History of the Soviet Union from 1917 to the Present.* New York: Summit Books, 1986, p.15; Norman. Stone. Europe Transformed, 1878—1918, London: Fontana, 1983, pp. 197—200頁.

❻②Gray, John. "Totalitarianism, Reform, and Civil Society", in Ellen Frankel Paul, ed., *Totalitarianism at the Crossroads.* Transaction Books, New Brunswick and London, 1990.

❻③戴芒德：《論擺脫專制極權和實現民主政體》，黃為威譯，載《知識分子》，1991年冬季號，第14頁。

❻④Zbigniew Rau: "Four Stages of One Path Out of Socialism," in Pau, Ellen Frankel, ed., *Totalitarianism at the Crossroads.* New Brunswick, New Jersey and London: Transaction Books, 1990, pp. 143—170頁.

5

發展獨裁：一個倍受爭議的概念

　　本章將討論「發展獨裁」問題。「發展獨裁」是一個頗多爭議的概念。同時，所涉國家遍布世界各個角落。絲毫不漏地全面問津顯然不可能；但即使僅涉筆大多數國家也是相當困難的。因此，在全章論述中，我們只能採取典型介紹的方法。至於掛一漏萬之弊，只能有待將來條件許可時補救了。

發展中國家政治系統略論

發展中國家的政治系統是極為繁複的事物,枝榮葉雜,盤根錯節,千端萬緒,網羅交織,三言兩語當然難以盡述,長篇大論又受制篇幅。因此,這一節只能「掎摭」一二,求助概括。鄭板橋詩曰:「冗繁削盡留清瘦,畫到生時是熟時」,可惜筆者功力不夠,「冗繁」也許可以「削」去許多,所留下來未必為傳盡精神的「清瘦」,這就只好任讀者諸君鞭笞或見諒了。

第三世界的組成

在國際體系中,第三世界的經濟、政治力量誠然薄弱,但仍有它不可忽略的地位,例如它的眾多人口、廣大的土地及潛在的市場。從某種意義上說,第三世界的特點就在於它的結構因素,「各種不同的國家有各自不同的結構,與第一世界或第二次世界相比,第三世界獨特的社會結構既不是第一世界現代化的某一階段,也不是第二世界社會主義化的某一層面」。❶

所謂第三世界獨特的結構因素,最主要的特徵就是擴大第三世界國家的經濟發展水平,各個天差地遠有著非常大的區別。

根據手頭的資料,世界銀行在80年代下半期的統計表明,如果按照國民生產總值的高低,第三世界發展中國家實際上可以分成四大類:

第一類是上中等收入國家和地區,在1985年時平均國民生產總值在1600－7500美元之間。其中特別值得注意的是新興工業國

家和地區，即東亞的「四小龍」（南韓、新加坡、香港、台灣）以及拉丁美洲的墨西哥、巴西、阿根廷等。這些國家的經濟在相當長的歷史時期內穩定增長，甚至迅速增長，創造了一個又一個的奇蹟。例如，1960－1980年這20年間，南韓年人均收入增長率是7%；80年代上半期南韓的國民生產總值年平均增產率在8%以上，工業年平均增長率甚至超過10%。香港、台灣、新加坡及拉美地區的許多國家也不落後。這說明它們對國際形勢的波動有了較強的適應能力。從產業結構上看，新興工業國家和地區的製造業已成為經濟的主要部門，而且其產業結構正在逐步升級，從勞動密集型和資本密集型向技術密集型轉化。它們的出口商品結構也有了根本的變化，不少製成品在世界市場上有相當強的競爭能力。

第二類是高收入的石油出口國，1985年，其平均國民收入在7000美元以上，包括利比亞、沙烏地阿拉伯、科威特、阿拉伯聯合酋長國等等。其中最高的是阿拉伯聯合酋長國，平均國民生產總值達到19270美元，超過了包括美國在內的所有發達資本主義國家，居世界第一；其次是科威特，達14480美元，在世界上也是名列前茅。但這些國家幾乎全都是由於得天獨厚的資源條件，靠開採和出口大量石油成為巨富，它們的經濟並沒有得到全面的發展。所以，這些國家的富有，在發展中國家中也是一種特殊的現象。

第三類是中下等收入國家和地區，1985年，其平均國民生產總值在400－1600美元之間。多數發展中國家屬於這一類。這些國家的工業化程度各不相同，有的國家的工業生產已達到相當水平，產業結構也開始了多樣化的發展，如東南亞的泰國、菲律賓，非洲的埃及、突尼西亞、摩洛哥以及多數拉美國家。這類國家中

還包括一些礦產資源特別豐富的國家以及一些低收入的石油出口國家，前者如非洲的剛果，後者如印尼、尼日等。

第四類是低收入國家，1985年，其平均國民生產總值在400美元以下，屬於不發達國家。這類低收入國家在80年代中期共有38個左右，它們的經濟雖有一定的增產，但是由於人口增長率高，平均國民生產總值增長緩慢，因此國家經濟不斷發生嚴重衰退，人民的貧困化不斷加深。❷

早期資本主義的歷史是一部血腥的殖民擴張的歷史。在20世紀初，世界上落後國家或地區，幾乎全都成了幾個大國的殖民地。據統計，到1914年，這些殖民地、半殖民地占全球土地面積的70%，人口占當時全世界總人口的將近60%。

第二次世界大戰以後，整個舊殖民體系土崩瓦解，絕大多數殖民地、半殖民地和附屬國都獲得了政治上的獨立。但是，這些亞、非、拉發展中國家的自然資源、地理環境、土地面積、人口多寡、社會制度、經濟結構和社會結構以及民族文化傳統都各不相同；在經濟發展方面，它們的生產力都不發達，經濟普遍落後；在政治發展方面，雖然它們大多數仍然留在資本主義體系中，但殘酷的殖民統治和本國特殊的歷史文化背景使它們無法順利實現國家政治生活的民主化。很多後殖民主義社會階段的第三世界國家在國家建設中無法拋棄歐洲意識形態的影響，獨立後一直強調國家本身是實現民族富強、人民安定、社會平等的前提條件。

就整體說來，第三世界國家領導階層對社會的控制能力主要取決於：

1.進行社會動員的能力。
2.對社會關係的調節。

3.對社會資源和自然資源的開發能力。

4.對資源的分配和處理；與此對應，以下三種指標可以用來
衡量它們對社會的控制程度：

- 人民服從的（compliasnce）程度，這裡有一個對地方
警察力量和全國資源的分配問題

- 人民參與（participation）的程度，即人民對社會生
活，特別是政治生活關心與否和投入程度

- 人民對政體合法地位（legitimation）的信服程度，即
人民對統治者的統治是否認可，認可到什麼地步

在下面兩種情況下，新獨立的國家可能會受到某種挫折，無
力改變社會現狀。第一種情況是這些國家對成功的希望太高，幻
想不切實際的事情，結果在發展過程中遇到很多原來沒有預料到
的矛盾；第二種情況是國家獨立後還沒有強大到可以處理一些複
雜棘手的社會矛盾的程度，政府的種種努力遭到失敗。❸無論是
哪一種情況，我們都可以從不同的角度衡量領導階層對社會的控
制和相應的社會轉變。例如，我們既可以利用傳統的方法考察中
央政權對地方政府的控制程度來推斷社會的變型，也可以利用新
的科學研究方法，重點研究這些國家各個不同地區在發展中的分
化、組合，從而判別領導階層推行的價值觀念到底能在地方上產
生多大的效應。

根據上述各點，有人將發展中國家約略分置於四種政治系統
中加以考察。

阿普塔：四種政治系統

希臘哲學大師柏拉圖曾作過一個精彩的比喻，用以說明運用
政治理論中的體系、模式分析，將有益於我們更加深對政治現實

的理解。柏拉圖把現實世界形容成一個漆黑一團的山洞，居住在山洞中的人們像囚犯一樣被無情的鐵鍊所束縛，他們每個人只能看到對面岩壁上由幽幽洞火映出的別人的影子；只有獲得自由、逃出山洞的人才能看到光明，懂得什麼是眞正的大千世界。把這個比喻運用到政治學研究中來，我們也會發現，一方面，平時我們經常見到甚至不加思索就加以利用的某些分析模式過於理想化、抽象化，它們實際上就像洞中人所感受到的一種模模糊糊的幻覺，與現實世界之間存在著巨大的差距。但是另一個方面，只有深深感受到這種幻覺的人，才能在獲得自由以後重新認淸這個世界，理解理想與現實之間的矛盾。原來看似毫無意義的幻覺現在也可以當成是一種對思想的啓蒙。柏拉圖主張那些頭腦清醒的政治理論家應當返回生活中的山洞，幫助他的夥伴認淸政治現實，然後再在實踐中重構更加完善的理論體系。但在實際生活中，在理論構建的過程中，這樣做的實例是很難找到的。更多則是借用他人的理論予以批判的審視與發展。「他山之石，可以攻錯」，此之謂也。因此，在分析第三世界獨裁政治時，借用西方社會學者創造的關於政治體系結構、模式的分類方法來分析第三世界政治體系是十分必要。只有對前人的相關研究加以借鑑，我們才能對各種理論綜合評判，去其糟粕，取其菁華，從而加深我們對第三世界政治現實在總體上的把握。

經過多年的研究，美國政治學體系功能學派著名人物戴維・艾普特（David E. Apter）把第三世界的政治制度分爲四大類，即從系統論的角度看，第三世界是由民俗型（folk）、官僚——權威型（bureacratic-authoritarian）、和諧型（reconciliation）以及動員型（mobilization）四種政治體系組成的。❹

詳細情況請見下表：

第三世界政治體系❺

類型	子系統	統治思想	中央政府之權力	主要決策者	政府專業化程度	政策對社會變化的影響
民俗型	部落社會	重精神價值	軟弱	家庭中的長者，部落首領	很低	有限
	低級農業社會	重精神價值	軟弱	社會中的長者，具有較高威望的社會成員等	較高	有所擴大
官僚權威型	農業社會	重精神價值	軟弱	國王、皇室、軍隊、貴族	較低	有限
	工業社會	重物質利益	集權	總統、軍隊、文官、技術官僚	較高	有所擴大
和諧型	競爭的寡頭社會	重物質利益	軟弱	內閣、貴族	較低	有限
	多元化的民主社會	重物質利益	軟弱	總統、總理、內閣、立法、政黨	較高	有所擴大
動員型	民粹社會	重意識形態	軟弱	委員會、大眾政黨	較低	長期來看有限
	精英社會	重意識形態	集權	政黨精英、魅力領袖	較高	長期來看有所擴大

艾普特是根據三條標準做出上述分類的,即:

1.對決策產生影響的不同的政治信仰。
2.形成社會結構的權力,如制訂政策過程中的政府、政黨、社會集團以及國外機構等多種因素。
3.處理關鍵政策問題時涉及到的策略、方針。

在這三條標準中,權力標準是最主要的依據。比較第三世界各國政府行使權力的範圍和手段時,要特別注意:

1.壓制與建立共識之間的權力平衡。
2.中央政府集權的程度。
3.個別的政治實體(如政府官員,政府機構或政黨)之間在政策醞釀與形成過程中能否相互協調。
4.社會多元化的發展,如社會利益集團擺脫政府直接控制後具有的獨立性。
5.政府權力的有限性。

從整體上看,第三世界政治變遷並無一定成規,但都會對各國政府結構、政治信仰以及政策制訂過程產生重大的影響。更進一步的解釋如下:❻

在民俗型社會中,集體利益比個人利益更為重要。雖然當今世界部落社會幾乎不復存在,但是在亞非拉(特別是非洲)一些地區仍然有一些落後民族以採摘、狩獵為生,他們與世隔絕,不僅經濟上過著近乎原始的生活,在政治上也是一種自給自足的狀態,沒有統一的、正式的中央政府,很多政治決策是在非正式的情況下由部落或種族首領、具有一定威信的家長、長輩做出的,公共行政實際上就是極少數人的事情,大部分行政行為是調解人

們在生產勞動中發生的糾紛。家庭在政治生活中扮演著非常重要的角色，談不上什麼現代意義上的國家、政府、政黨、教會或市場。至於同屬這一類型的初級農業社會，則在許多方面有所進化，整個社會形態蘊育著發展的潛能。其經濟結構更加複雜，人們不再只是靠採摘狩獵過日子，而懂得飼養動物、種植蔬菜、修建房舍，進行基本的手工製作，如製陶、紡織等等。在這個階段，貿易活動也有所增加，政府組織初步形成。隨著貧富分化的加劇，社會出現了階級分化，建立了最初的國家。這時，要求個人自由、競爭、個人利益的呼聲日益高漲，國家職能也日漸強化。

官僚——權威型體系在第三世界占有很大的比重，應當是我們研究的一個重點。20世紀以前的埃及、中國、奧托曼帝國、西班牙甚至法國等，都反映出一定的農業官僚——權威體系特點。本世紀60年代以來亞非拉諸多新興民族國家在獨立後又經歷了各種各樣的變化，其中官僚——權威（不管是文人政府還是軍人政府）體制一直存在。很多國家領導人面臨著重要的國家建設任務，他們必須處理國內出現的種種矛盾，發展民族經濟，增進與世界其他國家的相互交往等等，因此迫切需要建立其獨立的國家機構和權威體制，以此對付不測之虞與不時之需。

農業——官僚權威體系和工業——官僚權威體系有一定的共同之處，兩者都以政府文職人員、軍官及警察統治社會，雖然在不同的官僚集團中存在不同的利益衝突，但經過調解和說服，整個體系仍能維持利益平衡。當然，區別農業——官僚權威體系和工業——官僚權威體系的一個重要標準，就是看統治階層擁有多大的權力以及中央政府對其他社會集團的控制程度。在農業——官僚權威體系中，統治精英對國家和社會的集權控制程度相對較低，中央政府的權限也受到一定限制，社會團體享有較大的

獨立性；而在工業──官僚權威體系中，統治階級及國家機關對各個經濟、宗教以及其他團體直接控制的程度較高，家庭血緣基礎上的組織、相同信仰基礎上的宗教機構等等，並不能在國家政治決策中起決定性的作用。

在和諧型體系中，統治者承認不同的利益集團之間產生衝突具有一定的合理性，他們更強調社會的多元化發展。這種社會不僅需要建立必要的競爭機制保證各方面利益能夠得到充分的表達，而且要求競爭各方嚴格遵守競爭規則，必要時作出讓步。此外，非政府機構、非正式利益調解渠道的存在也是非常重要的，它們能夠幫助行政部門、法院、政黨等政府組織發揮更好的作用。應當承認，現階段第三世界國家中可以化入和諧型體系的國家很少。這一方面是因為第三世界國家的經濟發展水平不夠，公民價值觀念還沒有上升到那個層次，許多國家又欠缺必要的民主保障機制，造成社會不平等的加劇；另一方面，大多數第三世界國家受國際影響很大，南北之間的差距，舊的國際經濟秩序以及超級大國插手亞非拉事務、干涉別國內政，其後果之一是造成了第三世界國家政府勢力的強化和軍人干政頻率增加，一屆又一屆登台亮相的政府搖擺不定，在競爭的寡頭社會和民主的多元社會之間徘徊，始終無法達到理想的發展狀態。

在動員型體系中，政治領導人追求的目標不是社會的穩健變革，而是一種激進的根本革命。與和諧型體系作比較，兩種體系都強調大眾參與，政黨在社會生活中發揮著重大的政治作用，軍方力量也受到一定限制。但不同的是，動員型體系中的兩極化現象十分嚴重，精英與大眾之間的差別，城市與農村之間的差別，富人和窮人之間的差別，這些都使社會處於不穩定轉變之中。

發展獨裁的具體形態

「人面僅一尺，竟無一相肖；人心亦如面，意匠獨夐造。」發展中國家的獨裁政治系統儘管「物以類聚」地可以歸納分類，但其具體表現形態却是各不相同、互有差異的。因此，分類敍述仍不失爲可取得方法。本節即擬以個人獨裁、官僚——權威型獨裁、和諧型獨裁和動員型獨裁等四種類型加以概述與評論。

個人獨裁

上一節已經談到，民俗型社會不僅表現出一種原始經濟特徵，而且在政治上也呈現出一種自給自足的狀態；在這種社會裡，統一的、正式的中央政府是不存在的；很多政治決策是在非正式的情況下由部落或種族首領、具有一定威信的家長、長輩做出的，根本談不上什麼現代意義上的國家、政府、政黨、宗敎或市場。

本世紀60年代以後，獨立的非洲不但沒有呈現出一幅欣欣向榮的景象，反而暴露出原有的種種社會弊病。在政治上，新成立的政權面臨複雜的國內國際環境，常採取集權措施實行獨裁統治，希望以政治壟斷的手段迅速實現國家的現代化發展。例如，到1985年止，非洲除了毛里求斯一個小國以外，居然沒有出現過執政黨被選舉淘汰的情況，❼政治從獨立之初就是一小部分人的專利品，人民大衆與之無緣。

應當承認，很多非洲國家獨立後成立了共和政體，力圖把西

方民主制移植到本國。但是這種生吞活剝式的生搬硬套往往造成一種藉共和之名、行獨裁之實的政治變形。塞內加爾總統塞格豪爾說過，「總統制表達了一種黑非洲的哲學基本精神。這種精神的基礎不是個人主義，而是人治。總統是國家的最高代表，就像以前君主制下的君主是人民的主宰一樣……總之，在非洲，我們可以發現人民選舉出來的上帝。」❽

從某種意義上說，20世紀後半期的非洲國家是雄心勃勃的政治家獲得巨大權力的競技場。就像中世紀歐洲許多想建功立業的人獻身教會和19、20世紀無數美國人投身商場一樣，20世紀的非洲是一個可以給人帶來財富和幸運的政治金礦，在某種意義上說，是一種賭博遊戲或是一種競技市場。

非洲脫離殖民統治之後，不少新獨立國家的政治變成了「皇宮政治」，其參與範圍極其狹小。實行種族歧視和白人獨裁的南非，實行暴君專制式個人獨裁的馬拉維、加蓬、幾內亞和布基納法索不僅是集權主義與封建傳統結合的產物，也是殖民主義統治的後果。

個人獨裁（personal dictatorship）大多發生在民俗型國家裡，它有些類似於一般意義上的君主暴政。下面我們以三個非洲國家為例加以比較說明。

60年代和70年代期間，非洲有三個惡名昭著的獨裁國家引起了國際社會的廣泛關注。它們是阿敏統治下的烏干達、伯卡薩統治下的中非共和國和尼圭瑪統治下的赤道幾內亞。

阿敏和伯卡薩都是在45歲當政，1979年下台。即使不再擁有最高權力，阿敏和伯卡薩都依賴瑞士銀行的巨額存款，過著一種「輝煌而孤獨」的生活。阿敏在沙烏地阿拉伯、伯卡薩在法國都有自己豪華的別墅。伯卡薩甚至還在下台後的第7年即1986年大搖

大擺、氣派非凡地回國。

在阿敏和伯卡薩當政時期內，烏干達和中非共和國實行的恐怖統治都達到一種登峰造極的地步。與歷史上的專制獨裁者們相比，這兩個非洲獨裁政體中最高當政者的權力不受任何制約。

阿敏出生在素有「非洲明珠」之稱的烏干達一個非常貧困的農民家庭。他的父母在他出生後不久就分居了。阿敏剛參軍時的職務是候補炊事員。由於身強力壯、善於拳擊而又能較爲流利地掌握五種烏干達地方語言，以後才在軍隊裡逐級爬升，權力越來越大。他是烏干達的重量級拳擊冠軍，即使在擔任總統職務以後，他的常勝記錄也在9年內沒有被打破。阿敏政變前是烏干達軍隊總參謀長。政變後，他害怕自己也遭受同樣的命運，因此對原來自己所依靠的軍隊高級官員進行了大規模的清洗。他自稱是「大英帝國的征服者」，自任國家元首、政府首腦、武裝部隊總司令、國防委員會主席、陸軍元帥、終身總統、警察理事會主席、三軍總參謀長。據西方新聞界的報導，阿敏是一個幾近文盲的總統。他不喜歡辦公，不喜歡文字，連別人給他念報紙上的新聞也常常聽不懂。有一次，他甚至下令強迫內閣各部部長去度9個月的公假，然後請自己的心腹掌管一切，自己搖控指揮政府決策。當然，遇到經濟危機時，他最習慣的拿手好戲就是寫一張條子交給財政部，讓中央銀行多印些紙幣了事。尷尬的危機局面使阿敏養成了一般獨裁者都具有的強烈心悸、懷疑一切的個性。他對所有受過教育的人另眼相待，無情打擊。這種心理發展到後來更走向極端，他連在本國受過訓練的高級職業軍人都不信任，烏干達的部隊簡直就是一個多國聯盟部隊，本國士兵常常得不到阿敏的信任。在1971年隨阿敏上台的23名高級軍官，到1974年時只有3名還在服役，剩下的人都遭到了整肅。

阿敏喜歡人們對他歡呼的壯觀場面，他經常四處巡視，「像一個美國總統候選人那樣具有一種會見群衆的強烈慾望。」❾在這種場面中，他最喜歡談論的幾個話題是流行病、假髮、以保證每個婦女都有褲子穿來實現婦女的財產權和莊稼種植等等。當然，絕大部分時間裡，他好像是一個人在唱獨角戲，沉浸在他的無邊無際的政治幻想之中。

人們常把阿敏稱爲非洲大陸的希特勒。他與希特勒的確有很多相同之處。在內政方面，1972年，即阿敏上台後第1年，烏干達就有大約10,000人因爲種種原因被害。到1979年，至少有250,000人在阿敏的淫威下喪生。成千上萬的著名政治家、科學家、教授、企業家突然「失踪」，下落不明。其實，他們的屍體全都被扔進了尼羅河。烏干達最出名的一個瀑布邊上的大橋成了衆所周知的殺人現場，每天都有政府士兵奉阿敏的命令到這裡來處理異議分子的屍體。這座大橋被人們稱爲「血泊之橋」。阿敏的統治昏庸無道，最後終於引起了人民的反抗。79年下台之前，烏干達義軍蜂起，國內各地烽火連天，連他父親都無法再居住故里，不得不倉惶逃到國外。

在對外關係上，阿敏一直沒有放棄對以色列的攻擊，爲徹底消滅以色列而設計了種種方案。1972年慕尼黑奧運會期間以色列運動員被集體暗殺，阿敏拍手稱快。他甚至還想在烏干達建一座希特勒的雕像，以紀念這個獨裁導師。有一次，他心血來潮，請來一批法國著名攝影記者來給他拍電影。所有上鏡的鏡頭都是經過他精心設計的，但沒想到影片在法國上映後招致一陣嘲笑，於是阿敏惱羞成怒，立即通知法國外交部，如果這部影片還繼續在法國上映的話，烏干達無法保證在本國境內的所有法國人的安全。

1979年，當阿敏無法繼續自己的統治時，他故技重演，發動了對鄰國坦桑尼亞的侵略戰爭，企圖以此轉移人民的注意力；但是他沒有想到，就在這場戰爭進行之際，法國出面干涉，內外交困，眾叛親離，這個不可一世的獨裁者終於被憤怒的人民趕下了台。

與阿敏的經歷相似，中非共和國總統伯卡薩也是一位一度飽經人世滄桑、遍嘗人間冷暖的獨裁者。他的父親在他很小的時候就喪失在法國人手下，母親隨後自殺身亡。從小的四處流浪造就了伯卡薩倔強、堅毅的性格。在第二次世界大戰中，伯卡薩是一個英勇善戰的士兵，曾得到軍隊12次嘉獎。這些經歷使他非常自豪，在當總統後，他還不斷授給自己將軍、元帥等頭銜，以表彰自己「對國家的優秀服務」。

伯卡薩的獨裁統治是典型的個人專制。舉個小例子，他曾通過法律特別規定，凡他喜歡的婦女都有義務爲他效忠服務。他和阿敏一樣，酷愛傾城美女。當驅逐他的政變爆發時，新聞界公布了在他宮殿中搜出的大批黃色書刊和下流畫報。他當總統的一個好處就是利用各種名義尋花問柳，多少個良家婦女受盡折磨後無處伸冤，只能忍氣吞聲，暗中叫苦。伯卡薩每天例行的一項重大公事就是出去鬼混，有時一天要出總統府好幾趟，每次出門，整個首都的交通運輸都要爲他讓路，常常造成極大的混亂。對於他喜歡的女人，他不惜一擲千金，用國庫表達自己的愛意。有一個著名的羅馬尼亞舞蹈演員一直是他的寵幸，他竟把她和其他一些「後宮妃子」關在專門配備給她們的房子裡，還建立了一些小的企業滿足她們的好奇心，供她們玩耍。

長期的軍旅生涯使伯卡薩養成了說一不二的獨裁性格。爬上總統寶座之後，他還保留著戰爭時期遺留下來的種種怪癖，例如

喜歡別人叫他「伯卡爸爸」，隨時鞭打他的隨從、僕人甚至內閣部長和外國記者等等。有時他會莫名其妙地改變已經制訂的政策，目的僅僅是為了檢驗部下隨機應變能力的高低，以此作為升降賞罰的標準。

60年代的中非共和國雖然已經獲得了獨立，但伯卡薩採取了很多集權措施，實行獨裁。他在1969年訪問巴西以後馬上宣布「中非共和國實行社會主義制度」。他曾命令人們種植棉花，拒不種植者將受到嚴重懲罰。國家經濟的崩潰使物價飛漲，首都地區一套房子的每月房租高達1,000美元，一個蘋果要50美分。這對一個非洲窮國的百姓來說，簡直是不可想像的。對一個偷食品充饑的人，伯卡薩可以判他20年徒刑加以懲罰，但對政府官員的腐敗，他却視而不見，有時被迫作些調查後，還把很多貪官提拔到更高的職位上。其理由是：他們拿一份更好的薪水有助於他們的清廉。❿

在國際關係上，伯卡薩堅持「捍衛主權」，攻擊來自國際社會對中非共和國獨裁政治的批評。例如，西方曾詳細報導過他為了建立其個人崇拜，動用了國家預算的一半舉行極為隆重的加冕典禮，此後即實行殘酷的獨裁統治。在他執政期間，百名兒童曾遭到集體屠殺，其暴虐酷刑激起國際輿論的一致譴責。但伯卡薩則蠻不在乎，他還揚言：聯合國秘書長瓦爾德海姆「是一個傀儡，一國帝國主義者，一具木訥遲鈍的僵屍」，要是中非共和國，他一定會被逮捕鞭撻，被打個半死不活。⓫

伯卡薩獨裁政權不得民心，違背國際民主潮流，終於在1979年被中非共和國人民推翻。

和阿敏的烏干達與伯卡薩的中非共和國相比，非洲另一個常常引起國際輿論抨擊的個人獨裁國家是赤道幾內亞。其獨裁者為

尼圭瑪。

　　尼圭瑪的幼年也是在千辛萬苦、不知幸福爲何物中度過的。他出生後被親生父母送給了別人，在他成長的歲月裡，甚至沒有見過自己的母親。青年時代，尼圭瑪一直是西班牙殖民政府裡管理林業的一個小職員，表現出極端的認眞負責，深得殖民者好感。後來，在強大的壓力下，西班牙殖民者被迫改變統治伎倆，重用了一些當地職員，尼圭瑪有幸被看中，一級一級升了上去。從某種程度上說，他本人的「飛黃騰達」是殖民者一手造成的奇怪現象。⓬但是，長期的壓抑使他性格變態。他憎恨西班牙殖民主義者的趾高氣揚和傲慢無理，討厭在他們眼中自己一直是一粒渺小的沙子、卑微的螞蟻，憎恨缺乏自尊。在私生活上，他身體動作古怪，耳朵也不好。但他容不得任何批評，拒絕帶任何助聽設備，單憑毒品支撐。對女人，他占有慾極強而又極端嫉妒。有好幾次，他命令手下人殺掉他的情婦的前任情人。有時一個情婦背後就是一大串被列入暗殺的名單，但他絕不心慈手軟，一律格殺勿論。

　　尼圭瑪有一個特殊的愛好，就是收集人骨。在赤道幾內亞，他把自己比喻成非洲並不存在的林中之王──老虎，以此炫耀自己的巨大權力。在他統治期間，族閥主義盛行。他的幾個侄子分別變成了國家自衛隊總司令、國防部長、國家安全委員會主席、陸軍參謀長、總統衛隊隊長等等。與此同時，行賄受賄成爲「一種生活方式」。用一位政治學家的話來說，賄賂變成「能夠給人帶來最大安全的東西」。「因行賄受賄而被起訴的人實在是萬分之一，微乎其微」。在這種情況下，人民已經「習慣於」政府官員接受賄賂、竊取國家財產。如果他們不這樣做，人民反而會感到惴惴不安。⓭正是因爲獨裁統治的層層剝削，赤道幾內亞全國有一半的人口流落異鄉，淪爲鄰國難民。值得一提的是，在赤道

幾內亞，知識分子的地位特別低下，尼圭瑪對知識的歧視到了無以復加的地步，知識分子遭受殘酷的命運打擊。尼圭瑪頑固地認為，「知識是非洲面臨的最大問題。知識使外國文化盛行，非洲民族文化受到嚴重污染」。連他的內閣部長在開會時使用「知識分子」這個詞語都會被罰款處理。❹

尼圭瑪下台前生活在家鄉附近一個專門為他建築的、耗資1200萬美元的總統府裡，200名士兵日夜巡邏，前東德保安人員專門負責他的生命安全。所有這一切，並不能挽救這個獨裁者的命運。他後來受到應有的審判，成為遺臭萬年的歷史罪人。

從烏干達、中非共和國和赤道幾內亞幾個獨裁政體的具體實例，我們可以看到，民俗型國家中的個人獨裁與其最初的社會形態有極大的關聯；從最初的原始經濟、政治到後來殖民者的統治，個人獨裁很難擺脫潛在的部落文化基礎的影響。

官僚──權威型獨裁

官僚──權威體系是我們研究發展獨裁的一個重點。這裡又有兩種情況，一是農業──官僚權威型獨裁，一是工業──官僚權威型獨裁。在前一種獨裁體制中，獨裁者擁有的權力以及獨裁政府對其他社會集團的控制程度相對較低。在後一種條件下，獨裁統治者及獨裁國家機關對各經濟、宗敎以及其他團體直接控制的程度較高。

我們可以從出現在亞洲一些國家的獨裁體制中總結出農業──官僚權威型獨裁政權的基本特徵。下面我們來看一看屬於農業──官僚權威型獨裁形態的緬甸、泰國與菲律賓。

緬甸是一個只有4,000萬人口的國家，農民占大多數。超過人口總數四分之三的人生活在農村地區。到80年代末期，緬甸的年

平均收入還不足200美元。

百年來的緬甸歷史是一部英國殖民統治歷史。英國的殖民統治對緬甸社會的不同階層產生了不同的影響，使整個緬甸的經濟和政治留下了難以消除的後果。在歷史上，緬甸人一直把土地看成是自然界恩賜給人類的禮物，但是到了殖民統治時期，土地卻變成了可以典押和買賣的商品。對於廣大農民來說，失去土地就等於失去生計，他們不得不離鄉背井，另外尋找謀生之路。又如，英國殖民者在緬甸建築了許多壯觀的維多利亞式高樓大廈和陰森恐怖的監獄，而緬甸傳統崇拜佛教的王朝所建的那些雕樑畫棟的宮殿則逐漸消失，這意味著這個國家遭受到巨大的外來文化的衝擊，人們為了生存，必須努力適應這種外來文化，重新構造自己的價值觀念。

第二次世界大戰後，一種以佛教與馬克思主義相結合的意識形態在緬甸開始興起並迅速流行，它直接指導了當時的緬甸民族解放運動。1948年，緬甸獨立，在二戰中成立的「反法西斯主義人民自由聯盟」領導了獨立後的新政府。

從總體上看，1948－1962年期間的緬甸在政治上實行多黨競爭制度，這一時期的言論和新聞自由的開放程度都是緬甸歷史上少見的。但是到了50年代末60年代初，聯盟內部開始分裂。1958－1960年期間，聯盟中的強硬派當政，這是緬甸軍人執政的第一個時期，通常叫做「維持政府」時期；1962年，緬甸發生重大軍事政變，上台的高級軍官組成了一個「革命委員會政府」，一直執政到1988年。這個政府面對當時緬甸四分五裂的局面，希望全面控制國家形勢，因此採取了很多獨裁措施。在這26年中，革命委員會實行一黨專政，軍隊直接控制人民的生活。

儘管如此，緬甸農業——官僚權威獨裁政權，即「革命委員

會政府「對社會其他集團的控制程度還是相對較低的。例如，1974－1988年期間，緬甸每年都定期舉行大選，雖然選出的立法機關中沒有出現真正的反對派，因爲從1963年開始，緬甸境內所有不屬於政府的政治組織的活動都被禁止了，但「國家法律與秩序恢復委員會」又在1988年時許諾取消一黨制，進行多黨競爭選舉。這個消息一宣布，很快就有300多個政黨向政府登記。當然，這300多個黨中不少是掛名的，有的登記者的目的只是爲了便於自己分配到汽油和能安裝上住宅電話。在後來舉行的多黨制選舉中，有93個黨派參加了投票，其中有28個至少贏得了全國議會一個議席。

　　緬甸的政治發展表明，在一個農業——官僚權威型社會中，農業文化對獨裁政體的影響非常大。具體一點說，在緬甸，前殖民地文化並沒有多少因素有利於民主思想的傳播。到19世紀，緬甸語中居然沒有「政治」這個詞；在早期緬甸歷史裡，凡是與「政治」有關的東西一概都指國王和皇室方面的事；在20世紀新創造出來的「政治」一詞中，其詞根仍然含有「國王的事務」或「被征服地區的事務」的意思，它認可一種「統治能力」，否定「大家共同管理」。緬甸的國教——佛教雖然主張眾生平等，但在另一方面卻維護等級制度。佛教教義上說，一個人在今生的地位都是前生注定的，是他前世爲人時給現世留下的遺產。根據這種學說，掌權的奈溫將軍讓軍隊中的下級稱他爲「大父」，表示絕對崇拜和景仰。所以，緬甸的政治文化仍然是一種鼓勵統治精英壟斷權力的非民主文化。

　　國際輿論一般認爲，緬甸的獨裁政權是在1988年瓦解的。然而，在反政府勢力贏得了不少民心的情況下，緬甸軍隊仍然干預國家政治生活，不肯承認政治失敗。目前，緬甸還沒有一種能夠

使軍隊退出政治舞台、扮演中性角色的內部環境。緬甸不像它的
鄰國泰國那樣，存在著一個在名義上高於軍隊的君主，能起調節
各黨派爭端的仲裁作用，也不存在與國外有千絲萬縷聯繫的衆多
的利益集團向政府軟硬兼施，同時對軍方施加壓力，逼其就範。
所以，緬甸的獨裁統治即使在形式上結束了，但必定會有所反覆，
未來的民主建設仍是一個未知工程。

緬甸1962－1988年的獨裁統治向人們展示了農業——官僚權
威社會中軍人直接組成政府，實行一種低度「開明專制」的軍人
干政模式。與這種模式不同的是，與緬甸接壤的泰國走過了一段
與緬甸不同的獨裁道路。

泰國從來沒有淪落成為哪個帝國主義國家的殖民地。歷史留
下來的政治遺產有兩個最突出的特點。一個是人治。直到近代，
人治還是泰國官僚體制的動力，各級官員只把體制當作是獨得特
權或平步青雲的階梯。另一個是國家始終處在一種四分五裂的狀
態，國家沒有統一，也不能擺脫某一政治勢力的控制。1958年以
前，軍方採取了在文職官員隊伍中拉幫結派的活動，因此弄得國
家分裂，各派混戰，軍方坐山觀虎鬥，大撈油水。1957－1958年，
沙瑞特・珊那瑞特（Sarit Thanarat）元帥發動了兩次政變，解
散了議會，進行了國家政治體制的改革。

珊那瑞特元帥採取的第一個步驟是：把制訂國家經濟發展計
劃和編制國家財政預算這兩項工作歸結為政府總理辦公室負責，
然後大量削減撥給國營企業的經費。通過這兩項措施，內閣各部
門能夠撈到的油水就受到了限制。另一方面，他又起用了在西方
世界學府受過高等教育的經濟學家，委託他們來編制財政預算草
案和5年經濟發展計劃草案等等。

珊那瑞特元帥採取的第二個步驟是：把軍隊改變成為一個擁

有更尖端水平的防禦性組織。他依靠美國的支持，讓美國教官訓練泰國軍隊，並接受了大量的美國軍事援助，不斷更新軍隊裝備。在這種「新專業水平」方針的指導下，泰國軍隊把對付國內的危機及對國家安全有可能產生的威脅作為軍事訓練的重點，同時也致力於擴大軍方在社會生活中的作用。泰國的軍方力量經過這種改革之後變得完全政治化了。

這位元帥採取的第三個步驟是：使文職官員社會化。他聲稱這種措施可以使文職官員培養一種團體精神，使整個官僚體制在政府工作中有更大的目的性和積極性。除此之外，他還設立了國防學院。這個學院使軍職官員和文職官員一起就讀，竭力鼓勵政府官員和學術界人士接受以下觀點：

1. 「國家發展」的當務之急是確立軍方對政府的領導。
2. 國家必須保持穩定。
3. 文職官員要愛民如子。

這位元帥採取的第四個措施是恢復君主制度，使國王成為國家的象徵性元首。這樣軍政府的獨裁專制就有一件合法的外衣。

珊那瑞特元帥死於1963年。他留下來的政治遺產一直決定著泰國的政治結構。由於他的領導，獨裁政府顯示出了前所未有的團結。在政治上，政府變成了獨一無二的特權與地位的保留地，而經濟上，國家在60年代的年平均國民經濟生產增長率高達7%，從一個農業國家迅速向工業國家過渡。其工業產品的自給程度和出口數量在獨裁統治期間都大為增長。

1973年，泰國形勢發生重大變化。一方面，獨裁政府建立了高度集中化的行政權力，其官僚體制籠罩全國，高壓政策使人民感到十分壓抑；另一方面，國家經濟的迅速發展又使人民對政府

提出種種新的要求，希望建立一個更開放的體制。當時學生抗議不斷，工人和知識分子也聯合起來對政府施加壓力，終於把軍政府趕下了台。但是，隨後而來的一次又一次政變、鎮壓使泰國政治舞台上充滿了暴力和混亂，國家陷入一種無政府狀態。到1977年，泰國軍隊和保安部隊又開始千方百計地想控制政府。1979年，泰國終於舉行了大選，軍方設法霸占了總理的位置。一年後，陸軍總司令炳・廷素拉暖就任總理，他擔任這個職務一直到1988年為止。在他任內，泰國經濟情況非常糟糕。為了處理危機，他以內閣中負責國家經濟事務的幾個部長和國家計劃局為核心，建立了一個「內部委員會」。他把這個委員會作為國家的最高決策機構，而且在80年代的前幾年裡，泰國政府編制的預算把國民經濟增長率一直定為零。

1988年，泰國舉行了公民投票，國家權力平平穩穩地移交到以差猜為首的聯合政府中。但是，誰也沒有料到，這個新政府成立不到3年便因為軍事政變而下台。其中原因，一方面是因為差猜政府中確實有不少假公濟私的貪官污吏，只知道為自己撈取經濟實利，卻無法進行有成效的行政改革和縮小收入分配上的差距；另一方面，差猜政府與軍方關係的緊張也是導致他的政府下台的重要原因。差猜宣布把軍方置於文職政府控制之下，對軍隊關鍵人物進行恫嚇，同意議會公開審查軍隊「秘密經費」的帳目，忽視軍方抱怨，甚至直接插手軍隊事務。

於是，在1991年泰國再度發生軍事政變，政變領袖包括三個陸軍將領、一個空軍元帥和一個海軍上將。他們公開聲明，差猜政府肆意貪污腐化，弄權瀆職，處心積慮要「摧毀」軍方。這次政變對於泰國的民主事業來說是一次大挫折。代替差猜的新總理是安南德・潘涅阿拉昌（Anand Panyarachun）。他上台後成立

了一個「保衛國內和平委員會」，依靠軍方勢力實行戒嚴，禁止公共集會，取消了1978年的憲法，解散了國會的參、眾兩院，凍結原差猜政府內閣25名部長的私人財產。此後，在軍方力量的直接要求下，泰國成立了一個新的全國立法委員會，其一半席位由軍方占據，主要目的是爲了制訂一部新的憲法。新的軍人政變集團還取消了所有國營企業裡的工會組織，宣布取消工人罷工權利。

　　泰國1991年政變提醒研究獨裁政治的人們注意，儘管建立民主制度需要的多種前提條件越來越趨於完善，如國家的經濟很有活力、政治多元化已廣爲社會所接受、消滅了文盲、社會比以往更開放等等，但泰國仍然沒有能力讓專制制度一去不復返。

　　1991年的軍事政變反映出了泰國從獨裁向民主政體轉型的兩個特點。第一個特點是：泰國民主政體的形成和鞏固都歷時不長。1933年泰國的世襲君主制才被推翻，從那以後成立了許多政府，但在幕後眞正掌權的却一直是將軍和一些文職官員。隨著政權結構的體制化，國家政治生活中已經出現了激烈的政治競爭，而獨裁政府恰恰就是非民主潮流的產物。第二個特點是：在一種農業——官僚權威國家裡，活躍在泰國政治舞台上的精英分子並沒有能夠成功地改變泰國政治體制運行中的一些「非正式規則」。國家在迅速工業化發展過程中遇到的許多問題無法以法制手段解決，而獨裁政體正是利用這些民主弱點進行統治的。❶❺

　　菲律賓的馬可仕政權是第三世界農業——官僚權威型獨裁國家的另外一種例子。

　　1965年以前，菲律賓是美國在亞洲的殖民地。馬可仕利用民主的手段當選爲總統，却在當選後一步步破壞國家的民主制度，建立了以其家族的富裕、腐化和實行軍管爲標誌的獨裁統治。馬

可仕獨裁期間，國際社會中流傳著兩則關於菲律賓的智力測驗題目，一個是：「你知道馬可仕夫人有多少雙皮鞋嗎？」答案：3000雙；另一個是：「你能回答菲律賓聞名於世界的兩樣產品嗎？」答案是：菲律賓女傭和馬尼拉賣春女。這兩則傳聞一正一反，把馬可仕獨裁統治的黑暗揭露得淋漓盡致。

80年代初，菲律賓所欠外債高達200億美元，嚴重失業、通貨膨脹以及經濟的停滯惡化使人民產生強烈的不滿，但馬可仕瘋狂地鎮壓敢於批評政府行為的正義人士，嚴厲打擊、迫害進步勢力。在這種情況下，菲律賓國內兩支反政府武裝力量迅速壯大，共產黨領導的新人民軍和南方的穆斯林摩洛族民族解放陣線率領人民舉行了一次又一次的暴動、起義，希望推翻馬可仕的獨裁政府。1983年，反馬可仕派的領袖貝尼奧‧S‧艾奎諾在美國流亡3年回國時，在馬尼拉機場遭到槍殺。這種對反對力量明目張膽的血腥鎮壓，很快導致了反馬可仕抗議運動的突然爆發。獨裁者馬可仕雖然極力把艾奎諾的死歸罪於共產黨人，但是證據十分確鑿地表明這場謀殺是軍方的陰謀，馬可仕正是背後的真正元凶。1988年，菲律賓反對派在議會選舉中獲得勝利，但是馬可仕沒有一點作出讓步的誠意。1985年總統選舉中，貝尼尼奧‧艾奎諾的遺孀柯拉蓉‧艾奎諾與馬可仕參選，後者舞弊、欺騙人民。菲律賓人民被馬可仕操縱選舉的卑鄙行為激怒了，政治動亂在全國範圍內爆發，馬可仕在各方面巨大的壓力下逃亡夏威夷，菲律賓終於結束了長達20多年之久的軍事獨裁統治，開始了漸進的民主化進程。

以上我們以亞洲的緬甸、泰國、菲律賓三個國家為例，介紹了農業——官僚權威獨裁政體的種種表現。坦誠地說，在獨裁政治研究中，西方學者對這類獨裁政體並不太關心，這恐怕與他們的學術範圍狹窄有關。與這種情況截然不同的是，西方學者一直

對工業——官僚權威型獨裁政體給予了頗多的青睞。

工業——官僚權威獨裁在當代拉美國家裡普遍存在，其最突出的一個特點就是70年代初開始，在這些國家的政治舞台上發生了一次又一次的頻繁政變。在70年代，阿根廷、智利和烏拉圭的軍事政變確切地說是由騷動、恐怖主義暴力以及極右勢力對於「馬克思主義專政」的恐懼引起的，而不是由於軍事政權的經濟失敗導致的。在巴西，一種對政治革命而非經濟革命所表現的恐懼導致軍隊奪取權力。薩爾瓦多和宏都拉斯軍政府的出現，更多是與地主和統治階級之間的敵對情況有關，與貧困問題並沒有太大關係。

一直到80年代初，拉丁美洲國家政治前景還很不樂觀。當時，阿根廷、玻利維亞、智利、烏拉圭、瓜地馬拉、宏都拉斯、薩爾瓦多和尼加拉瓜都以這樣的方式掙扎在軍事獨裁統治之下。軍政府侵犯人權，犯下滔天罪行，引起國際社會的公憤；其狹隘的政治邏輯統治著經濟生活，限制其發展的能力。例如，巴拉圭和墨西哥在歷史上就有獨裁傳統，其政治系統封閉，人民權利得不到正常保障；巴西、厄瓜多爾和秘魯一度結束了軍事獨裁，但其民主化沒有任何進展；除此以外，尼加拉瓜、海地等國在國際上十分孤立，屬於更落後國家之列。這些國家獨裁統治造成了經濟的嚴重落後，軍隊威望一落千丈。阿根廷自從在馬爾維那斯群島戰爭中被英國打敗以後，其軍隊能否履行職業使命的能力受到極大懷疑。

這裡想結合兩個具體實例來對工業——官僚權威型獨裁政體作進一步的分析。

第一個例子是80年代末期還被國際社會判定為標準獨裁國家的智利。

1973年，宣布走社會主義道路的智利前總統薩爾瓦多‧阿連德的統治被政變推翻。阿連德是一個馬克思主義者，他曾在有三派力量競爭的大選中以36.2%的票數當選爲總統。執政後，阿連德進行了一系列社會主義實驗。例如，他曾經試圖通過使外國公司國有化、將國內企業合併經營以及加快實行農業改革的途徑來建立一種公有制經濟，以求達到社會中下層人民的支持。然而事與願違，激進的社會革命導致了政治上的兩極分化，最終引發了9月11日的軍事政變和皮諾切特政府的上台。

皮諾切特是國際知名的南美獨裁者。他掌權後立即進行了兩種平行的社會革命。在經濟方面，他著手實施了一系列最大膽、最成功的自由市場經濟實驗，通過啓用一大批曾在美國芝加哥大學受過訓練的保守經濟學家，智利政府制訂了新的經濟政策，強制推行極端市場經濟措施，並削弱了政府在擁有和規範企業方面的作用，希望以此打開智利經濟對世界市場的大門。在政治方面，皮諾切特的統治也有自己的特色。他一方面標榜要把一個高度政治化和宗派化的社會轉變成爲一個消極的、沒有政治色彩的社會，另一方面又期望用兩黨制代替多黨制，然後通過自己的獨裁統治來限制人民的政治自由和政治權利。

一般評論認爲，皮諾切特的獨裁政權在經濟上確實取得了一定的成就，這也是爲什麼智利被劃入工業——官僚權威而不是農業——官僚權威政體的一個主要原因。「芝加哥人」在皮諾切特的授權之下，統籌改造國民經濟，使智利建立了拉丁美洲最有競爭力的市場經濟機制。智利原來是一個單一的銅出口國，皮諾切特的經濟專家們通過國有經濟私有化及促進在農業、林業以及漁業方面的投資，有力地促進了出口的多元化發展。智利出口額在國民生產總值中的比重由1984年的19%逐漸上升到1988年31.

9％，其出口產品的價值達到了人口及經濟規模大於其3倍的阿根廷的水平。不僅如此，自從1985年以來，通過依靠國際貨幣基金組織的種種限制和一些創造發明作爲債務等值交換，皮諾切特軍政府已經有好幾次爲其國外債務籌集到資金並把外債總額從207億減少到176億美元。其經濟也以平均每年6％的速度持續增長，失業率大大下降，通貨膨漲率得到控制。所以，即使是在皮諾切特下台之際，智利的經濟也呈現出一幅欣欣向榮的景象。

　　智利新興工業化取得了令人瞠目的成功，但是，從另一個角度看，令人眩目的經濟成就是以高昂的社會代價換來的。爲了控制通貨膨脹和削減財政赤字，收縮國營經濟和使企業向市場體制轉換，「芝加哥人」忽略了他們的政策對成千上萬普通人民的生活水平的破壞性影響。在軍事統治的第一個十年中，人民的實際工資下降了40％，到了1989年才恢復到1970年的水平。即使到了智利國民經濟前景看好的1989年，人民的實際工資也沒能達到1981年這一高峰年。在整個80年代，城市失業率仍然是拉美最高的。1982年達到20％，1989年才下降到一位數。據專家們估計，智利有45％的人生活在貧困線以下。其他方面的資料也表明，人民期待著國家經濟發展後帶來的實際好處，然而，經濟的迅速發展、工業化水平的提高非但沒有帶來政治民主，反而產生一種官僚獨裁體制。在這種體制下，皮諾切特及其隨從無視智利150年來民主政治發展的傳統，採用一切鎮壓手段排斥政治反對力量。在軍政府高壓政策之下，所有的政治黨派都被認爲是無用的、只能製造分裂和糾紛的「邪惡」勢力。

　　智利工業——官僚獨裁體制在80年代下半期受到了極大的挑戰。1985年，智利出現了一個統一的各派政治勢力所組成的政黨——「全國一致向完全民主過渡聯盟」。在當時，皮諾切特巧妙

地利用各派之間的矛盾對其分化瓦解。直到1988年，反對派終於克服自身缺陷，結成團結一致的同盟，在一系列決定智利政治前途的選舉中擊敗了「強人」皮諾切特，推選民主派人士執政。從這個意義上說，智利獨裁政權垮台的真正原因並不一定是智利民主政治的成熟，而在於獨裁決策方式本身暗藏的陷阱。獨裁者錯誤地低估了人民的反抗力量，他們只看到人民的忍耐順從，沒有看到自己是多麼不得人心。他們誤以為強硬手段和經濟上的困難在相當程度上造成了公民對政治生活的漠不關心，智利已經形成一個新的無政治意義的公民社會。實際上，選民雖然在相當程度上不對政治抱任何幻想，但他們依然強烈地認同智利民主政治中的主要傳統黨派，在皮諾切特統治了16年之後，採用一種溫和的途徑把獨裁者趕下了台。

這裡特別值得一提的是，在被趕下台之前，皮諾切特還設法在擁有47個席位的參院中安排了7個席位給軍方，而且建立了一種對親軍人政府的候選人十分有利的複雜選舉制度，以求將來讓軍隊對國家政治生活發生重大影響。與此同時，他還建立了許多其他獨裁領地——包括軍隊、秘密警察以及最高法院等。以軍隊為例，作為長期的獨裁者，74歲的前任總統，皮諾切特雖然在競爭性的大選中失敗，但是法律却允許他可以把自己擔任的智利軍隊總司令的職位保留到1997年直到他82歲的時候。在此期間，凡是他提名指派的高級軍官，現任總統無法解除他們的職務。不僅如此，在權力移交之前制訂法律還禁止未來的國會重新審查離任的原軍政府官員的一切行動，甚至不許審查他們的非法行為。這些法律還規定，智利每年銅材出口的10%自動作為軍費開支，全部的秘密警察部隊合併到軍隊建制。這使清查和指控侵犯人權的工作難上加難，文職政府對國家機關的控制反而變得違反法律規

定。又如，就最高法院而言，皮諾切特在其任職的最後18個月中將16名最高法院法官中的9名委任為終身法官。他提出的部分條件是，所有年齡超過75歲的法官如果提早退休的話，他們將得到一筆慷慨的獎金。實際上，被委任為終身法官的9個人都是以在意識形態上保守和對皮諾切特忠貞不二著稱的。由這樣的人掌管最高法院，皮諾切特對文人政府的影響可想而知。❶❻動態考察工業——官僚權威獨裁，我們選定的第二個例子是正在從工業——官僚權威獨裁向名副其實的政治競爭轉型的阿根廷。

1989年5月舉行的阿根廷普選中，以卡洛斯·梅納姆領導的反對黨——庇隆黨自1916年以來第一次擊敗了以保羅·阿方辛領導的激進黨軍政府。儘管阿根廷的經濟經歷著一場深刻的危機，其1992年通貨膨脹率高達300%以上，外債壓力進一步增大，但阿根廷的民主政治確實取得了顯著的成就。

其實，阿根廷經濟在過去30年裡一直受著嚴重的危機考驗。從1970年到1979年，其平均國民生產總值平均年增長率是0.3%。從1980年到1989年，國民生產總值下降了5.3%，平均收入下降15.2%，形成令人憂心忡忡的負增長。這種形勢的造成在很大程度上是一種剪刀差效應的結果。長期以來，阿根廷過分依賴穀物和肉類的出口，使外匯收入嚴重地受國際市場影響。阿方辛執政期間，外匯儲備不斷下降，出口創匯的大部分要用來轉移到國外支付巨額外債的利息（1982－1987年期間全部外匯收入的51%－58%被用來償還利息）。在這種經濟狀況下，阿根廷無法吸引外商投資，出口創匯不得不進一步收縮，政府只能以多印鈔票的辦法來填補赤字，通貨膨脹率高居不下，而且日益上升。一些大的私人企業在阿方辛執政6年多期間內，社會消費價格指數提高了300%多。1989年總統大選前的幾個月中，商品價格狂漲，5月大選月的通貨

膨脹率高達78%，造成人民群衆的極度恐懼和不滿。可以說，正是人民生活水平的普遍下降導致了1976－1983年期間阿根廷軍政府的垮台。70年代末，當時的軍政府削弱了生產保護措施，失業與不充分就業的狀況不斷增加。從1974年到1985年，全國就業人數下降了12%，生活在貧困中的人數則不斷上升。在忍受了幾年的高壓統治之後，阿根廷的勞工運動有了很大的發展。

除經濟問題之外，還有兩個因素導致獨裁軍政府的最終崩潰。一個因素是，在70年代末80年代初，阿根廷政府軍隊在反左翼的「骯髒戰爭」中做了許多侵犯人權的事情，其惡劣行徑受到社會的鄙視和唾棄。另一個因素是，當時的軍政府不顧一切，在馬爾維那斯群島冒險與英國交戰，結果慘遭失敗，受到人民的譴責。

阿根廷新總統梅納姆上台後首先開展了一場典型的群衆運動，號召人們爲增加工資而進行一場「生產革命」。他公開支持「人民的市場經濟」，任命一位阿根廷最大的私人公司的總經理爲政府經濟部長，頒布一項強有力的經濟穩定計劃。這一計劃包括凍結工資價格，調節稅收政策，使貨幣大幅度貶值。最後一項措施使出口商（農業出口商及一些大地工業公司）受益，但在另一方面却不利於進口。另外，梅納姆也採取其他一些重要的措施使一些國營企業企如電話系統、石油工業和鐵路運輸等行業私有化。這一轉向標誌著新政府不再照顧中小企業的利益，轉而與大工業企業聯盟。從某種程度上說，國有企業的私有化大大促進了經濟的發展，社會形勢的穩定有利於民主化目標的逐步實現。

阿根廷的經驗說明，當一種工業——權威型獨裁政體解體以後，如何處理獨裁政府遺留下來的經濟攤子是一個非常重要的問題。

和諧型獨裁

嚴格說來，現階段第三世界國家和地區中獨裁政權很多，但能化入和諧型體系的國家和地區卻很少。有時，這個和諧型獨裁政體概念的運用常常引起誤解，使人無法區別它與民主政體之間的區別。

所謂和諧型獨裁國家和地區是一種軟獨裁政體，獨裁者雖然大權獨攬，但還在某些方面承認不同的利益集團之間會產生一定衝突，因此，他們並不否認社會發展中不同利益集團存在的合理性。表現在具體政策實施方面，這種獨裁雖然不一定具備健全的競爭機制以保證社會各方面利益的充分表達，但在某些歷史條件下，卻會在政治競爭中遵守規則，必要時做出讓步。此外，在一種和諧型獨裁體制中，非政府機構、非正式利益調解渠道的存在也是可能的，這些機構、團體扮演的角色有助於國家由獨裁向民主的轉型。

鑑於我們對和諧型獨裁政體的初步認識，撇開其他政治因素不談，在不少西方學者眼裡，80年代後半期的台灣也許可以被視為是一種和諧型獨裁政權形式。

應當承認，直到80年代初，台灣國民黨獨裁政治表面上似乎仍然十分穩定，島內沒有任何力量可以向它提出權力挑戰。但是隨著蔣經國後期的某些政治改革，台灣反國民黨政府力量迅速壯大。1987年7月，國民黨下令解除了實行40多年的戒嚴令，人們談論政治及選舉競爭的自由度得到改進。到1989年，合法的反對黨第一次參加競選並且在地方性選舉和「全國性」選舉中贏得相當多的選票。

就黨的結構和黨政關係而言，國民黨更像一個列寧主義政

黨。1926年國民黨改組時蘇聯顧問起了很大作用。在國民黨政府及軍隊的各級部門，通過實行政治指導員制度而使國民黨的組織控制了行政單位，黨的細胞滲透到了所有的社會組織中。反對黨則成了執政黨的「友黨」。黨內決策的基礎也是「民主集中制」。儘管國民黨具有這些特徵，但西方學術界一般也認為，它與列寧主義政黨不同，有自己的三個特點，即：

1. 國民黨反對無產階級專政原則，甚至經常宣稱自己並不主張一黨長期獨攬大權。這主要表現在國民黨堅持的「訓政」、「憲政」等幾個政治綱領中。

2. 國民黨允許並組織地方上的政治競爭。從1950年開始，縣、鎮、鄉、各級行政官員一直採用定期的直接選舉方法產生。省議員原來由各縣議會選舉出來的代表組成，1959年改成了省代表大會，此後一直實行直選。

3. 國民黨助長以私有財產為基礎的資本主義經濟，助長「廣泛公平」的自由市場。

1958－1961年期間，國民黨進行了一些經濟改革，重新確定了出口市場的經濟發展方向，進一步限制國營經濟部門的發展，更大程度地扶植私營企業。60年代和70年代，台灣國民生產總值每年以9%的實際增長率連續增長，比其他中等收入國家的增長率高兩倍多。出口額每年大約增長20%，成為台灣經濟的主要力量。

台灣經濟發展導致了封閉獨裁政體的垮台和一個更加開放的政治體系的出現。首先，台灣的企業多數都規模較小而且是非組織化的，遠非國民黨政府控制力量所及；其次，台灣的經濟資源不僅分散在相對零散的私人企業部門，而且大部分掌握在當地台灣人的手裡；最後，市民團體及經濟組織的迅速成長超越了國民

黨進行動員和控制的組織能力。

　　1969－1972年期間，一些年輕的、受過西方教育的知識分子對台灣農村狀況進行了調查。他們呼籲人們對國民黨政權的政治缺陷引起注意，並且對從來不需要重新選舉、因而先占有了台灣本省人參與可能的「長老議會」的能力和合法性提出了質疑。

　　1977年，台灣舉行地方選舉，形成了一個與獨立競選組織不同的反對派組織。一些對國民黨改革不滿的人逐漸形成自己的政治見解，在地方選舉中與國民黨候選人展開了激烈的競爭。投票結果顯示他們獲得驚人的成功。他們在台灣省代會上贏得35%的席位，20%的縣長由他們擔任。

　　1986年，蔣經國指定了一個12人的特別小組來研究6個重要的政治問題：重組國民代表大會、地方自治、戒嚴令、民間組織、社會改革、黨內改革。3個月後，反對派組織成立了民主進步黨，國民黨並沒有採取任何鎮壓手段強行解散這個新黨，它允許民進黨存在的三個條件是：

　　1.不得使用暴力。
　　2.不鼓吹分裂。
　　3.不支持共產主義。

　　有了這些前提條件，國民黨作出一種要實現民主化的模糊保證，同時進一步宣布它打算取消戒嚴令，甚至取消對政治組織包括對政黨的禁令。在這種條件下，反對黨提出向民主制過渡必須走幾個步驟，例如，要求政治自由，包括取消戒嚴令及恢復言論自由和新聞集會自由。此外，重新選舉各級政治代表機構中的成員。❶❼

　　從整體上看，反對力量與現政權之間的相互關係是促進台灣

獨裁政體轉型的重要因素。在相當程度上，台灣獨裁政體能夠逐漸趨於一種「和諧」，與反對力量具有的實力、能用一些不受法律制約的方法轉移討價還價的舞台，並最終迫使統治階層接受新的政治格局有著莫大的關係。現在國際社會不少學者對「台灣民主」經驗推崇備至，台灣不僅被看成是一個創造了經濟奇蹟的新興工業地區，而且也被看成是一個獨裁統治徹底結束、民主政體初步確立的新興民主「國家」，是第三世界發展的「典範」。

動員型獨裁

一般而言，動員型獨裁體系的獨裁者所追求的目標是一種激進根本性的革命。與和諧型獨裁體系相比較，動員型獨裁體系中的兩極分化現象十分嚴重，社會經常處於不穩定的狀態之中。

動員型獨裁體系又可以分為幾種類別。

第一類是神權獨裁國家，如現代伊朗，這種獨裁的存在是當代第三世界世界政治生活中的一個特殊現象。

伊朗神權獨裁政體的統治者是何梅尼。他在1979年確立統治權後，宣稱他建立的伊朗伊斯蘭共和國視道德和精神信仰為至高無尚的國家指導原則，人民必須無限忠誠、純潔、遵守神聖的伊斯蘭法律。國家嚴格控制教育、家庭生活和個人的種種行為。總之，伊朗神權獨裁可以被形容成為少數宗教精英運用社會動員，極力企圖實現伊斯蘭社會「聖化」的獨裁體制。

何梅尼在集體主義這個層次上對自由作出了自己的詮釋。在他看來，自由意味著推翻伊朗前國王的殘酷統治，擺脫外來敵對勢力的干涉，把伊斯蘭世界認同的文化與其他地區的文化加以區分。這種極端的民族主義情緒首先是針對曾支持過前伊朗國王巴勒維的美國政府的。

從40年代初開始，巴勒維就取代其父親登上伊朗王位，而且越來越依賴美國的建議和援助。這種依賴最突出的表現是在1953年，當以首相穆罕默德·摩薩台爲首的民族資本主義者控制了政府實權並使英伊石油公司國有化時，他被迫離開伊朗。但美國中央情報局却實施「埃阿斯行動計劃」，與伊朗保王派和英國官員一起策劃，重新把巴勒維抬上了孔雀寶座（波斯人在1739年從印度掠奪的著名金製御座，此後一直成爲伊朗王位的象徵），並把摩薩台驅逐出國。巴勒維重新當權後殘暴地鎮壓異議分子，堅持反共專制，對外更加依附美國，成爲美國在中東的主要盟友和支柱。所以，他雖然可以盡情地享受獨裁的權慾，却已種下強烈的反美種子。

70年代，伊朗人民對巴勒維的獨裁統治愈益不滿。穆斯林原教旨主義派對美國在伊朗的政治經濟文化影響深感不安。他們認爲好萊塢的電影充滿西方腐朽沒落的文化宣傳，而那些爭取婦女權利的運動又與傳統的伊斯蘭教相抵觸；廣大知識分子和學生則更多地從另一個角度考慮國家問題，抗議巴勒維政權對公民自由的壓制。50年代同摩薩台一起出逃的社會民主主義分子要求建立立憲政府，商人、青年工人和封建地主由於各自的原因對國王的「白色革命」，即伊朗經濟的現代化感到厭惡。通貨膨脹、失業、社會動盪、種族分離爭鬥等等，加上惡名昭著而又無所不在的秘密警察組織活動，所有這些都加劇了原有的社會矛盾，促成了反對巴勒維、反對美國干涉的社會聯盟。

1973－1978年期間，世界石油危機爆發，伊朗作爲一個重要的石油輸出國在這場國際貿易之爭中賺取了大量的財富，但是巴勒維却花了190億巨款購買美國武器，發起定單來「如同酒鬼用信用卡在酒店狂飲」。他購買的直升飛機、戰鬥機、驅逐艦和導彈

使伊朗擁有整個中東最強大的軍隊。在一部分反國王的勢力看來，軍火貿易使伊朗成爲美國的傀儡，美國成爲破壞伊朗社會的外來的惡霸。1978年，伊朗國內形勢惡化，到處是群衆示威，到處是罷工、暴亂。巴勒維下令使用最先進的武器加以鎮壓。儘管有美國的支持，巴勒維獨裁政權最後最是被潮水般的革命推翻，巴勒維本人四處流亡，從埃及到墨西哥，幾乎沒有一個國家願意讓這個被歷史擯棄的暴君居留。直到1979年10月，美國才以人道主義名義，容許巴勒維住進紐約一家醫院治療淋巴癌。然而這就像「把燒著的樹枝扔進了裝滿煤油的桶裡」，立即引起伊朗的反美抗議。

　　1979年11月4日，成百上千的伊斯蘭學生在德黑蘭的美國大使館外示威遊行，他們不僅高呼反美口號，還用鉗子剪斷使館大門的鏈條，翻過8尺高的圍牆，襲擊被何梅尼稱爲「間諜窩」主人的使館外交人員。負責守衛使館的美國海軍陸戰隊士兵被迫發射催淚瓦斯，但一切都無濟於事，武裝的好鬥分子根本不顧國際法的規定，強行闖進每個房間，扣留了所有的美國人。一個伊朗學生還對一名被蒙住眼睛的俘虜咆哮：「我們爲越南向你們進行報復。」獲勝的學生興高采烈地把66名美國人當作人質，宣布只有在前伊朗國王被送回國接受審判之後才能釋放他們。這就是著名的美國人質危機。⓮

　　何梅尼利用美國人質危機成功地鞏固了自己在伊朗國內的獨裁統治。從政治文化的角度來看，何梅尼認爲人性本惡，他把自己的政治法律統治建立在領袖的倫理道德之上，認爲只有精英分子才懂什麼是《可蘭經》所主張的法律，只有他們才有能力身體力行，表現出超人的道德，爲實現正義努力。何梅尼心中的國家不過是執行先知穆罕默德神喩的一種政治機制，政治精英有責任

教育芸芸衆生如何恪守操行，保持一顆未受世俗污染的心靈。而所謂的個人權利、公民自由等等，不過是社會生活的奢侈品，應當予以限制。否則，過度的權利、自由只會導致混亂、無政府狀態以及個人的「自我沉湎」。在何梅尼的神權統治下，伊朗政府機構、家庭單位、穆斯林法院都刻意「存天理，滅人慾」，從各個方面監督人民的公私生活。

從神權獨裁政體的權力結構角度來看，何梅尼「代表全體人民的利益」，是伊斯蘭世俗世界的最高權威。伊朗憲法稱之爲「崇高的宗教領袖」，「神聖的、天才的、無所畏懼的、果斷幹練的行政首長和宗教法官，得到人民的熱切愛戴」。他建立了一整套的獨裁權力機構，如：革命委員會、革命衛隊、殉道者基金會、復興運動、教育委員會、伊斯蘭法院、立法機關、總統、司法機關、軍隊、專家委員會等等。這些權力機構小到負責分發食品補貼證券（定量購買雞蛋、黃油、肉類等等），主管各個行業的人員錄取、就業，招收大學新生，審批建房公文，頒發護照；大到通過法院頒布伊斯蘭法律、徵稅、推行官方意識形態、壟斷教育、控制軍隊。像革命委員會、人民民兵、秘密警察、公共安全及保護中心、革命法院等專門負責監視人民生活的組織機構還擁有絕對的權力，滲入到社會政治、經濟、文化多方面。一旦發現異議分子或懷疑對象，就採取嚴厲措施，實行鎮壓。它們可以隨意處置「罪犯」，或施以鞭打、電擊等法西斯手段，或剝奪人的基本自由，這一切都被看作是合性合理的，是伊斯蘭法律允許並提倡的。就刑罰標準來說，這種爲維護神的權威而制訂的法律比起爲維護人的權利而制訂的法律更爲嚴厲、更加殘酷。最爲荒唐的是，這種法律在本質上體現了某些歧視、虐待婦女的伊斯蘭傳統，婦女在教育、就業、婚姻方面受到種種限制，某些法律條文還變相

地把婦女地位降低，使之成為丈夫的附屬、社會的不幸者。光在
80年代中期伊朗國家監獄中關押的女政治犯就超過政治犯總人數
的三分之一，這已引起國際社會的重視和呼籲。與其他典型的精
英動員體制相同，軍隊力量在伊朗神權獨裁政體中擔當著非常重
要的角色。按照其憲法規定，每一個「戰鬥的教士」都有義務獻
身於「聖戰」，把神的統治推廣到整個世界……「使神的敵人為
之心驚膽顫」。1980年爆發的兩伊戰爭奪走了無數年青人的生
命，無辜的人民為此受盡災難。與軍隊情況相反的是，政黨在伊
朗政治生活中的作用微乎其微。1979－1987年之間存在的唯一擁
有一定實力的伊斯蘭共和黨還遭到霍梅尼的解除，可以說，何梅
尼當權下的現代伊朗是神權獨裁的一個典型。

　　第二類的是具備強烈民族意識的革命性動員型獨裁國家。如
中東地區的伊拉克、非洲的利比亞、南美洲的巴拿馬，等等。

　　伊拉克的獨裁總統薩達姆·哈珊1937年出生於巴格達西北的
一個農民家庭。他不到一歲就成了孤兒，被其叔父收養。對薩達
姆一生影響最大的人有兩個，一個是他的叔父塔爾法，另一個是
他年青時代的英雄偶像——埃及總統納瑟。這兩個人既使薩達姆
受到了良好的教育，同時又使他受到極端的伊斯蘭民族主義的薰
陶。

　　薩達姆的叔父塔法爾是一名仇視英國人的統治、積極參與推
翻巴格達傀儡政權的陸軍軍官，後來因為政變流產而受囚禁。這
件事對幼年時期的薩達姆影響很大，使他懂得，作為一個政客必
須學會陰謀詭計，具備翻雲覆雨、背信棄義的「政治素質」。

　　薩達姆9歲就立志進入當時伊拉克的精英學府——巴格達軍
事學院。雖因成績不佳未被錄取，却養成了日後詭計多端的用兵
策略。以色列分析家認為，正是因為他連一點基本的軍事常識都

不懂，所以他的戰略戰術對一個受過正規訓練的軍人來說是不可理解的，有時常常能達到一種出人意料之外的效果。

　　青年時代的薩達姆是一個政變狂熱分子。19歲那年，他便投身風靡阿拉伯各國的巴亞什（Ba'ath）社會主義黨，並於1956年參加推翻國王費薩爾二世的未遂政變。兩年後，他又不滿代替費薩爾的軍事強人卡西姆，再次參與了政變，並成為衆人敬佩的不怕死的「英雄」。政變失敗後薩達姆離開伊拉克，前往埃及學習法律。在開羅讀書期間，薩達姆對剛剛收回蘇伊士運河主權的埃及總統納塞爾崇拜得五體投地，視其為戰後阿拉伯世界的第一位強人領袖。1963年，薩達姆回到伊拉克，決心效法納瑟的道路建立政權。經過5年的努力，他終於協助自己的親戚艾勒·巴克爾將軍政變上台，使之成為伊拉克的最高統治者。1979年7月，艾勒·巴克爾將軍退位，41歲的薩達姆獨攬大權，開始擔任伊拉克「革命指揮部」的主席，隨後兼任國家總理和武裝力量總司令，並成為「巴亞什社會主義黨」總書記，開始了「名正言順」的獨裁統治。

　　薩達姆的獨裁統治可以說具備了獨裁政體所能具有的一切特徵，諸如暴力、恐怖、對外擴張等等。獨裁集團對伊拉克政治民主極端仇視，其「革命指揮部」為了鞏固一黨專制，採取了種種措施，通過各種手段限制人民權利和自由。1968年時，巴亞什社會主義黨在伊拉克的影響力十分有限，但到80年時，其規模擴大到具有25000黨員、150萬支持者的全國性大黨。在伊拉克，一個人如果不是巴亞什社會主義黨黨員，他不僅在擇職就業、接受教育以及其他社會生活中都會受到歧視，而且常常有可能遭受壓制迫害。

　　一位西方記者曾經問薩達姆，為什麼伊拉克政府對自己的人

民那麼殘酷，薩達姆回答，那些被處決的人應當感到幸運才對，因爲處決他們的地方正是當年皇室成員被處死的地方。❶

伊拉克刑法第111條第200款中規定：

1. 任何巴亞什社會主義黨黨員，都必須向該黨組織機關交代清楚入黨前的所有政治行爲，一旦發現有所隱瞞，將被處以死刑。
2. 任何巴亞什社會主義黨黨員，如果未經組織同意而與國內外其他政治組織有所聯繫，將被處以死刑。
3. 任何巴亞什社會主義黨黨員，如果提出退黨，將被處以死刑。
4. 任何巴亞什社會主義黨黨員，如果勸別的黨員退黨，將被處以死刑。在這種滑稽的法律條文下，連一個開薩達姆玩笑的人都有可能被處死。

1968年巴亞什社會主義黨政變上台時，伊拉克的石油年收入爲4.7億美元；到1980年，就已經增長到260億美元。就表面上看，伊拉克獨裁政體確實取得了驚人的成功，但在實質上，整個社會分配不均，貧富相差懸殊。社會最底層5%的人民，只占有國民收入的0.6%；而社會最上層5%的富人，則占有國家22.9%的財富。

整個80年代，伊拉克始終處在一種動盪不安的狀態之中。1980年9月兩伊戰爭爆發，伊拉克向中東地區另一個強國伊朗展開「聖戰」，戰爭不斷升級，到最後由於兵源匱乏，伊拉克前線軍隊中甚至出現了十三、四歲的娃娃在扛槍打仗。兩伊戰爭給伊拉克帶來了巨大的經濟損失，到1989年爲止，其戰爭創傷非但沒有彌合，反而在國際社會欠下了800億美元的外債。當時，伊拉克年石油收入只有130億美元，根本無法償還國際債務。爲了應付來自國內外

的危機，薩達姆除了在國內加重人民負擔以外，還在國外四處活動，伺機減輕債務負擔。1990年2月薩達姆在阿拉伯聯合首腦會議上公開對出席會議的各國領導人施以威脅，要求約旦國王和埃及國王帶頭，「借」給伊拉克30億美元的貸款。他大耍無賴，厚顏無恥地說：「如果你們不給我這筆錢，我會想辦法自己弄。」❷⓿

薩達姆的無理當然沒有得到滿足。在此之後，他便把目標轉向了富裕的鄰國科威特。他先是派石油部長出訪科威特，提出種種條件要科威特政府幫助伊拉克恢復經濟。等到科威特政府拒絕按照伊拉克旨意行事時，薩達姆便公開製造輿論，聲稱科威特正在和國際社會的反動力量聯合在一起，企圖推翻伊拉克的革命統治。1990年8月，經過精心的策劃，伊拉克軍隊正式入侵科威特，3周之後，薩達姆宣稱軍事行動取得圓滿成功，科威特被正式承認為伊拉克的第19個省。

伊拉克無視國際法，公然以武力侵略另一個主權國家的舉動，受到國際社會的普遍譴責，以美國為首的西方國家反應特別強烈，他們既不希望看到伊拉克在中東稱霸，威脅他們的海上石油運輸「生命線」，又覺得伊拉克的舉動完全違背西方價值標準，是國際社會不能接受的。於是，在1991年1月伊拉克拒絕聯合國警告之後，美、英、法、日等國聯合行動，開始對伊拉克進行軍事打擊。

波斯灣戰爭爆發後，國際社會對伊拉克進行了大規模的經濟制裁。直到1992年底，美國和西方聯盟成員還聯手在伊拉克領空設置「禁飛區」，派核專家小組調查伊拉克核武器狀況。在國際社會強大壓力下，薩達姆依舊野心勃勃，詛咒「帝國主義」對伊拉克人民的侵略。甚至在烽烟未息之際，他也不顧國庫空虛，修建了一座以薩達姆為名的現代藝術博物館來顯示所謂的民族自

尊，用以掩飾自己在西方國家面前的失敗。薩達姆的一意孤行招致國際社會的恥笑。

穆阿邁爾‧卡扎菲的伊斯蘭利比亞是一個只有250萬居民的部落國家。由於盛產石油而又奉行一種狂熱的民族意識形態，很多西方學者把利比亞看成是蘇聯的走卒，是公開支持國際恐怖活動的暴力動員型獨裁國家。

下面我們先從分析利比亞與美國在80年代的幾次交鋒的角度入手，探討一下利比亞這個動員型獨裁國家在國際社會中的形象。

卡扎菲在利比亞的獨裁很早名聞國際。在80年代，他與美國在恐怖與反恐怖問題上進行一系列的明爭暗鬥，一時成為國際輿論的注視焦點。

1980年，美國駐利比亞大使館被利比亞激進民族分子焚毀，美國外交官立即離開利比亞。1981年5月，利比亞外交官被驅逐出華盛頓。8月，美國軍隊在地中海利比亞波斯灣附近舉行軍事演習，美國航空母艦「尼米茲」號上的戰鬥機擊落了兩架利比亞飛機。年末，美國官方宣布利比亞恐怖分子已經進入美國，準備暗殺雷根總統。顯然，這件事馬上引起國際輿論的關注，但由於缺乏證據，美國方面無法繼續追究下去。1982年初，美國禁止從利比亞進口石油，但歐洲各國拒絕參加禁運。㉑

1983－1984年期間，美國中央情報局暗中支持利比亞國內反卡扎菲集團，但毫無成效。第二年，利比亞又發起對西方國家的一系列恐怖主義攻擊，包括劫持一艘義大利巡邏艇和一架美國噴氣式客機，在法蘭克福、羅馬和維也納繁忙的機場上進行陰謀爆炸活動。這一切使美國對利比亞的政策目標變得更加明確，即要「把卡扎菲裝到一個盒子裡，把蓋子蓋上」。㉒1986年1月，美國

斷絕同利比亞的貿易。接著，美國軍艦進入利比亞宣稱領海海域的錫德拉灣，當利比亞派出巡邏艇時，美國飛機毫不客氣地對其加以攻擊，並乘機襲擊了利比亞海岸炮兵陣地和雷達場。4月，西柏林一個夜總會發生爆炸事件，一個美國士兵死亡，數名受傷。當時的美國總統雷根宣稱卡扎菲是「中東的瘋狗」。❷❸幾天後，美國飛機再次轟炸利比亞，差點兒炸死卡扎菲本人。雖然美國政府否認想幹掉他，但這次襲擊炸死了卡扎菲年幼的養女，炸傷了他的兩個兒子。一位白宮顧問誇口說：「我們要讓他（指卡扎菲）知道，我們能夠殺死他周圍的人。」❷❹參議員哈特菲爾德對美國人歡慶這次攻擊感到遺憾，因為這縮小了美國人與恐怖分子之間「巨大的道義差距」。他說：「我的同事們，在你為火箭的精確無誤而高興時，不妨再看一看那些流血的兒童。告訴他們，你們不能保證這個政策會起作用，但它確實是令人洋洋得意的。」❷❺儘管遭到轟炸，卡扎菲仍然占據獨裁寶座，繼續在國際上進行恐怖主義活動。

探討利比亞的獨裁，離不開分析卡扎菲的獨裁個性。就總體上看，以下幾個方面的因素值得我們重視：

1. 卡扎菲的不安全感。卡扎菲出身貧苦，父親是個在外奔波的小生意人，因此，在成長過程中，他養成了一種孤僻的習慣。但是，在他心目中，世界是一個弱肉強食的世界，每個人都在為自己的安全擔心，因此他自己也生活在一種極大的危險之中，隨時都有可能被人暗殺。為了避免危險，卡扎菲經常變換住所。他行蹤詭秘，經常飛來飛去。他在空中的時候，利比亞全國的飛機都不得起飛，以此保證他的「高度安全」。

2. 卡扎菲雖然個性鬱鬱寡歡，但他爭強好勝，不僅喜歡向任何事物挑戰，而且渴望別人的承認。卡扎菲青少年時代正趕上阿拉伯世界的獨立運動高潮。埃及總統納瑟對西方的強硬政策使他產生了無限的羨慕。為了給阿拉伯世界增添榮譽，卡扎菲不惜採用極端暴力手段與西方展開針鋒相對的鬥爭。在個人生活上，卡扎菲也喜歡新奇的事物。他喜愛標新立異的軍服；擁有一支美女如雲的女子衛隊；連他的專機也經過特別的改造，變成一座道地的帶阿拉伯色彩的「皇宮」。

3. 卡扎菲具有極強的報復慾和自命不凡的使命感。卡扎菲曾向利比亞人民宣講自己的「革命哲學」。在他看來，利比亞應當成為阿拉伯世界的一個楷模。它要以自己的行動懲罰過去西方殖民主義者對第三世界的剝削和壓迫，消滅西方在中東的「走狗」以色列。同時，利比亞要在國際交往中走一條特殊的、既非社會主義又非資本主義的第三條道路。當然，這條道路的中心內容是阿拉伯民族主義。❷⑥

在利比亞，卡扎菲雖然掌握巨大的權力，但他並沒有自己的正式職位。他喜歡被人稱作「革命領導人」，一方面紀念他在27歲時就通過政變當上了「革命領袖」，另一方面，他一直希望以不斷革命的方式，把利比亞人民動員起來，實現阿拉伯世界的最高政治理想。

在人類文明日益進化的今天，獨裁和政治恐怖主義早已是被國際社會普遍認同的一種侵害和平權利的犯罪行為。卡扎菲想利用其獨裁統治在世界各地濫用暴力的做法，是應當受到譴責的。

與卡扎菲的性格有幾分相像，巴拿馬的獨裁者諾列加以被美

國入境抓獲而在世界上聞名一時，獲得很多人的同情。實際上，巴拿馬危機不僅是美國與諾列加之間的對峙，不單單是一個西方報導中經常提到的「北方的巨人」與「香蕉共和國」的小醜之間的較量，問題沒有那麼簡單。

巴拿馬比世界上任何一個國家都難劃分。從地理位置上看它位於中美洲地段，但在歷史上又屬於南美洲的一部分，文化上則歸屬加勒比海。巴拿馬從1904年獨立一直是一個不完善向民主化過渡的國家。1968年的軍事政變導致了軍政府的獨裁統治。

巴拿馬是一個第三世界國家，但由於特殊的歷史背景，其國內並不存在地位鄉紳。所謂精英分子基本上從事商貿活動，而且大多思想開放。巴拿馬也不像其他第三世界國家被強大的經濟和意識形態的兩極分化所困擾，它幾乎沒有貧富懸殊的現象，也沒有極左或極右勢力。相反，它有相當可觀的維持社會穩定的中產階級。諾列加被美國抓獲以前，其獨裁統治已經引起廣大人民的抱怨和反抗。在巴拿馬全國200萬人口中，竟有75萬人參加過抗議政府的遊行。1987年，巴拿馬反政府力量聯盟——「全國公民十字軍」正式成立。這個聯盟包括125個非官方組織和機構，其中有工人、學生、婦女組織，還有商業和專業社團組織。他們懂得如何巧妙地利用形勢和鬥爭策略對付諾列加。這個反對派是由拉丁美洲第一個自發的、無黨派的公民運動組成的，其目標是推翻一個殘酷專制的獨裁政府。在一個政府暴力盛行的地區裡，巴拿馬的民主反對派始終堅持非暴力運動的原則。他們團結一致，為爭取民主作出了巨大的貢獻。到了1989年，諾列加政府的合法性受到挑戰。在國內，巴拿馬的國民生產總值下降了20%以上。政府既沒有能力制定一個全國性的建設項目來吸引民眾的支持，也不能避免軍方體制的重重危機。在國外，諾列加政府已經成為當時

世界上最孤立的、最惡名昭著的政府。

諾列加政府並不是一個傳統的獨裁政府，它是一個販毒獨裁軍政府，這使它在獨裁研究中顯得分外特殊。

世界上幾乎每個西半球國家都有販毒問題，但是只有巴拿馬才會出現販毒集團控制國家軍隊的現象。巴拿馬軍隊和政府本身就是販毒集團，通常的國際輿論壓力對諾列加政府並沒有多大作用。例如，諾列加曾把哥倫比亞搜捕的一個販毒大王保護起來，奉爲上賓。每當其他國家政府搜捕毒梟時，巴拿馬就成爲這些毒品販子的自由天堂。許多巴拿馬人都見過一些販毒集團的頭目在巴拿馬城進餐，他們甚至還帶有諾列加的G-2防衛部隊的保鏢。單從這個意義上說，諾列加政府不僅是一個軍事獨裁政府，還是一個國際犯罪組織的重要成員。它的根本特點是不僅擁有自由單獨的軍隊，還擁有自己單獨的、脫離國家經濟結構以外的特殊經濟結構。巴拿馬的國民經濟在諾列加統治後期如日西墜，但以諾列加爲首的巴拿馬販毒集團的經濟却蒸蒸日上。這裡具有諷刺意味的是，美國在加強販毒軍政府的力量上起了決定性的作用。從1968年到1989年，美國不但保護和協助巴拿馬的獨裁統治，而且還從軍事上大量提供援助。1968年的巴拿馬只有少量警備部隊，到1989年，巴拿馬國防部隊人數已超過16,000人，軍種包括陸、海、空三軍。在美國出兵以前，巴拿馬人民正在重新組織，積極參與國家政治。他們已公開同獨裁政府作針鋒相對的鬥爭。例如，在選舉中，人民會自覺地走上街頭，以三比一的投票反對諾列加政府，並且堅守在投票箱旁邊直到所有的投票都被清點完畢。所以，與其說諾列加是一個獨裁領袖，不如確切地說他更像一個已經開始被人們奮起反抗的強盜。

上面我們描述了發展獨裁的四種類型，有關分析只是筆者在

研究獨裁政治現象時的一種初步探索。在90年代第三個春天裡重新回顧那冰寒料峭的冬天，我們可以發現，從70年代末至今，發展中國家出現了一浪高過一浪的政治民主化浪濤。各階層人民群眾的反對獨裁、爭取民主的鬥爭發展，到80年代末和90年代初，在拉美和亞洲的一些國家和地區都達到了前所未有的高潮。在這股強勁潮流的衝擊下，軍人政權一個接一個地垮台，民主政治逐步建立。但是，從地區上看，民主化進程的發展並不平衡。拉丁美洲的發展較快，從1986年2月海地杜瓦里埃獨裁政權的垮台至今，拉美的軍人政權只剩下智利、蘇里南和巴拉圭三個，它們的處境孤立，不斷受到國內外輿論的抨擊。

拉丁美洲民主思想之所以得到廣泛的接受，還有一個原因不可忽視，即前面提到過的西班牙和葡萄牙兩國從獨裁向民主的成功轉型，以及它們在社會民主黨領導之下所發生的經濟和文化復興，對說西班牙語的拉丁美洲國家人民，尤其是曾經在伊比利亞半島生活過的人們產生了有力的示範效應。拉美國家不可能完全贊同美國模式，但是很難拒絕一個成功的西班牙模式。正因為這樣，在拉美地區最受歡迎和最受尊敬的國際政治人物不是別人，而是西班牙總統菲利普·岡薩雷斯。

除拉美外，民主化潮流在亞非等國家和地區也蓬勃掀起，方興未艾。泰國、緬甸經過激烈的鬥爭，軍人終於被迫放棄政府首腦職位，開始實行文人政府統治；馬來西亞的民主政治也在一步步地加強；南韓聲勢浩大的反獨裁運動不僅使全斗煥被迫下台，而且在短短的幾年內便完成了向民主政治的轉變；菲律賓的馬可仕夫婦幾年前逃亡夏威夷，軍事獨裁最終被民主政治取代，並在近年來愈來愈向著健康的方向發展。非洲由於資本主義發展很不充分，傳統因素較重，因此，民主化進程相對較為遲緩。但是近

10年來，軍人上台的事件已經很少發生了。撒哈拉以南的黑非洲出現了4位在職老總統自動引退的事。1987年，突尼西亞的「終身總統」布爾吉巴被罷黜。近幾年來，民主政治已逐漸在非洲這塊古老的大地登陸。

　　客觀地說，發展中國家民主化的目標當然是代議制民主，是效仿西方發達資本主義國家民主制度而實行的民主化。這是繼民族獨立運動後的又一偉大歷史性變革。這種變革是由這些國家的人民群眾和民族資產階級所推動的，是人民力量壯大、本國資產階級走向成熟的結果。民主化的實現，將對緩和國內矛盾，促進經濟發展，改善人民群眾的生活狀況，促進發展中國家之間的合作，反對外來勢力的滲透和干涉，發生有利的影響，具有深遠的歷史意義。這裡最好的一個例子就是，過去，只要世界銀行和國際貨幣基金組織向申請貸款或延期償債的第三世界國家提出一些附帶條件時，常常引起強烈反響。其實，這些條件一般要求這些國家屬行節約措施、放鬆價格控制和改變國有化政策等等。面對這種情況，有些第三世界國家的領導人表達了強烈的反感，甚至激動地指責這兩個國際金融組織開出的條件是動搖他們的「國本」。在他們看來，節約措施會引起社會動亂，價格失控會導致經濟崩潰，而改變國有化政策和開放私人投資和外國投資的建議，則是這兩個組織背後的資本主義大國的陰謀，想要通過私有化來破壞他們國家的經濟主權。現在，世界銀行的經濟學者注意到，整個趨勢有了明顯的轉變。許多第三世界的政治領袖不再指責上述「動搖國本」的條件了，他們也放手讓經濟專家大刀闊斧地去拆除政府過去對市場流通的種種限制，廢棄一些不利於外國投資的財政和貨幣政策。這些國家新的政策目標對外是放棄保護主義、開放市場、吸收外資，對內是減少預算赤字、改革稅制和

國有企業的私有化。這些政策同以往的政策背道而馳，為第三世界的政治和經濟發展帶來了巨大的希望。

士兵與政治：軍人干政

「時來天地皆同力，運去英雄不自由。」這表達了時勢造英雄的觀點。某些發展中國家，由於種種複雜的國際因素，更由於傳統的國內形勢，往往一夜之間把名不見經傳的一介軍人推上國家元首的寶座，或者在漫長年代裡始終讓「佩劍將軍」用他的刀劍指揮國家運轉。這樣，這些國家裡，士兵與政治的瓜葛就特別引人注目，軍人干政也就顯得如同江河行地、日月經天般「理所當然」。這是這些國家獨裁政治的一種成因、一種表現、一個特點。本節對此作出探討。

軍人干政的六種方式

按照馬克思主義的觀點，軍隊是國家政權的重要組成部分，是伴隨著國家的產生而產生的。世界上沒有超階級的國家，所以也就沒有超階級的軍隊；哪個階級掌握了國家政權，那個階級就掌握了軍隊。雖然統治階級領導軍隊的形式有所不同，但是無論通過哪一種形式，軍隊都具有執行統治階級意志的本質，統治階級的政黨、國家、軍隊都具有同一屬性。恩格斯還特別指出：「獲得勝利的政黨如果不願意失去自己努力爭得的成果，就必須憑藉它的武器對反動派造成的恐怖，來維持自己的統治。」❷❼

對於軍隊在國家政治中的作用，列寧也說過：「專政是直接

憑藉暴力的政權。在20世紀（以及在整個文明時代），暴力不是拳頭，不是木棍，而是軍隊。」㉘

與馬克思主義觀點並不衝突，很多西方學者也承認，在政治現代化諸多問題中，軍事干涉政治是一個非常突出、最爲常見的現象。不管哪一洲，哪一個國家，軍事干涉顯然是政治現代化不可分的一部分。它暴露出應加以深入分析的兩個問題：一是國家邁向現代化的過程中，什麼因素促使軍人干涉政治？二是此干涉對現代化和政治發展會有什麼後果？㉙

在傳統的政治社會裡，文人政府的權力是否能凌駕於軍方力量之上以控制政治，常是檢驗民主、社會進化的試金石。探討第三世界軍人干政這一問題有兩個最基本的出發點。

首先，我們必須進行冷靜客觀的實際分析，第三世界是一個內涵和外延都十分廣泛的概念，各個國家的發展情況不同，因此我們無法得出一種放之四海而皆準的結論。

其次，我們在方法論上要特別注意，既要從第三世界政治發展的角度去分析軍人干政的歷史背景，又要注重特定事件的經濟涵義，同時還不能不考慮到各個國家的特殊文化、歷史、社會、宗教等方面的種種因素。例如，一位學者觀察韓國於1960年推翻李承晚後的情況時說：「混亂的最嚴重癥結，是肇事的學生和都市勢力，既沒有組織，也沒有計劃可恢復社會秩序；而其他殘存的政治勢力，也不能密切地與他們配合。」相反地，軍隊具有某些能力，可以產生至少短暫的秩序。軍隊所運用的政治策略的性質，反映他們的組織內部團結情況、以及其他社會勢力對政府施加壓力、軍隊却能取代政府的事實。㉚

一般說來，發展中國家軍隊的基本功能是保衛社會安定，維護憲法權力、法律和秩序。軍人一方面必須是非政治的和超政治

的，另一方面則擔當著挽救共和國的「超級使命」。這種超越政
治與干預政治以防止政治系統腐化之間的矛盾，造成了軍人護衛
角色的基本困境。

　　總結60年代以來發展中國家軍人干政的歷史，同時結合西方
學者在這個問題上的種種論述，可以把軍隊與政府的關係分為以
下幾類：

1. 國家由合法文人政府統治，但軍方力量統攝政治事務。國
   家實際上實行一種軍人幕後操縱、軍方力量神通廣大地無
   孔不入的軍事制度。例如秘魯。表面上來看，秘魯三個大
   黨都是文人當權，偶爾某黨也會推派軍人為候選人，而所
   謂軍人出身的候選人並不一定能當選，因為他們仍然受制
   於民。但巧妙的是也正因為軍人出身的候選人不一定當
   選，軍人的合法性反而因此受到進一步的保障。這種形態
   可稱為「有限的共識」，一旦上層各方力量不能達成一致
   的協議，軍人便要進行武力干涉。在這種制度下，即使政
   權重新回歸文人政府，軍方力量也會限制各種社會團體獲
   得政治權力，禁止人民擴大參與。1955－1966年期間的阿
   根廷、1931－1963年期間的秘魯就是這類情況的典型。當
   時，這兩支軍隊已經放棄了它們是政治秩序局外的、公平
   的保護者的主張，成為政壇上的積極參與者和競爭者。它
   們運用卓越的組織和武力的威脅，來平衡其他團體在群眾
   吸引力和選票上所表現出的優勢。有時候，軍隊把持的政
   治權力完全超越了精英分子的小圈子，甚至擁有很強的全
   民動員能力。一個軍人攝政的發展中國家，軍隊幾乎一成
   不變地要經常干預國家政治生活。

2. 軍人干政之後還政於民，並在一定程度上擴大了人民的政
治參與。這方面的例子也不少，如60年代的土耳其及南美
洲的瓜地馬拉。在種情況下，得到權位的文人領袖要與軍
方妥協，同意軍方所限定的條件，至少要放棄對軍人在位
時的所作所為採取報復行動。杭廷頓曾總結說，上述情況
表明，軍人間歇性地捲入政治旋渦大多是為了達到某些具
體目的。軍方往往認為他們既不是社會現代化者，也不是
政治秩序的開創者，而是現存秩序的護衛者和淨化者。採
用玻利維亞巴連托斯（Barrientos）總統的話：「軍人應
該是國家的保衛機構，熱切地監督法治的達成和政府的德
行。」**❸** 政治體系的貪污腐敗、遲滯蕭條、膠著狀態、混
亂破壞，都會引起軍事干預。一旦鏟除這些弊病，軍方宣
稱將還政於民，把已淨化的政體交還文人領袖管理。他們
的工作只是「消髒除亂」，然後告退。他們是暫時的獨裁
──或許多少有點類似羅馬的模式。

3. 軍方直接控制政府，整個國家和社會實行一種軍事化制
度。如智利總統皮諾切特，其擁有的絕對權力就寫入了智
利憲法，受到憲法的保護。相對而言，這種軍事獨裁的最
大特點便是軍方力量已滲入整個社會結構。一個人在軍方
擁有多少權力也就決定了他在文官系統中的相對影響力。
國家所有重要的行政位置、國家機構、社會組織等均為軍
方力量或其同盟者把持。一般而言，在這種軍人干政的情
況下，獨裁的軍政府常會肆無忌憚地採取各種鎮壓措施來
對付民主運動。

4. 軍方直接控制政府，但實行一種「開明專制」。例如，阿
根廷的庇隆路線、哥倫比亞的賓尼拉（Rojas Pinilla）政

權等等。他們的共同之處是軍官經由政變掌握政權，然後改變其政治基礎，以新的血液作為他們的支持者。這種軍人干政所建立起來的獨裁政權一般都以比較溫和而非殘暴的手段進行統治。有時候，整個社會還能夠維持一種經濟利益上的均衡分配和政治獨裁下的「公平」。這種軍事開明專制的特點是，一方面，軍方雖然掌管最高權力但被限制在一定的範圍內活動，另一方面，某些利益團體的力量又受到制衡，不至於反過來控制整個政治或顛覆政府。

5. 文人政府與軍事集團合作。在這種情況下，軍人集團雖然支持文人政府，但又在國家政治生活中占據著舉足輕重的特殊地位。1945年獨立後的伊朗、1949年獨立後的印尼、1962年獨立後的阿爾及利亞都具備這種特徵。

6. 文人真正當權，國家非軍事化，軍事力量全部降為警察的功能。在很多情況下，這實際上已經可以稱為是一種民主政體。軍隊扮演警察角色、維持社會秩序，而社會各方力量又對其加以認同，公認唯有軍隊才能維護良好的內部秩序、鞏固執政黨的地位，從而促進國家的發展。

必須指出，無論哪種關係，由於發展中國家的政治缺乏自治性、複雜性、凝聚性和適應性，「在低度開發的社會，軍人不僅關心支薪和升遷，而且也關心整個政治體系的權力分配和地位分配」。㉜

這樣，主張以高度軍事化統治來促進國家經濟發展的學者往往忽略軍人干預政治時必須付出高昂的「軍事成本」和社會代價。

現代軍事組織在國家政治中的作用

軍人干政是發展獨裁研究中的一個非常敏感的問題。一般西方學者，對於軍人干政、軍人政府及其與文人政府之間的關係早有一套周圓的理論。但是很多專著都「不免落於兩種感情上先入爲主的巢臼：一是對軍事武裝力量先就帶有盲目的崇拜或同情；另一個極端則是厭惡軍人力量，認爲它只會導致破壞，毫無建樹可言。不約而同的是，兩者均認爲軍事統治必然意味著反民主或獨裁專權。至於實際上這些國家的軍事力量如何操縱經濟、社會及政治等制度的運作，却很少有人研究。」❸

就一般意義上說，發展中的國家武裝力量包括幾個部分：

常備軍事力量 即：中央政府控制下的陸、海、空軍部隊（一般也都包括某些特種部隊）。後備力量，包括：中央政府控制下的直接後備役軍官，在短期內隨時可以徵用；中央政府控制下的間接後備役軍官，目的是爲國家儲備戰略人才；作爲國防後備力量的民兵。

準軍事性質的武裝力量 包括：由中央政府直接控制的警察力量。裝備輕型武器，主要用於維護國內社會秩序和處理危機。地方國防力量，很多情況下就是作爲國防後備役的民兵組織。

地方警察 其主要任務也是維護社會治安。就正規軍事力量來說，發展中國家軍隊中的精英分子一般也可以分成三類：

第一類是經歷過戰火薰陶、在民族獨立或國家建設中起過重大作用的掌權者。在戰爭中的經歷和已取得的成就有時會使他們自高自大、目中無人。對於具有民主風度的政治家，他們常持懷疑態度，不肯輕易合作。隨著時間的推移，這些掛滿勛章的「老戰士」往往會慢慢退出歷史舞台，但是他們中間的少數仍然占據

著最高職位，對國家政治生活有著不可忽視的影響力。

第二類是受過專業教育、具備較強理論素質的「學院派」。這批人中的大多數雖然沒有經歷過戰火的考驗，但是多年的訓練已經使他們養成了職業軍人的素質，他們中的大部分人都講求理性和服從。這批人在軍隊中的升遷往往不是靠個人鑽營，而是更多地依靠真才實學。隨著歷史的推移，「學院派」在很多發展中國家軍隊中發揮著越來越大的作用。

第三類是介於兩者之間、在國外受過高等教育或訓練的年輕軍官集團。他們在軍隊中的地位比較特殊。一方面，他們與「學院派」的區別並不是很大，兩者都具備較強的戰術意識和創新能力；另一方面，他們又常常不滿意軍隊中按步就班的各種規則，總想對其加以改革。

上述三種人的劃分並不是絕對的和形而上學的。有些老戰士可能欣賞年輕人的朝氣，與其有著深厚的「忘年之交」；有的年輕人也可能樂於與「學院派」人士交往，交流思想。

在簡單地介紹了軍隊及軍官階層的構成情況以後，我們可以先假設兩個基本前提作為進行分析的線索。這兩個假設是：

1. 在新獨立國家中，軍隊與社會目標一致，都為了國家現代化不斷努力。這種走向現代化的過程也會反過來改變國家的社會結構和軍隊的內部結構。
2. 軍隊的政治化發展。與國家其他政治、經濟、文化和社會等機構相比，軍隊具有特殊的功能，因此真正職業化的軍隊在國家政治中扮演中立的角色。但這種中立即是它的政治化表現。

下面我們就來考察這兩個假設到底是否成立。

　　第一個假設實際上涉及到國家現代化變遷過程中的軍隊職業化問題。先讓我們看一個表：

軍隊職業化發展中的種種因素❸

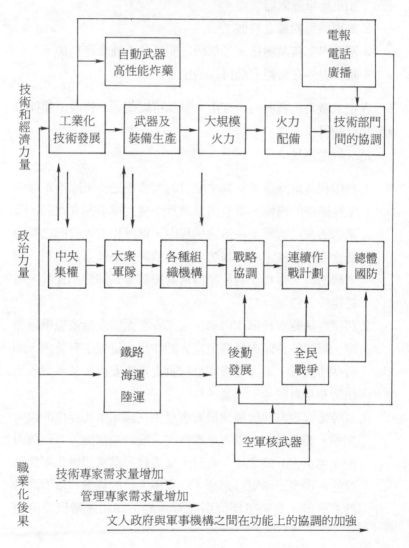

軍隊職業化有幾條衡量標準，這包括：

1. 對先進科學技術知識的掌握，如提高各軍種技術訓練水平和更新軍隊武器裝備。
2. 軍事機構的獨立發展。
3. 軍隊內部精誠團結，各部門之間具有一種合作精神。
4. 軍隊對外在整體上維持政治中立。

在追求職業化發展的過程中，軍隊可以運通三種政治途徑來達到自己的目標。

這三種途徑是：

1. 利用利益集團遊說。其主要目的大多是維持軍隊或軍隊中某些機構的規模，爭取國家預算中擴大軍事開支比例，改進國防系統等等。在遊說過程中，軍隊和文人政府之間可能會產生一些矛盾和摩擦，但因爲許多事情涉及所謂「國家機密」，這些矛盾和摩擦常常被幕後調解分化瓦解，最終達成妥協。
2. 利用特殊時期發揮作用。在國家安全面臨危機或戰爭爆發時，軍隊往往能夠發揮出巨大的作用。這裡也有反例，即有些情況下，軍隊高級軍官只負責軍事安排，其參與政治決策非常有限。
3. 直接接管政府。這種情形要麼發生在國家生死存亡的重大關頭，要麼發生在軍人集團與文人政府在國內、外政策方面產生重大分歧之後。有時，文人政府常常想轉化軍隊的職能，過多干涉軍隊事務，如軍事人員的調動、軍事訓練計劃等等，其結果反而引起軍隊的不滿和過激行爲的發

生。

軍隊能否實現職業化發展的目標，以何種手段來實現這個目標，牽涉到我們提出的第二個基本假設：軍隊的政治化發展。

簡單地說，軍隊政治化的形式有兩種：

1. 公開誘導性的政治化。
2. 秘密的政治化。

其目的都是爲了把非軍事的意識形態灌輸到軍隊系統。

公開誘導性的政治化與軍隊內部結構、國家政體形式和軍隊與國家之間的關係有著莫大的關聯。在很多發展中國家裡，新掌權的政府爲了鞏固自己的統治，必須得到軍隊的支持。在這種情況下，它們就千方百計地誘導軍隊捲入國家政治生活，有時甚至不惜犧牲別人的利益來把軍隊捧到很高的地位，使全社會對軍隊產生一種敬畏。

秘密政治化是通過以下幾種手段來實現的：

1. 國家最高權力機關控制軍隊人員的挑選、獎懲，使之附屬於一種政黨。
2. 政黨直接派代表進入軍隊工作，以保證軍隊自始至終地對黨保持忠誠。
3. 國家安排軍隊高級官員到政府工作，目的是爲了讓他們參與最高政治決策。
4. 國家在軍隊中開展政治教育，灌輸官方意識形態。㉟

　　軍隊職業化和政治化發展的相對程度，大致決定了一個國家
的政權穩定程度與經濟發展程度。其詳細情況說明如下：

政權穩定與經濟發展[36]

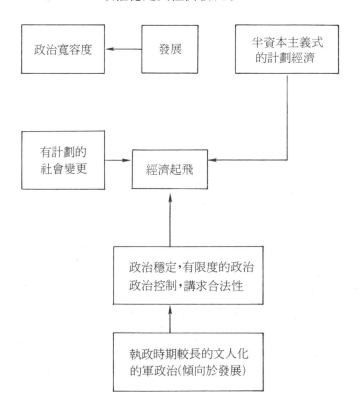

　　通過考察第三世界軍隊職業化和政治化發展的具體情況，客觀地評論，在不少發展中國家，軍人或軍事組織往往站在現代化的最前列。

　　從歷史上看，第三世界從獨立到目前的發展，軍事力量一直扮演著極為重要的角色。在很多情況下，發展中國家軍事力量的源起都是尋求民族獨立發展的必然結果，建立新式軍事的過程本身就顯示了這些國家奮發圖強、渴望迎頭趕上發達國家的民族決心。

　　現代軍事組織一般都具備自己的特殊性質。這也是白魯洵提到的那種觀點，即現代軍隊生活兼具理性和傳統兩方面。軍隊一方面講究完成任務，注重目標與手段的關係，講求實際與效率。處於變遷的社會裡，軍隊與別的機構相比，其組織十分接近現代工業和企業的理想。另一方面，軍隊又講究紀律、官階、服務、儀式操練，這與傳統的秩序和精神又相互吻合。上述兩方面的特點，使軍事組織在現代社會發展中成為傳統與現代化的中介。亨廷頓和另外許多西方學者對此也有過不少精闢的論述。在他們看來，發展中國家的軍官集團逐漸孕育一種特殊的性格和精神。由於其新鮮血液愈來愈多地來自普通的社會背景，其成員取得在國內外進修的難得機會，他們容易吸收外來的民族主義和進步的觀念，也發展出社會上難得的管理和科技技能。由於這些原因，在不少發展中國家裡，軍官與大學畢業生、特別是那些國外學成回國的學生，在社會上並列構成最現代、最進步的團體。他們在政治現代化的早期，扮演著高度現代化和進步的角色。他們勇於向寡頭政治挑戰，倡導社會和經濟的改革、支持國家的統一，並多多少少擴大了政治參與。他們攻擊一些浪費、落後、腐敗，灌輸社會一些效率、誠實和效忠國家的觀念。到了20世紀，軍官集團

的專業化，使他們更加醉心於現代化和國家建設工作，同時軍人之參與政治也由個別領袖領導轉變成集體領導。

軍人干政、軍事化統治的結果未必全是獨裁政治。有些統計資料表明，在第三世界，掌權的軍事領袖並不一定是獨裁者。相反，有時文人政府反而更好戰，也更喜歡在國內實行獨裁專制。所以，文人政府與軍人政府之間的關係並不是單向性的。一個國家的政治變動，可能是從文人政府轉移到軍人政府，也可能從軍人政府轉移到文人政府。這裡我們應當注當：第三世界政治進化過程中一個很大的特點就是沒有一定方向或固定不變的模式。與歐洲國家發展的順序大不相同的是，歐洲傳統中認爲文人政府取代軍人政府是進步的觀念，在非洲、亞洲及拉丁美洲則完全不適用。亞、非、拉不少國家向軍事化過渡的形式非常溫和，軍人趕走腐敗而又獨裁的文人政府的例子比比皆是。

雖然有些軍人政府比依賴警察去強制實行法律的文人政府更能容忍異己，這種例子在非洲和拉丁美洲均可見到，但這是不是眞正的民主政治，還有待於根據每個國家或地區的具體情況進行分析。

對軍人、軍事組織干涉政治引起發展中國家政治的變化，有關專家學者有著不同的評價。就像我們前面提到的那樣，有人認爲「軍人勢力的蔓延，無疑地是民主政治發展的最大障礙」；也有人認爲，軍人獨裁可能是保存並且發展自由民主制度的最後希望。筆者也記得杭廷頓在他的《轉變社會中的政治秩序》一書中說過一段讓人深思的話：當社會改變的時候，軍隊的角色也隨之改變。在寡頭的世界裡，軍隊是激進派；在中產階級的世界裡，他是一個參與和仲裁者；當群衆社會隱約浮現，軍隊在現存的秩序中變爲保守的護衛者。如此，一個社會愈落後，軍人的角色愈

進步；一個社會變得愈進步，軍人的角色變得愈保守和愈反動。

　　抽象地、不加限制地作出概括可能會產生以偏概全的毛病。我們應當首先確立一個指導思想：衡量發展中國家政治發展的標準只有一條，即人民權利得到多大程度的保障，然後，再根據不同的時間、地點、人物及事件作一番深入的比較研究，力求得出正確的判斷。

上升螺旋：經濟現代化與政治民主化

發展危機與社會變遷

　　美國政治學家盧西恩·派伊（白魯洵）曾用功能分析的方法，把現代民族國家經常遇到的難題或危機分爲六大類。這六類危機是：

　　1.自我認同的危機 (crisis of identity)。
　　2.正統合法的危機 (crisis of legitimacy)。
　　3.深入民間的危機 (crisis of penetration)。
　　4.福利分配的危機 (crisis of distribution)。
　　5.社會整合的危機 (crisis of integration)。
　　6.人民參與的危機 (crisis of participation)。❸❼

　　所謂認同的危機包括兩個方面，一是整個民族國家的認同問題，一是個人的認同問題。國家方面的認同是指「一個民族國家必須了解自己，認識自己，建立獨立生存的自我意識，創造貢獻

的信心觀念，使自己的國家、自己的民族、自己的宗教文化、生活習慣與立國精神等，有特殊獨存的價值和必要，不易爲強鄰敵國所擊敗吞併，其國民有驕傲自尊的愛國犧牲精神和團結奮鬥的建國決心。」❸個人方面的認同是指人民對政府與社會具有的穩定認同感，能夠在社會發生急遽變化時把握自己的角色，爲社會做出積極的貢獻。

　　所謂正統合法的危機是指在從傳統社會向現代社會的轉變過程中，不同階級、不同利益團體對於國家政治經濟各方面發展方向產生不同的看法。特別是對於政府的組織形式、權力分配以及具體的政治運作程序，各方面意見分歧更加嚴重，這種情況很可能導致社會的混亂，甚至於國家的分裂。因此，如何建立一個各方面認同的合法政體，是現代民族國家必須解決的另一個重大問題。

　　深入民間的危機，是指政府的法令和行政措施，能否有效地、均勻地達到國家各個地區、各個角落。爲此，新興國家必須建造一個高效力的、公平而合理的行政管理體系。這也就是我們經常說的一個現代化的國家，不僅要維持一個新的法律秩序，而且必須與每個公民維持認知與感情的不斷交流，從而得到人民的支持、了解、擁護和愛戴。

　　福利分配的危機，是指如何把一般價值，包括：權利、義務、經濟福利等，公平而合理地分配給人民。傳統社會常常依據先天設定的不平等標準，維護和擴大特權階層的利益，現代社會則必須想辦法改變這種狀況，使人民享受到更多的權利。

　　在社會急遽變遷時，各種利益集團之間、甚至人民與政府之間，常會發生許多意見糾紛。在不能用常規辦法解決這些糾紛的情況下，如何設法建立普遍認同的新觀念、新規範和新的法律程

序來協調各方面的意見和利益，提高每個社會成員對民族國家和政府的向心力，就是國家在現代化過程中所面臨的社會整合危機。

人民要求有權利和機會參與政治活動，監督政府的決策，也是當代各國政治發展的一個共同的趨勢。無論何種政體，都不能忽視這種人民參與的危機。㊴

從危機與國家發展的角度出發，我們自然會發現，越是不發達的國家，發展過程中可能遇到的危機就會越多，程度越高。這似乎是不言而喻的，毋庸贅言。

據聯合國有關方面統計，目前世界上約有10億人生活在絕對貧困中；9億人不會讀書和寫字；17.5億人沒有安全的飲用水；8億人每天忍饑挨餓；1.5億5歲以下的兒童營養不良；1400萬兒童在5歲以下夭折；15億人得不到初級健康保健服務。情況嚴重的是，這些大多是廣大發展中國家所面臨的迫切需要解決的問題。對這些國家而言，如何消除物質上的貧困，穩定社會機制，克服現代化過程中有可能產生的各種危機，已經成為國家發展的頭等大事。

國家發展必定引起社會變遷。這可以從廣義和狹義兩個角度來理解。

從廣義上說，任何一種狀況（無論是質或量）演進至另一種狀況的過程，都可以成為「變遷」。我們在本節中要討論的發展中國家的社會變遷，主要牽涉到種種內外因素以及變遷帶來的種種問題。

在一般人的心目中，社會變遷的意義，就是要求在工業技術、組織效率、生活起居方面，都能逐步實現現代化，趕上西方國家的標準。這種觀點視經濟發展為社會變遷的主要標誌。現在，社

會變遷的概念有了十分重大的轉變。人們更多地把現代化視爲一種心靈上的或牽涉到基本價值與規範的變化。例如，美國社會學家塔庫特・帕森斯（Talcott Parsons）就認爲，在從傳統的社會轉變到現代化社會的過程中，人們的價值觀念和行爲模式，必須先發生某些變化。這主要表現在，各種機構組織的功能由混合的（diffuse）變成專化的（specific）；各種規範和法則，應由特殊性的（particularistic）變成普通性的（universalistic）；政府或任何組織用人的標準以及社會價值分配的標準，不能再以先天設定的（ascription）身分地位爲依據，而必須依照個人的能力和功績而定；最後，政府官員執行法律或社會上一般人交易往來時，不可專憑情面論斷，而必須採取理性的、感情中立的態度。❹社會學家丹尼爾・萊納（Daniel Lerner）通過研究中東各國現代化的過程，總結出一條重要的經驗，即現代化的最後憑據，乃是在人們心靈深處所產生的變化。他說：「社會變遷的大悲劇，乃是透過個人如何解決自己的問題，如何過著私己的生活，而排演的。」他認爲，培養一種能夠設想不同的生活環境，並替他人的經驗和問題設身處地作考慮的心智能力，乃是使個人脫離傳統的限制，而踏進現代化的第一步。❹政治學家奧蒙（G.A. Almond）和韋巴斯（S. Verbas）等人，同樣認爲政治現代化以及其發展的方向，必然受到一些密切關聯的價值、規範、情感、認知和思想指導的重大影響。這些主觀的因素被他們稱之爲「政治文化」，一直是比較政治學很熱門的研究課題。❹

從狹義上看，所謂國家發展和社會變遷，主要涉及政府結構和制度。一個變遷的社會必定是一個流動的社會，隨著時代的發展而不斷向現代化逐步邁進。同樣，一個變遷的社會也必定是一個參與的社會，即每一個社會成員都能積極參與社會的政治、經

濟、文化以及其他方面的活動，並有過問政治和政策的權力。因此，國家發展和社會變遷的一個最主要的目標就是要培養和維護一種民主的風氣，建立民主的制度。

　　無論是從廣義角度還是從狹義角度上說，國家發展和社會變遷都是圍繞著人的發展進行的。所以，國家發展和社會變遷的過程實際上歸根結底是人的現代化過程。現代化的人必須具備高度理性與積極進取精神，擁有敏銳的反應力，不斷吸取新的經驗和需求來充實自己。

政治發展理論之演變

　　「政治發展」一詞，是從60年代開始在美國流行起來的。引起美國學術界對政治發展發生興趣的原因很多。扼要言之，是因為第二次世界大戰後亞非拉殖民地和半殖民地地區紛紛獨立，國際舞台上呈現出一幅全新的景象。一些剛剛掌權的第三世界領導人羨慕西方的民主制度，他們一方面想發揚光大本國的文化傳統，另一方面又在物質文明建設方面竭力模仿西方，希望迎頭趕上。他們還創設了許多類似西方的政治和行政機構，但是大多數走了樣。在這種背景下，這些領導人莫知所從，面對複雜的經濟發展、行政發展以及社會現代化過程中出現的種種問題束手無策。久而久之，他們意識到必須以政治力量加以解決。這樣，政治發展也就成了當時最重要的一個熱門話題。

　　政治發展的概念最早是由美國著名政治學者奧蒙提出的。他在60年代和寇曼編輯了一本後來在政治學界影響甚遠而又爭議迭起的著作——《發展中地區的政治》。

　　這本書在理論上的重大貢獻可以概括為三點：

　　1.它首次運用政治體系這個概念，分析非西方國家的政體形

式，打破了政治學研究中傳統的歐洲中心論或西方中心論的陳舊框架。

2. 它率先提出區分「發達」（developed）政治體系和發展中（developing）政治體系的重要性。

3. 它宣稱無論是哪一種政治體系，必然都包括現代和傳統社會中的種種因素。《發展中地區的政治》的發表，似一石擊水，在美國引起軒然大波。在認真分析了各種批評意見之後，奧蒙和另一位政治學者鮑威爾合作，於1978年又發表了一本同樣備受關注的學術著作——《比較政治》。在這本書裡，奧蒙承認，前一部書的分析和結論也許在一定時空範圍內適用，但隨着時間的流逝，關於政治發展的概念就需要作一定的補充。他從三個角度對政治發展下了定義，即：

● 政治發展意味着政治體系的結構分化
● 子系統的獨立化
● 文化世俗化

除了奧蒙之外，白魯洵也一針見血地指出：第三世界國家要想取得政治上的進步，必須設法向三個方面努力：

1. 平等方面的努力，即個人與個人之間、個人與國家之間的平等。

2. 分權方面的努力，即國家政體的結構性變革。

3. 政治寬容方面的努力，即政治體系與其環境之間的相互兼容。❹❸

杭廷頓則致力於系統總結政治發展概念在美國學術界特別是

政治學界的演化。在他看來，所謂政治發展在概念上至少有幾個值得商榷的問題，這主要是指一般人談到政治發展時總喜歡把它歸入現代化的概念，其實這兩者有很大的不同，我們必須注意加以區分。政治發展到底是一個組合性的概念還是一個簡單的概念？政治發展與發展之間到底存在著什麼樣的相互關係？許多理論家並沒有做出更為細緻的探討。為了解決這兩個問題，杭廷頓提出對發展社會和發展進行的研究。

從體系——功能方面的轉變開始研究：這種方法側重於系統分析和結構功能分析，基本概念包括體系、功能、結構、正統性、輸入、輸出、反饋、環境以及平衡等等；這種方法最基本的分析結構框架沒有突出的重點，因此有時也就不可避免地形成泛泛而談的結論；這種方法倒並不一定非要運用流行的統計手段，但是它相對重視不同體系之間的比較，而不是著重重視從一個體系到另一個體系之間的轉化；這種方法所要研究的體系——功能方面的轉變主要是指一個低級社會（發展中國家）向一個高級社會（發達國家）的轉變；在這種轉變中，「平衡理論」的基本前提假設是：穩定是社會的正常現象和狀態，轉變是非正常的、不自然的。

從社會發展進程方面研究：這種方法強調過程勝於強調體系，所謂「社會進程」大致包括工業化、城市化、商業化、識字率的提高等等；注重一種行為與另一種行為的比較，而不是一種行為體系本身的比較；強調涉及變化的各種變量之間的數據收集和處理。

從社會發展進程方面進行研究的方法從總體上講有幾個不足。它要研究的是發展的各個階段，而不是轉變的具體速度；如何把發展中遇到的各種社會問題與政治問題結合起來，就社會轉

變作總體的探討，一直沒有達到理想的境地；更進一步說，社會
政治轉變不僅是社會、經濟作用的結果，還有許多其他因素值得
深入分析，但是單從社會發展進程方面考慮問題，並不能作到周
全縝密，反有許多遺漏。

　　從比較歷史的角度出發研究：這種方法所要做的無非是集中
剖析幾種社會發展演變的歷史，比較他們的不同制度、文化和領
導方法；先把社會發展分為各個不同的歷史階段，然後在此基礎
上推斷、比較其異同之處；得出的結論一般是就某些特定歷史現
象而言的，很難加以深化推廣。

　　杭廷頓認為這幾種方法各有自己的優點，但也有各自的缺
陷。體系──功能分析對變化本身的研究較少，社會過程分析不
太注意政治因素，比較歷史分析又缺乏一定的理論深度；一個客
觀公正的學者必須設法對這些不足加以適當的重視和彌補。❹

　　作為一個對政治發展研究頗有造詣的重要學者，杭廷頓在
1987年又發表了一本在西方政治學界產生相當影響的著作
──《對政治發展的理解》。在這部書中，杭廷頓總結性地歸納
提出了發展中國家發展的5個主要目標，即：

1. 經濟的增長。主要是以國民平均收入、國民生產總值以及
   其他國民經濟發展指標來衡量。
2. 平等。具體表現為：其一，貧困的絕對減少，國家人口中
   的絕大多數人能夠享受一定的物質生活，貧困線以下的人
   口數目相對減少；其二，不平等的減少，主要是指各個社
   會集團成員之間收入差別的縮小。
3. 民主。在50或60年代中，許多發展中國家竭力效仿西方，
   力圖把西方民主移植到本國，當時關心得最多的是民主的

條件和民主的逐漸發展。

4.政治秩序和穩定。即發展中國家強調的政治條件和政治環境。

5.國家獨立。這種發展目標涉及到現存國際經濟秩序和發展中國家爭取自身發展權利的鬥爭。

在這本書中，杭廷頓還提出了研究發展目標的具體方法。這裡不妨介紹錄供我國讀者。

他的主要觀點是：

目標相互兼容假設　這種假設認為現代化是一個綜合性的、全方位的發展過程。其原始起點是傳統社會，最終目的是現代發達社會。因此，為實現現代化，一個發展中國家必須朝著所有發展目標努力，爭取達到完美的發達境界。

當然，目標相互兼容假設受到很多指責。有些學者指出，一個落後國家要真想「一石數鳥」地全面實現國家的現代化發展，簡直就是不切實際的空想。人總是輕易地認為，確定一些好的目標以後，只要為之奮鬥，便可以自然而然地避免付出其他代價，好像現代化的道路永遠是筆直寬闊的一樣，其實這種感覺是錯的。在確定發展目標之後，我們可以借用三種模式來為之努力，實現這些目標。這三種模式是：

1.自由發展模式：這種理論強調經濟的發展會促進收入和財富分配的平等，有利於民主機制的建立和減少社會衝突，同時加強政治秩序，使國家逐步邁向現代化。

2.傳統馬克思主義模式：這種理論認為，只有打破現存社會秩序，以暴力革命的手段進行一場社會變革，不合理的社會制度才能被公平合理的社會制度所取代，人類才能實現

真正的經濟增長和真正的民主，整個社會才能達到一種健康的和諧發展狀態。

3.依賴模式：這種理論認爲，在世界資本主義體系內，第三世界不可能實現真正的發展，只有建立國際經濟新秩序，第三世界才有可能走上現代化道路。

衝突理論假設　這種假設肯定：增長和平等是相互衝突的。經濟發展只能使中產階級和富有階層越來越富，而使窮人相對變窮，所以，增長和平等是相互矛盾的兩個目標。自由發展模式認爲貧窮是造成政治不穩定狀態的主要因素，但是事實表明，最不穩定的政治狀態常常是經濟發展達到中等程度的產物。經濟發展不等於政治民主。在很多第三世界國家，經濟起飛的結果是以人民自由的喪失爲代價的。某些學者對這種觀點進行了更爲深入的探討，他們發現，「新權威主義」往往是實現國家經濟發展的最佳途徑。

協調政策假設　這種假設要求對發展的各種目標相互協調，以政策手段維護發展的同步性。但是這裡有一個問題必須指出，即：發展目標確定以後，發展中國家如何選擇恰當的政策來保證這些目標的順利實現，如何以一種制度化的原則來在發展的各個階段及時糾正偏差，同時恰到好處地處理社會改革中可能出現的種種危機。❹

參考以上西方學術界的各家學說，似乎應同意這樣一種看法，即政治發展過程至少包括以下幾個方面：

1.在政治結構方面，政治發展與政治穩定一樣，需要建立一個權力集中的中央政權。這種政權的建設可以分爲兩個過程：

- 結構分化階段，即原有政治體系逐漸脫離宗教、家庭、部落和其他傳統社會勢力的樊籬，奠定自己的活動範圍。然後，體系內各部門、如立法、行政、司法等，又設立許多新的機構，分別發揮不同的功能，而且不互相干擾

- 結構整合階段，即為了使國家權力集中而且能夠有效行使，在政府組織日益複雜、政府功能日益專業化的情況下，力求把各個層次的工作和個人的專長整合起來，以收到整體行動的規模效益

2. 在心理建設方面，要建立一種世俗化的政治文化。所謂世俗化的政治文化，有兩個涵義：

- 注重理性的原則和科學的精神，知道目標和手段的區別，講究實效，摒棄一切對解決問題無益無助的傳統因素

- 實現公民平等參與的原則。所謂平等，不僅包括法律意義上的平等，還包括人人機會平等、權利平等、義務分配平等等涵義

3. 提高政治體系的能力。就人類社會變遷的整個過程來看，政治體系在現代社會發展過程中必須能夠應付許多前所未有的複雜問題。傳統的宗教、社會、經濟和政治制度的崩潰、生產方式及家庭組織的嬗變、工業技術的發展、舊的價值觀念的更新、教育的普及、社會流動的加速和職業結構的變化等問題，最後都要靠政治體系來裁決，所以政治體系必須具備新的能力才能以變應變，得以繼續生存。[46]

關於「紅色」發展道路的爭論

　　關於發展中國家走什麼樣的道路問題，有關專家、學者從各個不同的角度拿出了不同的方案。就本質來說，我們可以把這些道路歸納為三種。下面我們用西方的一種「色彩理論」加以說明。

　　第一條道路：「藍色」發展。其大意是政府在國民經濟中扮演微乎其微的角色，國家經濟主要由市場調節。企業活力的增長與社會商品經濟的繁榮是發展的最終目標。

　　第二條道路：「紅色」發展。即政府在經濟上實行高計劃體制，以計劃經濟為指導，在政治上實行集權，以一種獨裁條件下的政治穩定促進國家的經濟發展。

　　第三條道路：「綠色」發展。介於「藍色」發展和「紅色」發展之間，針對傳統的鄉村經濟和農村經濟模式，採用特殊戰略，增強地方自治能力，以「小政府」促「大經濟」。❹

　　上述理論雖然頗具代表性，但在實踐上卻一直未能具體解決發展中國家的經濟問題。無論採取哪一種道路，發展中國家都面臨如何同時實現政治穩定、經濟發展的棘手難題。有時候，穩定與發展之間的矛盾會呈現出一種「魚和熊掌不可兼得」的狀態，迫使發展中國家放棄發展，而一味追求穩定。在這一過程中，又訴諸獨裁手段，採取軍事化或半軍事集權政策，犧牲人民的基本人權。60年代，這種說法最為盛行。70年代仍有許多國家把這種強人統治下的權威視作發展的第一需要。❹ 到了80年代末90年代初，某些發展中國家中還出現過關於這種政治哲學的爭論。例如，80年代下半期，大陸理論界曾經掀起過一陣爭論「新權威主義」的高潮。有人認為：目前第三世界（包括中國在內）不少地區最重要的事情是發展，發展是高於一切的當務之急。他們同意「20世紀中期資本主義工業起飛奇蹟，必然產生對人類發生巨大影響

的不良後果，即任何一種經濟飛騰都是以犧牲政治民主爲代價
的。一個民主的政府追求它的經濟政策將是死路一條。」❹
　　上述論調使人民對發展產生三種誤解：

1. 發展必定要以犧牲人民需要、人民利益爲代價。這種誤解
　　所持的依據是：國家資源的有限性會促使國家爲高速發展
　　社會經濟而採取一些迫不得已的措施。在經濟建設中，人
　　民的基本生活水平會受到影響，有時還有可能發生食品危
　　機及醫療保健服務大規模削減等現象。在這種情況下，爲
　　了確保國家投資的再擴大，人民只能做出犧牲。這種觀點
　　不僅沒有很好地理解有關經濟運行的基本規律，把社會需
　　求的削減看成是促進國民經濟發展的唯一靈丹妙藥，而且
　　在根本上錯誤地理解了生產的目的以及國家與人民之間的
　　關係。
2. 社會不平等現象是一個社會發展的必然產物。這種觀點的
　　錯誤在於，社會不平等可能是由於發展造成的，但兩者之
　　間沒有必然的因果關係。
3. 爲確保發展目標的實現，人民的公民權和政治權應當受到
　　一定限制。這種觀點認爲在經濟建設的某些階段，國家有
　　權力採取靈活的政治手段或應急措施來保證發展目標的實
　　現。這種觀點的最大錯誤就是把國家對人民權利的限制當
　　成國家發展的根本前提。

　　持上述三種錯誤觀點的人，一般都強調「發展第一」，似乎
只有通過集權手段維護住國家政治穩定，才能實現經濟的發展。
這種論點提醒我們認眞分析政治穩定與發展經濟之間的相互關
係。

發展中國家的政治穩定在目前有三種狀態：

1. 僵化型：即政治體制一成不變，政治空氣十分沉悶，公衆對政治生活反應淡漠，呈現出一種陰暗的社會局面。這種僵化狀態，表面上看來很平靜，但却因爲人們的參與權、經濟、文化權利處處受到侵犯或剝奪，實際上潛伏著深刻的政治危機。

2. 反覆型：即在新舊體制的交替過程中，各種不穩定因素使執政者在社會改革中走走停停，進進退退，其原意是求得穩定，實際效果却適得其反。

3. 動態型：即「穩定——改革——新的穩定」模式。在這種模式中，權力和利益的分配關係發生變化，不穩定因素保持在一定限度之內，沒有過分傷害人民權利，從而不釀成全局性的危機。

在維護發展中國家政治穩定方面還有一種錯誤觀點應當批判，即認爲民主是一種無序的混亂，而權威才是維護穩定的良方。其實，民主同無政府主義是兩回事。民主是合理地組織政治行爲的法制模式。它通過立法的形式確立一種秩序，其本身便是一種權威。民主的權威性表現在：「有關的政治行爲必須服從一定的民主程序，違背這種程序的政治行爲將受到制止或懲罰；通過民主程序產生的結果——選舉出來的權力機構和領導人，作出的決策是有權威性。因此，如果眞正建立起民主政治，也就是確立了一種合理的權威。❺⓿

不管是哪種類型的穩定，發展中國家的經濟現代化進程中出現社會動亂都不是偶然的，其中既有占主導地位的經濟因素，也有不可忽視的其他相關因素。這可以從以下幾個方面的分析體現

出來：

　　首先，經濟現代化創造的新的經濟財富和權力，常因分配不公而加劇社會各階級、各階層的矛盾。現代化帶來的社會變革，必然使社會基本價值觀念發生革命性的變化。新舊價值觀念和政治文化的衝突增加了社會的不和諧。大衛・阿普特在《現代化的政治》一書中亦強調傳統價值觀念在現代化過程中的瓦解，使社會成員易於採取超越常軌的激進行動。

　　其次，經濟現代化必然帶來對外開放，原來被棄於政治決策之外的社會階層，在西方政治思想的影響下，對民主的參與意識隨著自身經濟狀況的改善和社會經濟地位的提高而逐漸加強。當統治者無法以制度化的渠道充分吸收這些政治參與的要求時，階級利益的對立就不能用和平的手段加以調解。

　　再次，落後國家開放後，人民對西方生活方式的「示範效應」產生極大的反響，在把本國經濟和其他國家經濟發展水平作出比較之後，他們往往要求迅速實現現代化目標，而這種不切實際的要求又常常與政府採取的緊縮財政、控制消費等以保證國民經濟長期、穩定發展的政策相矛盾，從而造成人民對政府的不滿。

　　發展中國家在實現某些經濟現代化目標後反而引起社會矛盾的激化，這是司空見慣、不足為奇的常事。根據安德內・弗朗克等人的依附理論和伊曼紐爾・沃勒斯坦的現代世界體系理論，「邊緣國家」（即發展中國家）依附於「中心國家」（即發達國家）的經濟發展，導致這些國家中二元經濟結構的形成：國際資本的滲透產生了一個現代經濟區域，這個區域又往往是與出口貿易有關的工業部門。在沒有被國際資本滲透的地方，發展中國家仍然存在原封不動的傳統經濟區域。與資金雄厚的前者相比，後者顯然缺乏必要的資金和先進的科學技術。於是，這種二元經濟結構

對傳統經濟區域造成了災難性的打擊：廉價的工業品摧毀了傳統手工業，大農場農業的擴展將爲數衆多的個體農民驅趕到更加貧困的土地上去。傳統區域的有錢人又把金錢投資到現代化區域，進一步加劇了本地區資金的不足。現代經濟區域以傳統經濟區域的貧困爲代價實現其經濟增長，造成嚴重的兩極分化。於是，爲了避免階級矛盾的激化威脅到國際資本的利益，從而也威脅到與國際資本利益息息相關的國內統治階級，該國的政府官吏、國際資本與國內買辦資本相互勾結，實行三位一體的傳統政治。❺

政治穩定與經濟現代化問題是一個具有重大理論和實踐意義的課題。在政治體制與經濟發展的關係上作簡單的理論概況是不恰當的，用來指導實踐更是十分危險的。這裡有好幾種情況值得深思。

其一，從70年代後開始，一些實行集權政治的社會主義國家普遍出現生產力發展停滯、經濟活力不足、生產效率低下的現象。把這些社會主義國家同發達資本主義國家在經濟、技術發展、平均收入、實際生活水平等方面相比較，其結果大大不利於前者。這似乎說明社會主義國家要想發展經濟，必須對自己的政治體制加以必要的改革。其出路也必然是向西方民主政體過渡，實行「和平演變」。但是，問題並不那麼簡單。就在社會主義國家遭受經濟挫折同一時期內，東亞、南美等不少實行集權政治甚至是殘酷獨裁的國家和地區，卻在經濟上獲得了迅猛發展，工業化程度不斷提高。這似乎又說明，社會主義國家政治體制的改革，又應當借鑑新興工業化國家與地區、特別是亞洲「四小龍」的模式，因爲這兩類國家在生產力發展水平、經濟現代化所面臨的國內外環境方面情況較爲相似。

其二，同屬於發展中國家範圍，一些新興工業國家和地區靠

著集權政治、「新權威主義」等實現了經濟的騰飛，而許多實行
西方民主制的第三世界國家迄今為止未在經濟建設上有任何起
色，人民還在饑餓的死亡線上掙扎。這就告訴我們，同樣一種政
體，無論是民主制度還是獨裁制度，在不同的歷史條件下，不同
的生產力發展水平、不同的社會狀況和不同的國際環境中，對經
濟發展起的作用可能極不相同，甚至截然相反。

　　這些都說明，對政治體制與經濟發展的辯證關係的分析，絕
不能停留在理論的層面上，不能陷於教條主義、形式主義、形而
上學的分析，而應隨時隨地從實際情況出發，與實際國情結合。

　　1962年，美國政治經濟學家亞歷山大·格謝克倫出版了一本
影響深遠的論文集，題為《以歷史觀點看待經濟的落後》。❷在
這本被廣泛引用的著作中，格謝克倫根據他對英國、德國、俄國
等國工業化的歷史過程中及其政治影響得出結論：在世界工業經
濟體系中，一個國家的經濟越落後，工業化的起步停滯後，國家
（即中央政府）在其後的工業化進程中所發揮的作用就越大，國
家政體就越有可能走向政治專制主義，民主發展的阻力亦就越
大。根據他的理論，工業化的不同歷史時刻決定了社會必須完成
的不同經濟任務以及所採取的不同對策。具體而言，即是：

　　首先，它決定必須以什麼工業作為該國經濟發展的「引
擎」，而這類工業需要以什麼規模動員該國的社會、技術和財政
資源。以英國、德國的工業化為例。當英國開始工業化時，最先
發展的是紡織工業。要創辦一家紡織工廠，所需資源（資金、人
力、技術等）有限，企業家個人也能辦到，無需借助政府的力量。
但是當德國在19世紀後期開始實行工業化時，鋼鐵工業已成為當
時世界工業的主要基礎。由於鋼鐵生產需要的巨額資金，眾多的
勞動力以及愈益精深的科學技術知識很難由個人獨立完成，中央

政府和財政機構（如銀行）不能不積極參與其中。私人資本引導的早期工業化國家和國家資本引導的晚期工業化之間的差別對各國工業現代化的方式具有持久的影響。例如，在鐵路建築方面，雖然它也是一項耗資巨大的工程，但在英國，資本家因爲以前在私人工業投資中已積累了巨額利潤資本，因此有能力獨立承辦。而在德國，私人資本相對有限，只能依靠國家的力量。

其次，早期工業化國家在貿易和軍事領域比起晚期工業化國家享有明顯的競爭優勢。爲了與前者的經濟優勢競爭，並應付其可能的軍事威脅，後者需要以中央政府的力量迅速、有效地集中動員全國資源加速工業化進程。

格謝克倫的研究證明，在世界工業化進程中的後進者，在國際競爭於己不利的形勢下，有必要、也只能夠靠國家的強大力量以及中央政府的決心加以集中引導，才能在工業化進程中趕超先進。沙皇俄國、二次大戰前的德國、日本都是後進工業國，國家的力量十分強大，而且都是專制或半專制政體（威瑪共和國是個例外，且爲期不長）。然而，國家力量的強有力並不一定就非是獨裁政體不可。例如，當代法國和日本都毫無疑問地屬於西方民主國家，但是這兩個國家的國力都要比英、美等國強大得多。這裡，國家力量的所謂強大，並不是對外而是對內而言，即指中央政府對於本國的社會、經濟活動有較大的、獨立的影響力，有能力發揮較大的作用。而這種影響力和作用完全可以像在當代法國和日本一樣通過民主的程序來行使，不一定非得用專制、鎮壓等手段。歷史經驗證明，凡屬集權政治的國家，其國家的力量一定比較強大；然而國力強大的國家雖然傾向於並且大多數確實是集體政治國家，却並不必然如此。

國家力量的強弱與經濟現代化的方式之間互爲因果的關係，

是西方當代政治經濟學、政治學研究中一個重大的理論問題。將這個問題引伸開來，就是我們現在討論的獨裁與發展之間的關係。目前，國內外理論界的有關爭論主要集中在兩種相互對立的意見上。

第一種意見認為，集權政治、權威獨裁是發展中國家發展經濟的必經之路。其主要理由是：

1. 從商品經濟的角度上看，一個國家或地區的經濟發展水平只有達到一定的高度，真正的民主政治才有可能實現。這也就是，政治民主化的程度歸根結底是受商品經濟的發展程度制約的。「無論是東方還是西方的現代化，都是在占人口絕大多數勞動人民毫無民主可言的半專制制度下實現的」。真正現代意義上的民主是現代化的結果，而不是現代化的動力。持這種觀點的學者常舉的幾個例子包括亞洲「四小龍」和其他一些發展中國家。他們認為，以獨裁專制為指導思想、實行政治強人領導的「四小龍」，在國民經濟建設方面取得了舉世矚目的長足進步，而同時追求民主和經濟發展的拉美國家和其他亞非國家，不僅在經濟上沒有達到預定目標，反而飽受「民主」之苦。菲律賓獨立之後是由美國移植來民主制的國家。但馬可仕以民主的手段奪取了權力，却依賴獨裁統治搜括民脂民膏，實行經濟壟斷和政治獨裁，直接破壞了經濟發展和民主制度。如果不是因為暗殺艾奎諾激起憤怒，馬可仕後來仍有可能坐在他的獨裁金椅上。菲律賓的例子表明，沒有一定經濟基礎和文化基礎的民主制是相當脆弱的。

2. 鑑於經濟現代化進程的階段性和漸進性，一個發展中國家

經濟上的飛躍是以傳統政治專制爲最初起點的。有人更加具體地說明，所謂人人稱讚的民主，實際上與經濟現代化並無多少直接聯繫，它不是實現現代化的必不可少的條件。以此推理，主張新權威主義的人把社會發展分爲傳統的專制權威階段、新權威主義保護下的個人自由發展階段以及自由與民主結合的階段。他們強調社會發展的漸進性，認爲不能從傳統權威階段一步跨入自由民主階段。要依靠新的權威來消除舊的權威造成的社會結構。

3. 民主不一定能夠維持有利於經濟發展的政治穩定。因此，對於一個希望在經濟上有所建樹的發展中國家，「仁慈而又明智的專政比任何民主制都要好得多」。這種觀點再三重申：發展中國家的社會動盪與經濟發展有十分密切的聯繫。當人們整天爲糊口奔忙的時候，社會可以在沉寂中保持平衡；一旦到了溫飽階段，社會衝突也就會隨之上升。所以，在溫飽問題沒有解決時，人們的需求是低層次的，慾望是單一的，比較容易滿足。溫飽問題解決之後，人們的需求則變得多樣化，普遍呈現「期望上升」，如「超前消費」等等，常常引起工潮和學潮。60年代，實行民主制的幾個拉美國家出現經濟起飛，造成消費早熟，不少家庭追求時髦，酒要飲蘇格蘭威士忌，化妝品要用法國香水，一切消費品都要與歐美發達國家攀比，在這種情況下，政府從國外進口了大量的高消費品。1980年到1982年，拉美國家消費基金平均占國民生產總值的79%。高消費要求高工資，高工資又造成惡性的輪番通貨膨脹，1980年拉美國家消費品價格平均上漲率是55.2%，1984年爲144.9%，85年爲164%，造成本債總額達3820多億美元，由此帶來的社

會動盪被稱之爲「從溫飽到小康轉軌的社會不穩定時期」。

亞洲「四小龍」與拉美情況截然不同，在政治強人的統領下實行強權政治，如台灣、韓國都嚴厲控制進口消費品，抑制人們的需求慾望──包括物質慾望和政治慾望，使經濟發展和政治發展按政府計劃逐步實現。

第二種意見認爲，獨裁專制是阻礙發展中國家現代化進程最主要的絆腳石；民主才是經濟現代化的前提條件。持這種觀點的人的具體理由如下：

1. 獨裁專制違背人類歷史的發展潮流，在發展中國家更是有百害而無一利。與獨裁對立，政治民主與現代化是發展中國家應當同時實現的兩個最主要的社會變革目標。民主的程度雖然歸根結底受商品經濟發展制約，但民主政治對經濟發展水平的要求有很大的彈性。任何一個國家都不能以社會經濟文化條件不充分爲藉口而把民主建設推向遙遠的未來。

2. 把西方和「東亞四小龍」經濟上取得成功的經驗說成是權威獨裁的結果是錯誤的。這些國家並不是先現代化而後民主化。英國、美國、法國等典型的現代化國家的發展歷程表明，沒有反封建的民主革命，就沒有工業革命；沒有政治民主化，就沒有經濟和科學技術現代化。同樣，「東亞四小龍」的經濟起飛也是在自由市場經濟、議會制、法治以及西方民主政治的壓力和干預下完成的。這些國家和地區都有相對民主的政治環境和相當民主的經濟環境。

3. 在到底是獨裁還是民主對現代化建設起更大促進作用的問

題上，答案顯然是偏向後者的。商品經濟的充分發展離不開民主政治建設，民主化是發展商品經濟最重要的條件和保證。這主要體現：民主是一種人的解放，是對普通人的價值和權利的尊重。民主導致真正公平的競爭和普遍有效的刺激。決策民主化和科學化是商品經濟發展的重要條件。

4. 就維護社會政局穩定而言，只有民主政體才是避免社會動盪的最佳政治形式。只有發展民主才能擴大政治參與，使社會生活中的矛盾及時得到解決，不至釀成深遠的動亂，同時減少政治不穩定對現代化建設的衝擊。與此相反，獨裁政治只能造成人們對統治者的怨恨和對經濟建設的破壞。要說經濟發展中需要權威，那麼這種權威也應當建立在民主和法制的基礎之上。❺❸

關於上述兩種對立觀點的爭論，理論界仍是烽烟彌漫，塵埃尚未落定。至少在目前階段，還不能對任何一種觀點作出完全肯定或完全否定的判斷。但是，有一點值得注意，即發展中國家在發展道路上只能以同時實現經濟現代化和政治發展為目標，力爭實現一種民族進步史上的「上升螺旋」。

注釋：

❶參見比較政治學者艾文‧霍洛維茲（Irving Horowitz）在亞洲巡迴演講所做的〈第三世界的軍事主義〉一文，張佩珍譯。

❷宦鄉主編：《當代世界政治經濟基本問題》，世界知識出版社，1989年版，第259－260頁。

❸Migdal,Joel. *Strong Societies and Weak States,* Princeton: Princeton University Press, 1988, Prologue, and Chapter 1.

❹Apter, David E. *Choice and the Politics of Allocation,* New Haven, Conn.:Yale University Press, 1971; *Introduction to Political Analysis,* Cambridge, Mass.:Winthop Publishers, 1977; *Political Change:Collected Essays,* London: Frank Cass, 1973; *The Politics of Modernization,* Chicago: University of Chicago Press, 1965.

❺Quated from Charles F. Andrain, *Political Change in Third World,* Boston, Unwin Hyman Ltd., 1988, p. 9.

❻Ibid., p. 15－49.

❼*West Africa,* London, Jan. 1985.

❽Jackson, Robert H. and Carl G. Roseberg. *Personal Rule in Black Africa,* Berkeley, University of California Press, 1982, p. I.

❾*Africa Contemporary Record 1970－71,* p. B235.

❿Kalck, *Central Africa Republic: A Failure in Decolonization,* New York:Praeger Publishers, 1970, p. 177.

⓫*West Africa,* Sept. 1, 1977.

⑫Africa Research Bulletin, *Political Series,* Sept. 1979.

⑬Acheampong, Opoku, "Corruption :A Basis for Security?" *West Africa 3053,* 5, Jan. 1976, p. 5.

⑭Quoted From Samuel Decalo, *Psychoses of Power:African Personal Dictatorships,* Westview Press, 1989, p. 51.

⑮史地盛：〈政變後的泰國〉，《知識分子》，1992年冬季號，第59頁。

⑯參見彭泓澤〈智利民主政治的前景〉一文，載《知識分子》，1990年秋季號，第60－63頁。

⑰鄭敦仁、漢高德：〈民主轉變之中的台灣〉，載《知識分子》，1991年春季號，第6頁；萬明：〈台灣與南韓的經濟奇蹟〉，《知識分子》，1991年夏季號，第9－12頁。

⑱托馬斯·G·帕特森等著，李慶餘譯，《美國外交政策》，下冊，中國社會科學出版社，1989年版，第825－826頁。

⑲Efraim Karsh and Inari Rauts. *Saddam Hussein:A Political Biography,* the Free Press, N.Y.: 1991.

⑳Ibid., p. 195.

㉑托馬斯·G·帕特森等著，李慶餘譯，《美國外交政策》，下冊，中國社會科學出版社，1989年版，第899頁。

㉒*The New York Times,* Nov. 4, 1985.

㉓*The New York Times,* April 20, 1986.

㉔Ibid.

㉕*The New Yorker,* No. 62, May 26, 1986, p. 97.

㉖Harris, Lillian C. Libya: *Qadhafi's Revolution and the Modern State,* Westview Press, Boulder, Colo.:1986, p. 49－51.8

㉗《馬克思恩格斯選集》第2卷，第55頁。

㉘《列寧全集》，第23卷，第93頁。

㉙Huntington, Samuel P. *Political Order in Changing Societies.* New Haven, Yale University Press, 1968.

㉚Ibid., p. 146.

㉛Ibid., p. 248.

㉜Porter, Charles O. and Robert J. Alexander. *The Struggle for Democracy in LatinAmerica.* New York:1961, p. 46; and Guy J. Pauker, "Southeast Asia as a Problem Area in the Next Decade", in *World Polities,* Vol., XI., No. 3, July 1959, pp. 325.

㉝參見艾文・霍洛維茲 (Irving Horowitz)：〈第三世界的軍事主義〉一文，張佩珍譯，載《知識分子》，1984年10月號，第42頁。

㉞Abrahamsson, Bengt. *Military Professionalization and Political Power.* Sage Publications, Beverly Hills, CA.: 1972., p. 39.

㉟Gils, Van M. *The Perceived Role of the Military.* Rotterdam University Press, 1971, p. 258.

㊱Janowitz, Morris, ed., *Civil- Military Relations:Regional Perspectives.* Sage Publication, Beverly Hills, CA.: 1981, p. 58.

㊲Pye, Lucian W. *Aspects of Political Development.* Boston: Little Brown & Co., 1966, pp. 62−67.

㊳引自張文蔚：〈新興國家之建國問題〉，載《政治學報》，民國59年12月，第95頁。

❸❾參見江炳倫：〈政治革新與政治現代化〉，《中華文化復興論叢》（第四集），台灣：中華文化復興運動推行委員會編印，中華民國67年，第545－547頁。

❹⓪Parsons, Talcott. *The Social System, Glencoe,* III.:The Free Press, 1951, pp. 58－67.

❹❶Lerner, Daniel *The Passing of Traditional Society, Modernizing the Middle East.* III.:The Free Press, 1958, pp. 74－75.

❹❷Almond, Gabriel A. "Comparative Political Systems," *Journal of Politics,* Vol. 8, Aug. 1956, p. 396,

❹❸Huntington, Samuel P. "The Change to Change:Modernization, Development, and Polities" *in Comparative Politics,* Vol., 3, Apr. 1971, pp. 283－323.

❹❹Ibid.

❹❺Huntington, Samuel P. "The Goals of Development," in Myron Weiner, and Samuel Huntington: *Understanding Political Developments,* Little, Brown and Company, pp, 3－33.

❹❻參見杭廷頓、奧蒙等人的有關論述；參見拙作：《新人權論》第3、8章中關於發展權問題以及政治穩定與政治發展問題的論述；參見江炳倫：《政治學論叢》，台灣：政大政治研究所，1973年，第30－32頁；陳新權：〈現代化中的政治：民主與權威〉，《新華文摘》，1988年第4期，第14頁，等等。

❹❼J. Galtung, *Development, Human Rights and the Rule of Law,* 1981; Also, E.F. Schumacher, *Small is Beautiful,* 1973.

㊽Huntington, Samuel P. *No Easy Choice:Political Participation in Developing Countries,* Cambridge:Harvard University Press, 1976.

㊾Hewlett, Sylvia Ann. *The Cruel Dilemmas of Development:Twentieth-Century Brazil,* New York: Basic Books, 1980.

㊿陳新權：〈現代化中的政治：民主與權威〉，《新華文摘》，1988年第4期，第14頁。

51參見耶魯大學政治系博士研究生陳安的文章〈關於集權政治與經濟發展的若干理論問題〉。

52以下關於格謝克倫著作中的主要觀點的引述，均參考陳安論文。

53任言理：〈關於民主問題的不同點〉，載《求是》雜誌，1989年第10期，第42－43頁。

樂觀的前瞻：民主科學的現代化

　　我們已對獨裁政治洋洋灑灑地作了整整 5 章的分析。行文至此，仍然不能擱筆。如果不把民主科學的現代化問題細說一番，終究還有缺失。本章將對此作出分析，庶幾以求塑成獨裁政治學體系的大致輪廓。

民主權力之思辨

「挽弓當挽強……擒賊先擒王。」要廓清民主科學的現代化問題，必須對民主權力進行認眞的比較、分析。本節將從民主概念與模式入手，漸次展開論述，最後展望未來的民主政治，以期對民主政治現代化問題作出完整的結論。

民主概念與模式

要比較獨裁政治與民主政治的區別，首先要弄清民主的基本概念。可以說，民主的基本概念旣是我們對實際民主政治的了解和進行評判的基礎，也是我們比較民主與獨裁兩種政治體制孰優孰劣的出發點。

在中國，人們過去習於將「民主」（democracy）一詞音譯爲「德謨克拉西」。其實「民主」這個詞源於希臘文demoratia。在希臘文中，它是由（demos）和（kratos）兩個字合成的。（demos）是「人民」和「地區」的意思，（kratos）是「權力」和「統治」的意思。從希臘文的原義上看「民主」就是指「人民的權力」，或者說「民主」是指「由人民直接地或通過分區選出的代表來治理、統治」。❶這就是關於民主的一般流行定義。

從民主的最初起源來看，古代希臘的雅典民主制是奴隸占有制民主制的典範。古希臘、羅馬不僅是歐洲文化的搖籃，更是民主觀念的搖籃。

公元前500－449年的希波戰爭，以雅典得勝而告終。戰後，

雅典發展成爲全希臘的中心，奴隸主民主制走向繁榮。在希臘最偉大的英雄培里克利斯（Pericles）當政時期（前495－429），自梭倫、克里斯蒂尼以來就不斷發展的雅典奴隸主民主制得到了進一步的發揚光大，達到了最高峰。前430年冬，培里克利斯在哀悼伯羅奔尼撒戰爭中陣亡的雅典將士的葬禮上發表演說，對民主政體的基本原則作了明確的闡述。他說：「我們的政體叫做民主，因爲不是在少數人手中，而是在多數人手中。」❷

政權在多數人手中的政體（或政府）叫作民主，這是民主的語源。與此對應，培里克利斯指出民主政治的三條基本原則是：

1. 「自由」。雅典的政治生活是自由而公開的。雅典人自己決定自己的政策。
2. 「法制」。培里克利斯要求人人都遵守法律，因爲法律使人心服。
3. 「平等」。這就是說，「法律對所有的人都同樣地公正」，每個人在法律面前都是平等的，任何人只要能對國家有所貢獻，絕不會因爲貧窮而在政治上默默無聞。❸

培里克利斯關於民主的見解和他提出的民主原則對後來西方政治思想和民主實踐的發展都具有極其深遠的歷史意義。但是雅典並沒有像一般人想像的那樣，在那兒從沒有過尊重人權的民主，也從沒有過普遍的民主。從總體上說，雅典的民主仍然是一種奴隸主民主政治形式。連蘇格拉底（前469－399年）這樣的聖哲也因其闡述道德學說、主張賢人治國而被囚入牢房，最後被無辜處死。其餘兩個享有盛名的大思想家——蘇格拉底的弟子柏拉圖（前428－347年）和柏拉圖的弟子亞里斯多德（前384－289年）也多次受到生命威脅和迫害，柏拉圖及時逃脫才死裡逃生，

亡命埃及、波斯以及南義大利等地；亞里斯多德於前323年在朋友協助下逃出雅典，第二年便在流亡中離開人世。雅典民主的缺陷還體現在另外一個事實上，即就連雅典在盛世之時，奴隸主統治階級也沒有允許社會賢達擁有言論自由的權利，沒有給過婦女和兒童平等自由的待遇，就更不要提處於悲慘地位的奴隸了。

從雅典民主實踐中的不足之處看，我們單從字面上把民主定義爲「人民進行統治」是遠遠不夠的。仔細分析，「人民進行統治」這個簡單判斷裡包含著許多非常複雜的內涵。

就「人民」來說，我們至少可以提出以下幾個問題：

1. 什麼人可以被稱爲「人民」？社會全體成員還是某一部分成員？
2. 「人民」是否生來就被賦予參與政治的義務？參與什麼？
3. 「人民」在什麼條件下才能參與政治？採取何種形式？是平等地直接參與還是推舉代表進行間接參與？參與和不參與的成本代價各是什麼？平等地直接參與和間接地代議制參與又有什麼區別？

就「統治」來說，我們應當回答：

1. 人民進行「統治」的具體對象是什麼？「統治」活動在多大範圍內展開？
2. 「統治」是否只是意味著進行政治活動？法律也是在人民的「統治」下由人民自己制訂的嗎？人民進行「統治」是否承認隱私權？

就「進行統治」的「進行」來說，這實際上涉及統治的具體方式問題：

1. 人民「進行」管理，是否也有服從管理的義務？
2. 沒有參與政治的那一部分人民又扮演什麼角色？
3. 在何時、何種情況下，人民可以採取非民主的手段達到民主的目的？❹

順藤摸瓜地深加思索，無疑，就民主的概念而言，至少應當承認以下兩點：

首先，民主是一種肯定個人價值觀念的思想體系。這種思想體系包含幾項非常重要的基本原則，即：

1. 平等自由的原則：民主是一種主權屬於人民的政體，民主權力的分配必須體現平等原則。應用到競爭性的選舉制度上，就是一人一票的原則。當然，世界上沒有絕對的平等和絕對的自由，過分強調個人自由，必然會帶來個人私慾的高度發展，造成人剝削人的私慾橫流，即使程序上符合民主的要求，實質上卻違背了民主的本意——人民並沒有平等的主權；過分強調平等，則必然造成專制政體，剝奪人民自由選擇的權利，這也同樣不是民主的本意。

2. 少數服從多數原則：這條原則的前提條件與重要基礎是多數人不能利用這條原則剝奪少數人的權利。

3. 程序原則：廣義的民主是一種按照「少數服從多數原則」作出決定和修改決定的過程。在實行少數服從多數原則或任何其他決定性原則時，不論是多數還是少數，都不能用程序以外的手段強制執行自己的選擇，這就保證了在民主機制下修正錯誤的可能性。

肯定民主是一種思想體系，實際上也就肯定了一種更大範圍

內的公民文化。在這種民主文化的背景下，人民懂得如何尊重他人的權利，平等相待，尊重民主程序，積極參與社會政治、經濟和文化活動。

其次，民主是一種程序或體制。

1. 這種體制在政治上的延伸就是我們常講的民主政體。「民主」概念的基本涵義是「人民的權力」、「人民進行統治、治理」，但是「主權在民」首先需要一種政治制度來保障。例如，社會主義民主是社會主義國家的根本政治制度，無產階級和勞動人民在共同享有對生產資料的所有權和支配權的基礎上，享有管理國家的最高權力。

2. 這種體制在經濟上的延伸就是與市場經濟相關的經濟平等和交易自由。

3. 這種體制在社會領域的延伸就是人民取得政治民主和經濟民主所需要的社會條件，例如，教育機會平等、言論自由、出版自由、就業機會均等和就業自由等等。

民主在經濟、社會和文化領域的延伸不見得是一種國家形態。同樣，對經濟、社會和文化的管理也不一定屬於一種非國家形態的民主；辯證關係對我們理解民主的正確涵義是十分重要的。

人類在近幾個世紀來談得最多的一個政治概念就是民主。但是對於民主的定義，我們迄今仍可在社會主義國家和資本主義國家聽到截然不同的解釋。

馬克思主義經典作家總是將政治民主與經濟民主相提並論。按馬克思主義的解釋，政治民主的前提條件乃是建立在生產資料公有制和階級消滅基礎之上的經濟民主，真正的政治民主必須以經濟平等為前提。

　　根據馬克思主義關於經濟基礎決定上層建築的理論，所謂西方民主的「虛偽性」主要是指：西方民主是建立在資本主義生產資料私有制和經濟剝削基礎之上的政治制度，這種經濟上的不平等和不民主必然會導致政治上的不平等和不民主。現代西方民主國家確實已給予每個成年人平等的選舉權和被選舉權；財產、地位、種族、教育、性別、出身等的限制已基本取消；競選政治職務的機會在名義上對每個公民來說也都是平等的。然而，在實際競選中，除了有吸引力的政治綱領和良好的個人表現記錄以外，競選人可調動的各種競選資源，如：金錢、地位、聲望、社會支持和聯繫、大眾傳播媒介、傳統觀念、知識技能、時間、人力等等，對於競選的勝負有極大的影響。在這方面，資產階級要比無產階級享有明顯的優勢。因此，競選政治職務取勝的機會對於每個公民來說就是不平等的，資產階級的經濟優勢保證了資產階級的政治優勢。

　　與馬克思主義形成反襯的是西方現代政治學家，他們並不注重政體性質問題。西方一大批自由主義學者曾受馬克思主義影響，一再強調西方民主的嚴重缺陷在於經濟不民主，社會不公正，資產階級占據政治優勢地位。例如，美國政治學家密爾（Mills）、戴伊（Dye）、帕蘭蒂（Parenti）等也使用過政治——經濟分析方法，揭露了美國「少數人的民主」的事實。❺他們的分析得出的觀點與馬克思主義大致相同，即西方民主實質上是少數有錢人的民主，是資產階級的民主。而羅伯特·達爾和查爾斯·林德布魯姆也認為，當代民主國家因為財富和收入的分配不公而愧於民主國家的稱號，只能算是「多元政體」。他們一再指出：在當代資本主義民主國家裡，金錢在政治上是萬能的；收入的差別造成一般公民和掌權精英之間的矛盾對立，這使政治權

力的眞正平等是不可能的。

應當承認，民主眞正被視作一種國家政權的組織形式，是從近代資產階級革命時期開始的。這其中最主要的原因有兩個：

㈠在封建制度下，不論是採取君主制還是共和制，封建社會政治形式最突出的特點就是權力的集中和壟斷。與此相應，封建制的民主就是封建制經濟基礎的上層建築，其中心內容是維護封建土地所有制，確認農民對封建主的依附關係。這裡又分爲兩種不同的情況：

1. 當國家實行君主制時，政權歸一人掌握，君主的意志便是國家的法律，法學家不過是爲君主「制訂了空前卑鄙的國家法」的御用文人。不僅人民沒有任何權力，連統治階級內部也無民主可言。

2. 當國家實行封建共和制時，例如，歐洲中世紀出現過的某些共和國，其政權同樣集中在一小部分名門顯貴手中，封建等級制度和特權不但沒有被消除，還得到公開的維護。所謂「刑不上大夫」、「只許州官放火，不許百姓點燈」的不平等現象比比皆是。

㈡封建時代往往是宗教迷信盛行的時代，這也造成封建時代無眞正的民主可言。

在西方，人們常常被宗教所迷惑，相信服從上帝的意志就是人類的最高信仰。上帝是統治宇宙萬物的主宰，君主則是世俗國家的統治者。在這種君權和神權相互交錯、彼此矛盾鬥爭的條件下，被統治階級享受不到任何平等自由。

資產階級民主制始於英國1688年「光榮革命」，也有人認爲16世紀尼德蘭資產階級革命成立的「聯省共和國」標誌著資產階

級民主制的開始。其實，在「光榮革命」以前的封建社會內部，資產階級民主思想就已經開始逐漸蘊育和不斷發展。例如，在16世紀宗教改革運動中，法國產生了以法蘭西斯科‧浩特曼（1524－1590年）、莫耐（筆名朱理‧布魯塔，1549－1623年）、艾提安‧德‧拉‧鮑埃西（1530－1563年）為代表人物的「反暴君派」。他們出版的《法蘭克──高盧》、《反暴君論》以及《自願的奴隸制》等論著，強烈譴責專制制度的危害，積極主張人民有權反抗暴君統治，強調自由平等思想。他們與專制主義的鬥爭為資產階級革命提供了思想材料。

從1688年至今，資產階級民主理論隨著資本主義社會的發展而不斷演化，到現在，已經是流派林立，各種觀點多如過江之鯽，不可勝數。要想理清這些理論的來龍去脈是一件艱巨複雜的工程，需要付出大量的時間和精力。從總體上看，我們認為，資產階級民主理論大體上可分為兩類：規範的與經驗的。規範的民主理論又稱為傳統的或古典的民主理論，是指洛克、盧梭、孟德斯鳩、托克威爾、密爾等思想家對於民主政治的觀點和主張；經驗的民主理論是20世紀的產物，其主要的理論家有熊彼特、達爾、薩托里等人。

在攻讀古往今來汗牛充棟的民主問題研究的論著過程中，筆者十分欣賞兩位美國當代政治學者總結的民主理論。現在把他們的觀點加以歸納和對比，介紹給我國讀者，以加深對西方民主及其歷史演變的理解。

大維‧赫爾德（David Held）在他1987年出版的《民主的模式》一書中，按照時間順序，把人類歷史上出現的民主形式分成九大類，即九種主要模式。

其概括如下：❻

經典民主模式　判斷這種民主模式的標準是：公民應當享有政治平等，目的是爲了自由的統治和避免被統治。

這種民主模式的主要特徵是：公民直接參與立法和司法活動；公民大會具有至高無上的權力；通過多種方法挑選擔任公職的候選人（如：直接選舉、抽籤、輪流制）；普通公民與公共行政官員之間的區別不大；除了與福利有關的職位以外，同一職務可以由同一個人擔任兩次；所有職務都有期限，一般任期較短；提供公共服務可以得到報酬。

形成這種民主的一般條件：小的城邦國家；奴隸制經濟爲公民創造了自由從事民主活動的時間；婦女承擔家務，男人專事公務；具有公民資格的人占人口中的極少數。

保護民主模式　判斷這種民主模式的標準是：公民需要統治者的保護，以保證統治者的統治能代表全體公民的利益。

這種民主模式的主要特徵是：主權最終是由人民來決定的，但主權大多由人民代表在發揮國家功能時合法地行使；定期選舉、秘密投票、不同派別之間的競爭等活動都是爲了保證統治者不濫用職權的必要機制；國家的權力不是私人的權力，一般來說，這種權力被法律分爲行政、立法、司法等幾種；國家憲法保證人民在法律面前一律平等，人民享有基本人權，如思想表達自由、結社自由、選舉自由等等；國家與公民社會分開，政府活動的目的是爲了保證人民更好地追求個人自由，國家對公民生活不進行過多的政治干涉；權力中心與利益集團相互競爭。

形成這種民主的一般條件：公民社會政治自立的逐步發展；生產資料私有制；競爭性的市場機制；父系家庭；國家疆土的不斷擴大。

　　發展民主的激進模式　判斷這種民主模式的標準是：公民在政治和經濟上一律平等，每人都能享受集體發展中的絕對自由。

　　這種民主模式的主要特徵是：立法和行政的分立；公民直接參與立法活動；在公共事務決策方面一旦出現分歧，採用投票辦法按多數人的意志行事；行政權力掌握在「管理者」或地方行政官手中；行政官員的任命是通過直接選舉或抽籤決定的。

　　形成這種民主的一般條件：小的非工業化社會；財產權決定公民權；婦女承擔家務。

　　馬克思主義直接民主模式　判斷這種民主模式的標準是：人類的自由發展是由每個人的自由發展決定的；只有徹底消滅私有制和剝削、消滅社會不平等，人類才能獲得真正的政治與經濟的平等；平等是「按勞分配」和「按需分配」的必要條件。這種民主模式的主要特徵是：

　　在社會主義條件下，公共事務是由金字塔式的權力機構決定的；政府官員、法律人員應當參與經常性的選舉；公職人員的福利不可與一般工人有太大差別；人民民兵在必要時可以成為維護政治秩序的力量。

　　在共產主義條件下，人民覺悟極大提高，「政府」與「政治」全靠人民高度自治；人民集體管理公共事務；所有問題的解決都要建立在共識基礎上；行政事務的分配是通過輪流制度或選舉制度完成的。形成這種民主的一般條件是：

　　在社會主義條件下，工人階級團結一致，徹底消滅階級特權和階級。在共產主義條件下，私有制、階級和階級鬥爭、市場交換和貨幣全部消亡。

　　競爭性精英民主模式　判斷此模式的標準是：政治領導權限制在一小部分具有從政經驗和創新能力的政治精英範圍之內。

這種民主模式的主要特徵是：議會制政府，行政部門權力不斷擴大；政治精英與有關政黨之間是一種競爭關係；政黨政治操縱議會；政治領導階層相對團結；具有一個精明強幹的官僚階層；政治決策範圍受到憲法的限制。

形成這種民主的一般條件：工業社會；社會與政治衝突毫無規律；一種容忍異己的政治文化；新技術官僚階層的出現；國際體系中充滿國與國之間的競爭。

多元民主模式　判斷這種民主模式的標準是：任何一個集團在國家權力競爭中都不大可能取得絕對優勢。

這種民主模式的主要特徵是：公民權利，包括：一人一票制、表現自由、結社自由；國家各權力機關之間實行有效的相互監督、相互制衡；兩黨或多黨競爭。形成這種民主的一般條件：

在經典多元民主條件下，不同的利益集團共同分享權力；政治程序、政策合法性問題受到重視；強調政治穩定。

在現代多元民主條件下，不同的利益集團爭奪權力；政治經濟權力分配限制了政治選擇的多樣性；公民參與政治程度不一。

法制民主模式　判斷這種民主模式的標準是：多數人統治原則是保障個人權力和自由的有效途徑，社會講求法制。

這種民主模式的主要特徵是：憲政國家，分權制度；法制；國家對公民社會的干涉減少到最低程度。

形成這種民主的一般條件：以自由原則為指導的有效政治領導；官僚主義和利益集團的行動都受到極大限制。

參與民主模式　判斷這種民主模式的標準是：參與社會賦予每個公民以自我發展、自我實現的機會。

這種民主模式的主要特徵是：公民在社會主要組織中直接參與國家政治決策；政黨體系直接對政黨成員負責；參與政黨在議

會中起非常重要的作用；政治體系是開放的。

形成這種民主的一般條件：按不同社會集團的利益重新分配物質財富；把國家公共生活中的官僚權力降低到最低水平；信息公開，以保證人民知情；婦女參與權擴大。

民主自治式的民主模式　判斷這種民主模式的標準是：在不損害他人利益的前提下，人民享有決定自己事務的眞正平等和自由。

這種民主模式的主要特徵是：

就國家而言，人民自治在憲法或人民權利法案中有所表達；健康的權力制衡系統（包括立法、行政和司法）；競爭性的政黨制度；中央政府和地方政府之間能夠保持一種適當的、合作性質的上下級關係。

就公民社會而言，公民社會不斷朝著利益多元化的方向發展；社區服務發達；私有企業同樣可以促進整個社會的革新。

形成這種民主的一般條件：社會信息化水平發達；責任政府；憲法體現未來發展的精神。❼

民主模式是赫爾德心目中的理想民主模式。　赫爾德的《民主的模式》出版於1987年。在此以前，另一位美國學者本杰明・巴伯也對民主分類問題作了探索性的努力。巴伯的研究成果最後反映在1984年付梓的《強健民主：新時代的參與政治》一書中。

巴伯從個人與國家之間的關係角度出發，把西方社會的政治狀況比喻成一個奉行「適者生存」原則的動物園，而公民社會則類似一片布滿荆棘、四處隱藏危機的原始叢林，人與人之間就在這裡展開殘酷的搏鬥廝殺，每個人都爲自己的所謂安全和幸福而絞盡腦汁地算計著如何消滅自己的對手，如何取得最大的權力。作者用生動形象的語言，描繪了一幅人類文明的悲劇：在淋漓鮮

血四處可見的政治動物園中，人們被自己本身無休無止的慾望、本能所驅使，陷入了一種不可超脫的混沌狀態之中。「人人自私、每個人都不停地追求權力」、「人與人之間永遠存在矛盾衝突、自然的人無法在同一時間內占據同一空間」永遠是千古不變的牛頓政治定律，是指導人們行動的「北極星」。❽

在巴伯看來，出於生存競爭中的人類在歷史上追求過幾種不同的民主理想，其優劣情況反映在下面這張表中：

民主政體之標準類型

政體形式	政治方法	價值觀	體制傾向性	公民態度	政府態度	隱性問題
代議制						
集權民主	權威(權力／智慧)	秩序	行政	恭敬馴服團結一致	中央集權積極	權力中心貴族式的施捨
司法民主	司法(審判／調節)	權利	司法	恭敬但不團結	有限集權	更高一級的法律
多元民主	協商(妥協／談判)	自由	立法	積極但不團結	放權積極	市場機制
直接民主						
單一民主	共識	團結	象徵性的	積極的團結	集權積極	個人利益
強健民主	參與	活力	人民當權	積極的集中	適度集權	

在上述民主理想中，除了最後一種民主形式——強健民主以外，其他民主形式都有極大的缺陷。具體說來，這些弊病主要表

現在三個方面：

1. 它造成了全社會中的唯我獨尊、個人至上的價值觀。每個人都可以聲稱他享有隱私、自由、不可剝奪的權利，但每個人又都毫不顧及他人的權利。

2. 它造成了人們在現實生活中不擇手段地追求權力。整個社會處於一種無序狀態之中，人與人之間不得不作爾虞我詐和相互傾軋的爭奪。

3. 它造成了政治精神的空虛。表面上看，西方民主似乎要提倡寬容、多元化發展、政治分權，實際上，它根本無法解決西方社會的基本矛盾。對各種利益衝突，西方民主不僅視而不見，拿不出具體辦法，反而以種種空泛的原則來超脫現實。這樣，西方民主政治既不是保證良性權力競爭的有效機制，也不是促進市場經濟發展的強大動力，它反而變得有點不倫不類，好像國際關係中的一大堆原則，被人們彬彬有禮地運用著，但却無法眞正達到一種互不侵犯、共同進步的遠大目標。❾

上面我們概括性地介紹了目前西方民主理論研究中較具特色的兩部入門專著的基本觀點。事實上，赫爾德、巴伯、甚至連研究民主理論的大家羅伯特A•達爾這樣的學者，❿都注意到西方民主的種種不足，正在想方設法地在理論上設計著種種修正方案，並不斷有新的研究成果問世。他們的努力，從另一個角度說明，西方歷史上出現過的自由民主絕非完整無瑕的政治理想，相反，它只在名義上保護個人權利，但對公共正義漠不關心；它旨在擴大個人自由，最高境界是爲了實現一種人們彼此之間處於一種「安全的互不往來」狀態，而不是人們之間眞摯友好的合作。

民主精英論

在簡述了民主的概念和一般模式後，我們下一步的工作必須考慮民主中的權力分配問題。

義大利政治學家莫斯卡(Gaetano Mosca，1858－1941)曾經有過一段名言，聲稱人類社會從一開始就存在著兩個階級，他說：

「在一切政治有機體中，（我們）都可以看到一些永恆不變的事實和趨勢。其中一個十分清楚，連最不留意的人也看得見：在所有社會中——從最低度發展、剛剛才進入文明到最進步最強大的——人類總會有兩個階級存在，一個是統治階級，一個是被統治階級。第一個階級的人永遠是少數，他們行使所有政治功能，壟斷權力和享受權力帶來的好處；第二個階級的人數較多，他們受第一階級所指揮和控制。第一個階級的統治方式有時多少是合法的，有時多少是專制和殘暴的。第二個階級至少在表面上還向第一個階級提供維持政治有機體生存的物質資料以及對政治有機體的生命力所不可少的工具。」⓫

莫斯卡在他著名的《統治階級》一書中還斷言：

「人類文明的全部歷史也就是權力爭奪的鬥爭史。一部分人占有權力，企圖壟斷權力，並把權力當作遺產一樣傳給後人，另一部分人在社會中扮演著挑戰者的角色，極力爭奪權力。兩種力量之間的不斷衝突、較量實際上也就是統治階級和被統治階級之間的鬥爭。一旦原來的統治階級無法應付紛繁複雜的形勢，他們手中的權力就會一點點喪失」。⓬

在西方政治學界，莫斯卡一直是研究民主精英論的學者喜歡研究的人物。除他以外，另一位義大利經濟學家兼社會學家巴列圖（Velfredo Pareto）的精英理論也持大致相同的觀點。巴列

圖本人是堅定的理性主義者，但與佛洛伊德一樣，他也以觀察別人的非理性見長。在他看來，人除表現出一定的理性行為以外，還有一些非理性的、常屬於潛意識範圍內的本能與情感——被他稱之為「殘餘」的東西——影響人類的行為。統治階級不可能消除這些「殘餘」，即不可能消滅人類的本能和情感，所以他們要以馬基維利式的手段，謀求統治精英分子的利益。巴列圖一直被說成是法西斯主義的頭號理論家。

莫斯卡也好，巴列圖也好，其民主研究的權力分配問題的確與所謂的「精英理論」有關。他們認為，從某種程度上說，一個社會既可以通過「人民群眾」來建立一種民主制度，也可以通過一小部分精英分子來表現它的民主制度，「問題的關鍵在於責任」。❸

精英論的哲學基礎是「少數人管理政府」，這與「民治」的民主原則是背道而馳的。然而，我們不能就此推論，認為民主的特徵理所當然地就是「民享」而精英論的特徵是「統治者為了自己的利益實行統治」。

通常，精英論討論的題目包括：精英產生的方式、選擇精英的標準（如選擇標準是血緣關係，則產生方式多為世襲）、人民服從精英領導的理由（如怕刑罰或相信某種意識形態）以及精英本身的信仰、職責和他們可以得到的報酬等，其起點是強調人的不平等。

關於這一點，儒家社會意識形態早已為我們作了解釋。孔子及其主要的擁護者相信所有事物，包括人在內，都是天生不平等的。人在智力、能力和德性上存在巨大的差別……他們強調君子與小人之間的根本差別，前者以道德為依歸，後者以私利為重。他們認為前者應當統治後者；兩者之間因此在社會功能、權力、義務和生活方式等方面存在的差別是合理的。❹ 這就是所謂的

「君子和而不同，小人同而不和」、「君子泰而不驕，小人驕而不泰」、「君子而不仁者有矣夫！未有小人而仁者也」、「君子上達、小人下達」、「君子固窮、小人窮斯濫矣」、「君子求諸己，小人求諸人」等等。

儒家社會意識形態實際上證明了精英論的兩個最主要的假設，即：

1. 社會中大多數人是不適於擔任管理政府責任的。他們大多具有服從、懶惰的特性，易造成社會文化和自由的傷害。
2. 與大眾相反，少數精英分子具有創造意識和管理能力，他們不僅是自由社會的中堅且永遠代表著未來社會潮流。

與中國儒家思想相同，古希臘哲學家柏拉圖也有自己的「君子觀」。他把哲學家看成是最有學問、最有智慧、最有遠見的人，不僅是理想國的創造者，而且是理想國的最高統治者，是國家的靈魂和心臟。用他的話說，就是「國家與國人，不經哲學家治理，決無希望可言」。❺

柏拉圖眼中的哲學家就是一種智識精英，除非哲學家當上了王，或者是那些現今號稱君主的人像真正的哲學家一樣研究哲學，集權力和智慧於一身，讓現在的那些只知政治不研究哲學，或只知哲學不研究政治的庸才通通靠邊站，否則國家將永無寧日，人類也將永無寧日。

為了發現和培養「哲學王」，柏拉圖提出兩點建議，一是由國家精心選取優良男子和優良女子相配，保持人種的純潔和「優育」；二是運用教育手段，使未來的哲學王接受靈魂的薰陶和全面發展，並經受種種社會考驗，然後再掌握最高權力。

從柏拉圖的「哲學王」，到韋伯林（Veblen）的技術官僚，

再到曼海姆（Mannheime）的知識分子，很多傑出的學者都論述過精英分子在人類歷史上的巨大作用。有時，這種理論被用來指導政治實踐，還會產生不同的政治效果。

美國建國初期著名的政治思想家、活動家、1787年憲法的主要起草者、聯邦黨（即後來的共和黨）的創始人亞歷山大・漢密爾頓（1757－1804）就認為，「一切社會在其內部都分爲少數和多數兩類。第一類是富人和出自名門的人，第二類是人民群眾」；❶❻熱衷戰爭，樂於破壞的情感是人民群眾的本性。他們總是強橫且反覆無常的，很少作出正確的判斷和決定，並且終日受人欺騙與耍弄而常犯錯誤；人民是不可信的不可靠的；富人和血統高貴的人則是富於理性和善於判斷；因此應當讓「富人和出自名門的人」突出地、永久地參加政權，以制止人民群眾的不穩定狀態。漢密爾頓所說的「富人和出身名門的人」實際上就是指美國資產階級和大奴隸主階級。他認爲，由這些人掌握的國家政權必須是統一的、強而有力的，只有這樣才能遏制民主政治的輕舉妄動。

與漢密爾頓的思想相反，另一位美國獨立戰爭時期和戰後傑出的資產階級政治家和啓蒙思想家、美國民主傳統的奠基者托馬斯・傑佛遜（1743－1826）一再指出，廣大人民並不是生來在背上就有一副鞍子，而少數幸運兒也不是生來就拿著馬鞭和裝上馬刺，蒙上帝的恩惠隨時理所當然地騎在人民的身上。平等以及言論、出版、宗敎信仰的自由是人民不可剝奪的權利。爲了防止少數精英濫用權力，傑佛遜極力敦促美國國會通過《人權法案》（1791年生效），保護人民的利益。

傑佛遜根據美國政治鬥爭的需要，在實踐中豐富和發展了他提出來的人民革命權利思想。1787年謝斯領導的反政府起義被鎮壓以後，大資產階級、大種植園主要求強化政權的呼聲非常強烈。

對此，傑佛遜重申了他在《獨立宣言》中提出的基本原則。他指出，構成一個社會或國家的人民才是國家一切權力的源泉；人民不僅有權推翻使他們陷於專制統治下的暴政，而且即使在共和政體下，人民偶爾發生一次小小的反抗也是好事；正如暴風雨在自然界是必須的一樣，革命在政治世界也是必須的；因為它可以提醒統治者防止政府腐化，是「健康的政府所必須的良藥」。同時它還可以使人民養成關心國家大事的習慣。他還特別指出自由之樹必須用愛國志士和暴君的鮮血來澆灌，這是它的天然肥料。❶⑦

精英論的中心思想是精英階層能夠最好地代表自由人民的意志，最大程度地實現人民的利益。因此，它在肯定了人是不平等的前提之後，還設想了如何安排不平等的個人、使人們各盡所能而不互相衝突這個問題。儒家的安排是：因為君子的德行和才能皆高，所以負責治人，從事勞心的工作；小人則治於人，從事勞力的工作。就像孟子在《滕文公篇》中所說的那樣，「然則治天下獨可耕且為歟？有大人之事，有小人之事⋯⋯或勞心，或勞力，勞心者治人、勞力者治於人。治於人者食人，治人者食於人，天下之通義也。」精英價值在儒家那裡，最簡單地說，就是「修身、齊家、治國、平天下」的大道理。這套價值系統設計人們的思想和行為，具有三個特點：

1. 利他：修身的最終目的是治國平天下，不是為自己（包括忠君思想在內）。
2. 重道德操守而輕實利：在這一點上，孟子《滕文公下》的一句話最能表達它的意義：「居天下之廣居，立天下之正位，行天下之大道；得志，與民由之；不得志，獨行其道。富貴不能淫，貧賤不能移，威武不屈。」

3. 重視精神報酬：這可以指求自己內心的滿足，即「君子求諸己」；也可以指名聲不朽，即「君子疾沒世而名不稱」。物質報酬永遠是居於次要地位的。

與此相反，儒家思想的平民價值觀則表現出以下主要特點：

1. 以家庭爲單元的利己觀。
2. 重實際利益。
3. 追求物質上而不是精神上的滿足。

顯而易見，儒家思想中的精英價值系統和平民價值系統是相互對立的。按照儒家的構想，居於領導地位的精英必須自我節制，只有這樣他們才能不濫用權力；居於庶民地位的平民必須具備利己利家的價值觀念，只有如此才能重視物質利益，努力生產。這套構想具體實踐了一個突出特點，就是爲了調和兩者之間的矛盾，封建社會的統治者一方面把權力集中在中央，另一方面實施「尚賢使能」的科舉制度，於是中國便產生了非常穩定而且效率甚高的官僚體制。

對這種官僚體制我們應該怎樣認識呢？

首先，它是儒家思想具體實踐的產物。鑑於儒家思想的整體觀點是集體主義的，以它作爲一個社會中唯一的意識形態時，其後果必然是專制政體。

其次，王道和愛民思想其實是儒家思想中對統治階級的唯一約束。這個約束包括兩個方面：一是統治階層的成員內化了儒家道德標準以後的自我約束，即「有所不爲」；二是他們之間的相互監督和考核。顯而易見的是這種約束是遠遠不夠的，要糾正其缺陷，現成可作的就是吸取西方「法律之前人人平等」的原則。

　　最後，在官僚體制和道德味濃重的意識形態一元統治之下，社會經濟活動必然受過多的限制而無法發展。其矯正的辦法是：

1. 把經濟活動放在與政治活動平等的地位。
2. 在選拔精英的標準中納入意識形態或經典著作以外的各種分門別類的知識和才能的標準。
3. 盡量減少政治對經濟的干預。❸

　　大學：「古之欲明明德於天下者，先治其國；欲治其國者，先齊其家；欲齊其家者，先修其身；欲修其身者，先正其心；欲正其心者，先誠其意；欲誠其意者，先致其知。致知在格物。」❹這段名言清楚地告訴我們，儒家在中國把文化精英與政治精英作了牢不可破的結合。

　　從儒家返回到我們對西方民主政治理論、特別是傳統的民主政治理論的論述，我們發現，精英論與民主的根本區別不單單表現在「誰有資格決定政治政策」方面的爭論，而且體現在兩者對公共利益的認識有著本質的不同。精英論認為只要政府政策符合精英分子的價值標準，符合精英分子關於是非的判斷，那麼這種政府的政策一定代表人民的利益。從這個角度看，所謂精英，就是社會啟蒙先驅。

　　傳統民主理論則不這麼看。例如，美國《獨立宣言》宣稱，政府是根植於人民中間的一種保障人民權利的組織形式。如果在政治運行過程中，人民的權利沒有得到保障，那麼人民的利益就沒有實現。嚴格來說，今天世界上並不存在純粹的「民治」政府，但是通過廣泛積極的大眾參與，「民治」能夠實現到最大的程度，人民就能達到充分的自我發展和實現充分自由。

　　不管是精英論者還是民主論者，現在兩種觀點已經達成一種

共識，即在絕大多數情況下，「人民大衆在政治上的被動、分散」使得社會中的極少數人承擔了「政治、經濟、社會方面的決策責任。正是在此種背景之下，一些人力尋一種「民主精英制」。這種體制以「多元化的精英統治」爲基本特徵，同時強調社會穩定和法制。在這裡，精英統治的形式是完成民主政治政府巨大責任的手段。「多元化」是保證人人都有機會成爲「精英」的制度前提，「精英」則是民主制的關鍵，是社會前進的動力。只有在精英分子的帶領下，人類才能更好地按照自己的意志向前發展。普通百姓在這種體制中的角色是自由選民，他們可以對精英決策施加壓力，也可以通過自己的不斷努力進入「精英」階層。

「民主精英制」經常受到的批評是：這種體制實際上仍然過分強調精英分子的歷史作用，「人民」不過是一片未開採的礦區，等待著統治階層挖掘出類拔萃、雄心勃勃的「候補精英」。所謂的民主制度不過是「發現人才」的一種機制罷了。換個角度說，人民成了民主的潛在威脅，因爲一旦他們喪失理性，或採取激進的辦法衝擊上層統治，整個政治體制便無法繼續維持原有的平衡。按照這種邏輯推理的結果，自然是維護民主制度的穩定比發展民主本身更爲重要。這樣，民主制度下的選舉也就成爲類似中國古代「科舉制」一樣的東西，它的根本作用變成選拔最合格的精英分子進入統治階層，而完全放棄了民主時代下的精英政治必須具備的多元性、競爭性以及開放性這三個條件，沒能眞正體現出民主的涵義。

精英政治和大衆參與

孫中山先生曾經說過：「政治是管理衆人之事。」有人認爲，這句話雖然道出了政治的眞諦，但是它至少沒有解釋「衆人」

在政治活動中如何參與管理自己的事情。中外歷史共同的一個可悲之處，就是即使是最開明的政治家，也總把人民放在被管理的位置上。許多研究表明，不管是在專制政體下，還是在民主政體下，政治並不是人民最為關心的事務。在一個普通百姓心中，豐富多彩的家庭生活、富有意義的工作、休閒娛樂及參加自己喜愛的體育運動，遠比參與政治更為有趣。

從整體上看，「人民進行統治」離不開一個政治參與的問題，其具體內容可以分為以下四大類：

1. 個別公民自發的政治活動。
2. 團體或具有合作性質的活動（如：政治俱樂部或政治組織）。
3. 競選活動。
4. 選舉活動。

人民參與政治對民主發展的影響有以下幾個方面：

1. 參與使絕對權力受到限制。
2. 通過聯盟或個人活動形式，人民展開獨立的政治、經濟、社會及文化活動，擴大社會寬容。
3. 參與能夠使人民增加了對政治活動的了解。
4. 參與使新的和原有的團體都參與政治過程。
5. 參與使社會上半官方或非官方權力中心享有更大的合法性，增加其權力。
6. 參與使選舉獲勝者真正成為民意代表，對其進行監督。
7. 參與使決策過程分權化。
8. 參與促進政治反對勢力的形成，向執政階層進行挑戰，開

展民主競爭。❷⓪

　　托克威爾曾經在《美國的民主》一書中提出過一個和政治參與相關的有趣課題：他觀察到，在民主程度相對發達的美國，最優秀的青年人並沒有在政治第一線與反動勢力拼殺搏鬥，他們反而更傾向於投身商場。洶湧澎湃的商業風雲似乎更具魅力，吸引一代又一代的人爲之獻身。

　　考察西方發達國家政治參與的歷史發展進程，我們發現一個顯而易見的事實，即除了選舉以外，一般公民參與政治的激情並不高，很多人顯示出對政治的厭倦或漠不關心。有些人在投票選舉期間積極活躍，一旦選舉結束，又自覺或不自覺地遠離了政治。這種情況是否說明政治參與在未來民主政治中並沒有多大意義？

　　筆者曾經斷言，假如未來世界上有一個共同的革命，那就是人民要求政治參與的革命。但是考察民主政治下的參與，我們不僅要思考參與的廣度，而且要思考參與的深度。

　　在獨裁政體特別是極權獨裁政體中，獨裁者常常採取群衆動員的方法，使政治滲入到人民生活的各個方面。民主政體與此不同，在大多數情況下，由於民主政治有一套完整的機制來使一切政治活動程序化，因此，它包含著實際參與和潛在參與兩種形式。

　　民主強調人民的自治，這使民主條件下的參與常常顯示出平靜而不喧嘩的特點。這並不是說民主參與是膚淺虛假的，恰恰相反，在民主體制下，面對社會邪惡或不公平現象，每一位公民都可能變成一個積極的政治活動家。這就是民主參與的潛在驅向。有經驗的政治領導人常常在制訂政策時考慮到這點，隨時準備順從民意進行政策修正。正因爲這樣，有人把民主條件下的政治參與形容成黑暗中突然點燃的明燈，能夠燃盡人民大衆淤積已久的

沉默，煥發起他們巨大的熱情。

杭廷頓在其名著《非常的抉擇：發展中國家的政治參與》一書中曾指出：社會現代化的結果，必然導致許多具有自覺意識的新社會勢力出現。隨著社會經濟水平的提高，人民生活的改善，團體意識的增強，政府活動範圍的擴大並與人民生活關係愈來愈密切以及愈來愈多的人具有社會政治意識、公民應參與國家事務的觀念爲社會各階層所接受，政治參與要求也就必然隨之擴大和提昇。從政治穩定和政治發展角度看，若能將政治參與的趨勢和壓力因勢利導，使民眾的願望和要求得到適當的表達和滿足，那麼它就能聚集成支持政府權威和國家建設的巨大力量。反之，就可能成爲動搖社會穩定與秩序以及批判政府權威的根源，因爲社會變遷一方面促進了新社會集團的產生，另一個方面喚起舊社會集團的「新意識」，這兩種勢力的興起和變化必然對現存的政治體系形成一定的壓力，提出新的要求。如果現存的政治體系不能緩解它們的要求和壓力，或者缺乏一種具有彈性的有效機制來反映、匯集、處理和協調它們的意見和要求，或者拒絕開通和擴大各種參與渠道以汲納這些勢力，那麼現存政治體系的基礎勢必日趨狹窄，其維護秩序與穩定的能力也勢必削弱。而且，社會現代化的進程愈快，壓制革新延緩參與的代價也就愈大，游離於政治體系之外的社會勢力發展得也就愈快愈多。

在民主參與的問題上，無論是中國還是西方民主國家的理論界，都沒有統一的看法。

有一種觀點借用所謂的「水桶定理」來反對人民參與政治。他們認爲，在現實生活中，一個木製水桶的容量是由最短的那一塊木板限定的。把這個淺顯的定理運用到民主問題上來，也可以說，一個社會民主化的水平也是由這個社會最薄弱的環節所限定

的。因此，不論一部分人的民主意識提高到了什麼程度，他們都不能超越客觀現實條件的限制，把自己的意識當作整個社會的現實。按照這種觀點，民主被比喻成一個超級市場上的產品，它有自己的「成本」和「標價」，絕不是任何人都能隨意挑選的。

這裡涉及到一個「適度民主」的爭論。

我們承認，真正的權力制衡和大眾參與必然涉及民主的尺度。從某種程度上說，實行民主政治也和實行其他任何政治體制一樣，需要支付成本。政治參與的面愈廣，表達的利益就愈多元化，所付的成本也就愈高，且利益綜合的難度也就愈大。另外，參與表達的種類越多，其間的衝突越強，不同利益之間的可協調性越低，則利益表達與利益綜合的可能性也就越小。例如，1990年春，尚未瓦解的蘇聯國內出現了各種不同的政治力量和政治運動。其中包括：

1. 全國範圍內的「人民解放陣線」，積極呼籲蘇聯維持統一和國際獨立。
2. 俄羅斯共和國境內的「人民陣線」，其成員既有親西方人士，也有意識形態偏左的社會成員。
3. 爭取少數民族自治或獨立的團體。
4. 由居住在俄羅斯聯邦之外其他加盟共和國內的俄羅斯人組成的政治團體，大多採取保守立場。
5. 主張俄羅斯民族獨立的政治團體，態度激進。
6. 蘇共黨內獨立各派，在全蘇100多個城市中成立了自己的政治俱樂部，有民主俱樂部，也有「馬列主義」俱樂部。
7. 國會各種利益團體，從最激進到最保守，無所不有。
8. 獨立工人組織或獨立工會；有的號召工人罷工、示威，有

的主張支持共產黨繼續掌管國家政權。

9.反對史達林主義的政治團體，最著名的是總部在莫斯科的「紀念會」。

10.環境生態保護組織，綠色革命團體。

11.民族文化團體主要任務是保護各民族文化遺產不被破壞。

12.宗教團體。

13.退役軍人團體，保護老戰士經濟利益的軍方貿易機構。

14.成員不斷增加的新政黨，但影響力相對有限。這麼多的政治勢力相互牽涉，很快就造成了一種前所未有的「多元化混亂」，它的作用只能是迅速加速蘇聯的崩潰。這一點，現在已被歷史證明。

迄今為止，世界上從未有過完全民主的社會（即所有社會問題均由全體公民直接投票決定的社會）。究其原因，恐怕在於超出一定的範圍之後，繼續擴大民主程度只會使成本大於收益，即社會的人權狀態不僅沒有得到改善，反而有所破壞；政府的合法性、穩定性以及有效性等等不僅沒有得到提高，反而有所降低。所以，從這個角度考慮，西方政治學理論中關於民主條件的論述還是有一定道理的。

關於西方學者對民主條件的假設，茲簡介如下：

關於經濟發展條件的假設　美國學者李普塞是提出經濟發展條件假設的最著名的學者。在1959年發表的一篇論文中，李普塞將高度的經濟發展水平與歐洲的英語國家和一些拉丁美洲國家中出現的民主制度聯繫在一起。他的論斷是：「一個國家的發展水平越高，出現民主的機會就越大。」李普塞的論點引起了許多學者的爭論，這種爭論一直延續到今天。80年代初，李普塞還重

彈舊調，以原來的研究方法探討了世界各國經濟發展水平與民主化程度之間的關係，再次肯定了高收入國家比低收入國家更可能產生民主制度的結論；並且重申：一個國家在經濟發展階梯上越向上移動，產生民主制度的機會也就越大。經濟發展與民主化之間的內在聯繫，可以概括爲以下幾個方面：

1. 經濟的高度發展會導致文化教育水平的提高和新聞傳播手段的發展，這些發展對民主化極關重要。

2. 經濟的高度發展可以緩和政治衝突的緊張程度，因爲在政治衝突中敗北的政治領袖可以有其他出路，經濟上的豐裕使他們容易相互妥協。

3. 用集權主義手段不可能有效地治理一個高度發達的工業化經濟和一個複雜的社會，因而決策必然要趨於分散、權力也要趨於分散。

4. 高度發展的經濟使收入和財富的分配比貧窮經濟條件下更會趨於平等，因爲中產階級會在經濟發展中成爲社會的主要組成部分。民主意味著多數人的統治，只有中產階級變成了多數，而不是貧窮的多數與富裕的少數寡頭之間相對抗時，民主政治才有可能。

關於社會發展條件的假設　這種理論認爲，民主制度的發展需要有強大且能夠制約政府的社會力量的發展。這些社會力量包括有自主性的社會階級（如資產階級）、區域集團、職業集團、種族和宗敎集團。它們的存在和發展可以限制政府的權力，並因此由社會控制政府，建立起民主政治結構並有效地行使職權。在缺乏這些社會力量的社會裡，政府能夠輕易地集中權力，建立起絕對王權、東方專制或集權主義和極權獨裁統治。

社會發展條件理論十分強調多元化，並將其視爲民主制度的基本前提條件。

強調多元化社會條件的理論與強調經濟發展條件的理論，其不同點在於：經濟發展條件假設論著眼於經濟發展和現代化發展水平，而社會條件假設論則著眼於傳統社會的性質，即是封建社會還是官僚社會。認爲只有多元化的封建社會才能建立民主制度的社會基礎。

強調多元化社會發展對民主的重要作用，實際上也隱含著「沒有資產階級，就沒有民主」這麼一個命題。在很多情況下，這個命題最終的關鍵又回到經濟制度與政治制度之間的關係上。就像林德布魯姆指出的那樣，儘管並非所有市場經濟國家都有民主政治制度，但所有政治民主制度都是市場經濟國家。

關於文化背景條件的假設 這種理論強調某種特定的政治文化是產生民主政治制度的前提條件。

「政治文化」這個概念最初是由奧蒙在1956年引進比較政治制度研究時首先創造出來的。他認爲「文化」這個概念在人類學研究中一直含糊不清，因此必須限定其涵義爲一種「具體的政治心理傾向」。奧蒙與其他學者合作，將世界上現存的政治文化分成三大類：教區文化、隸屬文化和參與文化。教區政治文化是一種狹隘的政治文化，其特點是人們缺乏政治作用意識，個人不期望政治制度對自己的需求作出反映，許多非洲部落社會文化即屬於此類。隸屬政治文化的特點是人們將政治制度看成是一個客體，只注意其產出，而不積極主動地自我投入。參與政治文化的特點是人們對於政治制度的一切方面都非常關心，他們主動對各種政治事務作出接受或拒絕的評價，每個人都把自己看成是政治活動中的主要角色。奧蒙通過對5個具有不同政治歷史的國家（美

國、英國、德國、義大利、墨西哥）進行調查研究得出結論：民主政治制度通常產生於一種「市民文化」背景之中。「市民文化」既不是傳統文化也不是現代文化，而是兩者兼而有之。它是一種參與文化與教區文化和隸屬文化的結合，而不是參與文化完全替代教區文化和隸屬文化後的政治文化。

杭廷頓總結這種論點時也說，某些價值觀念和信念有利於民主政治，另一些則不利於民主制度。其具體情況是：一種政治文化如果與高度的等級關係和觀念相聯並極度相信權威的力量，顯然無法成為民主制度的土壤；同樣，如果一個社會中的人際關係充滿了敵意和疑慮，也顯然不利於民主政治的發展；如果一個社會中的成員只知道爭取權力，而不懂得如何妥協，只會有利於專制獨裁。與此相反，一個社會中的成員互相信任的文化背景則有利於民主政治；願意容忍異己和集團衝突，並承認妥協合法性的社會文化也有利於民主政治。

關於外部條件的假設　持這種觀點的學者認為，外國的影響對於一個國家向民主或非民主方向發展具有決定性的作用。具體說來，這種觀點把民主政治的發展看成是西方國家，尤其是盎格魯──美國這些國家民主擴張的結果，而不是一些國家內生的結果。例如，歐洲共同體就促進了西班牙和葡萄牙的民主化，這兩個國家和土耳其加入共同體的條件之一就是國內政治的民主化。在歐洲共同體之內，任何一個國家企圖脫離民主政治，都會感受到外部的共同壓力。

1970年，美國學者羅斯托（Dankwark Rustow）發表了一篇〈論向民主過渡〉的論文。他在文章中批判了那些專門研究民主化發展各種假設條件理論。認為這些理論常簡單地將民主與某些條件因素聯繫在一起，從而機械地得出民主以這些因素為條件

的結論。羅斯托指出，這些理論注重的主要是經濟、社會、文化和心理條件，而很少論及政治條件。事實上，一個國家的經濟、社會及文化的發展不僅不一定導致民主化，反而有可能導致「政治衰敗」、政治不穩定以及不利於民主的大衆心理。他還論證，腐敗現象的橫生和暴力現象的不斷，完全是現代化發展所產生的政治參與要求和實際政治能力不相應所致，政治參與要求常常產生政治上的不穩定，使現存制度難以對付，轉而付諸於集權政治。

民主的參與涉及一個社會的機會結構、教育水平、訊息技術狀態，國民收入及其分配，以及政治文化的性質等諸多方面。實現民主政治的標誌之一，是在向現代社會變遷的複雜過程中，通過發展有秩序、多層次的參與來取得國家政治與社會的穩定，從而推動社會經濟與政治的進一步革新，逐步地、和平地形成新的現代社會的經濟與政治體系。從這個意義上講，如何從獨裁政治轉向民主政治的軌道，如何進行民主的自身建設，問題不在於抽象地談論實現民主的種種前提條件，而在於根據每個國家的具體情況，探求適應其現存外在條件的政治安排。

現代啓示：以民主制約獨裁

近代「詩界革命」的先驅者之一黃遵憲在〈雜感〉一詩中不無自詡之意地寫道：「我手寫我心，古意豈能牽？」這種創新精神，也應反映道理論著作中來。「縱橫正有凌雲筆，俯仰隨人亦可憐。」注意汲取他人的研究成果，決不夜郎自大、固步自封而又努力避免人云亦云、「俯仰隨人」，正是寫作本書時的一條自

律。以民主制約獨裁以及本書前論述的種種問題，也是依據這條自律訴諸筆端的。本節從現代世界民主政治發展事實得到的啓發出發，概述民主與獨裁關係的一系列原則問題，大多爲研究多年的心得與新得，或許並不見得正確，或許失之偏頗，或許甚至謬誤百出，然而總是「我手寫我心」，不爲「古意」所「牽」，就算是對讀者諸君的一種誠摯奉獻吧。

民主與獨裁的機制對比

古今中外萬千思想家皓首窮經畢生探索國家政體，然而只看表面形式，只求自圓其說，往往不得其門而入，不得其理而言，終至「望理興嘆」，見國唏噓，談政囁嚅，這實在是十分值得同情而又值得反思的。根據筆者多年研究，判斷一個國家政體的性質，不能只看其表面形式，外部聯繫以及政治家們的言論文字，而應當看它的本質、內部聯繫以及國家政權的實際行爲。

歷史上不乏號稱民主的國家，實際上卻是徹頭徹尾的獨裁國家的先例。這種國家雖然甚少獨裁政治的表現，但人們時時都可以感到獨裁的存在。例如，在古羅馬帝國屋大維時期，羅馬元老院、公民議會、選舉制度應有盡有，屋大維自己還謙遜地稱自己是「第一公民」，表面上羅馬完全是一個民主的共和國。但是實際上，屋大維在任命制、終身制的保護下，早已成爲羅馬帝國元首、元帥、最高代行政官、終身執政官、終身保民官、首席元老等，是一個道道地地的、典型的軍事獨裁者。羅馬政體實際上也是一種獨裁制。又如，19世紀末的德國，在威廉二世統治時，帝國議會並沒有被取締，但在現實生活中，所謂的帝國議會只是威廉二世至高無上的皇權獨裁的一塊遮羞布。第二世界大戰前夕和戰爭中的幾個法西斯主義國家同樣如此。它們儘管保留著某些民

主政體的名義和議會的形式，但是國家的最高權力掌握在最高獨裁者手中，所以我們不能視它們為共和政體。

關於民主與獨裁的各自特徵，在本書前面部分章節中已作出了某些總結。在本節中，將參考對比前人的有關研究成果，再次重申以民主制約獨裁的一些基本原則。以下是我們援引的一份表格：㉑

民主政治與極權獨裁之比較

	民主政治	極權獨裁
主權所在及行使	1. 主權屬於全體人民，並由人民直接行使或選派代表間接行使 2. 人民是政治的主人，政府官員是人民的公僕	1. 主權或名義上屬於人民，或形式上沒有規定，但實際上由統治者或獨裁者占有及行使 2. 獨裁者是政治的主人，人民是政治機器的齒輪
政治權力的集散	1. 政治權力由若干機關行使，並有所限制 2. 多元權力中心	1. 政治權力通常集中在獨裁者手中，其行使不受限制 2. 一元權力中心
自由權利	1. 保障人民的自由權利 2. 除非必要及依法，不得限制或剝奪	1. 人民的自由權利毫無保障 2. 集中營、勞改營、迫害、壓制
統治者心態	1. 相對仁慈 2. 以民主和平的方式從事權位鬥爭，不迫害政敵，具有一定的寬容	1. 殘忍 2. 以殘酷手段追逐權力，整肅異己
政治參與	1. 人民以主人身份主動參與政治 2. 以參與影響決策，表現民意 3. 投票率有高有底	1. 人民是政治工具，被迫參與政治 2. 參與不能表現真正民意 3. 沒有不投票的自由，投票率大都很高

民意政治	1. 民意政治 2. 人民經由行使政權、大衆媒介及民意測驗表現民意 3. 人民有表現或不表現的自由，有說話和沉默的自由 4. 人民有贊成、批評和反對政府政策及行爲的自由	1. 反民意政治 2. 人民沒有行使政權的自由，獨裁者獨占及控制所有大衆媒介，沒有民意測驗 3. 以官方意識形態覆蓋社會生活各個領域，強迫全民接受，對一切違背獨裁者意志的言論和行動加以嚴厲清洗和制裁
法治政治	1. 法治政治 2. 司法獨立及審判獨立 3. 依法定罪 4. 保障自由權利的憲法具有最高的地位，任何法律條文不得與憲法衝突 5. 依法行政 6. 警察的根本職責在保障人民安全	1. 反法治政治 2. 司法審判從屬於政治 3. 無所謂罪刑法定主義 4. 憲法空有保障人民自由的條文，獨裁者的意志就是憲法 5. 行政首腦無法治觀念，行使權力沒有制度化 6. 秘密警察是迫害、控制人民的工具，實行恐怖統治
政權轉移方式	1. 和平轉移 2. 執政者的去留取決於民意及選舉結果	1. 殘酷鬥爭 2. 執政者的去留取決於權力角逐者的實力及所用的手段
責任政治	1. 實行責任政治 2. 統治者向人民負責 3. 人民可以追究執政者的政治責任 4. 統治者權力來源於人民經由選舉產生，人民可以罷免統治者 5. 統治者權力受到限制	1. 無所謂責任政治 2. 獨裁者不對人民負責 3. 人民無權也無法追究獨裁者政治責任 4. 獨裁者壟斷權力，人民無法實施罷權 5. 獨裁者可以濫用權力

政黨政治	1. 實行政黨政治 2. 各黨公平競爭 3. 政黨提名或推薦候選人，人民自由選舉 4. 黨紀不嚴，組織鬆散 5. 黨員為共同理想而結合，各有其人格尊嚴	1. 執政黨控制一切 2. 一黨獨大，不容許其他政黨的存在或競爭 3. 選民只能投執政黨提名的候選人 4. 黨紀森嚴，組織嚴密 5. 黨員是獨裁者的追隨者，人格不受尊重
國家與社會	1. 開放的民主社會 2. 國家與社會分開，人民的政治生活與社會生活不同 3. 政治只是人生的一個方面 4. 統治者對被統治者生活的過問或干涉有一定的限度，並有法律依據 5. 政府只是國家機關和為人民謀福利的組織	1. 封閉的極權社會 2. 國家與社會混合，人民政治生活和社會生活密不可分 3. 社會政治化，政治無所不在，無孔不入 4. 統治者控制人民生活，包括家庭生活、婚姻、友誼、教育、工作、娛樂、學術、文學、藝術、宗教、禮俗、旅遊、服裝、甚至個人隱私 5. 沒有獨立人格，所有人際關係都從屬於政府，所有個人的政治、社會活動都必須支持政府

　　應當說，上面這張表從一個角度為我們列出了比較民主與獨裁政治的標準。雖然它在獨裁政治的概念上還存在非常大的缺陷，如沒有探討權威集權體制的具體特徵，只把民主與極權獨裁對立作比較，但畢竟，它已經為我們提供了一條思考問題的線索，使我們可以按照這個思路進一步深入，借鑑一定的標準來判斷民主和獨裁的政治質量。

　　從總體上看，我們可以從兩個層次上比較民主與獨裁政治孰優孰劣。㉒

　　第一個層次是比較兩種體制的政治功能發揮水平。這包括政府決策功效、社會秩序、政權合法性和維持時間長短以及政權對社會的控制、滲入範圍。

　　哈利・愛科斯坦（Harry Eckstein）提出，一般政府決策功效包括：

　　對社會變遷的適應性　任何政體，都應該不斷適應新的社會環境，採取有效措施，及時制定新的政策。人們通常說民主政治比獨裁政治更能適應變遷，主要是指民主政治存在一種重新分配權力、重新確定政府服務方針的有效機制。這種機制使人們在協商解決矛盾分歧之間具有共識（people agree on how to disagree），能夠通過民主的手段達到共同的目標。

　　民主與獨裁的區別在於民主機制提供了社會轉變的途徑，這種轉變最終的目的是使民主更加完善。獨裁政體同樣也能促進社會變革，但是假如獨裁政體真的能夠協調社會各方面的利益，那麼這種轉變的過程肯定也是獨裁政權解體的過程，也就是逐漸民主化的過程。所以，從總體上看，獨裁統治階層對權力的迷戀、獨裁社會意識形態的不斷鞏固和加強，往往使獨裁政體在社會面臨臣大變遷時依舊採取死板僵硬、殘忍野蠻的鎮壓手段維持政權的存在，其後果常常引發革命和新政權的建立。

　　對人民利益的關切　決策過程是一個滿足人民願望和需要的過程，對人民的利益是否真正關心，是民主政治和獨裁政治的最大區別。民主政治通常以「民有、民治、民享」作為自己的行為準則，人民的利益能夠得到體現，統治精英在決策時充分考慮人民在參政、議政過程中的種種意見和要求。相反，獨裁政治卻有一套權力集中、壟斷的制度，統治者通常忽視下層人民的呼聲，不肯分權。

政府對社會的控制和滲透程度　按一般假定來說，統治者對社會控制得越嚴，就越能把自己的意志強加於人，從而提高統治功效。按照這種邏輯，在民主政治下，各種社會利益具有不同的表達形式，不少團體相對獨立，國家缺乏一個無所不管的全能政府，因此民主政治肯定不如獨裁政治更能發揮自己的功能。但這種看法是不對的。事實表明，在獨裁體制中，獨裁政府對權力的壟斷常常使人民喪失了積極意義上的政治參與，人民生活中沒有一個「安全閥門」可以疏導對政府的抱怨和意見，因此，獨裁政治的統治功效往往是短期的，獨裁統治的基礎等於建築在沙灘上。

研究政府對社會的控制和滲透程度，有幾個方面需要注意：

1. 政府決策功效實際上也就是一個追求政治影響力及用什麼樣的手段解決各種相互衝突目標的問題。在獨裁體制下，獨裁者掌握絕對權力，獨裁者的意志體現在獨裁政府所實施的政策、法規和決定上。獨裁者牢牢地控制著獨裁政府，強調社會必須集中權力，人民必須服從、忠誠、擔負義務和責任，具備組織紀律性；而在民主體制下，由選舉產生的領導者雖然也力圖獲得對政府所實施的政策或決定施加影響力，但是這種體制承認衝突和一致是民主政體的兩個重要方面，強調以和平手段展現作為「妥協藝術」的政治。

2. 人民對統治者統治的認同決定了一個政府的合法性。一般而言，這種認同取決於政治參與、政黨功能、選舉水平。獨裁政治重視群眾動員和群眾運動，強調官方意識形態，但是往往適得其反，為人民所深惡痛絕；民主政治具有更

正確或適當的政府結構、程序、法案、決定、政策，其官員及領袖在道德上更具備公正和恰當的信念，更為人民所信任。

3. 人民對統治者的認同同樣決定了一個社會的秩序。如果從個體對公共權威反抗的角度來看，民主政治的確比獨裁更加動盪不安：到處是罷工遊行，到處是暴力犯罪。但是從相反的角度上看，從公共權威運用有組織的力量來鎮壓個體公民的角度上看，獨裁政治則毫無疑問地更加殘酷，無論是從鎮壓範圍還是手段、程度上，都遠遠超過民主政體。不斷大規模的社會鎮壓說明獨裁政治的失敗。如果說民主政治應當設法減少個體對公共權威的反抗，那麼獨裁政治應當完全擯棄強權對人民的野蠻鎮壓。

　　社會秩序是與兩個最關鍵的因素聯繫在一起的。這兩個因素一個是價值的分配，一個是物質資料的分配。

　　就價值的分配而言，人民需要一定的政治自由、經濟自由、文化和宗教信仰自由等等。這種自由是無價的，沒有任何替代品。如果政府不能保證人民的自由，作為社會單位的個人、社會團體與國家之間便無法達到一種完美和諧的利益協調。獨裁政治最大的缺陷就是無法容忍不同的價值體系，因此也就更談不上建立一種協調社會利益的有效機制。

　　就物質財富的分配而言，不管是那種體制，社會秩序的維持都需要一定的平等作基礎。這種平等既包括實際分配上的平等，也包括機會平等。

　　政治素有「誰在什麼地方以何種手段得到什麼 (Who get what where and how)」之說，對物質財富的爭奪幾乎是每個

政體都存在的基本矛盾。民主政治較獨裁政治優越的地方是：前者能夠縮小社會貧富差距，後者只能擴大社會分歧。在民主政治下，教育的普及，社會福利的擴大，公民參與程度的提高，無一不是建立平等機制的基礎。

第二個層次是比較兩種體制的根本目標和基本價值觀念。

亞里斯多德早就指出過，一個政體的目標不應當僅僅是為人民提供物質上的滿足和展現最大的統治功效。國家的根本目的是為了使人民更好地生活。理論界對這一點並沒有提出多大的爭議，但是到底什麼是最好的生活標準？什麼是真正的平等自由、社會富裕、秩序或有效的保障？這裡有一個機制運轉的具體操作問題。從根本上說，只有把這些相對空泛的目標落實到具體政策上，政府才能獲得人民的廣泛支持。

不管是民主政治還是獨裁政治，國家設定的最高目標和具體實踐總存在一定的差距。現在有一種很普遍的看法，即民主政體雖然能夠保障公民的政治權利，但是相對而言，它却沒有解決機會平等、權利平等與實際物質分配平等之間的巨大矛盾；而獨裁政府恰恰相反，它最欠缺的是對人民政治權利和公民自由的保障。這種觀點是不對的。奴隸社會中，每個奴隸的經濟地位都差不多是相同的，但是他們都沒有自由可言。同樣，獨裁體制造成社會的普遍貧窮並不意味著獨裁政治已經實現了公民之間的經濟平等。

水火冰炭互不相容的民主政治與獨裁政治，遠非像有的人所想像的那樣，既然兩者互不相容，也就風馬牛不相及。其實，兩者之間有著盤根錯節的複雜關係。對這種關係進行縝密周詳、獨具匠心的研究，也許不難發現：

1. 「高明」的獨裁者有時甚至可以把獨裁政治作爲民主政治的手段或工具，得心應手地加以運用。這主要是我們前面所講到過的民主國家在遇到緊急情況時採取的憲政獨裁方式，國家元首或行政首長緊急處分權力，應付非常局勢以維護民主體制的方式與能力。

2. 把獨裁政治作爲民主政治的準備，即把獨裁政治當作走向民主政治過渡的橋梁。有的獨裁者爲了實行民主政治，常以獨裁手段來訓練公民的參政能力、提高其作爲參政者的素質。前雅典的派西斯特拉妥（Peisistratus III，235－220 B.C.）曾試圖以雅典國家的集體精神，培植作爲民主政治社會條件的中產階級。土耳其國父基馬爾在建國後也宣布獨裁，逐步建立憲法統治。

3. 假民主政治爲名，行獨裁政治之實。這類例子不勝枚舉，如墨索里尼曾把義大利法西斯主義標榜爲「有組織的、中央集權的、權威主義民主政治」；❷❸希特勒的第三帝國也被吹噓爲「現代民主國家最高貴的形態」；第二次世界大戰後，印尼獨立，成立共和國，當時的總統蘇卡諾也提出「指導民主」的政治口號，在實際政治生活中實行獨裁。

4. 將獨裁政治作爲民主政治的否定物奉獻於世人面前。這種關係揭示出從民主的狀態中產生獨裁的常有規律性的現象。希特勒的第三帝國以威瑪共和國爲母體，墨索里尼政權和南美洲的不少軍政府都是以獨裁政治代替民主政治的。這種以表面上的民主手段來實行獨裁統治的國家，最終總是走上最反動的獨裁統治道路。❷❹

反對獨裁政治的民主制度原則

20世紀的今天，人類能夠創造出極其精密的物質技術裝備和自然界中未曾有過的生物品種，能夠創作出宏偉壯麗的歌舞劇和極其複雜電腦語言，但是迄今為止，還不能像設計一棟現代化的高層建築一樣來設計一個有完美組織結構的政治制度。也許「企業組織設計」的觀念已逐步深入人心，但「政治體系設計」觀念還遠未被人們接受。

幾千年來，人類一直在為限制、反對獨裁而不斷努力著。在歷史上，人們往往從兩個不同的途徑來試圖克服和消除這種政治體系的弊病。一是「人格論」途徑，對領袖的品格和行為提出種種要求，制定種種規範；一是「體系論」途徑，即通過改善政治體系來克服和消除國家政治生活中的弊病，從而避免獨裁。❷⁵

「體系論」途徑在近現代越來越受到重視，很多國家都奉之為治國良方，紛紛付諸試行。它對我們所要研究的獨裁政治具有重大意義。

法國大革命後，執政府時代的西哀耶斯對法國政治體系進行了精心的設計，甚至還專門起草了一個《憲法草案》，他把人看成是理性動物，認為一個完美的國家組織會使國家政治生活民主化。西哀耶斯最大的生敗就是他在進行政治體系設計時對人的野心考慮得太少，在拿破崙的無恥要脅下一籌莫展，無計可施，不得不讓出了手中的權力，使得拿破崙可以順利稱帝，實施獨裁。

獨裁政治歷史從反面向人類表明，從某種意義上說，現代化的組織結構——物質文明和精神文明必須依託於制度文明。如果按照系統論對此加以分析，推翻獨裁統治、實現民主可以看成是一種狀態目標，而實現這種狀態目標所依靠的組織形式、組織結構則叫作結構目標。狀態目標和結構目標的完美結合，才能創造出理想的政治體系。

　　關於政治體系的總體分類，當代西方學者早已提出了不同的制度分類方法。其中引用得較爲普遍的是奧蒙（G.A. Almond）和鮑威爾（G. Bingham Powell, Jr.）的政治制度分類方法。他們將人類社會的政治制度分爲三大類：原始政治制度、傳統政治制度、現代政治制度。現代政治制度又分爲民主制度和權威制度，其根本不同在於權威制度的政治控制權壟斷性地自上而下實施，而民主制度的政治控制權則壟斷性地自下而上實施。

　　基於對政治制度的分類，許多當代西方學者對民主制度給予不同的定義，並企圖具體衡量不同的民主制度。李普塞對民主制度的定義強調定期地制度化輪換政府統治者。他的定義包含兩方面內容：一方面，民主制度必須允許反對派政治領袖或組織合法存在，並讓他以合法手段爭取獲得政府權力；另一方面，民主制度必須有一整套具有法律權威的民主結構的程序。另一位西方學者紐貝弗（Deane Neubaver）對民主制度的定義強調競爭性選舉制度。他的定義給出了民主的四條標準，即：

1. 所有成年人都應有權參加選舉競爭。
2. 平等代表性，也就是一人一票。
3. 擁有多種新聞渠道向選民提供信息。
4. 競爭性地輪換當權者。民主問題專家達爾的定義強調民主制度的兩方面內容：包容反對派和政治競爭。盡可能讓更多的人擁有參與政治競爭的權力。達爾將民主制度稱之爲「多頭政治」。他甚至認爲一種政治制度越是「多頭」就越是民主，而民主政治制度的關鍵問題是持續地反映公民的意願，爲此，一個政府必須向其全體公民提供三方面必不可少的機會：

- 公民形成自己意願的機會
- 公民向政府以分別或集體行動的公開交流這些意願的機會
- 公民的這些意願在政府決策過程中受到平等對待的機會

上面所有這些定義都可以用來衡量一個國家的民主水平，而且各有長處。然而，這些定義都有一個共同的不足，即太偏重於民主的理想方面，甚至將民主理想化，使其很難在現實中真正得以實現。

從民主的原意可以看到，民主最初有兩個涵義，一是人民，一是政治體制，這兩部分的相互關係是：大多數的人民必須享有管理國家的權力。我們常將民主解釋爲「人民當家作主」，這其實是不全面的，因爲它沒有提到政府。不通過政府的控制，人民是無從「當家作主」的。人民「當家作主」實際上涉及到民主的一個核心問題，即什麼樣的體制安排才能使大多數人民對政府組織具有控制的能力。

獨裁的民主政治制度應當是這樣一種制度上的安排，在這種制度中，每個人都可以用競爭的手段爭取人民的選票，獲取權力，並因此產生各種政治決定。

民主制度應當是一種通過定期選舉產生集體決策者的制度，這種制度大致包括一部保證人民基本權力的憲法；一套行政、立法和司法職能分立並互相制衡的政治實體；一種合乎公平競爭的選舉制度；健康的政黨制度（通常表現爲兩個或兩個以上的獨立政黨）；不受某一政黨或實力集團控制的、不干涉政治的專業軍隊與情報系統；獨立輿論等等。總之，民主制度最基本的理想應當是競爭和參與。

反對獨裁政治的正義原則

正義看起來好像是一個空洞抽象的概念，實際上與我們研究的獨裁政治有著非常密切的聯繫。

正義是道德倫理的核心問題，通常與平等、公道、民主等概念聯繫在一起。正義所涉及的問題是人在社會中的活動和其形成的制度，以及對個人和群體所產生的是非利害之衡量或評價的問題。從這個角度看，正義是對群體活動的一種安排和秩序，它同樣滲透著與獨裁政治格格不入的基本精神。

中國古代關於正義的議論可以說是俯拾皆是，四處可見。例如，「見義勇為」、「君子喻於義，小人喻於利」、「從道不從君，從義不從父」等等。經過儒家學說的渲染，「義」在古代中國往往與「仁」連在一起合用，所謂「以仁為富，以義為貴」、「錢財如糞土，仁義值千金」、「以仁安人，以義正我」以及「仁者不以盛衰改節，義者不以存亡易心」等等，都把「義」視作至高無尚的道德標準，是一種大公至正的公道，代表著一種美好的社會理想。

相對於中華文化的樸素正義觀，西方學術界對正義的研究已經進入到一個更高的理論層次。

1971年，美國哈佛大學哲學教授約翰・羅爾斯發表了轟動西方的世界著作《正義論》，從而引發了人們對正義的再思考和重新認識。羅爾斯的基本假設是，在通常情況下，人們會接受下述的一般正義原則：一切社會價值——自由和機會，收入和財富以及自尊的基礎——應平等分配，除非某些或全部社會價值的不平等分配符合每個人的利益。

羅爾斯從上面這項普遍的正義原則中還得出了兩項正義原

則：第一項，保障民主秩序中公民政治權利的完全平等；第二
項，保障社會和經濟價值分配中的公平待遇，雖並不一定完全平
等。他認為，第一項原則確定了一個自由民主的政治秩序中公民
的基本權利，它絕對優先於第二項原則。一個人如果不能享受平
等的公民政治權利，那麼即使得到一定的社會和經濟方面的補
償，這個社會也不公正。這裡需要指出，羅爾斯的第二項正義原
則遠遠超過了民主國家中通行的政策。對此，羅爾斯的解釋是：
西方國家中，社會和經濟不平等是不能允許的，但下面兩種情況
例外，一是不平等符合每個人的利益，二是每個人有尋求不同報
酬地位的平等機遇。

羅爾斯的《正義論》在西方引發了大量的爭論，有人稱之為
當代政治哲學復興的奠基著作。暫且不談《正義論》中的具體理
論及有關評論，我們認為，從獨裁政治學角度來看，羅爾斯給我
們的啓示是：如果承認「正義否定為了使他人分享更大地利惠，
就可以作為某些人喪失自由的正當理由」，那麼一般正義原則不
僅是反對獨裁的價值、規範和標準的信念，而且是民主政治的必
要條件，體現了民主政治的菁華準則。

我們認為，所謂正義有兩種，一種是社會上公認的社會主義，
一種是法庭中執行的司法正義。

司法正義是對法制原則的保障和補充。在一個文明社會裡，
必須有公正的司法制度，在法庭上，任何人都有權在公正的法庭
面前通過一定的法律程序受到公開審判。凡受到刑事控訴者，在
未經獲得辯護所需要一切保證的公開審判而依法證實有罪之前，
有權被視為無罪。

就社會主義而論，社會財富的積累，必須通過稅收、財政進
行公正合理的「再分配」，使每一個社會成員都有權享受一定的

社會保障，有權享受其個人尊嚴和人格自由發展所需要的經濟、社會和文化權利。

司法的正義以社會的正義為基礎，如兩者絲絲入扣合而為一，那麼這個國家一定是一個民主國家，政治清明而安定；反之，如果這兩種正義的距離很遠，這個國家的政治一定是非常黑暗而動盪不安，在很多情況下是專制獨裁政體。

總之，正義原則對獨裁政治的否定和對民主政治的貢獻，可以歸結為以下兩個方面：

1. 正義為民主機制的發展奠定了指導原則。正義原則的體現限制了獨裁政治權力的濫用，使社會不公平現象減少，政府與人民之間的聯繫得到加深。

   民主制度下的權力，首先為憲法的規定所限制，一切與國家根本大法——憲法衝突的命令和法律都無效，政治權力集中在憲法允許的範圍之內，人民的基本權利得到保障。其次，權力之間的制衡使掌握權力的人們在民主政治的前提下接受選舉的監督和任期的限制，政治腐敗現象得到遏制。

2. 在民主政治下，如果法律的正義和社會的正義觀念不符，輿論一定會表現出對舊法律的批判，當這種批判為大多數人同意時，社會客觀關係就會發生變化，政府和國家立法機關就會制訂更適應社會關係的法律，從而使兩種正義觀念漸趨一致。

建立社會主義的目的是為了實現一種社會理想，以求社會政治、經濟、文化等諸方面的發展能夠在公平、民主的原則指導下順利進行。社會理想的實現本身就是反對獨裁政治的。這裡我們

特別要說明，無論是司法正義原則還是社會正義原則，都是對獨裁體制最大的制約。

反對獨裁政治的人權原則

21世紀將是光明燦爛的「人權世紀」。未來全球社會革命最重要的一個特徵就是人權思想的全面勝利，各國在新世紀的較量也將從「綜合國力」之爭，轉向人心的至眞、至善、至美的權利之爭。

什麼是人權？當前，不同社會制度、不同意識形態的國家都在講人權，連獨裁國家也要時常喊些人權口號欺騙人民。但是人權同自由、民主等政治概念一樣，常常被人任意解釋，作爲思想內容的人權就像許多概念一樣，傳播得越廣泛，內容也就變得越模糊。因此有必要首先予以澄清、界定人權。

人權作爲一種正式的理論和口號，出現至今已有300多年歷史。關於人權的說法繁多，大致有以下幾種：

1. 認爲人權是人生來俱有的權利。權利就是人的價值、人的地位、人的尊嚴；只要是人，他就有人的權利，就有人的價值，就具備人的地位。

2. 認爲人權是得到社會承認之人的權利，其中包括憲法所確定的公民權利。這也就是說，人權主要是指人的基本權利，即生存、發展、平等和自由的權利。

3. 人權即「人格」或「資格」，人權即「有效的要求權」。所謂「人格」或「資格」有三個特徵：這種資格是指法定身份，具備了這種身份，社會主體便可以實施予之身份相符的各種行動；這種資格是法律賦予的，在法定範圍內依據法定程序基於自己的自由意志實施自己的行爲；這種資

格可以放棄。

4. 人權是國家法律認可並保障其實現的「行爲的可能性」，而這種「行爲可能性」所要實現的是指「人身權利和其他民主權利」。

5. 人權專指「個人的權利」，特別是指言論、出版、結社、集會的權利。

6. 把人權界定爲自由和平等的權利。這種定義的根據是：1789年法國《人權宣言》第1條規定「在權利方面，人生來是而且始終是自由平等的」；第2條規定天賦的人權是「自由、財產、安全以及反抗壓迫」。1948年《世界人權宣言》第1條是「人皆生而自由；在尊嚴及權利上均各平等」；第3條是「人人有權享有生命、自由與人身安全」。❷❻

我們基本上同意第6種說法。

首先，自由和平等的權利是涵蓋了一切權力內容「權利的最一般的形式」。因爲任何人權文件，其中包括《世界人權宣言》、《聯合國人權公約》、《歐洲人權公約》、《美洲人權公約》等對具體人權的闡述，任何國家的法律對國民具體權利的規定，儘管在具體權利的形態上千差萬別，但其最一般的內容，無非是對主體（人類、人類群體、人類個體）的自由和平等權利的確定。在最抽象的意義上，所有這些被確定的權利，包括《美洲人權公約》第2章規定的25種公民權利，均不可能超出主體的自由平等權利的範圍。所以，基本的人權就是自由平等權利，其他權利均是自由平等權利在不同層次和不同領域的延伸與衍變。

其次，一些著名的國際人權文件和論著在界說人權內涵時，

往往把自由平等與「正義」、「公平」、「民主」等等相提並論。
例如，《聯合國人權公約》中的《公民及政治權利國際盟約》把
自由平等與「正義」並提。我國《辭海》則把人權定義為「人身
自由和其他民主權利」。這種定義是否科學、精確尚有待研究，
但是他佐證了人權的內涵即自由平等的界定。

最後，也是最主要的，近現代著名思想家論述人權的內涵一
直被相當固定地視作自由平等權利。

洛克的《政府論》中肯定「人類天生都是自由、平等和獨立
的」。盧梭《社會契約論》也明確地說：「每個人都生而自由平
等」。康德再建立他的「批判哲學」體系時，也認為「公民狀態」
建立於自由、平等和獨立這三個原則之上。甚至恩格斯在《反杜
林論》中也把人權明確定義為「人的自由和平等的權利」。㉗

所謂反對獨裁的人權原則，主要有以下幾層涵義：

人權起源和發展的歷史證明，人權原則是在反專制獨裁政
治、爭取自由平等的鬥爭中確立的，幾乎所有人權運動的最終目
的都是為了推翻專制獨裁政權，實現民主目標。

人權是一個歷史範疇，是社會經濟發展到一個階段的產物。
在資本主義社會到來之前，古代社會的人權內容與形式都極為簡
單、粗陋和殘缺不全。在漫長的奴隸社會和封建社會時期，人類
不僅沒有明確的人權概念，更沒有系統的人權理論。所以，人權
同階級、國家和法的產生相互聯繫，歷史起點可以追溯到人類原
始共同體的端點，但是人權真正被作為個人政治及法律權利的要
求，卻是近代資產階級革命時期才開始的。

文藝復興後，新興資產階級在17世紀提出「天賦人權」的口
號，以反對封建統治和僧侶神學的政治主張。「天賦人權」的核
心是資產階級對平等和自由的要求，經過馬丁‧路德的宗教改革

和洛克、盧梭等啓蒙思想家的宣傳，它極大地激勵了資產階級爲爭取經濟和政治利益的革命鬥爭。

18世紀70年代，北美人民獨立戰爭爆發。1776年大陸會議通過的《獨立宣言》在序言中宣告：獨立乃是「自然的法律和（主宰）自然的上帝之法律要求他們尊重人類意見」的結果，其正文開宗明義地說：「我們認爲這些眞理是不言而喻的：即人是生而平等的，他們被造物主賦予了不可轉讓的權利，其中包括生命權、自由和追求幸福的權利。爲了保障這些權利，所以才在人們中間成立政府。而政府的正常權利，係得自被統治者的同意。如果遇有任何一種形式的政府變成是損害這些目的，那麼，人民就有權利來改變它或廢除它們以建立新的政府。」❷❽

《獨立宣言》滲透著一項重要的人權原則，即人生而平等自由。這表明資產階級已把自己的政治主張概括爲人權、生命、財產、自由、平等、博愛、民主、共和國無一不是人權的表現和要求。《獨立宣言》標誌著人權已由一種思想和理論上升爲一個普遍的政治宣言，成爲資產階級革命的口號。

與美國獨立宣言相比，法國大革命頒布的《人權宣言》對人類發展的影響同樣廣泛而深刻。《人權宣言》進一步闡述了平等、自由、法律、權利的有關原則，以法律的形式肯定了資產階級的人權概念。宣言第1條規定：「在權利方面，人生本是而且始終是平等的。」第2條規定：「一切政治結合的目的都在於保護人的天賦和不可侵犯的權利；這些權利是：自由、財產、安全以及反抗壓迫。」第17條規定：「私有財產權神聖不可侵犯。」這樣，財產權作爲重要的人權，就成爲資產階級法律保護的主要對象。

《人權宣言》也對行使人權規定了法律的界限：「自由在於不做任何危害他人之事。每個人行使天賦的權利以必須讓他人行

使同樣的權利為界限。這些界限只能由法律規定。」（第4條）
「濫用這些自由而超過法律規定的界限是不允許的。」（第11條）「在法律面前，人人平等。」（第6條）顯而易見，《人權宣言》一誕生，就把人權同法制緊密地聯繫在一起。如果說，美國的《獨立宣言》是一篇政治宣言，具有政治綱領的效力，那麼《人權宣言》作為已經取得國家政權的國民議會文件，則是一個憲法性宣言。它提出的原則成為後來各國憲法的依據。可以說，18世紀《獨立宣言》和《人權宣言》的發表，宣告人類歷史進入了一個新的時代。這兩個宣言本身就是人類思想史上的重要文獻。人生而平等，人有生存、自由以及追求幸福的權利，這無疑是激勵受殖民統治、專制獨裁壓迫的人民之崇高理想。從18世紀到第一次世界大戰前，隨著資產階級在許多國家的勝利，人權思想得到了進一步的傳播，平等自由的反獨裁觀念愈來愈受到世界人民的歡迎。

19世紀，世界發生了翻天覆地的變化，人權發展也取得了更加偉大勝利。統觀這個時期人權發展的總體特徵，我們可以發現，以往流行的自然法、自然權利的原則已經失去原有的魅力。人們認真地、系統地研究了人與政府、社會之間的關係，開始思索自己的政府應該採取怎樣的形式以及政府各部門之間的權力分配。這也是後來代議民主制在西方各國得以最終確立的基礎。

本世紀下半葉以來，人類經歷了兩次大戰的慘禍，更加珍惜各民族國家的和睦相處及全人類的共同發展，爭取基本人權的鬥爭也越來越受到國際社會的普遍重視和關注。在此期間，人權理論的內容和形式都有了新的重要發展。第一次世界大戰後，人權由國內法領域發展到國際法領域，增加了諸如保護少數民族基本權利和自由的內容；第二次世界大戰後，聯合國憲章重申了關於

基本人權的信念，人類個體尊嚴和價值的信念，男女平等的信念和國家不論大小一樣平等的信念。聯合國還專門成立了人權委員會，並在1948年12月10日通過了著名的《世界人權宣言》，宣布「人人有資格享有本宣言所載有的一切權利和自由，不分種族、膚色、性別、語言、宗教、政治或其他見解、國籍或社會出身、財產、出生或其他身份等任何區別」。㉙

為了使《宣言》原則法律化，把它變成具有法律效力的國際準則，聯合國又在1966年通過了《經濟、社會、文化權利國際公約》和《公民權利和政治權利國際公約》。不僅如此，聯合國還先後制訂了十幾個保護婦女、難民和無國籍人的國際公約，制訂了一系列保護民族權利和禁止使用酷刑的國際公約等，這無疑是對獨裁專制的重大打擊和對人類文明的巨大貢獻。

人權的具體內容和本質說明，人權原則是反專制獨裁的有力武器。

根據《世界人權宣言》以及其他國際公約所規定的國際人權標準，人權的具體內涵可以概括為以下幾個方面：

個人人權　其內容包括：人身權。這是人所具有的最基本的權利，如人的生存權（生命權，免於饑餓的權利等）、健康權和人身自由權。這裡要特別指出的是，人身自由權又稱「人身不可侵犯權」。它主要是除非經法定程序，任何人不受逮捕、監禁，具有反奴役、反迫害和反其他非人道折磨的權利。這與獨裁統治原則是格格不入的。人身權還包括人格權，即人的尊嚴、人格不受侵犯的權利；人的身份權、姓名權、肖像權、名譽權、榮譽權、婚姻自主權以及人的安全權，即不受非法干擾的權利，通信自由的權利，私生活秘密權，住宅免受侵犯權等等。

政治權。這是公民依據法律有關規定享受政治地位平等、參

加國家管理的自由權利。政治權主要包括公民參政權、選舉與被選舉權、言論自由權、出版自由權、集會自由權、結社自由權、遊行示威自由、宗敎信仰自由、對公共事務和國家事務的了解權、信息權、男女平等權以及在法律面前人人平等的權利。

　　經濟、文化和社會權利。這主要是指財產權、就業權、享受勞保福利權、同工同酬權、家庭權、受敎育權、與人溝通和交往的權利、休息權、參加工會權、享受社會福利的權利等等。

　　上述各項權利是基於個人基礎上的人權，也是傳統觀念上的人權。其根本前提在於強調人的自由和人與人之間的關係平等。

　　集體人權　是相對於個人人權而言的、某一類人具有的權利。其內容可以初步歸納爲：兒童的權利，婦女的權利（包括母親的權利，即指懷孕及產後受到社會照顧的權利），老年人的權利、痴呆者的權利（包括精神不正常的人之權利和精神病患者的權利）、殘疾人的權利、犯人的權利、外國僑民與難民的權利，少數民族的權利等等。

　　民族人權　相對於個體人權、集體人權而言，廣大第三世界國家提出的民族與國家生存和發展的權利。1966年，聯合國通過的兩個人權公約都體現了民族自決權和發展權，這使人權發展獲得新的生命力，成爲保護弱小民族主權、反對帝國主義、殖民正義掠奪的武器。民族人權的中心思想是要強調民族國家之間的關係平等，特別是它與爭取建立國際政治、經濟新秩序的鬥爭聯繫在一起，意義重大而且深遠。與民族自決權和發展權相連，我們也可以把爭取世界和平與安全的權利、民族國家對自然資源的永久主權、生態權等等，列爲民族人權的範圍。

　　把人權確定爲個人人權、集體人權和民族人權，非但沒有損害人權作爲一個整體的概念，反而爲推翻世界各地存在的獨裁政

體樹立客觀眞實的標準。那些不僅完全漠視國際基本人權標準、而且還利用種種藉口宣稱「特殊國情」而繼續侵犯人權的國家，往往會在國際社會的交往中感到巨大的民主壓力。

人權是神聖不可侵犯的。在個人利益和公眾利益發生衝突的時候，政府雖然有權在特定情況下採取一定的措施，但是理想的解決方式應當是個人、集體和國家利益的完滿結合。政府通常不可強制其公民屈從壓力，以犧牲個人人權換取所謂的集體利益和國家利益，更不能藉集體利益或國家利益的名義實行獨裁統治。

人權實踐的新發展證明，未來世界潮流是向著反對獨裁、實現民主的方向發展的。保障人權既是推翻專制獨裁統治的有效途徑，更是民主化的前提和民主制度賴以生存的基礎。

當代人權實踐的新發展大致包括兩個最重要的方面：

1. 人權範圍的擴大。這也是我們上面談到人權的主體已由傳統意義上的個人人權發展到集體人權和民族人權在內的三位一體的權利整體，這種變化爲世界人權實踐創設了全新的背景，開闢了前所未有的寬闊領域。

2. 人權實踐的法制化。第二次世界大戰以後，許多國家都通過憲法和法律對人權加以強調。人權成爲國內、國際立法的一個重要課題。隨著時間的推移，人權的內涵已從根本法的一般性原則逐漸具體分解爲基本法或部門法、單行法或特別法乃至法規或條例。同時，傳統針對個人爲調節對象的法規也越來越詳細、周全；新出現以某群體爲調整對象的特別法如青少年保護法等層出不窮；以某項細微權利爲內容的專門法或專項法也正與日俱增。人權實踐已與當代法制緊密結合。

本節歸納了以民主制約獨裁的民主制度原則、正義原則以及人權原則。其實，依筆者之見，這幾項原則歸根結底都與實行法治有關。

英國政治學家戴雪（A.V.Dicey）在他1855年出版的《憲法精神研究導論》一書中指出了法治精神的三個基本觀念：

1.法律高於任意而爲的權力，任何個人的人身和財產非經法律程序不得受到侵犯和傷害。

2.法律面前人人平等，任何人不得凌駕於法律之上。

3.個人的權利是憲法的源泉而不是憲法的恩賜。這些觀念對我們來說仍然具有十分重大的現實意義。

兩千多年來，我國的政治哲學，有兩種對立的思想，旗鼓相當，莫衷一是。簡而言之，也就是人治與法治的爭論。儒家有「人存政舉，人亡政息」之說，希望有聖君賢相出而德化萬民，治理國家；法家有「任法不任人」之說，強調「王子犯法與庶民同罪」；至於「徒善不足爲政，徒法不足以自行」之說，則不過是對所謂人治與法治意見的調和。法治思想側重於以國家的法律爲管理衆人之事的依據，而不以統治者個人的喜怒哀樂爲國家施政的標準。人民要遵守法律規定，行使其權利，克盡其義務；管理國家的人也要遵守憲法和其他法律的規定，謹守其職權的範圍，不能濫用權力，侵害人民的自由或其他權利。管子所說的「君臣上下貴賤皆從法」，就是法治最樸素有力的解釋。

專制獨裁政體下的法治，造福人民只是手段，保持政權才是真正的目的。獨裁者以暴力控制社會，不講求政治方式，所以也就根本談不上什麼法制。民主政治之下的法治與專制之下的法治，屬於兩類截然不同的概念範疇。民主政治下的法律代表了人

民的意志，其內容是人民意志的體現，從兩個方面奠定了民主政權的基礎：一個是法律的保守性，表現爲維持社會秩序的功能；另一個是法律的適應性，可以調解政治方式與人民的意向。

後現代世界的民主與獨裁

江河行地，日月經天，寰宇依然，四季如常，人類社會却隨時光的流駛而以加速度的速率奮然前進。野蠻、獨裁、專制、暴力、戰火、血腥……正一一隱退或必將消遁。雖然暫時還不是「處處桃花如二月」，却也「東風應比去年多」地不斷進步。

本書之論述獨裁政治，不得不時時將人類社會遭際的黑暗一一展現讀者的面前，也許讀來不禁沉重。好在此節已臨篇末，所述者可以涉及對於美好明天的展望了。

當代資本主義社會結構特徵

第二次世界大戰以後，西方發達資本主義國家出現了許多新的情況。一言以蔽之，就是政治上一直相對穩定而經濟上增長速度空前加快。其中經濟增長持續時間之長、幅度之大、覆蓋面之廣，都是史無前例、前所未聞的。

當代資本主義社會的總體特徵突出地表現在以下一些方面：

(一)以電子計算機、原子能和生物工程爲標誌的新的科技革命使資本主義的生產社會化發展到一個新的高級歷史階級。

自17世紀以來，世界已經歷了兩次改變歷史進程的重大科技革命。

　　第一次科技革命始於17世紀後期數學、力學、天文學的新發現，一直延續到19世紀中期，前後跨越了150年。18世紀中期以後開始以煤作爲能源、蒸汽機的廣泛運用，紡織工業、冶金工業、機械工業、造船工業的大發展和航海事業達到空前規模等爲重要內容的工業大革命，是這一次科技革命的產物，也是這一次科技革命發展的頂點。

　　第二次科技革命始於19世紀60年代之後開始的電學、化學的大發展，一直延續到20世紀60年代，前後達100年左右。在這100年中，曾經出現兩次高潮。一次是19世紀末、20世紀初，以電子工業、化學工業以及電報、電話等的迅速發展爲標誌的階段；正是在這個階段，最終實現了向現代社會的轉變；另一次是20世紀的50、60年代，以石油化學工業、汽車工業、航空工業等的迅速發展爲標誌的階段；在這個階段，人類社會的現代化趨於成熟和完善。

　　第三次科技革命的源頭可以上溯到本世紀30年代。當時，核科學和核能利用技術、電子計算機技術、火箭技術等已經有了長足的進步，爲新科技革命的興起創造了理論和技術條件。

　　1945年世界上第一顆原子彈爆炸，拉開了新的科技革命的序幕。1957年10月世界上第一顆人造地球衛星的發射，奠定了新科技革命的第一個里程碑。戰後40多年科技知識的積累，占人類有史以來積累的全部科技知識的90%以上。

　　本世紀60年代是新科技革命發展的起步階段。在這10年中，新科技革命以航天技術和電子計算機技術爲中心，有了迅速的發展。在航天技術方面，人類成功地發射了偵察衛星、氣象衛星、通訊衛星和資訊衛星；在電子計算機技術方面，晶體管電子計算機和集成電路電子計算機等兩代電子計算機相繼問世。與此同

時，圍繞這兩大技術領域的發展，新材料、新能源等一系列新技術領域也得到全面、迅速的發展。這一階段可以被稱之爲新科技革命發展的第一個高潮。

　　70年代到80年代，新科技革命在廣度和深度上都獲得了重大突破。在這一階段，電子計算機技術開始應用於社會經濟的很多領域和部門，大大改變了以前數十年中新技術革命主要用於軍用領域的狀況。70年代初、中期爆發了世界性的能源危機。石油價格的暴漲給發達國家帶來了嚴重的困難。人們被迫重新認識關於社會經濟發展的基本觀念和指導思想。這場深刻的反思導致了對於管理、效率和節約的空前重視，因此電子計算機作爲管理的有力手段被越來越廣泛地應用於社會經濟各個部門。在這一階段，新科技革命本身的發展也有重大的突破。「阿波羅號」登月成功，分導式多彈頭洲際導彈的出現，以雷射和光纖通訊爲核心的光學工程出現，以分子生物學和基因重整技術爲代表的生物工程的發展等等，是這種突破的主要標誌。這一階段可以稱之爲新科技革命發展的第二個高潮。

　　從80年代上半期至今這十年中，新科技革命進入又一個新的發展階段。在這一階段，新科技革命的在廣度上的大發展表現爲以下3個方面：

1. 新科技革命的內容大大擴展。一方面是越來越多的新技術群體，如微電子技術、新能源、新材料、生物工程、海洋工程、光學工程等等得到進一步的開發；另一方面是在這些新技術群體中，越來越多的成果由研究開發進入商業化階段，傳統產業實現了高技術化轉型。
2. 新科技革命的發展方式，已由先軍用後民用、軍用技術向

　　民用技術轉移，轉變爲軍用領域和民用領域的新技術同時
發展和兩個領域之間的相互轉移。

3. 新科技革命越來越成爲國家政策、國家戰略的重要組成部
　分，發展高技術已成爲很多國家爭奪21世紀優勢的重要措
　施。❸⓿

　　與新科技革命在廣度上的大發展相比，當前新科技革命在深
度上也醞釀著重大技術突破。除了第五第六代計算機、光學工程、
生物工程以外，最引人注目的是關於超導材料的研究。常溫超導
材料的研製成功和實用化，將引起連鎖式的革命性變化。此外，
航天飛機和大型載人空間站等航天技術領域的新進展，也都具有
深遠影響。

　　新科技革命引起當代資本主義社會發生重大的變化，從生產
社會化的角度來看，最突出的表現有以下兩個方面：

1. 新科技革命已經成爲當代發達國家經濟中最活躍的因素，
　它對發達國家的影響甚至於對世界經濟的影響，都大大超
　出了它目前的規模與水平。例如，自70年代中發達國家經
　濟危機開始，很多人預料資本主義經濟將進入一個「長波
　蕭條階段」。但是同一時期，以電子工業爲代表的高技術
　產業一反其他部門的衰退或低速增長狀態，增長速度達每
　年十幾個、甚至幾十個百分點。這就引起發達國家產業結
　構和經濟結構的進一步調整。這種調整主要表現爲兩種趨
　勢：一是調整的中心是發展高科技產業，包括電子工業、
　航天工業、生物工業等；另一種趨勢是產業轉移現象。即
　從高技術的知識密集型產業到資本密集型產業、再到勞動
　密集型產業，依次從發達國家向新興工業國家和發展中國

家轉移。發達國家在未來世界經濟的結構布局上占有優先
地位。

2. 新科技革命不斷加強經濟國際化趨勢。發達國家不僅大力
支持生產國際化、經營綜合化的發展,大量輸出國際資本,
而且在新的國際市場競爭中瞄準高技術市場,變換競爭手
段。這裡我們要特別注意,一方面,這種經濟國際化趨勢
的基礎是發達國家國內的股份公司普遍發展,在資本越來
越國際化的同時,生產資料的所有權和占有、經營權越來
越分散;另一方面,這種經濟國際化趨勢的國際影響在國
際貿易方面表現為競爭的激烈化,國際貿易的內容、商品
構成和價格都發生了重大的變化。在國際金融市場方面,
通訊衛星和計算機網絡的發展使全球性國際金融市場日益
發達,促進了國際資本流動的規模和速度。

(二)西方發達國家戰後生產力的發展條件得到一定的改善,國
家進一步完善對社會經濟的宏觀調控,在一定程度上克服了單純
的市場調節和過分壟斷的缺陷,弱化了生產無政府狀態。

1950年到1973年是發達資本主義國家經濟史上的「第二個黃
金時代」。在這個黃金時代裡,主要資本主義國家經濟繁榮的盛
況遠勝於1850年到1914年的「第一個黃金時代」(其間,英國等
歐洲國家曾為19世紀70到80年代長期蕭條所中斷)。1950年後的
20多年中,發達資本主義國家國民生產總值每年平均增長4.9%,
而1870年到1913年期間僅有2.6%。[31]

從70年代中到80年代末發達國家的低速增長期裡,各國國民
生產總值每年平均增長仍然維持在2.5%左右,接近1870－1913年
的歷史最好記錄,高於1913－1950年的平均增長率(1.9%)。[32]

從整體上看，西方發達國家雖然深受70年代石油危機和經濟危機的影響，經濟「滯脹」險象叢生，但是1983年以後，資本主義發達國家的經濟體制改革和產業結構調整較快奏效，各國又獲得相對穩定的新增長，資本主義世界經濟不僅沒有出現整體危機，而且直到今天，24個發達資本主義國家依然在整個世界的國民生產總值中占據三分之二的強大優勢，其經濟實力，對世界發展具有不可低估的影響力。

深入研究戰後國家壟斷資本主義的發展，我們可以發現，西方發達資本主義國家生產關係的自我調整主要表現在：

1. 調整了所有制的形式。它們將大批私有的銀行、工業企業和公用事業收歸國家所有。現在，西方發達國家國有企業平均占國內生產總值的10%以上，國家就是本國最大的雇主。

2. 調整了國民收入的分配形式。它們採用累進所得稅，建立社會救濟和社會福利等計劃，改進國民收入的再分配。

3. 建立了官民合作或勞資合作進行經濟決策和舉辦企業的體制。日本、法國等由政府官員、科學家、企業和勞工代表共同商討中長期經濟計劃。前聯邦德國、瑞典、挪威等國實行在政府干預下企業內部的「共決權」制度，吸收工人參加企業管理。美國建立「產業軍複合體」，日本建立「產官學三位一體」，西歐則有「官民聯合」制度，共同興辦周期長、風險大、又具有戰略意義的尖端技術產業和重點工程。

4. 建立了宏觀和微觀上進行經濟調節的體制。它們利用預算和貨幣決策，有時加上「直接管制」，有時國家還實行指

導性的計劃化，對社會總需求進行宏觀調節。採用稅收、信貸、補貼或直接投資等手段，實行「工業政策」，對具體工業部門或具體企業進行微觀調節。通過多邊或雙邊的經濟政策國際協調或建立經濟一體化組織，實行經濟調節的國際化。

㈢腦力勞動者在社會上占據越來越重要的地位，階級結構發生了顯著變化，富人和窮人是少數，中等收入者占大多數（所謂菱形結構），這也就是我們所說的中間階級的興趣。

應當承認，從社會階級關係的兩個極端來看，當代發達資本主義社會與過去相比，並沒有顯著的變化。社會的一端是若干最富有的家庭，他們的收入和財富在社會總收入和總財富中依然占有很大的比重；社會的另一端卻是相當嚴重的貧困者，其家庭收入低於官方宣布的貧困線標準。當代發達資本主義社會仍然是一個貧富懸殊、有權有勢者與無權無勢者嚴重對立的社會。但是，從另外一個角度上看，在社會兩個極端之間，階級關係的變化卻非常顯著。例如，發達資本主義社會的勞動力結構已經發生了十分明顯的變化，面貌一新。這主要表現在：

1. 整個社會的從業者之中，非物質生產部門中人員的絕對數和相對份額都在增長，而物質生產部門中人員的絕對數和相對份額則在下降。
2. 在全部從業人員中，白領工人的人數在增長，藍領工人的人數在減少，白領工人在全部從業人員中的比重已經超過了藍領工人。白領工人中的一部分就是管理人員。
3. 管理人員在物質生產部門和非物質生產部門中的地位日趨重要，他們已經形成了一個既不同於企業所有者，又不同

於直接從事生產活動的勞動者階層，即通常所說的「管理階層」。儘管他們仍然受雇於企業所有者及其代理人，但隨著生產技術的迅速發展和管理工作的日益複雜化，隨著所有權與經營管理權相分離的趨勢的發展，他們在經濟生活中的地位越來越重要，他們的相對獨立性也越來越明顯。

因為上述變化，一些經濟學研究者認為一個新的「中產階級」正在發達資本主義社會中興起壯大。這個「中產階級」的總體特徵是：收入處於中等水平，有較高的文化技術水平，思想狀況和生活方式既不同於社會上的最富有者，也不同於處於貧困地位的窮人。他們被看成是發達資本主義社會中的一支穩定力量。不僅如此，他們也不同於馬克思主義經典作家在論述19世紀資本主義社會的階級結構時提到的「小資產階級」。馬克思主義經典作家提到的「小資產階級」，是指一個遭到大資本的排擠、不斷向兩極分化的中產階級，他們是同整個社會生產力的進步趨勢不相容的，他們主要同自己所擁有少量的生產資料相聯繫。而當代發達資本主義社會中，那些主要由白領工人、尤其是其中的管理人員所構成的新的「中產階級」，則是社會生產力發展的產物。他們的興起是與社會生產力進步趨勢相適應的。他們不是依靠自己的少量生產資料而生存並取得收入，而是靠自己的勞動、知識和技能生存發展。從未來的發展趨勢看，這個新的「中產階級」本身已經成為越來越重要的社會力量，其人數正在迅速增加。

㈣資本主義政治上越來越民主，法治越來越完備，社會生活和思想文化越來越自由化。

發達資本主義國家內部民主化進程的發展主要體現在許多西

歐國家的社會黨和社會民主黨已經成為重要政治力量；資產階級
民主不論在早先的法西斯國家中（如聯邦德國、義大利、日本），
還是在早先的獨裁國家中（如西班牙、葡萄牙等）都得到了確
立；社會福利制度在不少資本主義國家得到建立和普及，各階層
人民、特別是中下層人民的生活得到某些保障。所有這些對資本
主義社會的穩定起了有益的影響。

　　正是在這種情況下，主要資本主義國家，除了法國、義大利
等在戰後初期，一度出現過社會波動及無產階級革命的趨勢，但
以後隨著經濟的恢復和穩定發展，資本主義各國都逐步趨向相對
穩定，再也沒有發生過劇烈的社會動盪或出現過革命運動。

　　戰後西方國家政治體制和統治機制方面發生的新變化，可以
概括性地總結為資產階級民主制度的強化。其「政治民主化」的
主要表現是：

1. 幾乎所有的發達資本主義國家都熱衷於推行或改行民主政
   體。據統計，現在世界上約有150個國家實行資本主義制
   度，其中已有136個實行西方代議民主制。

2. 從法律條文上看成大多數國家已經放寬或刪除了過去對選
   民資格的諸多限制；除了法國、荷蘭、芬蘭、新西蘭等國
   還不同程度或變相地保留財產資格限制以外，其他許多國
   家甚至不再正式講什麼財產差別了，公民權利也有所擴
   大。例如，一些國家陸續健全了人權立法，有的規定了公
   民的社會經濟權利，即所謂經濟民主制約在政治權利方面
   也增加了一些新的內容。

3. 更加藉助兩黨制或多黨制把資產階級民主的運行納入某種
   有序狀態。從表面上看，依法成立的各政黨相互獨立、平

等競爭、彼此制約。它們的政治地位（執政或在野）是暫
時的定期互換，選民對這些政黨似乎可以作出自己的選
擇。

4. 更加注重幾年一度的競選活動。隨著現代傳播媒介和其他
手段的日新月異，競選的花樣也愈來愈多。㉝

在大陸理論界，至今還有人片面地看待當代資本主義政治民
主化問題，他們把這些變化簡單地說成是資本主義國家內統治階
級被迫作出讓步和蓄意懷柔的結果，所有這些變化只能說明「資
產階級的政治統治和政治鬥爭的經驗更加豐富了，資產階級對勞
動人民的專政變得更隱蔽、更精巧、更成熟」。這種看法過於機
械，不能說是符合實際的。

㈤資本主義國家之間的矛盾得到相當程度的調節和控制，從
而可以避免矛盾激化，避免爆發戰爭。

自巴黎公社以後，歐洲主要發達資本主義國家不但沒有爆發
馬克思和恩格斯預料的社會革命，其經濟和政治發展反而逐漸和
諧起來。究竟是什麼因素造成發達資本主義社會的相對穩定呢？
許多資產階級學者自己對此也做出了不同的解釋。

麥克費森（Macpherson）認為議會政黨的產生和發展是最
主要的原因。用他的話來說，由於議會政黨一般是由上而下組織
起來的，發源於議會中的派別團體，其組織者大多是資本主義政
體中的政治精英，因此在歐洲普選制迅速推廣的情況下，議會政
黨間接地實現了公民的政治參與，「平抑」了推行民主政治過程
中的階級差異。

另一位資產階級著名學者熊比得則系統地闡述了資本主義民
主政治的具體操作原則。他將亞當‧斯密的經濟競爭原則推廣到

政治領域，提出「民主政治實際上是一個市場」的著名論斷。政治家或政治精英實際上是這個市場上的政治企業家。政治家要想成為統治者，就必須將自己的「產品」──政治綱領或目標──向選民作「廣告宣傳」。在由廣大選民組成的政治「市場」上優勝劣汰，當選者可以成功地向自己的「顧客」──選民──銷售自己的政治「產品」。熊比得甚至比斯密更進一步地把張伯倫和瓊‧羅賓遜的壟斷、寡頭競爭理論也引進政治分析，他認為民主政治實際上是一個不完全競爭市場，政黨或其他有利益的政治團體就是政治市場上的壟斷「企業」，它們競爭的結果──某政黨或某利益集團的代表人物當選，形成一段時期的「寡頭」政治，但是這種寡頭政治不會導致專制，因為每隔一段政治周期，競爭又會周而復始地將民主政治推向新的階段。熊比特最大的理論貢獻是把資本主義的政治社會和經濟發展結合起來綜合考察，辯證地說明了資產階級民主政治的某些操作性原理。

富足與文明伴隨著和平，貧窮與愚昧是戰亂的溫床。在第二次世界大戰後的1946年到1987年，全世界共發生局部戰爭173次。從世界各大洲戰爭分布圖上我們可以看出，發達資本主義國家（主要是指北美和西歐）連一次戰事也沒有發生。相反，亞、非、拉國家的戰爭却連綿不斷。其中亞洲有86次，非洲54次，中南美洲26次，東歐7次。這裡不得不提的是，按照馬克思主義的戰爭理論，資本主義國家之間、資本主義和社會主義國家之間，存在著根本的利害衝突，因而爆發戰爭的可能性極大；社會主義國家之間不存在什麼利益衝突，第三世界國家之間的利益衝突也較小，理應不該發生或較少發生戰爭。但是事實與此恰恰相反。戰後社會主義國家之間發生戰爭的頻率不斷增大。50年代一次，60年代兩次，70年代三次。第三世界國家之間的戰爭次數更是居高不下。

與這種情況相比，戰後40多年來西方發達國家之間的確維持著一種沒有戰事的和平共處戰況。這大致是因為：第二次世界大戰後，西方資本主義國家進入轉型期，各國國內普遍出現戰爭反思，和平力量日益壯大。同時，資產階級民主制度也在一定程度上限制了對外使用武力。在國外，由於民族獨立浪潮的掀起，西方國家的殖民地逐一喪失，客觀上減少了矛盾衝突的可能性。

不管怎麼說，資本主義蘊藏著巨大的生產發展潛力，它「在生產社會化、社會生活社會化方面已經發展到一個更高階段，反映著人類文明的新成就，是社會化商品經濟的最高學府」。❸❹

資本主義的現代化發展歷程使我們有必要重新作出歷史的比較，以新的眼光去看當代資本主義條件下的民主政治發展。

民主獨裁析微

1966年，美國學者巴林頓‧摩爾推出《民主與獨裁的社會起源》一書，旋即風靡了歐美文化思想界。在這本視野相當廣闊的史學論著中，摩爾以世界現代化的政治演進道路為主軸展開全書的基本構架。他把五光十色、氣象萬千的全球現代化進程分成三類：一類是以英、美、法為代表的西方民主道路；一類是以德、日、義為代表的法西斯主義道路；一類是以俄國和中國為代表的社會主義道路。他發現，這三條歷史道路不但在發展序列上是相互接續的，而且在因果鏈條上也是輾轉遞進的。西方民主道路為德、日、義的法西斯主義開啓了大門，而法西斯主義在俄國和中國的失敗，又直接引爆了社會主義革命。為什麼會形成三種不同類型的歷史路線呢？摩爾認為，問題的癥結在於不同時代、不同社會背景下階級關係組合模式的變異和轉換。三條道路不但可以相互並列和更替，而且彼此可以交匯和包容。他所表述的歷史流

變法則，並不是一道道僵直生硬的必然性軌道，而是充滿生機與衝突、自由與選擇的趨向性規律，是在無數偶然性中湧現出來的必然性。

筆者注意到，摩爾多線複合結構的歷史演化圖並不是封閉的，而是開放的。他曾坦率地承認，在自己的研究視域之外，還存在著尚未充分展開、有待深入研究的遼闊歷史空間，這包括印度、非洲、拉丁美洲等許多國家和地區的歷史狀況。這些國家和地區正面臨著全新的歷史抉擇，這一方面意味著對上述歷史發展途徑予以批判性反思；另一方面，這些國家的未來命運，也將對《起源》所提出的歷史命題構成某種判決性檢驗。

摩爾對西方社會的理論挑戰有以下幾點：

1. 當時西方現代化研究的正確理論認為，所謂現代化進程必將是歐風美雨吹拂全球的歷史進程，資本主義和西方民主，是進入現代工業社會的唯一通道和最終歸宿。摩爾却依大量歷史事實雄辯地揭示出：西方民主只是特定歷史環境中結出的果實，通向現代化社會的歷史道路和與之相適應的政體形態是形形色色的。

2. 西方傳統理論往往把和平與民主對舉，而把暴力與專制並論。摩爾針鋒相對地提出：暴力在歷史上有著不可低估乃至不可替代的積極作用。首先，西方民主道路的起點便是暴力革命，儘管許多資產階級著作往往有意無意地抹去這一歷史淵源。而西方民主在第一個資本主義國家英國的最終確立，則依賴和平統一秩序下的合法暴力——圈地運動。其次，德、日、義繞開了暴力革命道路，通過自上而下的改革實現了工業化，但由此形成的法西斯主義給整個

人類和本國人民帶來的災難，遠遠超出了暴力革命的代
價。再次，印度等國沒有選擇西方資產階級民主革命和東
方社會主義革命的道路，也沒有重蹈法西斯主義的覆轍，
然而，它在現代化的道路上却始終步履蹣跚、徘徊不前。
這也許就是沒有經歷一場暴力革命的洗禮所付出的代價。

3. 大多數資產階級理論家認爲，關於剝削的各種社會理論無
非是一種主觀臆測，摩爾却堅持剝削理論的客觀性。當然，
他的認識與馬克思主義有關理論有很大區別。**㉟**

摩爾認爲，民主進程是一場漫長而且必然是沒有止境的抗
爭，旨在進行三項密切相關的事情：

1. 制衡專制統治者。
2. 以公正與理性的統治取代專制統治。
3. 使基本民衆在進行統治時分享統治權。

《民主與獨裁的社會起源》從付梓之日迄今已歷20多個寒
暑，不但始終魅力不減，反而冉冉上升到西方學術經典的眩目地
位，被西方學者稱讚爲「對人類社會和歷史進行的重大探索」，
與馬克斯・韋伯的《新教倫理與資本主義精神》、埃米爾・涂爾
幹的《論自殺》並列爲本世紀社會科學的三大名著。**㊱**

摩爾關於世界現代化過程的分析，特別是他關於民主與獨裁
政治不但可以相互並列和更替，而且彼此可以交匯和包容的歷史
流變法則，對於我們思考未來全球現代化過程中的政治演進道
路，仍然具有十分重大的啓迪意義。

要想探討未來人類社會民主與獨裁的發展趨向，首先應介紹
本世紀60年代由美國學者丹尼爾・貝爾首先提出的「後工業社

會」這個概念。

直到今天，關於究竟什麼是「後工業社會」，什麼是這個概念的內涵和外延，中外理論界還存在不少分歧。但是，人們大都同意，所謂的後工業社會大致具有以下幾個特徵：

1. 與傳統工業社會和農業社會相比，服務行業在後工業社會經濟中占有重大的比例。

2. 與傳統工業社會和農業社會相比，後工業社會白領工人人數大量增加，藍領工人人數相對減少，這種情況進一步說明了經濟發展過程中專業技術、管理人員起著決定性的作用。

3. 傳統的工業社會和農業社會強調人力資源，後工業社會則重視理論知識、技術科學和研究發展。

4. 與傳統的工業社會和農業社會相比，經濟水平的提高使人民大眾生活方式發生極大的轉變，貧窮被逐步消滅，一小部分精英分子與人民大眾的對立相對緩和。

5. 後工業社會更重視教育，受高等教育的社會總人口比例增大。

6. 後工業社會出現了「後資產階級」的價值觀念體系，這種價值觀與傳統的清教徒式的勞動倫理不同，更爲注重生活質理和人道主義因素。

上述6點概括主要是從經濟、社會和文化角度做出的探討。當然，貝爾對後工業社會的政治現象也作出了一些零散的論述，他提出後工業社會中的政治難題是經濟、社會和政治組織中的官僚決策者與非官僚決策者之間的矛盾衝突；專家技術人才將在政治生活中扮演更加重要的角色，權力結構的變換方式也從立法到行

政機構轉移；與此同時，未來的權力基礎也將更加取決於對技術的控制（通過教育獲得），而不完全取決於對財產的控制（通過商業活動獲得）和對政治權勢的占有（通過被吸收、被提拔等形式獲得）。

時至今日，「後工業社會」已成為一個世人廣泛運用的概念。但從整體上看，許多曾對這個概念做出詮釋的專家、學者都沒有對後工業社會條件下的政治體制、政治過程、政治領導以及政治觀念給予具體的評述。貝爾自己也說過，後工業社會發生的許多變化涉及到根本結構的變革，但未必涉及政治領域。這個概念一點也不能解釋未來發生政治危機的本質。

按杭廷頓的說明，可能有三點原因使西方理論界沒能對後工業社會的政治做出系統的分析。這三點原因是：

1. 後工業社會的政治並不重要，「對機器的操縱代替了對人的控制」。

2. 如果說經濟、產業結構、教育水平、生活方式以及技術發展程度在傳統工業社會和農業社會和後工業社會階段絕然不同，那麼，後工業社會的政治與傳統工業社會和農業社會的政治沒有多少區別，政治有自己的發展規律。

3. 後工業社會的政治之所以沒有被充分重視，不是因為它不重要，而是因為它反映了比工業社會的政治更「黑暗」的一面，即它本身是更加骯髒的政治。

按照杭廷頓的第三個假設進行推理，我們不得不反思，在後工業社會中，人類社會的政治體制是否存在一種反民主的傾向，或者說，在本質上更加趨於獨裁？

理論上，後工業社會意味著現代化的不斷發展，而社會文化

生活水平愈發達，人民參與國家政治事務的範圍也就應該愈廣泛，國家政治民主化的程度也就越高。但是，有資料表明，後工業社會的政治發展與政治參與並不一定成正比，許多發達國家政治參與的擴大反而使其政治系統複雜化，教育的普及和提高造成了多種不同的利益集團，所以就整個體系而言，後工業社會中出現了一種反常的趨勢，即社會科技文化水平越發達，政治就越保守，政治革新也就越困難。㊲

應當承認，後工業社會的權力鬥爭不同於以往的權力鬥爭。一方面，由於後工業社會官僚主義化程度很高，官僚政治掌握了分配國家資源和利益的強大權力；另一方面，現代科技通訊水平的日新月異又使大眾傳播媒介（特別是廣播電視）在人民政治生活中扮演著愈來愈重要的角色，對公共政策的制訂產生了極大的影響。所以，後工業社會的政治鬥爭早已具有新的涵義。最高政治決策者不僅需要利用大眾傳播媒介宣傳自己的政治主張，獲取人民大眾對他們本人及其政策的支持，他們還要善於處理精英政治與官僚政治之間的矛盾，以便使自己的政策能夠被很好地執行。前一種能力決定政治領袖能否被人民信任，後一種能力決定他們擔當公職後是否能夠有所作為。

後工業社會這個概念與當代西方發達資本主義國家聯繫非常密切。這就使我們不得不認真探討發達國家民主的實質和作用。

大陸理論界在這個問題上的一種流行的權威觀點是：民主和專政本來是一個國家政權問題的兩個方面，不論是資本主義國家還是社會主義國家，任何國家的統治階級都在階級內部實行民主而對被統治階級實行專政。世界上沒有純粹的民主，也沒有純粹的專政。但是，資產階級為了維護自己的統治，故意把民主和專政割裂開來，打著「民主」的旗號，既否認其對廣大人民群眾的

專政，又指責無產階級專政缺乏民主。「機會主義、改良主義者也奢談一般民主，純粹民主，用民主方法和專政方法的抽象對立，去取代資本主義和社會主義的現實矛盾」，「散播民主和專政的抽象對立……歷來是國際敵對勢力對社會主義國家進行思想滲透與和平演變的一個重要方面」。

上述觀點的一個中心思想就是：「在資本主義國家中，占人口少數的資產階級，對於占人口絕大多數的廣大人民群衆實行專政的這個實質，却通過承認公民一律平等的形式去實現。正是這種客觀存在的矛盾，使得資產階級、改良主義者有可能用資產階級民主的形式去掩蓋其專政實質，從而使人產生種種錯覺。」❸❽

其實，上述觀點的一個明顯缺陷是論述過於浮誇，沒有結合對發達資本主義社會民主政治的質疑，具體剖析在發達資本主義國家裡，究竟存在哪些獨裁專制傾向，這些獨裁專制又採取什麼樣的形式。

筆者認爲，我們可以從以下幾個角度，分析考察發達資本家國家內部可能存在導致獨裁專制的種種因素：

個人的孤立和人與人之間關係的冷漠 馬克思、恩格斯曾在《共產黨宣言》中指出：「資產階級在它已經取得了統治的地方把一切封建的、宗法的和田園詩般的關係都破壞了。」「它使人和人之間除了赤裸裸的利害關係，除了冷酷無情的『現金交易』，就再也沒有任何別的聯繫了。它把宗教的虔誠、騎士的熱忱、小市民的傷感這些情感的神聖激發，淹沒在利己主義的冰水之中。」❸❾

按照馬克思主義的解釋，資產階級個人主義是隨著資本主義私有制產生和發展而不斷完善起來的資產階級的道德理論體系，其作用是爲資本主義的發展服務的，它提倡的權利和幸福，是一

種個人至上、唯我主義、利己主義的思想體系價值觀和人生態度。資產階級個人主義「撕毀人的一切聯繫，代之以利己主義和自私的需要，把人的世界變成互相隔絕互相敵對的個人的世界。」❹

馬克思還指出，資本主義私有制使生產資料與勞動者分離，使人異化為非人，使勞動者異化為勞動產品的奴隸。」勞動者的活動屬於別人，它是勞動者自身的喪失」，結果是「人（勞動者）只是在執行自己的動物機能時，亦即在飲食男女時，至多還在居家打扮等等時，才覺得自己是在自由地活動的；而在執行自己的人類機能時，卻覺得自己不過是動物。動物的東西成為人的東西，而人的東西成為動物的東西。」❹

當代資本主義社會「使人變成工具的工具」，其結果就是整個西方社會的「非人性化」。所謂的秩序、權力、對社會的總體控制等等，越來越受到統治者的青睞，「到了最後，我們變成連我們自己都厭惡的人物，每個人都像一架小機器，被控制社會發展的技術人員設計好程序，隨著社會大機器的運轉而運轉，直到最後完全喪失自我」。❹

技術能夠解決人類許多問題，但決不能解決全部問題。資產階級統治者用一種非恐怖的手段達到經濟、技術化，把人改造成為「畸形的生物」，這樣，科學技術就成了資產階級社會壓抑個性的實證主義理性，人被剝奪了積極性、創造性和勞動的目的性，成為物質條件的奴隸。從這個意義上講，西方發達資本主義社會正是一種馬庫色在《單面的人》一書中所說的打著理性旗號的現代奴隸制。在這種社會裡，雖然個人在物質上的需求和對它的滿足大為增加，但這種需求卻並不是人原始的需求，而是由占統治地位之意識形態的消費模式從外面強加於人。

可以說，現代統治者對人們思想的控制不過有三種形式：一

種是利用國家宣傳工具灌輸官方意識形態，這種方式到現在已顯得越來越落後，統治者付出的代價也越來越高；一種是直接利用殘暴手段，從精神到肉體對人民加以種種折磨，這已遭到國際輿論的普遍譴責和唾棄；還有一種手段就是思想同化，以利益換取忠誠，這將是現代獨裁者依賴得越來越多的工具。

當代發達資本主義國家的統治者用各種各樣的小恩小惠來麻醉人民，買來大眾的忠誠，這與其說是統治手段的進步，不如說是人類今天的悲劇。對這一點，連西方學者也作出了嚴肅的批判。例如，有些正義的學者對美國種種腐敗的社會現象憂心忡忡，他們指出，美國生活方式的變化，毒品泛濫，黃色文化的肆意橫行，看起來像是真正實現了所謂的民主自由，每個人都有表達意見的自由，政府對此不聞不問，只空喊幾句口號表示要加以限制。人民只要不觸及政府利益，不危害國家安全，就可以幹自己想幹的任何事情。但是這種縱容政策的後果不是政府對人民控制的削弱，而是政府對人民控制的加強。❸在今天的美國，「人們更加喜歡自己僕人的角色」，爭取獨立時代潘恩那種「不自由，勿寧死」的高尚理想已被一種「給我充足的食品和電視娛樂，但不要讓自由的責任打擾我」的實用主義信條所取代，「美國夢想」被人遺忘殆盡。

個人的孤立和人與人之間關係的冷漠，使發達資本主義社會顯現出一種變相的極權特徵，它不是物質上的匱乏，而是一種「駕馭對物質需要的滿足」，它使得被緊緊地夾在異化的職業勞動和商業化的業餘活動之間的人，從理智到感覺整個地都成為管理的對象，被驅使去生產和再生產這個制度的目標、價值、謊言和意識形態的天堂，而在其背後則出現對廣大人民群眾現實、普遍的奴役。

選民的負擔加重和選舉公平性的喪失　一般而言，發達資本主義國家的憲法和選舉法都規定，它們實行的是普遍、平等、直接和秘密投票的選舉原則，還有包括競選在內的一整套選舉制度，但是，這裡有兩個最基本的矛盾應當引起我們的注意。

一個矛盾是，在實際政治生活中，勞動人民並沒有獲得平等的參政權，勞動人民仍然處在雇傭奴隸的地位，而沒有成為社會的主人。在發達資本主義社會，資產階級不僅把服從統治放在義務之中，而且把它放在某種權利的名義之下。選舉權和被選舉權的分離使後者成為資產階級的專利，勞動人民的某些民主權利到後來變成為壟斷資產階級內部權力再分配服務的工具。

另一個矛盾是在發達資本主義社會裡，隨著選民需作出抉擇越來越多，而各種問題的實質又趨於複雜的客觀現實，普通選民的負擔會越來越重，他們常常基於一般印象決定，往往變得不重視原則問題，反而對細枝末節過分強調。這樣，發達資本主義社會中的選舉公平性也受到嚴重影響。

選民負擔的加重和選舉公平性的喪失，使發達資本主義社會的民主受到巨大威脅。

官僚主義的增長　馬克斯·韋伯說過，現代化使社會一步步朝著理性化和官僚化方向發展。這意味著人類精神的死亡：「沒有精神的專家，沒有靈魂的肉慾主義者；這個虛幻的社會臆想自己已取得了前所未有的人類文明。」❹

按照韋伯和其他學者的政治發展理論，社會經濟的發展，公共調解的增多，社會服務需求的增大，無一不使行政管理的專業化水平愈來愈高。造成兩個直接結果：一是行政系統愈來愈複雜，集權主義傾向愈來愈嚴重；二是在政府工作再也不是任何一個普通人都能勝任的前提下，普通選民也就愈來愈與政府疏遠。

目前，在發達資本主義社會中，關於「大政府，小社會」或「小即美好」的爭論早已過時。人們已經意識到，當代發達資本主義國家所面臨的最基本的政治問題，是新的行政技術能否迎接來自日益擴大的社會服務的挑戰。

行使獨裁權力的便利　這有兩層涵義：隨著西方發達資本主義社會的發展，壟斷階級爲了取得政治權力的進一步集中，正在千方百計地限制立法權，擴大和強化行政權力。資產階級原來意義上的分權制衡原則已逐漸變爲名存實亡。議會名義上還是資本主義國家最高權力機關或立法機關，但實際上不過是資產階級把自己的意志僞裝成全民意志，充當資產階級統治的裝飾品。從某種意義上說，議會已經從資本主義初期居於至高無尙的地位，從發揮立法機關和決定政府人選、監督政府施政的作用，下降爲政府的附屬物和專門用以愚弄人民的「淸談館」，「服從國家元首」已成爲「議會的根本原則」。

當代工業生產中的「科學管理」以及商業官僚大亨的長成，使得決策一步步集中在少數人手中。「一個現代化工業國家就是一個阻礙自己進步的支離破碎的大廈，是獨裁工業與政治民主對立的結合。」❹⑤

在發達資本主義社會中，先進的電報、電話、鐵路、公路運輸以及其他交通手段使各國政府對各個地區、各個領域的控制更加便利；武器的發展和現代化又使一小部分人輕而易舉地直接控制一大部分人口；加上大商業機構的不斷出現與經濟的高度繁榮加強了政府對社會的控制力量，管理一小部分大的公司總比管理一大部分小的商人容易。

上面提出了一種思考問題的方法，最終目的是通過考察發達資本主義國家內部可能存在的導致獨裁專制的種種因素，論證未

來全球現代化過程中民主與獨裁的發展趨向。

客觀地說，民主與獨裁在政治理論上的爭論，涉及到兩者的政治哲學、政府結構以及特定的歷史背景。50年代末期，隨著西方民主理論研究的再次勃興，許多學者提出了這樣的問題：在民主與獨裁之間，我們如何識別虛假民主與真正民主，抑制可能出現的獨裁傾向？民主的前提是參與，但反過來看，在很多情況下，當所有的大眾民主的基本前提與極權主義的基本前提之間的差別並不明顯時，我們又應當如何鑒定民主的質量？

作為小結，我們再次重申，根據西方發達資本主義社會民主政治發展中出現的某些「悖律」來看，我們對民主和獨裁發展的預測，實際上涉及以下四個方面的問題：

就民主的法則而言，我們應當預見的民主的一般原則將受到未來社會潮流的各個方面的衝擊。

政治參與程度的提高、公民投票權的擴大以及社會要求的增加，必定使政府功能日益強化，服務項目增多，從而有可能增加相應的官僚機構。雖然精簡機構、提高效率是目前很多國家政府改革的目標，但是從根本上說，要想改變歷史上大多數官僚機構自上而下的組織形式絕不是件易事。所以，到底要民主還是要獨裁，這對許多國家來說，確實是一個艱難的抉擇。

就民主的方法而言，民主手段並不是實現決策科學化的靈丹妙藥。

戰後初期，一些西方國家的政局持續動蕩，內閣危機迭起，以致不能保障政策的連續性和政府權威的樹立，不能維持資產階級統治的穩定性。在這種情況下，有些國家（法蘭西第四共和國就是一個最典型的例子）採取了種種措施實行集權，以求「避免民主的弊病」。

　　我們知道，對民主的傳統攻擊常常強調民主與法制、民主與秩序的對立和予盾。現代行爲科學的發展和研究方法的創新又跨越了這一階段，民主理論被受到更加具體的檢驗。無論是從理論本身還是從歷史實踐出發，在運用民主的手段無法對付日益增多的社會危機，如戰爭、暴力、緊急救援等等方面，反對民主、擁護獨裁的人總能找到許許多多動聽的理由。

　　就影響民主發展的主觀條件而言，後工業社會中專業技術人員的作用日益增大，其對政府的控制能力愈來愈強。

　　這種趨勢有可能傷害公民對政府監督權利的實施，從而驅使人們政治熱忱削減，轉而追求私利。這也就是人們常說的對民主完善的追求又反過來威脅民主本身。

　　就民主發展的客觀條件而言，雖然大衆傳播水平的提高加強了人們之間的聯繫，但人爲控制的宣傳工具也有可能造成不平等、不民主的社會輿論。

　　這也就是說，在所有人全面發展這一民主的大前提下，「大衆選擇」程度的增加有時反而會構成對社會的危害。

不斷民主論：從獨裁到民主的轉型

　　歷史事實表明，一頂王冠的落地並不等於民主的加冕。同樣，獨裁政治的崩潰也並不意味著民主政治的降臨。

　　不管是民主還是獨裁，所有的政治體系都是不斷變化的。就像柏拉圖指出的：「凡事有始有終，即使像你們那樣的政體也不會永世長存，而將在某個時刻解體。」民主政制不是人類政治進化的最終階段，在人類政治制度史上，沒有也不會有一個政治體系是一成不變的。從獨裁政治向民主政治的轉型，必然有一個採取何種辦法實現民主化的問題。

西方學者們的研究，已經將民主化的過程歸納成了不同的模式，其中最基本的模式有三種：

1. 民主化模式被稱爲「線性模式」：英國和瑞士的民主化過程是這種模式的典型。英國的政治發展是由市民權利發展出政治權利而後社會權利，然後又逐漸演進出議會的至上權利和內閣制政府，最後公民投票權的範圍逐漸擴大，形成民主政治制度。瑞典是在持續的和無確定結果的政治鬥爭之後，有關各方協商建立起了民主規則，並形成了遵守這些規則的習慣。按這種線性模式進入民主化過程的國家主要是本世紀20年代之前的一些歐洲國家。

2. 民主化過程模式是獨裁與民主循環出現的「周期模式」：在這種國家中，政治家們通常承認民主制度的合法性（至少表面上承認）。選舉時常舉行，但很少能通過選舉實現真正的政府變換。政府的組成常常是軍人干政的產物。許多學者發現，一旦一個國家陷入「周期模式」，將會很難擺脫它。這種國家的民主化過程比單純的權威主義國家更難。諸如秘魯、厄瓜多爾、玻利維亞、阿根廷、加納、尼日等國，周期性的徘徊於獨裁與民主制度之間，兩種制度都不牢固，因而很難使民主制度真正扎根於社會政治精英層中。

3. 民主化模式是所謂「辯證模式」：在諸如德國、義大利、奧地利、希臘、西班牙等國中，中產階級的發展，要求擴大政治參與和競爭範圍，因而對專制政權產生了極大的壓力。在一定程度上，有可能產生突破性的發展，例如杭廷頓所說的「都市突破」，推翻專制政權，建立民主政體。然而，這種民主政權却很難甚至不可能實行有效的統治，

因而專制政府再次建立起來。但是專制政權又一次崩潰，並逐漸建立起較爲穩固、平衡和持久的民主政體。研究民主化過程的學者們認爲，幾方面的因素對於成功的民主化進程十分重要。例如，國家的統一性、政治發展的高制度化水平、高政治參與水平等。不少人認爲如果要避免不穩定和暴力行爲，社會必須在擴大政治參與範圍的同時（或之前）建立起政治參與的廣泛的制度化結構。這也就是說，擴大政治參與應該較晚進行。然而，在現實中，政治參與是所有民主活動中最熱衷的實踐，經濟發展帶來的最直接的結果就是政治參與要求的增強。因而，當今世界各國民主化過程中最先出現的總是政治參與的擴大而不是競爭的發展。杭廷頓認爲，這是經濟發展未在第三世界單身成功的民主化進程的重要原因。

考察這些西方學者的探索結論，可以發現，所謂民主化進程，實際涉及兩個最重要的具體問題：

第一個問題涉及民主化過程中執政者的態度，即統治者是否讚成和主動倡導民主化。

執政者容忍或主動倡導民主化，則由權威體制過渡到民主，較能保持政治體系的持續性和穩定性。統治者提倡民主，社會變遷就容易避免社會騷亂和不穩定狀態。

在獨裁體制中，反對民主化的最主要社會勢力是獨裁者本人、政府中的保守勢力以及軍隊。民主化若要成功，首先要求執政政府對民主化顯示出誠意，這包括：

1. 取消傳統權威統治的最惡性特色，保障人民基本權利。
2. 培養有技巧的政治領袖，協調各個方面的利益衝突。

3. 國家軍隊專業化，取消恐怖統治。

4. 樹立新民主權威領袖和民主機構，爭取建立新民主政體改變原有政治制度、政治象徵、政治文化與社會經濟制度。

5. 創造安定的外在環境，保障國家各項民主化建設順利進行。其次，必須取得保守勢力的默許和支持。「若保守勢力的地位與信條象徵能夠保證，即使他們失去了權力，民主化似乎仍較穩妥。」❻

第二個問題涉及民主化過程中的具體步驟，即民主過渡的程序到底是漸進的還是激進的。

漸進的民主化的主要優點是穩定，各方面利益能夠得到平衡，但這種民主過渡的方式可能是各種方式中最難履行的一種。激進的民主過渡雖然有其直覺上的吸引力，但是有時常常欲速則不達，反而失去社會的穩定。

從世界範圍內來看，漸進民主化有過成功的例子，如歐洲和拉美一些國家民主化轉變的實踐就證實了這種道路的存在。非洲尼日利亞的民主進程也是一種漸進方式。在80年代下半期，尼日利亞專制獨裁政體發生轉變，首先是掌握基層政權的人選全部改由民選產生，然後依次上升，逐漸把上一級政權的人選改為民主選舉產生，直到最後全部改選中央政權。尼日利亞規定了非常詳細的五年計劃來落實民主化政策。1989年，該國還取消禁止政黨活動的禁令，然後由各政黨舉行競選來重新產生新的地方政府。1990年選舉國家最高立法機構和省長，1991年進行了人口普查，1992年上半年舉行了全國議會，為軍政府徹底交權作了準備。從尼日利亞的政權演變來看，漸進民主化的優點是國內各派政治力量有較為充分的時間提出關於如何履行民主選舉的諸項要求及取

得如何處理民主選舉所蘊含的某些危機的經驗，從而掌握和了解民主治國所包含的諸多責任，這樣就使各派力量在下一個階段，當整個國家機構都對政治競爭開放時不至於缺乏必要的準備，也使得各種政治力量在它們投入相互競爭之前有一個機會把各自的人馬動員起來公開地組成政黨。這也可以使文職的政治活動家們，在參與以後的最高國家權力競爭之前，有一段時間在國家級或地方級的政權裡任職和參與競爭。❹

　　毋庸贅言，從古代希臘羅馬以來到現在為止的獨裁政治史，宛如一份地震儀的記錄，所記錄的是許多戰爭、死亡以及一次又一次的社會震盪。而在民主與獨裁的競技場上，正義的人們在詛咒罪惡的同時，總是渴望著民主的勝利。

　　21世紀是民主的世紀，但是富裕和貧困，移民和發展、販毒、裁軍和環境問題，與人類未來的整體命運是密切相關的。無論現在還是將來，人類通往自由民主的道路都不是一帆風順的，有很多因素會造成對民主制度的威脅，這些因素至少包括：

1. 世界霸權主義與擴張主義：目前世界上還有許多國家戰火頻仍，無辜的人們仍像馬克·格特勒 (Mark Gertler) 的「旋轉木馬」中描繪的那幅景象般被迫穿起制服，像機器人一樣被戰爭驅迫在那裡反覆旋轉，無任何意義或目的。
2. 世界日益惡化的民族主義：只要愛國精神意味著首先是本民族的團結，並且依附於本民族的文化遺產和語言以及想把本民族建設得更加富有和文明，那麼，愛國精神本身和民主觀點是不能和諧共存的。當民族主義主張某一種族先天優於其他種族時，當他想找藉口擴張到他人領土，並且為表明它的優勢與其他民族的人民權利發生衝突時，民族

主義將對文明世界充滿敵意。

3. 反民主精神的偏狹宗教和狂熱的神權政治：明確地說，那種不把國家與宗教分開而且建立起了專制主義意識形態的神權政治，至今還活躍在有些伊斯蘭教國家裡，這種危機非但沒有減弱的趨勢，反而還有增長的可能。

4. 各種恐怖主義和刑事犯罪：從某種意義上說，死怖主義活動和刑事犯罪帶來的危險並不是恐怖分子和那些犯罪的人將篡奪文明國家的政權，而是這些人會迫使民主政府去制裁他們。有些情況下，即使得到人民的支持，有些制裁措施還是與民主的原則相違背。

5. 對全球民主構成威脅最主要因素，也許來自正在影響全世界各國的變革：戰後幾十年飛速發展的世界經濟，不僅在富國，而且在窮國也產生了一種無窮無盡的「發展期待」。人們習於要求更多的物質享受，認為這是社會發展產生的必然後果。但是這些期望最終會令人失望。例如，人口過剩、可耕地和水資源的短缺以及生態失衡將會使人們花費更多的時間和人力改造環境。一旦遇到失敗和挫折，人們就會求救於獨裁、集權等非民主的手段「解決」社會問題，這在亞非拉許多發展中國家已得到充分的證明。

　　縱觀千百年來中外民主與獨裁的發展史實，綜覽所能收集手頭的千百個思想家、政治家關於促進社會發展、實現真正民主的學術方案、行政方案以及其他種種方案，筆者認為諸多方案各有千秋、短長互見。其共同弊病在於忽略了消除對民主構成威脅的各種因素的周密思考，甚至只是竟自構想社會發展的條件、方法，途徑而完全忘却現存的對民主構成威脅的各種因素。這就難免不

切實際，嚴重者，也就變成臆想、幻想、夢囈。

竊以為，要求得社會的真正進步而這種進步又是循序漸進、穩步發展、沒有「地震」的，就必須首先考慮消除對民主構成威脅的各種因素，在「消除」的同時發展生產、繁榮經濟、建設精神文明、政治文明，達到新的民主境界。要消除對民主構成威脅的上述因素，方法看似很多，但歸根結柢只有一條，即以不斷民主的方式來達到民主目標。這是筆者提出的一種嘗試性設想，一個新的概念。所謂不斷民主，是指在健康發展的民主化程度較高的社會裡，社會在具有合法性的權威、明確的新體制目標、協調的利益、法制健全、決策科學的前提下，有計劃有步驟地提高價值共識的程度，逐一消除專制遺毒及對民主構成威脅的各種因素；在民主程度較底的社會，是指逐一創設諸如合法性權威、新體制目標等條件。總之，不斷民主是民主的單項突進，而不是全面的急風暴雨般的變革。我們認為，在當代世界，首要的任務仍是發民科學技術，發展經濟，在此基礎上，穩妥地求得民主化程度的提高。除此之外，採用社會震盪劇烈的過激手段，已是不再適宜的了。因此，不斷民主不僅涉及到不發達的非民主國家，而且涉及到發達的民主國家。它就像生活中一次又一次的「追踪治療」一樣，目標始終確定在理想的健康狀態上。

不斷民主的過程亦即循環性的民主化過程。在這些過程中伴隨著新舊體制更替、權力結構重新組合、新利益集團的出現和社會成員價值觀念的不斷變化，社會生活常常會在這些新的變化面前產生暫時的無序狀態。但是，民主與秩序本身並無內在矛盾，民主的目的是走向一個更加穩定的秩序。因此，不斷民主化的過程實際上也就是一個為達到這個目標的程序不斷設計的過程。其具體內容有以下幾個方面：

1. 權威的合法性。在一個動態發展的現代社會裡，一個合法化的、富有效力的權威，應以這樣三個因素爲基礎：權威必須是以法律爲基礎，通過法制化的程序產生。權威執掌者必須具有施政能力和理性的思維。權威必須得到社會大衆的認同。

2. 體制的不斷明確化。從舊的體制向新的體制轉換，首先要明確新體制的具體性質、目標和功能，否則社會就會在新舊體制轉換的過程中出現混亂。

3. 政治利益協調化。隨著社會變遷或社會改革的深入，社會結構和活動方式都發生了變化，新的階層和新的社會集團紛紛出現。在這種多元化的情況下，現有的政治體系結構模式必須加以改變，新的利益表達渠道必須加以開拓。

4. 社會法治化。對於不發達社會而言，從「人治」到法治的轉變是一個漫長的過程。社會民主化的一個重要方面就是充分發揮法律在維持和調控社會方面的功能。

5. 決策的科學化。決策科學化包括兩個基本因素：決策要在充分科學論證的基礎上進行；決策要有「民主改錯」的機制。民主不能保證決策絕對正確，但是民主能夠保證錯誤的決策得以修正。

6. 價值共識化。這是調動社會大衆、使社會產生凝聚力的關鍵因素。

7. 民主社會化。民主是社會的概念，屬於社會的各個領域和各個層面。民主化過程中出現暫時的混亂，一是人們還不了解民主的基本精神和基本原則；二是人們還不熟悉民主的基本操作程序。但我們不能得出相反的結論，認爲當大衆對民主還沒有完全了解時，社會就不能實現民主。❹

明天的民主政治

　　神學家們喜歡用「世界的末日」、「末日審判」之類的大話來欺騙、嚇唬神經脆弱、缺少文化科學知識的人們。不過，地球照樣在轉，老天照樣下雨，花開花落，春來春去，一切依然如故，毫無「末日」的樣子。因此，「末日」的囈語，已很少有人苟同了。但是，在政治上，由於特權橫行、官僚腐敗、黨毒叢生，人們往往沉不住大氣，時時發出一些宿命論的感嘆來。例如，1991年春，美國最負盛名的思想刊物《新視野季刊》（*New Perspective Quarterly*）就在封面上印了下面幾個特大的字：最後的現代世紀（THE LAST MODERN CENTURY）。似乎人類現代化已經日暮途窮，從此就是急流險灘、黑暗野蠻了。這當然是杞人憂天之嘆。唯物主義者應當同時是一個樂觀主義者。人類、社會、歷史都將如長江大河一瀉千里地不斷發展的，它決不會枯竭了一切源泉，決不會停止於奔騰澎湃，放棄奔向大海的追求。但是，唯物主義者又必須同時正視一切現實的困難、問題、矛盾。對這一切採取「鴕鳥政策」，視而不見，聽而不聞，袖手清談，掉以輕心，也是錯誤的，至少是不鄭重的。

　　在本世紀和本千年行將結束之際，人類不得不思考這樣一個重大的命運問題，即一方面，全世界還有大半人口還沒有享受過現代化的果實，他們至今還認定自由資本主義是實現現代化的唯一途徑；另一方面，發達國家中的種種社會弊病卻又使我們看到了現代化時代的不可調和的內部矛盾。也許在20世紀中，人民還充滿著希望，相信科學能夠解決一切問題；但在邁進21世紀之際，人們不應僅僅懷抱某種天真，應當看到，科學技術是一把鋒利的兩刃劍，一切科學發現、技術發明，在發給人類巨大利益的

同時，也可能帶給人類可怕的災難，尤其是當科學技術掌握在諸如「原子狂人」之類獨裁者手裡的時候。正因為如此，似乎歷史正跟人類開著一個殘酷的玩笑，即使有最龐大的計算機，人類的前途依然還有許多可虞之處，還有荊棘叢生的羊腸小道必須穿越，甚至還有許多險境黑洞必須警惕。為此，必須前瞻性地探討一下明天的民主政治問題。

90年代初，曾以《第三波》一書聞名的美國學者阿爾溫·托佛勒又出驚世之語。他斷言，自從第二次世界大戰以來，世界被劃分為資本主義和共產主義、北方和南方。今天，這種劃分正從本質上消失。一種新的格局正在形成。從現在起，世界將分裂為快者和慢者。

托佛勒認為，快和慢不僅僅是個語言描述的問題，一切經濟體系也可以分為快速型和緩慢型。在快速經濟中，先進的技術不斷地加快著生產的速度，使處理交易、投資決策、新發明投入市場、資本流動以及數據、訊息和知識流動等等步伐大大加快，財富的創造和力量的創造達到一個前所未有的水平。相反，在以農業經濟為主的社會中，經濟過程只能以冰河運動般緩慢的速度運轉，傳統、禮儀和無知限制了經濟選擇的機會和社會可接受性，人類物質文明的生產始終處於一種落後的狀態。從兩種經濟體系的比較來看，托佛勒預測說，在今天發達國家中形成的自動化網絡，如包裝盒上的條狀代碼、商店結賬櫃台前的電子掃描器、銀行的自動出納機、橫跨全球的超數據網絡、遙控機器人、資本的訊息化等等，這一切對於將以真時（real time）速度進行的21世紀經濟來說，還僅僅是準備性步驟。在可以預見的將來，整個財富創造過程，從生產到消費將在其發生的同時得到監控。智力上的感測器，商店裡的掃描機、汽車、飛機、輪船上的發送機，會

把源源不斷的反饋訊息通過衛星訊號呈現到經理們的眼前。經理們可以隨時掌握這些運行工具的行蹤和操作情況。通過這些運行工具所得到的反饋訊息，又將同各種民意測驗和決策意見的調查結果以及其他訊息來源結合起來，形成一種加速效應。這種加速反饋循環的結果將不僅僅是演進的，而且有可能是革命的。因為真時工作、真時管理和真時金融完全不同於今天看來屬於最先進的方法。「明天的快速型經濟」將要求一種完全不同的發展戰略。新的財富生產體系由不斷擴張的環球性市場、銀行、生產中心和實驗室網絡組成。它們彼此之間不斷地交流巨大流量的數據、訊息和知識。在這種力量變遷中，只有「速者」才得以生存。

筆者認為，與經濟力量變遷對應的人類社會還有一個政治力量變遷的問題。我們須充分肯定人類文明發展過程中的民主價值在人類自身政治體系設計中，以「明天的民主型政治」適應「明天的快速型經濟」，惟有如此，人類才能取得更大的文明進步。

明天的民主型政治不等於西方現有的民主制度，但兩者之間有著一定的關係。

對於西方民主制度究竟是不是體現「全體人民的意志」、「代表全社會利益」的美妙無比的政治模式，世界各國還存在不同的看法。資本主義國家的政治家們認為西方社會的民主已變成「全人類的一種準則」，具有「無所不包的價值」，「達到了從未有過的新高度」。社會主義國家理論界則堅持認為，為資產階級極力推崇的議會民主制，其實並不是什麼體現「永恆的人類理想和價值觀」的政治模式。它既不能長期適應社會經濟發展的需要，又不能真正滿足大多數社會成員參與政治的要求，因而無法逃脫必然崩潰的歷史命運。這是因為：一方面，在資產階級民主賴以生存的經濟基礎中，包含著促使這種民主形態走向崩潰的基

因，即私有制所造成的社會不平等和民主所要求的政治平等之間的矛盾。資產階級在政治上所鼓吹的平等，「就是在富人和窮人不平等的前提下的平等，……就是簡直把不平等叫做平等」。❹另一方面，資產階級民主在理論和法律上承認「主權在民」、「民有、民治、民享」，可是實際上却把大多數人排除在政治權力之外，剝奪了他們參與政治的權利，使他們無法眞正對國家事務施加影響，只是「排除」和「剝奪」的手段更加巧妙而已。一旦這些矛盾達到激化的程度，資產階級民主就會陷入危機，從而導致政治上層建築發生動搖，乃至崩潰。

歷史發展的鏈條是不應被簡單地切斷的；資本主義是人類文明發展長鏈的必然一環、必要一環、光輝一環；旣然社會主義在短期內還不能從地球上消失，那麼，從宏觀上看，目前社會主義民主對資本主義的民主可借鑑者，至少應當包括以下幾個方面：

1. 適應商品經濟發展的行政的及其他的管理機構。資本主義國家機構合理，人員精幹，職責分明，工作效率高而且都有行政法制可借遵循，得到法律的有效保障。社會主義國家在改革中應當吸取這些有益的東西，轉變社會主義國家的政府職能，適應現代化建設的需要。

2. 制衡原則。資產階級民主中有一條很重要的原則，就是相互牽制、互相監督、可以減少錯誤發生的制衡原則。「不受監督的權力必將導致腐敗。」這是顛撲不破的眞理，任何異議都不過是腐敗者或爲虎作倀者的遁詞。社會主義國家在未來的體制改革中應該很好地借鑑制衡原則。

3. 廢除幹部終身制，實行直選制度。選舉是資產階級民主建設中的一個重要問題，其核心在於競爭。總統選舉就是一

個大競爭，每隔幾年競爭一次。競選總統，必然有個擇優的問題。社會主義國家應該把競選的形式拿來為社會主義民主服務。

4. 「法律面前人人平等」的原則。這條原則的宗旨是反等級特權。無產階級很需要借鑑這條原則。與此相關，獨立審判、只服從法律的原則，也值得借鑑。

5. 關於資產階級民主的某些形式。普選制、代議機構，還有憲法、提案、質詢、彈劾、民意測驗等等，資產階級國家法律上規定的各種民主權利，資產階級對社會公共事務的管理制度和管理方法，都應當予以借鑑和發展。

6. 關於政治公開化和決策民主化、科學化，議會是最大的政治講壇，各政黨、團體、階層都可藉此表達自己的意願、觀點和要求。政府各部門非機密檔案、資料應向公眾開放，官員有義務回答群眾問題。政府決定採取某一項內外政策時應廣泛聽取意見，公開爭論。這些做法頗值借鑑。

7. 「自由、平等、博愛」的口號。這些口號雖然是資產階級提出來的，但並非資產階級的「專利」，其使用權不單屬於資產階級，應對它們予以批判地繼承。㊿

　　本世紀80和90年代的世界是民主鬥爭風起雲湧但又使人滿懷希望的世界。

　　人類社會的變革，是整個社會體系逐步合理化的過程。社會的進化，意味著社會結構的不斷分化和綜合，意味著社會規則的理性化。人類社會的進步，在不同國家或地區，都表現為人類社會共同的理性準則或共同的文明因素的不斷增長。人類社會的歷史，是從專制獨裁走向民主、從人治走向法治、從野蠻走向文明

的歷史。千百年來，無論是東方還是西方，人們經過長期的努力和奮鬥，不斷積累著使人類社會更為理性化、更為文明的準則和原則。古代亞里斯多德、孔子的思想、13世紀英國的《大憲章》、17世紀的《權利請願書》、《人身保護令》和《權利法案》，第二次世界大戰後聯合國通過的《世界人權宣言》和後來的兩個權利公約，都反映了人類社會共同的理性準則、原則和共同文明因素形成和積累的過程。

　　人類共同文明的形成過程，實際上就是東西方各國克服文化價值和社會制度方面的巨大差異，把根植於東西方兩部悠久的文明史發揮光大的奮鬥過程。對比中華文化和西方文化，這兩部悠久的文明史，一方面是堯舜周公、秦皇漢武、唐宗宋祖、元彰慈禧，一方面是希臘城邦、羅馬帝國、文藝復興、英法革命；一方面是儒法道釋，修身齊家治國平天下，另一方面是理性主義經驗主義懷疑主義、自由平等、天賦人權。這兩部參差有別、千秋短長的歷史各自經過千百年的演化，直到近代，才有了100多年的利害關係和全接觸。

　　無疑，獨創一個與自由主義毫無關係的民主理論，或設計一種與歐美政體絕不相干的民主體制，基本上是不可能的。這也就是說，民主的理論與實踐有它的普遍性，不接受這個普遍性就等於不接受民主我們必須承認，中國封建文化傳統實在是沒有可以稱得上民主理論和民主制度的東西。要民主就要向西方學習。在學習、引進的過程中，我們會對民主體制發生更真確的了解，也會對本民族的文化傳統與外來物之間發生的衝突到更清晰正確的認識。這種了解與認識，如果能夠在社會中有一個自由探討和凝聚昇華的過程，我們就能最終創造出具有中國特色的民主。

注釋：

❶嚴家其：〈關於『民主』概念的涵義〉，原載《北京日報》理論戰線，第7期，1979年5月4日，引自《權力與眞理》，光明日報出版社，1987年版，第17頁。

❷Mayo, H.B. *An Introduction to Democratic Theory.* New York, 1960, p. 36.

❸見徐大同主編：《西方政治思想史》，天津人民出版社，1985年版，第26頁。

❹Held, David. *Models of Democracy,* Stanford University Press, Stanford, CA.:1987, p. 2.

❺Mills, Wright C. *The Power Elite,* New York: Oxford University Press, 1956；Thomas R. Dye. *Who's Running America? The Carter Years,* New Jersey:Prentice-Hall, Inc., Englewood Cliffs, 1979; Michael Parenti. *Democracy for the Few,* 4th ed., New York:St. Martin's Press, 1983.

❻Held, David. *Models of Democracy,* Stanford University Press, Stanford, CA.:1987, p. 5.

❼Ibid., pp. 34−290.

❽Quated form Benjamin R. Barber. *Strong Democracy : Participatory Politics for a New Age.* University of California Press, Berkeley, CA.:1984, p. 140.

❾Ibid., pp. 4−5.

❿達爾在1989年發表了《民主及其評判》一書，又一次風靡西方理論界。見：

Robert A. Dahl. *Democracy and Its Critics,* Yale University

Press, 1989.

⑪Gaetano Mosca, *The Ruling Class,* New York, Mcgraw-Hill Book Co., 1939, p. 50.

⑫Ibid.

⑬Laswell, Harold. "Comparative Elite", quoted form Peter Bachrach, *The Theory of Democratic Elitism: A Critique.* Boston:Little, Brown and Company, 1967, p. 68.

⑭Ping-Ti Ho. *The Ladder of Success in Imperial China,* New York, Columbia University Press, 1962, p. 5.

⑮《理想國》，吳獻書譯，商務印書館，1957年版，第99頁。

⑯轉引自《傑佛遜文選》，商務印書館，1963年，第16頁。

⑰《傑佛遜文選》，商務印書館，1963年，第54頁。

⑱水秉和：〈儒家與政治學〉，《知識分子》，1985年秋季號，第86－88頁；〈儒家模型及其現代意義〉，《知識分子》，1986年冬季號，第47－48頁；劉述先，〈儒家思想的現代化——劉述先教授筆談錄〉，見周陽山編《文化傳統的重建》，台北時報出版公司，1982年版，第329頁。

⑲孟子：《大學》。

⑳Macridis, Roy C. and Steven L. Burg. *Introduction to Comparative Politics: Regime and Change.* Harper Collins Publishers, 1991, p. 177.

㉑資料參考：〈民主政治與獨裁政治的比較〉，見馬起華：《比較政治系統》，台北：漢苑出版社，民國68年6月，第3章。

㉒Macridis, Roy C. and Steven L. Burg. *Introduction to Comparative Politics: Regime and Change.* Harper Collins Publishers, 1991, chapter 9.

㉓*Encyclopedia Italiana, Vol. 14, 1932, art. Fascismo, By B. Mussolini.*

㉔〈民主政治與獨裁政治的比較〉，見馬起華：《比較政治系統》，台北：漢苑出版社，民國*68*年*6*月，第*111－112*頁。

㉕參見嚴家其：《首腦論》，上海人民出版社，*1986* 年版，第 *300－301*頁。

㉖參見拙作《新人權論》，河南人民出版社，*1992* 年版；孟春燕：〈堅持馬克思主義人權觀，反對資產階級人權觀〉，見《人民日報》，*1990* 年 *9* 月 *17* 日；胡義成：〈商賦人權論〉，載《陝西師大學報》（哲學社會科學版），*1991*年*5*月；〈人權悖論〉，載《人文雜誌》，*1991*年第*3*期；王德祿等編：《人權宣言》，求實出版社，*1989*年版，第*14*、*77－86*頁等。

㉗《馬克思恩格斯全集》，第23卷，第180頁。

㉘參閱《世界通史資料選輯》，近代部分，上冊，商務印書館，1964年，第93－97頁。

㉙《世界人權宣言》，見《國際條約集》（1950－1952），世界知識出版社，1959年版，第149頁。

㉚參見郭震遠：〈新技術革命和當代國際關係〉，《當代世界政治經濟基本問題》，世界知識出版社，1989年版，第290頁。

㉛肯伍德和拉菲德合著：《國民經濟的增長，1982－1980》，1983年英文版，第306頁；勞埃德•雷諾《第三世界經濟增長，1850－1980》，1985年英文版，第36頁。以上數據均轉引自黃素庵：〈戰後世界經濟的發展〉一文。

㉜世界銀行：《1987年世界發展報告》，第16頁。

㉝張式谷：〈現代資產階級民主制度透視〉，載《求是》，1992年，第4期，第24－25頁。

㉞魯從明：〈論現代資本主義處於社會主義階段〉，載於《光明日報》，1988年11月12日。

㉟拓夫：〈譯者前言〉，見《民主與獨裁的社會起源：現代世界誕生時的貴族與農民》，台灣：久大與桂冠，1991，第IX頁。

㊱同上。

㊲Huntington, Samuel P. "Postindustrial Politics:How Benign Will It Be?" in Comparative Politics, Vol 6, Jan. 1974, pp. 163−193.

㊳徐崇溫：〈資產階級民主的實質和作用〉，載《求是》1991年第24期，第9頁。

㊴馬克思、恩格斯《共產黨宣言》，《馬克思恩格斯選集》，第1卷，第272頁。

㊵同上。

㊶馬克思：《1844年經濟學——哲學手稿》，第48頁。

㊷Brzezinski, Zbigniew. "The Technetronic Society", *30 Encounter* 19, 1968.

㊸Miller, Arthur S. *Democratic Dictatorship:the Emergent Constitution of Control.* Connecticut:Greenwood Press, 1981, p. 176.

㊹Gerth, H. & C. Mills, *From Max Weber:Essays in Sociology,* 1946.

㊺Lindsay, A.D. *The Modern Democratic State,* New York, 1943, p. 186−187.

㊻Lipset, Seymour M. *Political Man:The Social Bases of Politics,* New York: Doubleday, 1963, p. 65.

㊼高英茂、邱宏達主編：《中華民國當前革新課題》，時報文化

基金會，台北：中華民國77年，第69－71頁。

㊽參見復旦國際政治系青年教師林尚立的文章：〈民主化過程的程序設計〉。

㊾《馬克思恩格斯全集》，第二卷，第68頁。

㊿任言理：〈關於民主問題的不同觀點〉，載《求是》雜誌，1989年第10期，第42頁。

主要參考書目

中文：

埃里希，佛洛姆著，許合平，朱士群譯，範進校，《對自由的恐懼》，國際文化出版公司，1988年。

愛‧麥‧伯恩斯：《當代世界政治理論》，商務印書館，1983年版。

巴列維：《我對祖國的責任》，商務印書館1977年版。

柏拉圖：《理想國》，吳獻書譯，商務印書館，1957年版。

巴林頓‧摩爾著，拓夫譯，《民主與獨裁的社會起源：現代世界誕生時的貴族與農民》台北：久大：桂冠，1991年版。

伯特蘭‧羅素著，靳建國譯：《權力論：一個新的社會分析》，東方出版社，1988年。

曹錫龍：《未來世界格局》，世界知識出版社，1993年版。

陳瑞生：《中國改革全書——政治體制改革卷》，大連出版社，1993年版。

戴維‧麥克萊倫：《馬克思主義以前的馬克思》，社會科學文獻出版社，1993年版。

德‧波羅夫斯基：《阿道夫‧希特勒》，群眾出版社1983年版。

董崇山：《政體論》，中國展望出版社，1986年版。

菲力浦‧勞頓著，胡建華等譯，《生存的哲學》，湖南人民出版社，1988年版。

格哈特・渥伯格著，何江、張炳杰譯，《希特勒德國的對外政策：
　　歐洲的外交史革命，1933-36》，上編，商務印書館，1992年版。

古源洋：《亞洲四小龍起飛始末》，經濟科學出版社，1993年版。

郭祥才：《人權知識讀本》，中國國際廣播出版社，1993年版。

國際和平年中國組委會編：《國際和平年學術討論會資料匯
　　編》，社會科學文獻出版社，1986年版。

高英茂、邱宏達主編：《中華民國當前革新課題》，時報文化基
　　金會，台北：中華民國77年。

洪韻珊、黎國智主編：《社會主義民主的理論與實踐》，四川省
　　社會科學出版社，1985年版。

宦鄉主編：《當代世界政治經濟基本問題》，世界知識出版社，
　　1989年版。

霍布斯：《利維坦》，商務印書館1985年版。

K.A.莫基切夫主編，中國社會科學院法學所譯，《政治學說史》，
　　中國社會科學出版社，1979年版。

克勞斯・伊梅爾曼著，馬祖禮等譯，《行為學導論》，1990年版。

拉斯威爾：《權力與社會》，台灣新世紀叢書，1972年版。

L.A.賓克萊著，馬元德等譯，《理想的衝突》，商務印書館，1986
　　年版。

李平曄：《宗教改革與西方近代社會思潮》，今日中國出版社，
　　1993年版。

李順德：《價值論》，中國人民大學出版社，1987年版。

李影：《納粹三惡魔》，黑龍江人民出版社，1993年版。

李玉偉：《走下政壇的元首》，吉林人民出版社，1993年版。

李振東：《關於共產主義思想的若干探索》，新華出版社，1992
　　年版。

劉德福：《時代大趨勢——馬克思主義堅持與發展》，山東人民出版社，1993年版。。

羅爾斯：《正義論》，中國社會科學出版社，1988年版。

劉青峰、金觀濤：《新十日談》，台灣：風雲時代出版公司，中華民國78年版。

劉升平，周新銘等：《法學概論》，甘肅人民出版社，1983年版。

羅伯特・達爾著，王滬寧、陳峰譯：《現代政治分析》，上海譯文出版社，1987年版。

盧梭：《論社會不平等的起源和基礎》，法律出版社1958年版。

——《社會契約論》，商務出版社1982年版。

馬基維利：《君》子陳汝衡譯，中國文化學會，1934年。

——《君主論》，商務印書館，1985年版，第79頁。

馬起華：《比較政治系統》，台北：漢苑出版社，民國68年6月，第3章。

人民日報理論部：《跨世紀的思考》，中共中央黨校出版社，1993年版。

《世界通史資料選輯》，近代部分，上冊，商務印書館，1964年版。

《世界人權宣言》，見《國際條約集》（1950—1952），世界知識出版社，1959年版。

孫伯奎：《探索者道路的探索》，安徽人民出版社，1985年版。

薩繆爾・杭廷頓著，江炳倫等譯，《轉變中社會的政治秩序》，台北：黎明文化公司，民國70年。

孫哲：《新人權論》，河南人民出版社，1992年版。

托馬斯・杰佛遜：《杰佛遜文選》，商務印書館，1963年。

托馬斯・G・帕特森等書，李慶餘譯：《美國外交政策》，下冊，

中國社會科學出版社，1989年版，第825—826頁。

托克威爾：《論美國的民主》，商務印書館，1988年版。

王雨田：《控制論、信息論、系統科學與哲學》，中國人民大學
　　出版社，1986年版。

王哲：《西方政治法律學說史》，北京大學出版社，1988年8月第
　　1版，第106頁。

王子杰：《民主論》，廣西人民出版社，1991年版。

威廉·夏伊勒：《第三帝國的興亡》，第一冊，生活·讀書·新
　　知三聯書店1974出版社，

翁松燃：《中華人民共和國憲法論文集》，香港大學中文出版
　　社，1984年版。

沃爾夫岡·維佩曼著，宋鐘琪、張載揚譯，《歐洲法西斯主義比
　　較：1922—82》，東方出版社，1988年版。

吳江，牛旭光，《民主與政黨》，中共中央黨校出版社，1991年
　　版。

息曙光：《世界大格局》，四川人民出版社，1993年版。

亞歷山大·奧爾洛夫著，斯仁譯，《史達林肅反秘史》，澳門星
　　光書店，1988年版。

伊·普里戈金，伊·斯唐熱著，曾慶岩譯，《從混沌到有序》，
　　上海譯文出版社，1987年版。

張春津：《人權論》，天津人民出版社，1989年4月版，第43頁。

翟文伯、魏萼等，《中國：和平統一的道路？》，前景出版社印
　　行，1990年版。

肖金泉：《世界法律思想寶庫》，中國政法大學出版社，1993年
　　版。

解力夫：《縱橫捭闔——史達林》，世界知識出版社，1989年版。

——《專制魔王——墨索里尼》，世界知識出版社，1985年版。

徐大同主編：《西方政治思想史》，天津人民出版社，1985年版。

亞里斯多德：《政治學》，商務印書館，1981年版。

嚴家其：《首腦論》，上海人民出版社，1986年版。

——《權力與眞理》，光明日報出版社，1987年版。

楊百揆編：《現代西方國家政治體制研究》，春秋出版社1988年
　　版，第353頁。

楊尙德：《走向新世紀》，經濟日報出版社，1993年版。

于光遠：《思考與實踐》，湖南人民出版社，1984年版。

約翰·霍蘭·羅斯：《拿破崙～世傳》上卷，商務印書館1977年
　　版。

約翰·洛克：《政府論》，下冊，商務印書館，1964年版。

約翰·密爾：《論自由》，商務印書館，1959年版。

雲光主編：《社會主義政治學》，人民出版社，1984年版。

張來舉：《美國透視～個人主義的困境》，社會科學出版社，1993
　　年版。

張琢：《國外發展理論研究》，人民出版社，1993年版。

周大鳴等：《現代人類學》，重慶出版社，1990年版。

英文：

Abrahamsson, Bengt. *Military Professionalization and Political Power.* Sage Publications, Beverly Hills, CA.: 1972.

Adorno T. et al. *The Authoritarian Personality.* Berlekey: The Univesity of California Press, 1950.

Andrain, Charles F. *Political Change in Third World,* Boston, Unwin Hyman Ltd., 1988.

Apter, David E. *Choice and the Politics of Allocation,* New Haven, Conn.:Yale University Press, 1971;

——*Introduction to Political analysis,* Cambridge, Mass.: Winthop Publishers, 1977;

——*Political Change: Collected Essays,* London: Frank Cass, 1973;

——*The Politics of Modernization,* Chicago: University of Chicago Press, 1965.

Arendt, Hannah. *The Origins of Totalitarianism.* New ed., New York, 1973.

Baloyra, Enrique A. ed. *Comparing New Democracies: Transition and Consolidation in Mediterranean Europe and the Southern Cone.* Westview Press, Boulder, CO.: 1987.

Baradat, Leon P. *Political Ideologies: Their Origins and Impact,* Englewood Cliffs, N.J.: Prentice—Hall, Inc., 1979.

Barber, Benjamin R. *Strong Democracy: Participatory Politics for A New Age.* University of California Press, Berkeley, 1984.

Bell, Daniel. *The End of Ideology: On the Exhaustion of Political Ideas in the Fifties,* Glencoe, IL: The Free Press, 1960.

Bracher, Karl D. *The German Dictatorship,* New York: Praeger, 1972,

Brzeninski, Zbigniew K. *Ideology and Power in Soviet Politics,* rev. ed. New York: Frederick A. Praeger, 1967.

Buchheim, Hans. *Totalitarian Rule: Its Nature and Characteristics,* translated from the German by Ruth Hein, Middletown, CYT: Wesleyan University Press, 1968.

Bullock, Alan. Hitler, *A Study in Tyranny,* revised edition, London, 1962.

Burch, Betty B. *Dictatorship and Totalitarianism: Selected Readings.,* Princeton, NJ: D. Van Nostrand Company, Inc., 1964.

Carr, Albert. *The Path of Dictatorship,* The Viking Press, New York, 1939.

Chilcote, Ronald H. et al. *Transitions from Dictatorship to Democracy.* New York: Taylor & Francis Inc., 1990.

Crozier, Michael, Samuel Huntington and Joji Watanuki. ed. *The Crisis of Democracy.* New York: New York University Press, 1973.

Curtis, Michael. *Totalitarianism,* Transaction Books, New Brunswick, New Jersey, 1979.

Dahl, Robert A. *Modern Political Analysis,* Prentice—Hall, Inc., Englewood Cliffs, New Jersey, 1984.

——*Democracy and Its Critics.* Yale University Press, 1989.

——*A Preface to Economic Democracy.* Cambridge: Polity Press, 1987.

Decalo, Samuel. *Psychoses of Power: African Personal Dictatorships,* WEstview Press, 1989.

Downs, Anthony. *An Economic Theory of Democracy.* New York: Harper & Row Publisher, 1957.

Duncan, Graeme. ed. *Democratic Theory and Practice.* New York: Cambridge University Press, 1983.

Dye, Thomas R. *Who's Running America? The Carter Years,* New Jersey: Prentice—Hall, Inc., Englewood Cliffs, 1979.

Ebenstein, William. *Totalitarianims: New Perspectives.* New York: Holt, Rinehart and Winston Inc., 1962.

Finer, Herman. *Mussolini's Italy.* London: Victor Gollancz, Ltd., 1935.

Friedrich, Carl J., Michael Curtis and Benjamin R. Barber. *Totalitarianism in Perspective: Three Views,* Praeger Publishers, New York, 1969.

Fridrich, Carl J. and Zbigniew K. Brzezinsk, *Totalitarian Dictatorship and Autocracy,* 2nd ed., Harvard University Press, 1965.

Fromm, Eric. *Escape from Freedom.* New York： Avon Books, 1965.

Fukuyama, Francis. *The End of History.* The National Interest, Summer, 1989.

Galtung, J. *Development, Human Rights and the Rule of Law,* 1981.

Gastil, Raymond D. *Freedom nin the World: Political Rights and Civil Liberties (1985—86)* . New York: Greenwood Press, 1986.

Gils, Van M. *The Perecived Role of the Military.* Rotterdam University Press, 1971.

Gilbert G.M. *The Psychology of Dictatorship: Based on an Examination of the Leaders of Nazi Germany.* The Ronald Press Company, New York, 1950.

Graham, Cunninghame. *Portrait of a Dictator,* 1933.

Guiseppe Di Palma. *To Craft Democracy: An Essay on Democratic Transitions.* University of California Press, Berkeley, 1990.

Hallgarten, Goerge W. F. *Why Dictators?　The Cause and Forms of Tyrannical Rule Since 600 B.C.,* New York: The MacMillan Company, 1954.

Held, David. *Models of Democracy,* Stanford University Press, CA.: 1987.

Hewlett, Sylvia Ann. *The Cruel Dilemmas of Development: Twentieth — Century Brazil,* New York: Basic Books, 1980.

Hitler, Adof. *My Struggle,* Hurstand Blackett Press, London, 1939.

Huntington, Samuel P. *Political Order in Changing Societies.* New Haven, Yale University Press, 1968.

——with ⋅Clement H. Moore. *Authoritaraian Politics in*

Modern Society. New York: Basic Books, 1970.

——"The Change to Change: Modernization, Development, and Politics" in *Comparative Politics,* Vol., 3, Apr. 1971, pp. 283—323.

——"The Goals of Development," in Myron Weiner, and Samuel Huntington, *Under standing Political Developments,* Little, Brown and Company, pp. 3—33.

——*No Easy Choice: Political Participation in Developing Countries,* Cambridge: Harvard University Press, 1976.

——"Will More Countries Become Democracy?" in *Political Science Review.* 99: 2, 1985.

Israel Academic of Sciences and Humanities. *Totalitarian Democracy and After.* Jerusalem: The Magnes Press, The Hebrew University, 1984.

Jackson, Robert H. and Carl G. Roseberg. *Personal Rule in Black Africa,* Berkeley, University of California Press, 1982.

Janowitz, Morris, ed., *Civil — Military Relations: Regional Perspectives.* Sage Publications, Beverly Hills, CA.: 1981.

Kreml, William P. *The Anti — Authoritarian Personality.* Oxford: Pergamon Press, 1977.

LaPalombara, Joseph. and Myron Weiner. *Political Parties and Political Development.* Princeton: Princeton Unioversity Press, 1966.

Lasswell, Harold D. *Power and Character.* New York: W. W. Norton, 1948.

——"Comparative Elite", in Peter Bachrach, *The Theory of Democratic Elitism: A Critique.* Boston: Little, Brown and Company, 1967.

Lerner, Daniel. *The Passing of Traditional Society, Modernizing the Middle Fast.* Ⅲ.: The Eree Press, 1958.

Lindblom, Charles. *Politics and Makets: The World's Political—Economic Systems,* New York: Basic Books, 1977.

Linz, Juan and Alfred Stepoan. ed. *The Breakdown of Democratic Regimes.* Baltimore: The Johns Hopkins University Press, 1978.

——"Totalitarianism and Authoritarianism Regimes", chapter 3, in *Handbook of Political Science,* Fred I. Greenstein and Nelson Polsby. eds. Reading, MA: Addison—Wesley, Vol 3., 1975.

Lippingcott, Benjamin. *Democracy's Delimma.* New York: Ronald Press, 1965

Lippmannm Walter. *The Good Society.* New York: Grosset & Dunlap, 1943.

Macridis, Roy C. and Steven l Burg. *Introduction to Comparative Politics: Regimes and Change,* second ed., New York: Harper Collins Publishers, 1991.

Mannheim, Karl. *Ideology and Utopia: An Introduction to the Sociology of Knowledge,* Oxford, 1936.

Mayer, Lawrence C. et al. *Comparative Politics: Nations and Theories in a Changing World.* Englewood Cliffs, NJ: Prentice—Hall, Inc., 1993.

——*Redefining Comparative Politics: Promises Versus Performance.* Newbury Park: Saga Publications, 1989.

McCorrmick, Barrett L. *Political Reform in Post—Mao China: Democracy and Bureaucracy in a Leninist State.* University of California Press, Berkeley, CA: 1990.

McDaniel, Tim. *Autocracy, Modernization, and Revolution in Russia and Iran.* Princeton, NJ: Princeton University Press, 1991.

Mclellan, David. *The Thought of Karl Marx: An Introduction,* London: The Macmillan, 1971.

Mentze, Ernest A. *Totalitarianism Reconsidered.* Port Washington, N.Y.: Kennikat Press, 1981.

Migdal, Joel. *Strong Societies and Weak States,* Princeton: Princeton University Press, 1988.

Mills, Wright C. *The Power Elite,* New York: Oxford University Press, 1956.

Miller, Arthur S. *Democratic Dictatorship: the Emergent Constitution of Control,* Greenwood Press, 1981.

Mills, Wright C. *The Power Elite,* New York: Oxford University Press, 1956:Moore, Barrington. Jr. *Soviet Politics ——The Dilemma of Power: The Role of Ideasin Social Change,* White Plains, New York: International Arts and Sciences Press, 1965.

Morgan, Lewis H. *Ancient Society.* Cambridge: Belnap Press of Harvard University Press, 1964.

Mosca, Gaetano. *The Ruling Class,* New York, Mcgraw—

Hill Book Co., 1939.

Nordlinger, E. *Soldiers and Politics: Military Coups and Governments,* Englewood Cliffs, N.J.: Prentice—Hall, 1977.

Nozic, Robert, *Anarchy, State, and Utopia,* New York: Basic Books, Inc., Publishers, 1974.

Neumann, Franz. *The Democratic and the Authoritarian State,* Glencoe, 1957.

Neumann, Sigmund. *Permanent Revolution: Totalitarianism in the Age of International Civil War,* 2nd ed., New York: Frederick A. Praeger, 1965.

O'Donnell, Guillermo, Phillippe C. Schmitter and Laurence Whitehead, ed. *Transitions from Authoritarian Rule: Prospects for Democracy.* Baltimore: The Johns Hopkins University Press, 1986.

Olson, Mancur. *The Logic of Collective Action.* Cambridge: Harvard University Press, 1971.

O. Tanin and E. Yohan. *Militarism and Fascism in Japan.* Martin Lawrence, Ltd., London, 1934.

Otto Forst de Battaglia, ed. *Dictatorship on Its Trial,* translated by H. Patterson: London, 1930.

Orwell, George. *1984.* New York: Harcourt Brace Jovanovice, Inc., 1961.

Parenti, Michael. *Democracy for the Few,* 4th ed., New York: St. Martin's Press, 1983.

Parsons, Talcott *The Social System,* Glencoe, III.: The Free

Press, 1951.

Paul, Ellen Frankel, ed., *Totalitarianism at the Crossroads.* New Brunswick, New Jersey and London: Transaction Books, 1990.

Perlmutter, Amos. *Egypt: The Praetorian State,* New Brunswick, N.J. : Transcription Books, 1974.

Porter, Charles O. and Robert J. Alexander. *The Struggle for Democracy in LatinAmerica.* New York: 1961.

Powell, Bingham G. Jr. *Comtemporary Democracies.* Cambridge, MA: Harvard University Press, 1982.

Prenti, Michael. *Democracy for the Few,* 4th ed., New York: St. Martin Press, 1983.

Przeworski, Adam. *Capitalism and Social Democracy.* New York: Cambridge Universsity Press, 1985.

Pye, Lucian W. *Aspects of Political Development.* Boston: Little Brown & Co., 1966.

Raushenbush, Stephen. *The March of Dictatorship,* New Haven, 1939.

Rousseau, J.J. *The Social Contract.* Dent, London, 1973.

Schapiro, Leonard. *Totalitarianism.* Praeger Publishers, New York, 1972.

——*The Origin of the Communist Autocracy.* London: MacMillan Press, 1977.

Sklar, Richard L. "Developmental Democracy," in *Comparative Studies in Society and History.* 29: Oct. 4, 1987. pp. 686—715.

Spiro, Hebert J. "Totalitarianism," in *New International Encyclopedia of Social Sciences* Vol. 16, pp. 106−112.

Stamps, Norman L. *Why Democracies Fall: A Critical Evaluation of the Causes for Modern Dictatorship*, University of Notre Dame Press, 1957.

Stone, William F. and Paul E. Schaffner. *The Psychology of Politics*. Second edition, New York: Springer−Verlag, 1988.

Talmon, J. L. *The Origins of Totalitarian Democracy*. New York: Frederick A. Praeger, Publishers, 1960.

Tannenbaum, Edward R. *Fascism in Italy,* New York: Basic books, 1972.

Tullock, Gordon. *Autocracy*. Boston: Kluwer Academic Publishers, 1987.

Vellerli, Richard. and William E. Ford. Jr. *The Socialist Base of Modern Totalitarianism*. MrDutrhau Publishing Corporation, CA:1968.

White, Ralph K. and Ronald Lippitt. *Autocracy and Democracy: An Experimental I Inquiry*. Westport, Connecticut: Greenwood Press, 1960.

Wilgus, A. C. ed. *South American Dictators,* 1937.

獨裁政治學 揚智叢刊10

著　　　者／孫　哲

出　版　者／揚智文化事業股份有限公司

發　行　人／林智堅

副 總 編 輯／葉忠賢

責 任 編 輯／賴筱彌

執 行 編 輯／黃美雯

地　　　址／台北市新生南路三段88號5樓之6

電　　　話／(02)366-0309　366-0313

傳　　　眞／(02)366-0310

登 記 證／局版臺業字第4799號

印　　　刷／偉勵彩色印刷股份有限公司

法 律 顧 問／聲威法律事務所　陳慶尙律師

初 版 一 刷／1995年3月

ＩＳＢＮ／957-9272-02-6

定　　　價／500元

南區總經銷／昱泓圖書有限公司

地　　　址／嘉義市通化四街45號

電　　　話／(05)231-1949　231-1572

傳　　　眞／(05)231-1002

國立中央圖書館出版品預行編目資料

獨裁政治學＝The politics of dictatorship

／孫哲著. --初版. --臺北市：揚智文化，

1995〔民84〕

面；　公分. --(揚智叢刊；10)

ISBN 957-9272-02-6　(平裝)

1. 獨裁政治

571.4　　　　　　　　　　　　　84000724

揚 智 叢 刊

1.德國文化史

杜美／著　定價：*NT-350*

2.現代西方經濟學說（上）

厲以寧／等著　定價：*NT-400*

3.現代西方經濟學說（下）

厲以寧／等著　定價：*NT-300*

4.日本通史

依田憙家／著　定價：*NT-450*

5.中國法律思想史新編

張國華／著　定價：*NT-400*

6.傳統文化與古典戲曲

鄭傳寅／著　定價：*NT-350*

7.西方哲學的發展軌跡

黃見德／著

揚智文化事業公司出版發行

揚 智 叢 刊

揚智文化事業公司出版發行

學獨裁以治學獨裁
獨裁政治學獨裁政
裁政治學獨裁政治
政治學獨裁政治學
治學獨裁政治學獨
學獨裁政治學獨裁
獨裁政治學獨裁政
裁政治學獨裁政治
政治學獨裁政治學
治學獨裁政治學獨
學獨裁政治學獨裁
獨裁政治學獨裁政
裁政治學獨裁政治
政治學獨裁政治學
治學獨裁政治學獨

學獨裁政治學獨
獨裁政治學獨裁
裁政治學獨裁政
政治學獨裁政治
治學獨裁政治學
學獨裁政治學獨
獨裁政治學獨裁
裁政治學獨裁政
政治學獨裁政治
治學獨裁政治學
學獨裁政治學獨
獨裁政治學獨裁
裁政治學獨裁政
政治學獨裁政治
治學獨裁政治學